要説 教育制度
[新訂第三版]

教育制度研究会　編

学術図書出版社

執筆者一覧

秋川　陽一（関西福祉大学　教授）
○荒川　麻里（白鷗大学　准教授）
　池田　賢市（中央大学　教授）
　石毛久美子（武蔵野短期大学　准教授）
　石嶺ちづる（愛知教育大学　准教授）
　一木　玲子（元筑波技術大学）
　牛尾　直行（順天堂大学　准教授）
　江幡　裕（茨城大学名誉教授）
○大谷　奨（筑波大学　教授）
　大西麗衣子（尚美学園大学　准教授）
　大和田雄一（武蔵野音楽大学　講師）
　小野瀬善行（宇都宮大学　准教授）
○窪田　眞二（常葉大学　教授）
◎桑原　敏明（筑波大学名誉教授）
　古川　和人（東京女子体育大学　教授）
　相良　亜希（元国際学院埼玉短期大学）
　猿田　真嗣（元常葉学園大学）
　渋谷　英章（東京学芸大学名誉教授）
◎清水　一彦（山梨大学理事・副学長）
　下村　哲夫＊（筑波大学名誉教授）
　田邊　俊治（金沢学院大学　教授）
　角替　弘志（静岡大学名誉教授）
　デメジャン・アドレット（元筑波大学　大学院生）
　戸室　憲勇（宇都宮大学　特任研究員）
　中村　裕（聖徳大学短期大学部　准教授）
　西山　薫（清泉女学院短期大学　教授）
　野津　隆志（兵庫県立大学　教授）
　橋場　論（福岡大学　講師）
　馬場　将光（信州大学名誉教授）
　林　量俶（埼玉大学名誉教授）
　半田　勝久（日本体育大学　准教授）
　平田　敦義（共栄大学　教授）
　広瀬　義徳（関西大学　教授）
　福野　裕美（聖徳大学　准教授）
　藤井　穂高（筑波大学　教授）
　藤澤　健一（福岡県立大学　准教授）
　藤田　晃之（筑波大学　教授）
　藤田　祐介（武蔵野大学　教授）
　堀　和郎（筑波大学名誉教授）
　真野　宮雄＊（筑波大学名誉教授）
○嶺井　明子（筑波大学　教授）
　宮崎　孝治（江戸川大学　教授）
　柳林　信彦（高知大学　教授）
　吉田　武大（関西国際大学　准教授）
　和賀　崇（岡山大学　准教授）

（◎：編集責任者　○：編集者　＊：物故者）

はじめに

　教育改革花盛りである．新世紀を迎える直前に「教育改革国民会議」が17の改革提案を発表したが，現在の教育改革の基本はこの提案に沿った形で展開されている．矢継ぎ早に法改正が行われ，学校現場ではその対応に追われる状況が生まれているが，改革の勢いは止まらない．

　教育制度の基本用語の理解を助けるテキストとして，また教育改革の案内書としておよそ25年前に初版を刊行した本書は，15年前の平成3年に全面改訂されたが，今回は5年前の新訂版に続きさらに21世紀初期の教育界を取り巻く社会のめまぐるしい変化や現実の改革動向を踏まえて，再び全面に近い形で改訂されるものである．版元の要請はもとより，本書を利用する一般読者や執筆者自身からも幾度となく改訂の声が強く聞かれる中で，ようやく新たな刊行の体制づくりが出来上がり，執筆者を大幅に入れ替えつつ資料・統計などの最新化を含めて内容改訂を企てた．

　「21世紀再改訂版」となる本書の性格そのものは従前と同じで，教育制度の基本用語の理解を助け，現代の広範かつ大規模な教育改革をより広い視野の中に位置づけるとともに，教育改革の案内者としての社会的役割を果たそうとするものである．旧版との比較において今回の改訂でとくに留意した点は，次の3点である．

(1) すべての項目について，できるだけ若手研究者の協力を得ながら，昨今の広範かつ多岐にわたる教育制度改革の動向をフォローすること．なお，旧版執筆者の了解を得て，本文の部分的加筆・修正を伴う資料の最新を行った場合には連名とすることにした．

(2) 各柱項目の中で，近年とくに注目される改革動向については新たな小項目を設けること．例えば，生涯学習成果の評価と活用や学校評価，教育の公共性と市場化等である．このほか，各章の中の項目タイトルを一部変更したり，統合したりし，内容を全面的に書き替えること．

(3) 付録については，新たに年表を追加するとともに，法令等の精選を図ること．

　前回の改訂に続いて執筆メンバーは大幅に変わったが，初版及び旧版を十分に踏まえつつ，実質的にはかつての教育制度研究会の全会員の力を結集して出来上

がったものであることには変わりはない．ここに記して，あらためて全会員の労をねぎらいたい．

本書の歴史は，人間でいえば立派な社会人として歩んでいる時期になり，成人としての自覚と責任のもとで人生の最も活躍期にさしかかったといえる．四半世紀に及ぶ長い間刊行し続けることができたことを素直に喜びつつ，自らに求められる社会的役割に応えるべき努力は今後とも続けていくつもりである．読者諸賢のいっそうのご活用と忌憚のないご批判・ご指導をお願いしたい．

最後に，今回の刊行については，学術図書出版社の関係者の格別なご援助・ご尽力をいただいた．とくに杉浦幹男氏にはたいへんお世話になった．心から感謝の意を表したい．

平成19年7月

編集代表者
桑原　敏明
清水　一彦

も く じ

Ⅰ．教育と教育制度
 （1）　教育とは何か……………………………………………………… 2
 （2）　教育制度とは何か………………………………………………… 4
 （3）　教育制度の歴史（1）……………………………………………… 6
 （4）　教育制度の歴史（2）……………………………………………… 8
 （5）　教育制度を動かすもの…………………………………………… 10
  ［章末のページ］　人類教育制度史略年表………………………… 12

Ⅱ．教育制度の基本原理
 （1）　教育制度の基本原理……………………………………………… 20
 （2）　公　教　育………………………………………………………… 22
 （3）　教　育　法………………………………………………………… 24
 （4）　教　育　権………………………………………………………… 26
 （5）　義　務　性………………………………………………………… 28
 （6）　無　償　性………………………………………………………… 30
 （7）　中　立　性………………………………………………………… 32
  ［章末のページ］　第3世界における教育制度の原理…………… 34

Ⅲ．教育体系の基本問題
 （1）　学校体系の基本構造……………………………………………… 36
 （2）　学校体系の歴史類型……………………………………………… 38
 （3）　日本の学校体系の変遷…………………………………………… 40
 （4）　各国の学校体系…………………………………………………… 42
 （5）　学校体系の基本問題……………………………………………… 50
 （6）　生涯教育論と生涯学習体系……………………………………… 52
  ［章末のページ］　教育段階論……………………………………… 54

Ⅳ．乳幼児期の保育制度

- （1）　保育制度の歴史……………………………………………… 56
- （2）　日本の保育制度 ── 歴史と現状 ……………………… 58
- （3）　保育施設の目的と保育内容……………………………… 60
- （4）　保育制度をめぐる問題 ── 幼保二元体制 …………… 62
- （5）　乳幼児の発達権と親の生活権…………………………… 64
- （6）　保育者の資格と養成……………………………………… 66
- （7）　先進国の幼児保育制度…………………………………… 68
- （8）　保育制度の課題…………………………………………… 70
  - ［章末のページ］　子どもの育ちをめぐる問題状況………… 72

Ⅴ．児童期の教育制度

- （1）　小学校の歴史……………………………………………… 74
- （2）　初等教育の目的と内容…………………………………… 76
- （3）　就学義務と就学保障……………………………………… 78
- （4）　学校環境の整備…………………………………………… 80
- （5）　外国の初等教育改革……………………………………… 82
- （6）　児童期の学校外教育……………………………………… 84
- （7）　児童期教育制度の課題…………………………………… 86
  - ［章末のページ］　「万人のための教育宣言」と初等教育 …… 88

Ⅵ．青年期の教育制度

- （1）　中等教育制度の歴史……………………………………… 90
- （2）　中学校制度の成立と展開………………………………… 92
- （3）　中学校の目的と内容……………………………………… 94
- （4）　高等学校制度の成立と展開……………………………… 96
- （5）　高等学校の目的と教育課程……………………………… 98
- （6）　中高一貫教育の制度化と課題……………………………100
- （7）　各種学校・専修学校………………………………………102
- （8）　外国の中等教育制度………………………………………104
- （9）　青年期の学校外教育………………………………………106
- （10）　不登校・中退問題と学校教育……………………………108
  - ［章末のページ］　中学校卒業程度認定試験及び
    高等学校卒業程度認定試験……………………110

VII. 高等教育
- （1）　高等教育の歴史………………………………………………… 112
- （2）　わが国の高等教育の制度……………………………………… 114
- （3）　わが国の高等教育の現状……………………………………… 116
- （4）　日本の大学制度とその問題…………………………………… 118
- （5）　大学入学試験制度……………………………………………… 120
- （6）　大学自治の諸側面……………………………………………… 122
- （7）　大学評価………………………………………………………… 124
- （8）　諸外国の高等教育……………………………………………… 126
- （9）　わが国の大学改革の動向……………………………………… 128
  - ［章末のページ］　外国人学校卒業生と大学受験………………… 130

VIII. 障害児教育制度
- （1）　障害児教育制度の歴史………………………………………… 132
- （2）　特別支援教育施設の種類……………………………………… 134
- （3）　障害児教育の目的と教育課程………………………………… 136
- （4）　障害児就学指導の制度………………………………………… 138
- （5）　インクルージョンの動向……………………………………… 140
- （6）　特別支援教育…………………………………………………… 142
- （7）　各国の障害児教育の基本的動向……………………………… 144
  - ［章末のページ］……………………………………………………… 146

IX. 私学制度
- （1）　私学教育の独自性と公共性…………………………………… 148
- （2）　戦前日本の私学制度…………………………………………… 150
- （3）　日本の私学の現状と課題……………………………………… 152
- （4）　私学助成制度…………………………………………………… 154
- （5）　外国の私学制度………………………………………………… 156
  - ［章末のページ］　主要国における公私別比率…………………… 158

X. 生涯学習支援制度

- （1） 社会教育の概念と特質 …………………………………………… 160
- （2） 日本の社会教育の歴史 …………………………………………… 162
- （3） 生涯学習機会の多様性 …………………………………………… 166
- （4） 生涯学習の行財政 ………………………………………………… 168
- （5） 生涯学習施設 ……………………………………………………… 170
- （6） 生涯学習関係職員 ………………………………………………… 172
- （7） 生涯学習成果の評価と活用 ……………………………………… 174
- （8） 諸外国の生涯学習支援制度 ……………………………………… 176
- ［章末のページ］ 生涯教育と生涯学習 ……………………………… 178

XI. 教育行財政制度

- （1） 教育行政の史的展開 ……………………………………………… 180
- （2） 中央教育行政機構とその問題 …………………………………… 182
- （3） 教育委員会制度とその問題点 …………………………………… 184
- （4） 指導行政 …………………………………………………………… 186
- （5） 教育内容行政とその問題 ………………………………………… 188
- （6） 教育財政制度とその問題 ………………………………………… 190
- （7） 規制緩和と教育行政改革 ………………………………………… 192
- （8） 教育行政制度改革の世界的動向 ………………………………… 194
- ［章末のページ］ 義務教育費国庫負担制度 ………………………… 196

XII. 学校経営組織

- （1） 学校経営論の展開 ………………………………………………… 198
- （2） 学校組織の基本構造 ……………………………………………… 200
- （3） 学校経営組織 ……………………………………………………… 202
- （4） 経営参加の理論と実際 …………………………………………… 204
- （5） 学校評価 …………………………………………………………… 206
- （6） 教授組織の改革 …………………………………………………… 208
- （7） 生徒指導と学校組織 ……………………………………………… 210
- （8） 学校環境衛生管理と学校事故への対応 ………………………… 212
- ［章末のページ］ 学校規模・学級編成の基準の変遷 ……………… 214

XIII. 教員制度
- （1） 教職員の種類と資格……………………………………… 216
- （2） 教師教育 —— 養成 ……………………………………… 218
- （3） 教師教育 —— 研修 ……………………………………… 220
- （4） 教員の人事……………………………………………… 222
- （5） 教員の勤務条件………………………………………… 224
- （6） 教員の労働権…………………………………………… 226
- （7） 教員の市民的自由……………………………………… 228
  - ［章末のページ］ 教員の年齢構成の推移……………………… 230

XIV. 社会変化と教育制度改革
- （1） 現代教育制度改革とその特質………………………… 232
- （2） 教育の公共性と市場化………………………………… 234
- （3） 情報化の進展と教育制度改革………………………… 236
- （4） 国際化社会と教育制度改革　1 ……………………… 238
- （5） 国際化社会と教育制度改革　2 ……………………… 240
- （6） 国際化社会と教育制度改革　3 ……………………… 242
- （7） 学校から職業への移行の困難化と教育制度改革…… 244
- （8） 少子化問題と教育制度改革…………………………… 246

付　録
- 日本国憲法（抄）……………………………………………… 248
- 教育基本法…………………………………………………… 249
- 旧教育基本法………………………………………………… 251
- 児童憲章……………………………………………………… 252
- 世界人権宣言………………………………………………… 252
- 学習権宣言（抄）……………………………………………… 253
- 児童の権利に関する条約（抄）……………………………… 254
- 学校教育法（抄）……………………………………………… 259
- 学校教育法施行令（抄）……………………………………… 270
- 学校教育法施行規則（抄）…………………………………… 274
- 地方教育行政の組織及び運営に関する法律（抄）………… 292
- 発達障害者支援法…………………………………………… 299

社会教育法（抄）……………………………………………… 301
生涯学習の振興のための施策の推進体制等の整備に関する法律…………… 306
教育公務員特例法（抄）………………………………………… 308
保育所保育指針・総則……………………………………… 312
幼稚園教育要領・総則……………………………………… 314
小学校学習指導要領・総則………………………………… 314
中学校学習指導要領・総則………………………………… 317
高等学校学習指導要領・総則……………………………… 319
学校教育法等の一部を改正する法律案要綱……………… 327
地方教育行政の組織及び運営に関する法律の一部を改正する法律案要綱… 329
教職員免許法及び教育公務員特例法の一部を改正する法律案要綱………… 330

法令略称一覧
さく引

I．教育と教育制度

■**本章のねらいと構成**■
　本章では，まず，教育の概念を明らかにしたうえで，教育制度の定義を述べ，教育組織と教育体系の両面から教育制度の構造を明らかにする．次にこれらを踏まえて，教育制度の歴史と規定要因を述べ，「教育制度学」の試案を提示する．これらを通じて，読者諸賢には，現代の教育改革の人類史的課題をしっかりと把握してほしい．

（1）教育とは何か

教育の必要性　教育制度は教育がうまく行われるために必要である．その教育とはどんなものでもよいというものではない．では，教育制度によってうまく行おうとする教育とはどんな「教育」なのだろうか．

　人間は生きている．生きるためには力（＝「生きる力」）が必要である．「教育」とは，この「生きる力」を豊かにすることである．まず，人間Ａは，みずからこの力を増し強めようとしている（成熟や経験）．これを他の人間Ｂが援助しようとして働きかけるとき，この働きかけを「教育」と呼ぶ．「教育」とは，一言で，「生きる力の増強作用」だといえる．「教育」は，人間が生きるために必要不可欠なものであり，生存者の生存権の一部であり，「教育」を受けることは子どもにとって「最善の利益」である．（⇒日本国憲法25，26，学習権宣言）

人間の生きる構造と教育　人間の生存にとって教育の重要な意義を確かめるためには，人間の「生きる」構造を確かめなければならない．

　人間の生きる過程は，3つの世界（①「人間内部の世界」，②「事物の世界」，③「情報の世界」）から成り立っている．（☞ 1 ）

　そして「人間内部の世界」を豊かにする（＝学習者Ａの「生きる力」を発達させる）ための教育者Ｂからの意図的働きかけが「教育」である．①「人間内部の世界」は，五体の a「成熟」を基礎にして，②「事物の世界」での生活を通して得られる b「経験」と③「情報の世界」の c「学習」を通じて豊かになる．これら a b c についての教育者Ｂの意図的支援が「教育」なのである．（⇒ルソー『エミール』（1762年）の3種の教育）

教育＝脳力を磨く　「人間内部の世界」の最も人間らしいところは，特大の大脳新皮質，とりわけ前頭連合野の存在に起因する． 1 の①にあげた衣食住を確保し，話し，走り，知り，記憶し，感じ，考え，判断し，思いやり，創造し，想像するなどの能力はすべて脳の働きによるのである．したがって，「教育」とは「生きる力」＝「能力」≒「脳力」を磨くことであると言っても過言ではない．したがって，教育は脳の発達（☞ 2 ）に対応しなければならない．

　脳を磨くと言うと，完全に個的なことと勘違いされるが，それは「事物の世界」での経験や「情報の世界」の学習を踏まえ，学習者・教育者の人間的接触を通じて豊かにされる，極めて社会的な現象である点に留意しておこう．（桑原）

1　人間の「生きる」構造

①「人間内部の世界」とは，個々の人間を構成している各器官（五体として組織的に配置されている感覚・神経・運動・消化・呼吸・循環などの各器官）及び五体に内蔵されている諸能力（衣食住を確保し，話し，走り，知り，記憶し，感じ，考え，判断し，思いやり，創造し，想像するなど学習者Aの所有するすべての能力＝「生きる力」＝人格）の総体である．

②「事物の世界」は，人間が生活する舞台．自然と社会や文化から成り，多くの人々が共生する世界．人間は，ここでの「経験」をもとにして「人間内部の世界」を豊かにすると同時に，「人間内部の世界」を総動員して，「事物の世界」に適応し，生きていく．

③「情報の世界」は，人類が，言語やメディアにより「事物の世界」を写し取ったバーチャルな世界である．個人生活の時間・空間の限界を超えて，人類の知恵が集積された世界であり，そこでの「学習」によって，人間はその「人間内部の世界」をいっそう豊かにすることができる．

2　脳の発達段階と教育対応

ライフステージ	脳の発達	教育対応
(1) 胎児期前期	脳の部位の概成	催奇物質の排除（禁煙禁酒等）
(2) 胎児期後期	神経細胞の増加（成人並み）	人間としての誕生を待望
(3) 乳幼児期	シナプスの形成	愛着の中で全感官の鍛錬
(4) 児童期	大脳後頭葉〜側頭葉の概成	感官機能の生活への応用
(5) 青年期	前頭葉〜前頭連合野の概成	成年の義務実践訓練
(6) 成年期	脳機能完成〜全面使用	脳機能強化と社会的創造性の期待
(7) 老年期	流動性知能衰弱，結晶性知能持続	結晶性知能の発現（生きがい）機会の設定

（2） 教育制度とは何か

教育制度の定義　教育制度とは，① 教育の目的を達成するための，② 社会的に公認された，③ 組織（人と物との体系的配置）をいう．① に関しては，教育活動を行うことによって直接教育目的を達成する「直接的教育制度」（学校教育制度のみでなく社会教育制度も含む）と教育活動の条件を整備することによって間接的に教育目的の達成に貢献する「間接的教育制度」（教育行政制度や教育財政制度）に区分される．② に関しては，社会的公認が法制的ルートを通じて行われ，法的根拠をもって成立する「法制的教育制度」（義務教育制度など）と社会生活の必要から自然発生的に成立し，社会慣行として定着した「社会慣行的教育制度」（徒弟制度，塾など）に分けられる．③ に関しては，各種の教育機関や組織をとらえるレベルとこれらの教育機関や組織が相互に結びつく一つの体系ととらえるレベルとに分けることができる．前者を「教育組織」（educational organization），後者を「教育体系」（educational system）と呼ぶ．

教育組織　「教育組織」は，次の16の要素からなる．すなわち，①「学習者」，②「教育目的」，③「時間」，④「空間」，⑤「アクセス制度」，⑥「エントランス制度」，⑦「教育課程」，⑧「教育メディア」，⑨「施設・設備」，⑩「学習援助組織」，⑪「経営組織」，⑫「エグジット制度」，⑬「設置者」，⑭「設置基準等」，⑮「財政」，⑯「設置」で構成される（☞1）．教育制度の整備が進むにつれて，教育機関の種類ごとに，それぞれの構成要素について法的に定められるのである．

教育体系　「教育体系」は，各種の教育組織が相互に結びついて形づくられている．「生涯学習体系」を展望すると，この結びつきは3つの局面で考えられる．① ライフ・ステージに応じた教育組織を順次活用していく学習者の統一的発達という観点からの下級教育段階と上級教育段階との結びつき（上下の接続，アーティキュレーション articulation），② さまざまなライフ・スタイルをもつ個人が同一社会の構成員として共同生活するという観点からの結びつき（同一教育段階における異種の教育組織間の統合あるいは交流，インテグレーション integration），③ 生活課題達成の力を養うという観点からの生活の中の教育と教育組織における教育とを結びつける結合（コンビネーション combination）である（☞2）．　　　　　　　　　　　　　　　　　　　　　　　　　（桑原）

（2） 教育制度とは何か　　5

1　教育組織の構成要素図

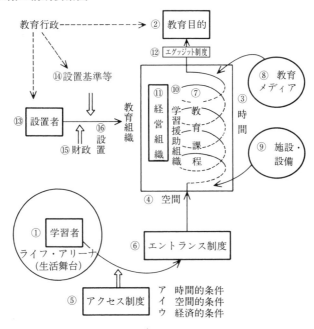

2　教育体系の概念図

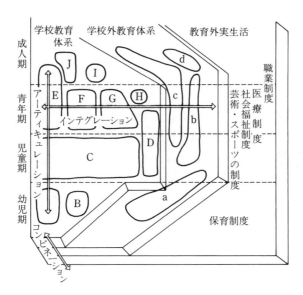

（3） 教育制度の歴史（1）── 学校の誕生

無教育制度時代　教育の歴史は，人間の歴史とともに古い．一個の人間がその生涯のうちに修得した文化（知識・技能など）が，遺伝によって次の世代に引き継がれえない以上，教育は，人間が生活を維持するに必要な文化を増殖し続けるための不可欠の機能であるから，人間の存在するところどこにも教育は存在する．しかし，原始の時代には，文化の伝達は日常生活の中の学び（マナビ←マネビ＝真似）だけで十分であり，教育制度の必要はなかった．教育制度は，人間の歴史のある時期から登場するのである．

最初の教育制度 ── 入社式　一般に，文化が高度になるにつれて，教育制度が必要となる．しかし，最初の教育制度＝入社式（initiation）は必ずしも，文化の高さとは比例していない．教育制度としての入社式の特徴（☞ 1, 2）は，① 教育目的＝社会の防衛，② 教育内容＝苦行，愛国心，社会規範，戦闘訓練，③教育対象＝健丈な男子青年，④教育者＝部族の長老，指導者，⑤ 場所＝若者宿，神聖な場所，戦闘訓練所である．古代ギリシャのスパルタでは，入社式が生涯にわたるものとなったのである．

学校の誕生　学校は文字の発明に伴って誕生した．文字が法典や経典，英雄伝や神話の記録に応用されると，入社式の中に文字学習の部分が組み込まれる．しかし，長い平和が続き，政治の組織や技術が発達すると，入社式を構成する各部が独立の機能を果たすようになる．文字学習の部分は学校教育になる．文字は記号であるから，その学習（記号と実生活との相応関係の理解）は，実生活から一時離れて（暇を得て）学校で専門の教師によって行われざるをえない．学校（school）の語源はギリシャ語のスコレイ（＝閑暇）である．ここから，学校の階級性は宿命的である．学校の利用者は有閑階級であり，学校で学ばれる文化は階級文化（7自由科すなわち4科＝算術・幾何・音楽・天文，3科＝文法・修辞法・弁証法または論理学は，有閑階級＝支配階級の必需品）である．

学校系統の発生　学校は文字文化を操る人びとのために設置される．したがって，① 宮廷学校（統治者養成），② 本山学校（聖職者の養成）に始まり，③ 商業都市の発達（12, 3世紀）に伴う学問の発達に応じて大学が興るようになり，④ 活字印刷術の発明（1460年頃）によって庶民の日常生活に文字が浸透するにつれて，庶民の学校が広く設けられるようになった（☞ 3）．　　　（桑原）

(3) 教育制度の歴史（1）——学校の誕生　　7

1　入社式の形態

　部族によっては，見習いは死んだものと考えられ，見習期間中ずっと死んでいるところもある．この死んでいる期間はかなり長く，心身を弱めることを目的とするが，これはおそらく幼年期の記憶をすべて失わせるためであろう．次に来るのは儀礼の積極的な面——慣習法の伝授，トーテム儀礼を見習いの前でやってみせて徐々に教育してゆくこと，および神話の吟誦など——である．しめくくりは，宗教的儀式（たとえば，ダラムルン信仰のあるところで），および部族ごとに異なる何らかの身体的毀損（抜歯，割礼など）で，それがすんではじめて見習いはクランの成人男子の一員とみなされるのである．加入礼は一度ですっかり終わることもあり，段階的に行われることもある．見習いを死んだものとみなすところでは，彼は復活させられ，生き方を教わるが，それはもはや幼年期のものではない．詳細にみれば異なる点はあるだろうが，一般的図式にそったある一連の儀礼がみとめられるのが常である．
　　　　　　　　　　　　　　（A・ファン・ヘネップ『通過儀礼』弘文堂，1977, p.65）

2　入社式の教育的意義

　入社式の習俗は，人類の子供たちが親の構成している公共的な集団の組織により，その首長の権威によって，いわば公共的に，そして，一つの制度として計画的に教育されるようになった最初の事例であったということができよう．そしてそのような公共の制度としての教育が行なわれるようになったのは，……人びとが生きるために共同の防衛を必要とするようになり，したがって，子供を母親の自然の養育にまかせないで，いわば母親の手から子供をうばって，国家的な権力のもとにおき，この権力によって強制教育をする必要が生じたというわけである．入社式は，いわば最初の義務教育制度であり，義務教育制度というものは，それから現代にいたるまで，ほぼ，つねにこのような，入社式的な性格のものであったということができる．
　　　　　　　　　　　　　　　　　（梅根悟『世界教育史』新評論，1967, p.42）

3　文字文化の広まり

　要するに，1200年頃，高度に洗練された文学的活動，読者層，詩人などに出会うのであるが，それを形成するのは「当時の最も教養ある人々」（F・チルヒ）である．むろん貴族や騎士だけが，文学の消費者ではない．市民もじきにその仲間入りをする．リューベックでは13世紀に，商人は書面主義に移行した．1345年まだラテン語で書かれているが，ロストックの商人の商業帳簿が始まっている．ニュルンベルクでは1304年に，木靴屋の商業帳簿が始まっている．ウルマン・シュトローマーの年代記は1360年に，レーゲンスブルクのルンティンガーの商業帳簿は1386年に始まる．1420年頃ウルムの商人クラーマーの文書記録が生まれており，1442年にウルムのオット・ルーラントが商業帳簿を始めている．多くのさまざまな《市民の本》のことばのはしばしに，ときには格言や書名の中にさえ，聖俗の文学からの引用がある．市民が急速に文学消費者に仲間入りした証拠である．14世紀には読み物と同じく，信心文学が広まっている．ニュルンベルクの《12人兄弟館》の何人かの住人，つまり引退した手工業の職人が，すでに1500年以前に「読書に熱心だった」という証拠がある．　　　（オットー・ボルスト『中世ヨーロッパ生活誌2』白水社，1985, p.179）

（4） 教育制度の歴史（2）——公教育の歴史類型

　国家が，やがてその発展のために，学校教育を活用するようになると，「国や公共団体の管理する教育」（＝公教育）が始まることになり，その拡充によって「教育＝学校教育」観が定着する．公教育には次の3つの歴史類型が認められる．

近世（絶対主義期）公教育　ヨーロッパでは，16～18世紀の絶対主義時代に，ルイ14世やフリードリヒ大王の統治下，日本では19世紀の明治時代に，この類型が現われた．ここでは，王権神授説に基づき，絶対的統治権をもつ君主のみにより教育制度が確立・運営される．その制度的特徴は，① 命令を全国に浸透させる中央集権的教育行政，② 国家に必要な官僚制，殖産興業，常備軍を確保するための学校体系（帝国大学を頂点とする下構型学校系統（☞ p.36），富国を支える産業予備軍の養成のための実業学校，強兵を支える兵役義務を履行する一般国民のための義務教育学校からなる），③ この義務教育は課程主義のタイプであり，その中心は支配イデオロギー（国定教義）の注入にあった．④ その義務は国家に対するものと観念され，親・住民・国民は経費を負担する義務や命令に服従する義務を負う，ということであった．学校は，文字学習の場であるよりも徳育学校の性格を色濃くした（☞ 1）．

近代公教育　この類型は，18世紀近代市民革命（1789年フランス革命，1776年アメリカ独立戦争）以降のヨーロッパに広くみられる．近代においては，人間は誰でも理性をもつ，したがって理性を磨く教育を受ける平等な権利を享受するとともに，各自の理性に従って教育を自己経営する，つまり「教育の自由」（＝教育は国民の権利＝国家の義務）をもつ存在と観念された．① 国民は私立学校設置の自由と，② 学校選択の自由（＝非義務就学）を与えられ，③ 公教育は教育の中立性を遵守すべく，自らを知育（instruction, Unterricht/Bildung）に限定し，④ 公教育はあらゆる段階で無償であることを理想とした．⑤ 公教育の運営は法律主義・地方分権主義が本旨とされた（☞ 2）．しかし，近代公教育体制には，① 教育の機会の不均等，② 社会的強者による教育支配＝中立性の侵害という基本的な問題点が残る．

現代公教育の課題　上の2つの問題の解決は，ますます規模を広げる国民的・国際的運動によって20世紀の初めから徐々に探究されてきた．その現代公教育の基本的理念は，すべての者の「教育を受ける権利」の実質的保障にある（☞ 第Ⅱ章）．
　　　　　　　　　　　　　　　　　　　　　　　　　　　　（桑原）

(4) 教育制度の歴史 (2) ―― 公教育の歴史類型　　9

1　プロイセン一般地方学事通則（1763年）（抄）

　第1条　朕はまず第一に命令す．両親たると，後見人たると，また領主たるとを問わず，青少年の教育に義務を有する朕がすべての臣民は，その児童または後見を委ねられたる児童を，男女の別なく，遅くとも5歳より就学せしむべし．而して13歳ないし14歳まで規則正しく就学を継続せしめて，彼等が単にキリスト教の必須事項を理解し，かつ読むことおよび書くことを十分に為し得るのみならず，また朕が宗教局に依りて指定あるいは認可せられたる教科書に則りて教授せられるべき事項に就いて〔査察官の試問に〕受け答えを為し得るようになるまで登校せしめなければならぬ．

　第7条　授業料に関しては，各児童につき冬季においては，児童が読むことを習うようになる迄は6ペニッヒ，読むことを習うようになりたる以後は9ペニッヒ，さらに書くことおよび計算の授業を受くるときは1グロッシェンを毎週支払うべし．…

　第10条　…汝等は有益なる本布告に違反し，その児童を就学せしめざるとも，定められたる〔学齢〕期間中は各児童につき，通常の授業料を学校教師に支払わねばならぬ．かかる際に，後見人はその支払いを被後見児童に負担せしむるが如き権限を有せず．これらのものが説教師の厳重なる戒告に依りてもなお依然として，その児童を規則正しく就学せしめざる場合，各地方裁判所当局は，ほかに有効なる手段の存せざるならば，強制執行を以て処置すべし．また，学校査察の際に，前年度に於いて両親が熱心にその児童を就学せしめざりしことを査察官が探知せる場合，かかる両親はそれゆえに学校金庫に……罰金の納入を命ぜらるることを心得うべし．　　　　（田中昭徳『プロイセン民衆教育史序説』風間書房，1969）

2　近代公教育の理念

　自分の要求を充足し，幸福を保証し，権利を認識して，これを行使し，義務を理解して，これを履行する手段を，人類に属するすべての人々に供与すること，自分の才能を完成し，従事する権利を有する社会的職務を遂行する能力を身につけ，生得の才能を十分に発達させるための便宜を各人に保証すること，またそれによって国民の間に平等を実際に樹立し，かつ法律によって承認されている政治的平等を実際的なものとすること，国民教育の第一の目的はかくのごときものでなければならない．しかして，かかる見地よりすれば，国民教育は公権力の当然の義務である．……およそ教育の第一の条件は，真理のみが教授されるということであるから，公権力の設置する教育機関は，いっさいの政治的権威から，できるかぎり独立していなければならない．しかしてそれにもかかわらず，この独立性は絶対的なものではあり得ないので，これらの教育機関は，もっぱら，人民の代表者で構成される議会に従属せしめられるべきであるという結論が，この同じ原理から引き出されることとなる．…

　人間が集合して社会を構成しているのは，ただ自分たちの自然権を，より完全に，より平穏に，より確実に行使することができるようにしようがためである．いうまでもなく，この自然権には，自分の子どもたちの幼児期を監督し，彼らの知識を補充し，その脆弱さを養護し，生得的な理性を指導し，幸福になれるようにかれらを準備するという権利が含まれている．それは自然によって課せられた一つの義務であり，その結果一つの権利が生ずるが，それは父としての愛情がこれを放棄することのできないものである．

　　　　　　　　（コンドルセ　松島鈞訳『公教育の原理』明治図書出版，1962）

(5) 教育制度を動かすもの

教育制度は机上プランではなく，現実の存在である．したがって，教育制度は現実の諸条件によって規定される．教育制度を規定する要因は何であろうか．

教育理念　教育制度は，教育という意図的，目的的活動の実現を目的として確立される．したがって，特定の教育制度は，一定の教育理念を前提とする．教育制度を確立・整備するのは，王権神授説に基づく絶対者の僭称する国家の富国強兵の臣民を形成するためか，国民の教育の自由を保障するためか，それとも学習者の学習権を保障するためか，教育制度の姿は，その前提にある教育理念によって異なってくる．教育政策を，宗像誠也とともに，「権力の支持する教育理念」と定義すれば，教育制度を動かすものの第一は，教育政策である．

自然的要因　教育制度は，国民の利用のために，さまざまな自然的・社会的条件に規定される国土の上に確立される．したがって，教育制度は，国土の広さ，自然的地理的条件，民族構成や人口構成によって異なった様相を呈する．同じ国家内部の同じ教育制度ですらも，地域による差が生じる場合もある．それは，教育組織が学習者のライフ・スタイルに応じ，時間と空間という基底的な要素をもち，これらがいずれも，その根底において，生活舞台の自然的条件によって規定されているからである．

社会的要因　学習者個人の生活課題も国家の政策課題も，それぞれの文化的，政治経済的，社会的諸条件から生じる．教育理念は，これらの生活課題や政策課題を教育課題として自覚的に表現したものである．さらに，この教育課題を達成するために考案された教育制度は，これらの諸条件のもとで運用される．例えば，教育制度が法の規定する通りに実現されるためには，経済的・文化的基盤がそれに応じうるものでなければならない．

教育政策決定・実施機構　教育制度は，以上のような自然的・社会的諸条件に規定される国土と国民の個人的・国家的教育課題のさまざまな選択肢からいくつかを選び取り，これらの諸条件に即して実施可能な形に具体化したもの，ということができる．このような選択と計画，計画の実施と点検を行うのが，教育政策決定・実施機構（教育行政を含む教育政治機構）を構成する人びとである．このような人びとこそ直接教育制度を動かすものということができ，教育制度を考える場合にも見落とすことのできない対象である．　　　　（桑原）

1 教育制度学

　学問とは，問いを学ぶことである．問いには3種ある．「どのように存在しているか」（事実・Sein 認識）と「どうあるべきか」（当為・Sollen 認識）と「どのような方法で問うべきか」（方法認識・Methodologie）の3つである．

I　事実の教育制度学

　教育制度は，時間と空間とに規定されて存在する．ここから，次の2つの研究方法が採用される．
（1）　歴史的研究（時間的要因の解明）—教育制度の成立・展開を歴史的条件に即して明らかにし，今日の教育制度への影響を考察する．
（2）　比較研究（空間的要因の解明）—各国間・民族間の教育制度の異同とその要因，相互の影響関係などを明らかにする．

　教育制度，とくに法制的教育制度は，なんらかの法的基盤をもっている．そこで，次の2つの法学的方法が援用される．
（3）　法解釈学的研究—教育制度に関する法の論理から教育法を解釈する．
（4）　法社会学的研究—教育制度の制定・実施・改善の過程や社会慣行と法制度との関係などを明らかにする．

　教育制度は，社会制度の一環として，組み立てられているので，
（5）　社会工学的研究—教育制度が居住施設・医療施設・福祉施設・生産施設等や交通体系との関連でどう機能しているかを考察する．

　これらを総括して
（6）　法則定立的研究—事実としての教育制度にみられる法則を発見する．

II　当為の教育制度学

　教育制度はどうあるべきかの問いは，次の諸側面から解明される．
（1）　教育の条理と教育制度理念の探究（教育条理論的研究）
（2）　人間の存在条件に規定されて教育制度にはどのような問題が生じているか，それらの問題をどのように解決したらよいかの探究（問題解決的研究）
（3）　上の成果を教育制度の法にいかに具体化するかの探究（教育立法論的研究）

III　研究方法への問い

　これは大きく3つに分かれる．
（1）　教育制度の概念の探究
（2）　事実認識の探究方法
（3）　当為認識の探究方法

（桑原）

人類教育制度史略年表

(**教育制度の歴史類型の分析視点** ① 文化状況・社会体制, ② 教育をめぐる権利・義務関係
(「教育立法者」), ③ 人間観・能力観, ④ 教育制度の構造と特徴, ⑤ 教育の問題点)

0 原始時代
① 文化状況・社会体制：狩猟・採集から農耕社会へ　ムラから都市国家へ　身分社会　好戦社会
② 教育をめぐる権利・義務関係（「教育立法者」）：長老の権威，社会構成員の社会への忠誠　社会的分業に応じた権利・義務の配分
③ 人間観・能力観・教育観：体力重視，生得的能力観
④ 教育制度の構造と特徴：生活の必要に応じた教育構造
⑤ 教育の問題点：社会的分業に応じた教育構造の構築

46億年前	地球誕生		地に進出して食糧源拡大と調理法の豊富化を図るようになる）出現
1500万年前	微生物の発生から脊椎動物，哺乳動物，霊長類への進化を経て，前猿人（二足歩行開始）出現	10万年前	現生人（ホモ・サピエンス）誕生（約4万年前とする異説あり）
400万年前	猿人〔アウストラロピテクス（「南の猿」）／ホモ＝ハビリス，小さな脳，大きな白歯．2足歩行，サバンナで生活．身長1.2m, 体重26kg．獲得経済（狩猟・採集）を営む．〕出現		ホモ・サピエンスは比較的大きな脳と小さな白歯を体格的特長とし，長い進化の過程で，① 二足歩行，② 大きな大脳，③ 言葉によるコミュニケーション，④ 火の使用，⑤ 道具の活用，⑥ 社会的儀礼の蓄積という特徴，つまり教育の用具＝生活環境に適応するに必要な諸能力を育成する手段を備えていた
100万年前	原人（5指を制御する脳が発達し，記憶，計画，思索，言語の萌芽がみられる．65万年前には，火の定常的使用に至り，洞窟利用，寒冷	1万年前	人類，農耕生活に入る

1 古代　　身分別文化伝達型（1）
① 文化状況・社会体制：農耕社会　都市国家へ　身分社会（奴隷制社会）　好戦社会　文字の発明
② 教育をめぐる権利・義務関係（「教育立法者」）：社会への忠誠　長老の権威　身分に応じた権利・義務の配分
③ 人間観・能力観・教育観：体力重視，戦闘力訓練，知育・徳育分化，生得的能力観，白紙説
④ 教育制度の構造と特徴：
　身分別教育体系：市民系と奴隷系
　市民に生涯にわたる入社式（initiation）
　　対象：健常な青年男子→生涯化
　　教育内容：ア．強靭な心身　イ．戦闘訓練　ウ．社会経営力（愛国心，法典，神話国）
　　公教育・私教育の峻別
　　公教育：市民 ── 入社式
　　　　　　奴隷 ── 分を超えた学習抑制
　　私教育：生活の中の教育
⑤ 教育の問題点：
　1）人間的生存権の保障（特に，女子，障害児，不吉の子）
　2）身分別差別構造からの脱出

人類教育制度史略年表

前8000	新石器時代 農耕社会始まる
前7500	メソポタミアに都市国家出現
前4000	アルタミラの洞窟に絵文字
前3200	都市国家シュメルで楔形文字使用．学校発生
前2600	都市国家．周囲10kmを超える規模となる／軍事的実力者が王（ルガル＝「大きな男」）として，神官に代わって都市を支配／都市間の戦争が激しくなり，ラガシュでは600〜700人の兵士が都市を守った／道路網の完璧さが王の実力を示した／道路を都市をつなぐ「廊下」として整備できることが偉大な王の条件
前1753	古バビロニア第6代．ハムラビ王即位（在位．〜前1750），バビロニアを統一し，シュメル法以来の諸法を取り入れて前1753頃「ハムラビ法典」を制定（前文＋282条．同害復讐の原則＝「目には目を，骨には骨を，歯には歯を」など／貴族・平民・奴隷の厳重な身分差のある刑罰／細かい商業規定）多くの都市の広場に条文を刻んだ石柱（イランのスサの石柱は高さ2.25m）を建て，メソポタミア全土に共通の秩序を確立 道路・運河を整え，中央集権体制を確立し，警察制度や郵便制度をつくり，バビロニア語を共通語とした．この文化を維持するために，強力な「入社式 (initiation)」＝社会秩序維持のための義務教育
前900	スパルタ（古代ギリシャの都市国家）誕生 立法家リクルゴス伝によるスパルタの教育：誕生後，育てる子と殺す子を識別（障害児は生存権をもたず）／7歳：指導者による教育／12歳：指導者として兄貴分，老人加わる／メルレイレーン／エイレーン（20歳）／30歳 国家主義教育の典型（個人の自由はない）／貴族教育の内容：①軍事，②祭事，③政事，④芸術 強力な軍人の育成を目指す（ギリシャ）スパルタは農業型ポリス（先住民の征服）．リュクルゴス，スパルタ教育法制定．（前4世紀半ば） 市民 1500〜2000人， 先住の隷属民 7万人（半自由民2万，奴隷5万）．⇒入社式の生涯教育化
前492	ペルシャ戦争（前500〜前479）：マラトンの伝説 →アテナイ隆盛：巨大化する商業ポリス・アテネ（最盛期人口30万人， 市民 12万，在留外国人3万， 奴隷 8万）
前460	古代ギリシャの遍歴職業教員（ソフィスト）
前443	ペリクレス時代（前462〜前429）．アテネ全盛．アテネの教育制度：7歳，ペダゴーグ（教僕）につき添われパレストラ（国立．体育訓練場）およびデイダスカレイオン（私立．音楽＋知育）に通う／15歳，ギムナシオン（国立．体技，戦技訓練所）に入る／18歳（エフェーベ），アテネの神と国に忠誠を誓う．以後2年間軍事訓練（1年：郊外で野営生活→戦技試験．次の1年：国境の城塞に駐屯→ドキマシア試験）／20歳，一人前の市民＝終身兵役義務 貴族教育の目的：美にして善，スポーツ，特に乗馬，詩や音楽，道徳（度量，勇気，節制） 一般市民の教育：体育教師，音楽教師，文法教師による3つの教育
前400	ソクラテス（前469?〜前399）：産婆術，無知の知「汝自身を知れ」，徳＝よく生きるための知「徳は知なり」
前387	プラトン（前427〜前347），『国家』：国家の支配者を養育・教育する方法の書：イデア（真理）の世界を目指す理想（哲人）国家論 霊魂を訓練するために，体育，数学，音楽が勧められる 教育を人間精神のイデアへの転向とみなし，その本質をエロス（価値追求愛）の作用として，ソクラテス流の問答法を重んじた．アカデメイア（上流階層の青年たちのための哲人教育機関）を開く 他に『ソクラテスの弁明』 長老による理想市民モデルに向けた人間形成
前335	アリストテレス（前384〜前322），アテネのリュケイオンに学校開設 「逍遥学派」『政治学』
	キケロ（前106〜前43）『雄弁家論』
	クインティリアヌス（35〜95）『雄弁家教育論』：幼児教育の大切さ，公教育の優位，体罰の排斥
410	マルティス・カペラ，七自由科著作 貴族の教養
529	ベネディクトゥス，修道院設立

624	唐，武徳律令を公布→637，太宗，新律令（貞観令）定める
701	日本，大宝律令を制定（翌年，公布施行）．その「学令」は，大学寮（貴族の子弟対象．都に置く）及国学（郡司の子弟対象．地方に置く），「貢挙」の制度を定める　儒教思想に基づく官僚養成→9世紀になると大学の地位が低下．代わって有力貴族の私塾である別曹が勃興
782	フランク王国カール大帝の宮廷学校
818	最澄，「山家学生式」：寺院学校制度

2 中世　　身分別文化伝達型（2）

① 文化状況・社会体制：領邦国家　農奴制社会
② 教育をめぐる権利・義務関係（「教育立法者」）：社会への忠誠　首長の権威　身分に応じた権利・義務の配分
③ 人間観・能力観・教育観：身分的文化：貴族―文化的教養，武士―戦闘訓練，自由市民―学問，農奴―生活知／生得的能力観
④ 教育制度の構造と特徴：
　　貴族：宮廷学校
　　聖職者：寺院学校（司教座学校，修道院学校）
　　武士：騎士学校
　　自由市民：中世大学
　　農奴：生活の中の教育及び分を超えた学習抑制　ドイツ語学校，プチテコル，寺子屋
⑤ 教育の問題点
　　○人間的生存権の保障（特に，農奴，障害児）
　　○身分別差別構造からの脱出

950	フランスに農奴制の成立：農奴の学習・労働意欲を高める／土地から離れることの可能性を生む→1779廃止
1066	ノルマンディ公ウィリアム，イングランドを征服　ノルマン人の移住　中世の始まり⇒1485年バラ戦争とともに中世終わり
1000〜1200	ボロニア，サレルノ，パリ，オックスフォードなど中世大学特許状
12〜14世紀	騎士の教育　日本，児（ちご）教育：寺院に寄宿して
1215	イギリス，マグナ・カルタ制定
1261頃	「北条重時家訓」が成立　武家の家訓による教育
1275	北条実時，金沢文庫を設立．同所に寺院学校（称名寺）開設

3 絶対主義　　国定教義注入型

① 文化状況・社会体制：絶対主義国家，王権神授説
② 教育をめぐる権利・義務関係（「教育立法者」）：君主の大権，身分に応じた権利・義務の配分
③ 人間観・能力観・教育観：身分的分化：君主―統治力，臣民―識字力・愛国心・戦闘力／生得的能力観，白紙説
④ 教育制度の構造と特徴：
　　君主・貴族：宮廷学校
　　聖職者：寺院学校
　　臣民：義務教育
　　　　分に応じて複々線型学校体系
⑤ 教育の問題点
　　○人間的生存権の保障（特に，障害児）
　　○身分別差別構造からの脱出

1339	百年戦争（～1453）：イギリス，フランス極度に疲弊　絶対主義への歩み ヴィットリーノ（1378～1446），「喜びの家」
1382	英，初のパブリックスクール（ウィンチェスターカレッジ）創設→1440, イートン校，1561, マーチャントテーラーズ校，1567, ラグビー校
1391	イングランド下院，農奴の就学禁止を国王に請願（～93）　また，異端締出しのため無認可学校禁止←1325, →1405
1434	メディチ家の全盛期　コシモ・ディ・メディチ，フィレンツェ支配始まる→1469 ロレンツォ・ディ・メディチ，フィレンツェ市政始まる（～1492）　イタリア・ルネッサンス
1439	関東管領上杉憲実，足利学校を修造，書籍「五経琉本」の寄進，「置五経琉本条目」の制定
1455	グーテンベルク活版印刷機発明　出版物急増
1492	コロンブス，新大陸発見
1509	エラスムス（1466～1536）：『愚神礼賛』　子どもへの暴君的態度批判
1516	トマス・モア（1478～1535），『ユートピア』
1517	ルター（1483～1546）の宗教改革．1524年，ルター『キリスト教的学校を設立し，それを維持すべきことについて，全ドイツ都市の市長，市評議会員に与うる書』：新教（福音主義）を普及させる学校を普及させよ．市民のすべての子弟が毎日1～2時間ずつ通学する学校を設置することは市政府の義務である
1534	ラブレー（1494～1553）『ガルガンチュア物語』
1531	ヴィーヴェス（1492～1540）『学問論』『教授論』
1536	カルヴァン（1509～1564）『キリスト教綱要』
1580	モンテーニュ（1533～1592）『随想録』
1615	ラトケ（1571～1635）『一般言語教授法序説』
1620	ベーコン（1561～1626）『新機関（ノーヴム・オルガヌム）』：「知は力なり」1627『新アトランティス』
1637	デカルト『方法叙説』：我思う，ゆえに我あり（コギト，エルゴ，スム）
1657	コメニウス（1592～1670），『大教授学』1658『世界図絵』 近代教授学の祖／世界平和と祖国の独立を希求
1669	パスカル『パンセ』：人間は考える葦（Roseau pensant）である
1693	ロック（1632～1704）『教育論』：「白紙説」
1644	ミルトン（1608～1674）『教育論』：アカデミーを構想
1713	フランケ（1663～1727），プロイセン王国福音派ギムナジウム・学校規程
1762	J.-J. ルソー（1712～1778）『エミール』『社会契約論』『新エロイーズ』 3種の教育／合自然・消極教育／子どもの発見者／合発達段階
1763	独，フリートリヒ大王，地方学事通則　絶対主義型義務教育の典型（p.9） バゼドウ（1724～1790） カント（1724～1804） ロヒョウ（1734～1805） ザルツマン（1744～1811）

4　近代　　親代わり知育型
① 文化状況・社会体制：市民社会，個人主義，資本主義，道具から機械へ
② 教育をめぐる権利・義務関係（「教育立法者」）：市民の教育を受ける権利，国家社会の保障義務，教育の自由，法律主義
③ 人間観・能力観・教育観：階級的分化，理性（前頭連合野）の所有者，無限の可能性／後天的能力観
④ 教育制度の構造と特徴：
　　○機会均等
　　○モザイク型学校体系
⑤ 教育の問題点
　　　親代わり知育型

16　Ⅰ．教育と教育制度

　　○階級による機会不均等
　　○教育の強制・画一化からの脱却
　　○全面発達の実現

1766	アメリカ独立宣言		ツィラー（1817～1882）
1771	アークライト，クロンフォードに最初の水車紡績機による機械工場制紡績業を開始		ライン（1847～1929）
			スペンサー（1820～1903）
			シェルドン（1823～1897）
	イギリス 産業革命 開始＝農民の賃金労働者化　児童労働「子どもの仲買人」出現→工場法		ウシンスキー（1824～1870）
			ディルタイ（1833～1911）
		1833	英，ウイスキーマネー（教育国庫補助制度）
1785	ロンドン日曜学校協会←ラサール日曜学校→1786 アメリカ，1791 ドイツ	1848	マルクス『共産党宣言』：すべての児童の公共的無償教育，今日の形態における児童の工場労働の撤廃，教育と物質的生産との結合
1789	フランス革命　市民革命		
1791	人及び市民の権利宣言：教育を受ける権利　人権宣言		
1792	コンドルセ（1743～1794）公教育組織法	1852	米，初の義務教育制度（パートタイム）導入
1801	ペスタロッチ（1736～1827）『ゲルトルート児童教育法』	1859	独，実業中等学校制度の整備
	ゲーテ（1749～1832）		日本近世後期：藩校，郷校，私塾，寺子屋，徒弟教育，若者組
1806	ヘルバルト（1776～1841）『一般教育学』		
1807	フィヒテ（1762～1814）『ドイツ国民に告ぐ』	1861	西洋医学所
			帝国主義　全体主義社会
	グーツムーツ（1759～1839）	1864	第一次インターナショナル（～1876）
	フンボルト（1767～1835）ベルリン大学創設	1867	マルクス『資本論』第1巻
		1868	日本，明治維新
	シュライエルマヒャー（1768～1834）	1872	日本，学制（①中央集権，②学区制，③小・中・大学校の単線型，④受益者負担）
1812	独，ギムナジウムに大学進学教育を認定		
1816	オーエン（1771～1858），『新社会観』	1875	独，ゴータ綱領
1817	ジェファーソン（1743～1826），ヴァージニア大学初代学長	1882 –	仏，義務・無償・中立法
		1889～1920	第二次インターナショナル
1819	工場法：すべての繊維工場で9歳以下児童の就労禁止／9～13歳は1日2時間学校出席義務←1802，1816→1833	1889	日本，大日本帝国憲法（欽定憲法，教育は天皇大権，勅令主義）
		1890	日本，「教育ニ関スル勅語」（国家神道の教義：①忠義・孝行，②皇運の扶翼）
1826	フレーベル（1782～1852）『人間の教育』		
		1904	日本，国定教科書制度導入
1830～	英，ラヴェットらチャーティスト運動：選挙権と教育を受ける権利を要求	1914～1918	第一次世界大戦
		1933	独，ヒットラーのナチス党政権奪取：地と血／青年団
	ディースターヴェーク（1790～1866）		
	ホレース・マン（1796～1859）		

5　現代　　学習権保障型
　①　文化状況・社会体制：共生社会，福祉国家，知的基盤社会，国際平和，機械からコンピュータへ，脳科学の発達
　②　教育をめぐる権利・義務関係（「教育立法者」）：国民主権，学習者の最善の利益，専門家支配
　③　人間観・能力観・教育観：社会権，発達段階，脳の調和的発達，学習者中心主義
　④　教育制度の構造と特徴：

○生涯学習体系の構築
○統一学校体系
⑤ 現代教育改革の課題
  1) 学習権，2) 生きる力，3) 共生力，4) 脳力の育成，5) 応発達，6) 機会均等，7) 個性化，8) 当事者主権，9) 生涯学習体系の構築，10) 教育の国際化，11) 情報化

新教育	児童中心主義		統一学校	教育の機会均等
	パーカー（1837～1902）	1901		独，ギムナジウムの大学進学独占終止←1882．高等実業学校発足
	ドモラン（1852～1907）	1917		ソビエト社会主義革命 社会主義
1889	セシル・レディ（1858～1932），アボッツホルムの学校創設	1918		第1次世界大戦終了→1920 国際連盟発足→国際平和の課題
1898	リーツ（1868～1919），田園教育舎	1918		ソ連，単一労働学校法
	クループスカヤ（1869～1939）	1918		ドイツ，ワイマール憲法：生存権のための統一学校，超宗派教育
	モリソン（1871～1945）			
1899	デューイ（1859～1952）『学校と社会』	1918		英，フィッシャー法：義務教育5～14歳，上級2年は中等教育
1899	ナトルプ（1854～1924）『社会的教育学』	1919		フランス，コンパニオン協会『新教育制度論』
1900	エレン・ケイ（1849～1926）『児童の世紀』			ニール（1883～1973）：精神分析の立場から一切の権威や共生を否定．人生への意欲，生きた活動を惹き起こす
1903	幸徳秋水ら，「平民社」結成			
1907	ドクロリ（1871～1932），「生活による生活のための学校」をブリュッセル校外に設立			フレネ（1896～1966）：子供の自主学習こそ．学校に印刷術
1909	モンテッソーリ（1870～1952），ローマの貧民街に「子どもの家」設立．モンテッソーリ・メソッド．イタール，セガンに学び，こどもの自由活動と感覚訓練を重視	1920		ドイツ，基礎学校法
		1920		国際連盟発足
		1922		イギリス労働党「すべての者に中等教育を」
1912	ケルシェンシュタイナー（1854～1932）『労作学校の概念』	1924		国際連盟総会「ジュネーブ・子どもの権利宣言」
1916	デューイ『民主主義と教育』			クリーク（1882～1947）：教育は社会の根本原理，意図的教育・無意図的教育
1918	キルパトリック（1871～1965）『プロジェクト・メソッド』			ペーターゼン（1884～1952）：イエナプラン（無学年，共同生活，自己活動）
	『赤い鳥』児童文学運動			
1919	シュプランガー（1882～1963），『文化と教育』：教育＝文化の伝達と創造	1934		日本，青年学校令
		1939～1945		第二次世界大戦
1919	下中弥三郎，日本初の教員組合「啓明会」結成	1940		日独伊三国同盟
1920	パーカスト（1887～1973），ドルトンプラン：(個別学習方式)．基本教科（生徒の自主計画）と表現教科に区分　モンテッソーリに師事	1941		日本，国民学校令：「皇国民ノ錬成」→戦時教育体制
		1944		英，バトラー法：義務教育を16歳まで延長
		1945		広島，長崎に原子爆弾投下
1921	デュルケム（1858～1917）『教育と社会学』	1945		第2次世界大戦終了→国連憲章→国際平和の課題
	シュタイナー（1861～1925）			ユネスコ憲章
	日本，八大教育主張講演会	1946		日本国憲法：第26条「ひとしく教育を受ける権利」
1924	日本，川井訓導事件（長野女子師範）：新教育弾圧			バートランド・ラッセル（1872～1969）：平和主義非戦論の哲学者　教育
1934	生活綴り方運動			

	の平等による世界平和を		習体系への移行，個性重視の原則，国際化・情報化への対応
1946	国連，国際児童緊急基金（ユニセフ）を設置	1988	アメリカ NASA 研究所の J. ハンセン博士，地球温暖化への警告
1947	教育基本法	1988	イギリス，市場原理に基く「教育改革法」制定
1948	仏，ランジュヴァン・ワロン教育改革案		
1948	中華人民共和国成立	1989	「ベルリンの壁」崩壊　1991, ソビエト解体
1949	国連，世界人権宣言：第26条教育を受ける権利		
1957	スプートニク・ショック	1989	国連，子どもの権利条約（① 子どもの最善の利益，② 子どもの意見表明権，③ 教育目的＝能力の最大発達，）
1958	米，国防教育法　東西の人材開発競争		
1958	独，ラーメン・プラン　1960, ブレーメン・プラン	1990	米，ヒトゲノム計画始まる
		1991	アメリカ，湾岸ハイテク戦争
1959	日本，マイカー時代，カラーテレビ時代	1996	中央教育審議会第一次答申：「ゆとり」の中で「生きる力」を育む
1965	米，ヘッドスタート計画		
1965	ラングラン（1910～2003），ユネスコ成人教育推進国際委員会で「生涯教育」提唱	1996	T. ゴルボーンら『盗まれた未来（Out Stolen Future）』環境ホルモン問題　生物は子孫を残せない危機
1966	ILO・ユネスコ「教員の地位に関する勧告」	1997	日本，「学級崩壊」問題始まる
		1998	少年犯罪と携帯・TVゲームの関係問題となる
1967	英，総合制中等教育創設		
1971	イリイチ（1926～2002）『脱学校の社会』：学校化社会批判	2000	日本，IT戦略本部設置
			ユネスコ・フォーラム「学習科学と脳研究」
1971	米，キャリア・エデュケーション		
1972	ローマクラブによる『成長の限界』国連人間環境会議	2002	文科省，「脳科学と教育」研究に関する検討会設置
1975	仏，アビ改革→1988 ジョスパン改革→2005 フイヨン改革	2004	日本，「ニート（NEET）」問題始まる
		2005	フランス，新教育基本法：すべての生徒に「共通基礎学力」を保障するフィヨン改革
1980	日本，パソコン時代に入る		
1980	日本，ロボットが働く工場の登場		
1980	前半～　脳のマッピング研究始まる	2006	日本，教育基本法改正（新法制定）：政府主導教育の推進に向けて
1985	ユネスコ成人教育国際会議，学習権宣言		
1987	日本，臨時教育審議会最終答申：生涯学		

II. 教育制度の基本原理

■**本章のねらいと構成**■

　本章では，現代公教育の基本原理を取り扱う．第1節で全体を列挙し，以下，第2節では公教育，第3節でそれを支える教育関係諸法の概略をみながら，公教育制度が動いていく法的メカニズムを解説する．第4節では，現代公教育制度の論理の中核をなす教育権を取り上げ，学習権を主軸としてその構造を考察する．第5節から第7節までの各節では，義務性，無償性，中立性という3つの組織原理が教育制度の各側面をどのように規定しているか，またこれらの原理からみるとどのような課題が残されているか，を明らかにする．

（1） 教育制度の基本原理

憲法の教育条項にみる教育制度の基本原理　憲法はその教育条項（26条☞p.249）で，①すべての国民の教育を受ける権利，②教育制度の法律主義，③能力に応じた教育，④無差別平等の教育，⑤親の子に普通教育を受けさせる義務，⑥義務教育の無償，という諸原理を宣言している．いうまでもなく，この条項も，前章で略述してきた「人類の多年にわたる自由獲得の努力の成果」（憲法97）を踏まえて作られたものである．この人類史的文脈に立って，現代教育制度の基本原理を考えてみよう（☞①，②）．

現代教育制度の基本原理　現代の教育制度は，すべての者の学習権，つまり，人間的生活を追求する過程で生じる諸課題を解決するのに必要な学習を援助する教育を受ける権利（＝生存権の基底としての学習権）の保障のためにある．現代の教育制度は，「すべての者に」，「人間的な生きる力を増し強める教育を」，「生涯にわたって」保障しようとする．その基本原理は次のようである．

「すべての者に」に関して，教育組織（機会）にアクセスできる①時間，②空間，③経済が公的に保障される必要がある．①は，生活のさまざまの拘束から身体的に解放されて，系統的な学習援助を受ける時間を保障されるという原理であり，義務教育制度や教育休暇制度を導く．②は，各人のニーズに応じる教育組織がその生活舞台（ライフ・アリーナ）から接近可能な距離に配置されるという原理であり，国や地方公共団体の学校や社会教育施設の設置義務の制度を導く．③は，教育にかかる経費の負担から解放される無償の原則であり，さまざまな無償措置や学資支給制度を導く．

学習者がアクセスできた教育組織が，「人間的な生きる力を増し強める教育を」保障するために，言い換えると，学習者の能力を生活課題の達成に向けていっそう解放するように，④外部からの「不当な支配」（教基法第16条）を排除し（教育の中立性の原理），⑤科学の成果に立って（科学性の原理），⑥学習者の自己管理学習の原理を尊重し（教育経営への参加の原理）ながら，教育組織が運営されることが要請される．

最後に，教育制度が「生涯にわたって」保障されるように，生涯教育体系として仕組まれることが課題となる．ここでは，⑦接続，⑧統合，⑨結合が原理（☞p.4）となる．

（桑原・清水）

1 臨時教育審議会答申（第 1 次，1985 年 6 月 26 日）にみる教育改革の原理

(1) **個性重視の原則** 今次教育改革で最も重要なことは，これまでのわが国の教育の根深い病弊である画一性，硬直性，閉鎖性，非国際性を打破して，個人の尊重，個性の尊重，自由・自律，自己責任の原則，すなわち個性重視の原則を確立することである．

(2) **基礎・基本の重視** 現世代が次世代に対し，その乳幼児期，青少年期において，生涯にわたり主体的に学習していく上で必要な能力や人格形成の基礎・基本をしっかりと教えることは，いささかもおろそかにしてはならないことである．

(3) **創造性・考える力・表現力の育成** 21 世紀に向けて社会の変化に対応できるようとくに必要とされる資質，能力は，創造性や自ら考え，表現し，行動する力である．わが国の学術研究が国際的に貢献していくためにも，これらの資質，能力の育成が今後とくに重要である．

(4) **選択の機会の拡大** このために，教育行政や制度は柔軟な構造でなければならず，規制緩和が必要である．

(5) **教育環境の人間化** 新しい家庭や地域のあり方を模索するとともに，教師一人ひとりが子どもの心や体を理解するように努めること，自然環境の中で心身を鍛錬できる教育のシステムを導入すること．

(6) **生涯学習体系への移行** 生涯学習体系への移行とは，生涯を通ずる学習の機会が用意されている「生涯学習社会」，個性的で多様な生き方が尊重される「働きつつ学ぶ社会」を建設することである．

(7) **国際化への対応** わが国の教育機関，とくに大学の教育研究水準を高度化するとともに，国際的に開かれたものとし，日本人だけのための閉鎖的教育機関という発想から，世界の人材養成，学術，文化の発展に貢献し得るようなものに根本的な発想の転換をしなければならない．

(8) **情報化への対応** これには，各種の情報とメディアの教育機能を本格的に活性化させる可能性とそれが人間に及ぼすマイナスの要因に教育が対応すべき側面とがある．また，教育の内容，方法などいろいろな面で情報科学，情報技術などの成果をいかに導入，利用すべきかという側面がある．

2 学習権保障の教育制度原理

```
外的側面 ── 機会均等の理念 ── 義務性原理（1）＝教育を受ける時間を保障する義務
                              義務性原理（2）＝教育を受ける空間を保障する義務
                              無償性原理    ＝教育を受ける経済を保障する
内面側面 ── 全面発達の理念 ── 中立性原理
                              個性化原理
                              統合（総合）の原理
経営的側面  共同管理の理念 ── 民主化原理（参加の原理）
                              科学化原理
                              合理化原理（計画化，能率化）
```

（2）公　教　育

公教育の範囲　私教育と対比して公共的な性格を有する教育であって，今日においては何らかの形で国や地方公共団体等の公権力の機関によって管理される教育を指す．その公権力の管理（設置，維持，経営）の態様によってその範囲の広狭は次のように分けられる．① 公権力によって直接に設置維持されている教育（国公立学校などにおける教育）で，最も狭い範囲での公教育である．② 公権力は設置に関わらないが，多様な管理（基準設定，認可，命令）や維持（助成）の権限のもとにある教育（私立学校における教育）を含む（1条校の教育）．③ さらに広い範囲に及ぶもので，公権力による緩やかな間接的な管理の対象となっている教育（専修学校・各種学校での教育，社会教育）をも含むもので，当事者たちの自発的な努力に大きく依存している教育．

公教育の組織原理　今日の公教育は法律主義の原理の下で教育法制として組織されており，その中心的な原理は「義務性」「無償性」「中立性」とされるが，さらに以下のような原理も忘れられてはならない．

＊「学習権保障」——公教育の目標は，公権力の積極的な作為（責任，義務）によってすべての国民（とくに子ども）の「学習権」（憲法26①）を実質的に保障することである．

＊「公開・開放」——学校教育さらには社会教育や生涯学習の領域において，教育について意欲のあるすべての者たちに学習の機会が開かれなくてはならない．

＊「教育の機会均等」——社会にある多様な格差や差別を受けて生じる教育機会の不平等を緩和し是正することが図られなければならない．

＊「自律」——公権力による作為が教育や学習の当事者たちの自由（自発性，個別性）を阻害してしまってはならない．

公教育の課題　その組織化やいっそうの発展は公権力機関の努力に大きく依存するものであるところから，公教育は必然的に「政治化」することとなる．

＊「擬制としての公共性」——社会の内部における部分的な意思のうち多数の意思であることをもって全体意思とする政治過程に支えられるがゆえに，公教育の法制のみならずその内容面にあっても擬制（イデオロギー性の隠蔽）が進む．

＊「単一化と多様化の相克」——一律的な法規制や基準設定さらには行政によって公教育は形式化・画一化され，教える者や学ぶ者たちの意思や要求の多様性は制約や阻害を受けることとなる．

（江幡）

1 わが国における公教育の出発

学事奨励に関する被仰出書（1872（明治5）年）

人々自ら其身を立て其産を治め其業を昌にして以て其生を遂るゆゑんのものは他なし身を脩め智を開き才芸を長ずるによるなり而て其身を脩め智を開き才芸を長ずるは学にあらざれば能はず是れ学校の設あるゆゑんにして日用常行言語書算を初め士官農商百工技芸及び法律政治天文医療等に至る迄凡人の営むところの事学あらさるはなし人能く其才のあるところに応じ勉励して之に従事ししかして後初て生を治め産を興し業を昌にするを得べしされば学問は身を立るの財本ともいふべきものにして人たるもの誰か学ばずして可ならんや夫の道路に迷ひ飢餓に陥り家を破り身を喪ふの徒の如きは畢竟不学よりしてかゝる過ちを生するなり従来学校の設ありてより年を経ること久しといへども或は其道を得ざるよりして人其方向を誤り学問は士人以上の事とし農工商及婦女子に至つては之を度外におき学問の何物たるを辨ぜず又士人以上の稀に学ぶものも動もすれば国家の為にすと唱へ身立るの基たるを知ずして或は詞章記誦の末に趨り空理虚談の途に陥り其論高尚に似たりといへども之を身に行ひ事に施すこと能ざるもの少らず是すなわち沿襲の習弊にして文明普ねからず才芸長ぜずして貧乏破産喪家の徒多きゆゑんなり是故に人たるものは学ばずんばあるべからず之を学ぶに宜しく其旨を誤るべからず之に依て今般文部省に於て学制を定め追々教則をも改正し布告に及ぶべきにつき自今以後一般の人民華士族卒農工商及婦女子必ず邑に不学の戸なく家に不学の人なからしめん事を期す人の父兄たるもの宜しく此意を体認し其愛育の情を厚くし其子弟をして必ず学に従事せしめざるべからざるものなり高上の学に至ては其人の材能に任かすといへども幼童の子弟は男女の別なく小学に従事せしめざるものは其父兄の越度たるべき事

但従来沿襲の弊学問は士人以上の事とし国家の為にすと唱ふるを以て学費及其衣食の用に至る迄多く官に依頼し之を給するに非ざれば学ざる事と思ひ一生を自ら棄するもの少からず是皆惑へるの甚しきなり自今以後此等の弊を改め一般の人民他事を抛ち自ら奮て必ず学に従事せしむべき様心得べき事

右之通被 仰出候条地方官ニ於テ辺隅小民ニ至ル迄不洩様便宜解訳ヲ加ヘ精細申諭文部省規則ニ随ヒ学問普及致候様方法ヲ設可施行事

明治5年壬申7月

太政官

教育ニ関スル勅語（1890（明治23）年）

朕惟フニ我カ皇祖皇宗國ヲ肇ムルコト宏遠ニ德ヲ樹ツルコト深厚ナリ我カ臣民克ク忠ニ克ク孝ニ億兆心ヲ一ニシテ世世厥ノ美ヲ濟セルハ此レ我カ國體ノ精華ニシテ教育ノ淵源亦實ニ此ニ存ス爾臣民父母ニ孝ニ兄弟ニ友ニ夫婦相和シ朋友相信シ恭儉己レヲ持シ博愛衆ニ及ホシ學ヲ修メ業ヲ習ヒ以テ知能ヲ啓發シ德器ヲ成就シ進テ公益ヲ廣メ世務ヲ開キ常ニ國憲ヲ重シ國法ニ遵ヒ一旦緩急アレハ義勇公ニ奉シ以テ天壤無窮ノ皇運ヲ扶翼スヘシ是ノ如キハ獨リ朕カ忠良ノ臣民タルノミナラス又以テ爾祖先ノ遺風ヲ顯彰スルニ足ラン斯ノ道ハ實ニ我カ皇祖皇宗ノ遺訓ニシテ子孫臣民ノ倶ニ遵守スヘキ所之ヲ古今ニ通シテ謬ラス之ヲ中外ニ施シテ悖ラス朕爾臣民ト倶ニ拳々服膺シテ咸其德ヲ一ニセンコトヲ庶幾フ

（3）教　育　法

概　念　教育法は，教育に関する法規範の全体を意味し，その範囲はきわめて広い．すなわち，教育に直接的な関係をもち，教育固有の論理に立つ法規範としての教育法のみならず，地方自治法，地方公務員法や児童福祉法などの教育関係条文，さらに子どもの権利条約等の国際文書も含まれる（条約は法的拘束力を持つが，宣言等はそれを持たない）．教育法は規律対象により，①のように整理される．また，教育裁判の判決例の蓄積によって成立する判例法も，条文化された規範ではないが，教育法の範囲に含まれる．

法形式による分類　法令は一般に，その形式や効力によって分類される（☞②）．教育法の種類は，成文法と不成文法に分けられる．成文法においては，上は憲法から下は告示まで，その間に国会が制定する法律，内閣が定める政令，各省大臣が定める省令，その他自治法令として地方自治体の議会が定める条例，地方公共団体の長が定める規則，というように諸法規が存在する．教育委員会の規則は教育に固有の自治法令である．

法体系維持の諸原則　①憲法を頂点とする法体系において，上位法は下位法に優先する（形式的効力の原則）．②同じ形式的効力をもつ法令間では，時間的に後に制定された法の内容が優先する（後法優位の原則）．③ある事象に関し，特定の人，特定の地域，特定の扱い方などに限って規定した法（特別法）は，一般的，原則的に規定した法（一般法）に優先する（特別法優先の原則）．教育法の制定，執行にあたっては，とくに，準憲法的性格をもつといわれる教基法の趣旨が尊重されねばならない（最高裁昭51・5・21判決を参照のこと）．

教育における法律主義　わが国では，大日本帝国憲法下においては，教育財政に関する事項が法律によって規定されていたのを例外として，教育は天皇の大権事項とされ，勅令によるのが一般的であった（勅令主義）．しかし戦後，教育に関する重要事項は，分野にかかわらず法律によって規定されることになった（法律主義）．「法律の定めるところにより」（憲法26）国民は教育を受ける権利を有するのである．しかし法規定は抽象性を免れず，その執行にあたっては法解釈が必要になり，その解釈をめぐり対立状況が生じ，教育裁判の契機ともなる．また，法律主義が教育を国会党派の政争に巻き込む弊をどのようにして防止するかが課題となる．

（池田・窪田）

1 主要教育関係法令一覧

基本関係	憲法*・教基法*
学校教育関係	学校法*・標準法・高校標準法・国立大学法人法・地方独立行政法人法・中確法・教科書発行法・教科書無償措置法
教育奨励関係	就学奨励法・特別支援学校就学奨励法・理振法・産振法・定通法・へき振法・日本学生支援機構法
学校環境関係	学校保健安全法・学校給食法・日本スポーツ振興センター法
私立学校関係	私学法・私学助成法・私学振興財団法
社会教育関係	社教法*・図書館法・博物館法・スポーツ振興法・文化財保護法・生涯学習振興法
教育職員関係	特例法・地公法・給与負担法・教員人材確保法・教職員給与特別法・免許法
教育行財政関係	地方教育行政法*・自治法・文設法・地財法・地方交付税法・教育費負担法・給与負担法・施設費負担法・災害復旧費負担法・公立高等学校危険建物改築促進臨時措置法

(法律の正式名称について巻末「法令略称一覧」を，＊については付録法令を参照のこと)

2 教育法の分類

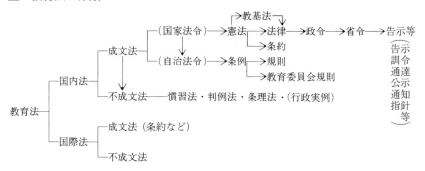

（4）教　育　権

概念　広義には，子ども・親・教師・国民等の教育に関する権利・義務関係の総体を指し，狭義には，教育をする権利をいう．1960年代から70年代にかけての教育裁判においては，人権としての教育の自由を主張する「国民の教育権」と教育内容の権力的決定を主張する「国家の教育権」をめぐって議論が繰り広げられた．戦前の教育が国家による強い支配の下，形式的・画一的になっていたことへの反省から，戦後の教育改革が，天皇主権から国民主権への憲法原理の転換に即して行われたことを考えれば，教育権は，個々人に保障されるべき人権としての性格をもつといえる．もちろん，このような権利保障のためには，国家の関与も否定し得ないが，それは「国家の教育権」と同じではない．

教育権構造とその課題　憲法第26条は，教育を受ける権利を保障している．これは，健康で文化的な最低限度の生活を営む権利や勤労の権利等がそうであるように，教育に関する社会権的側面を規定するものである．しかし，これをそのまま「教育権」と呼んでしまうと，自由権としての教育の自由がうまく整理できなくなる．そこで，教育を受ける権利を，学習する側の自主的な立場からとらえ直すことばとして「学習権」がある．学習権は，生存権の不可欠の要素であり，学習を保障するよう要求する権利である．そのため，教育主体の教育権の根拠であるとともに，それらの自己抑制の規範であるとの認識が求められる．

　1985年，第4回ユネスコ国際成人教育会議が「学習権宣言」を採択し，国際文書の中で，学習権が基本的人権のひとつとして明示された．それによれば，学習権とは，読み・書き，質問・分析，想像・創造，自分自身の世界を知る・歴史を綴る等の権利であり，それは，人類が生き残るために不可欠なものであるとされる（☞2）．しかし，ここには難しい問題も含まれている．例えば，人的移動の国際化の現代において，読み，書く権利とは，どのような言語での権利であるのかが課題となろう．公用語か母語か，外国人を受け入れたその国の言語か．歴史を綴る権利についても，「誰の」歴史についてなのか．そこには，外交問題やイデオロギーの問題抜きには語れない争点がある．また，子どもの権利行使能力に関する課題もある．なお，学習は人間の成長発達に不可欠であり，したがって，学習権は子どもに限られた権利ではない（生涯学習権）． （池田・窪田）

1 教育権のカタログ

教育権主体	主要な教育権	主要な法的根拠
学習者（子ども）	教育（監護）を受ける権利．思想・信条・学問・学習の自由	憲法19・20・21・23・26．教基法2・3・4・14・15・16．民法820．
親（保護者）	家庭教育の自由．学校選択の自由	憲法19・20・23．民法820．学校法施令9
教師（学校）	教育課程決定権．教材選択権．評価・懲戒権．学校経営権．	憲法19・20・21・23・26．教基法1・2・9・16．学校法11・37．
学校設置者（学校法人）	学校設置法．学校管理権．宗教教育の権利．	教基法6・8・15．学校法2・5．学校法
地方公共団体	学校設置者の諸権限（宗教教育は含まず）．教育条件整備の諸権限．	教基法4・5・8・15・16．学校法2・5．地方教育行政法．地方自治法2．
国	学校設置者としての国の諸権限（同上）．教育制度の制定権．国家基準設定権．指導・助言・援助の諸権限	憲法26・41．学校法2・3・5．地方教育行政法25・48・52．国庫負担補助の諸法律．文部科学省設置法4．国立学校設置法．

2 ユネスコ「学習権宣言」（1985年）

学習権を承認することは，今や，以前にもまして重大な人類の課題である．
学習権とは，
　　読み，書きできる権利であり，
　　疑問をもち，じっくりと考える権利であり，
　　想像し，創造する権利であり，
　　自分自身の世界を知り，歴史を綴る権利であり，
　　教育の諸条件を利用する権利であり，
　　個人および集団の技能を発達させる権利である．
成人教育パリ会議は，この権利の重要性を再確認する．
学習権は，将来のためにたくわえておく文化的贅沢品ではない．
学習権は，生き残るという問題が解決されたのちにはじめて必要になる権利ではない．
学習権は，基礎的欲求が満たされたのちに行使される第二段階の権利ではない．
学習権は，人類が生き残るために不可欠な手段である．
もし，世界の人びとが，食糧生産およびその他の欠くことのできない人間的欲求を自分で満たすことを望むならば，彼等は学習権をもたなければならない．もし，男性も女性も，より健康な生活を享受すべきであるとするならば，彼等は学習権をもたなければならない．もし，われわれが戦争を防止すべきであるとするならば，われわれは平和に生き，相互に理解しあうことを学ばなければならない．（以下略）

（5） 義 務 性

義務化の歴史 公教育の義務性とは，一般に義務教育の制度を導く原理とされている．義務教育の歴史的原型は，原始社会における入社式に求めることができる．古代ギリシャのスパルタにおいては，自由民の子を対象とした義務教育が存在した．さらに16世紀の宗教改革運動において，特にルターは，改革した宗教の民衆への徹底を図るために教育の義務性を主張した（☞ [1]）．この延長線上に，絶対主義は強制教育としての義務教育を完成させた．

義務性の転換 近代以前の義務教育は，その時々の社会の支配層による支配体制維持の必要から出てきたもので，したがってその対象は，支配者層の子に限られるか，あるいは支配者にとって有利となるかぎりにおいて被支配者層の子をも含むものであった．しかし近代においては，基本的人権としての教育権の台頭により，教育を受ける権利を保障することが国家・社会の義務であるという考え方が主流となっていった（☞ [2]）．したがって義務教育とは，法制上，就学義務のみを指すのではなく，学校設置の義務，避止義務，さらには義務教育の無償，あるいは教育援助など，国・地方公共団体等の義務も含むものとなっている．日本では，戦前においては実質的に，国家に対する国民の義務が強調されてきたが，戦後，日本国憲法（26②）や旧教育基本法（3①）の規定により，教育を権利として位置づけ，それを機会均等の原則の下に保障することが宣言された．義務教育は，子どもの教育を受ける権利を保障するための義務へと転換したのである．したがって，当然ながら，障害のある子どもに対する教育もこの平等性の原則の上に保障されることになる．しかし，その制度は別学を基本としている点で，大きな問題を含むものとなっている．なぜなら，1994年のサラマンカ宣言において，インクルージョンの考え方により別学体制は否定されているからである．（☞ p.140）

教育における義務と自由 子どもの教育は，まずその親の私的な権利であり義務であるという議論は，歴史的にも，現行法制度上も可能である．これに対して，公共的機関の関与による教育の提供をいかに正当化するかについてはいくつもの議論が立ちうる．しかしながら，市場原理に基づく，就職に有利になるような知識や資格の選択権として教育の自由が語られたり，また逆に，国家主義的な必要から「公」を強圧的に強調することは避けなければならない．「新たな公共」に関する議論を慎重に検討していく必要がある． （池田）

(5) 義務性　29

1　ルター〈人はその子を学校に入学させるべきであることについての説教〉

「私は政府にはその人民を強制して彼らの子どもを……学校に就学させるようにする責任があると考える．……もし政府に戦争に際して人民に槍や鉄砲をかつがせ，城壁をよじ登らせることを強制する権限があるなら，政府にはそれ以上に，人民をしてその子弟を学校に就学させるように強制する権限があるはずである．それ故に監督する立場にある人は監督せよ．政府が有能な子どもを見つけたらそれを学校に入れるように監督せよ．親が貧しかったら寺院の財産をもって援助せよ．」

(梅根悟監修『世界教育史体系 28　義務教育』講談社，1977，p.24)

2　世界義務教育史の大河

① 原始社会の入社式に発し，ギリシア等の都市国家で長期化する支配的身分の後継者（男子）を対象とした義務教育．② 国家の大規模化・複雑化にともない義務教育が法的に整備（スコットランド，ヤコビの勅令）．③ フランスのルイ14世の勅令（イデオロギー中心）．④ プロイセンのフリードリヒ大王の一般国法（制度として完成）．⑤ 日本の天皇制教学（学校設置義務・無償を併用）．⑥ コンドルセ．近代の市民は能力形成に関し，他からの強制を受けない．⑦ アダム・スミス．「強いられた教育」を例外として容認．⑧ 帝国主義段階．初等教育義務を法定化．⑨ 工場法での児童労働の制限．⑩ ヒューマニズムに立脚した子ども保護の立場からの義務教育の整備（19世紀後半）．⑪「教育への権利」（1848年フランス憲法草案）．⑫「児童の世紀」（1908年イギリス児童憲章，1905年オランダ児童法）．

(梅根，上掲書，pp.402-405)

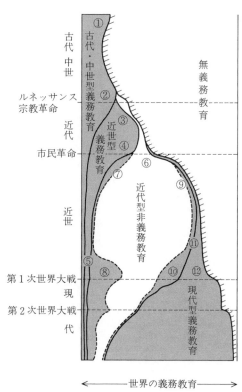

（6）無 償 性

無償性とは　教育の無償性とは，教育を受けることに対して，保護者および本人が直接にその経費を負担しないことであり，これは教育財源を私費負担ではなく公費負担（公共財源）によってまかなうことを意味する．日本では，憲法26条の「義務教育は，これを無償とする」との規定により，無償性は学習権保障の財政原理となったと理解される．

　資本主義社会は，その経済的構造において貧困階層を生み出し，その経済的能力に応じて教育上の不平等を生じさせる．したがって無償性は，学校教育へ接近することの可能性が親の経済的格差に直接に左右されないようにすることによって，学習権保障の平等化，公正化を全国的規模において実現することを目指している．教基法は，国・公立学校の義務教育の授業料無償（5④），経済的地位による差別禁止（4①）を規定するとともに，経済的困難者に対する就学奨励の義務を国および地方公共団体に課している（4③，学校教育法19，就学困難な児童及び生徒に係る就学奨励についての国の援助に関する法律，生活保護法）．また教科書の無償に関しては，憲法26条の「無償とする」の範囲には含まれず，義務教育諸学校の教科用図書の無償措置に関する法律（1963年）に基づき，国・公立のみではなく私立学校の義務教育段階にも及んでいる．

無償性の課題　教育を受けることは基本的人権のひとつであり，無償性はその権利の内容の一要素である．この場合，無償の範囲をどのように考えるかが問題となる．無償の範囲を授業料不徴収に限ったとしても，「国又は地方公共団体の設置する学校における義務教育については，授業料を徴収しない」（教基法5④）のであるから，私立学校の義務教育の場合には授業料は徴収できることになる．無償性の意義を考えれば，憲法第26条2項の「義務教育は，これを無償とする」という規定を活かし，教基法の授業料不徴収は，一つの例示とみて，教材・教具費，通学費，給食費などの直接・間接の教育費も無償の範囲に含まれるとしてもよいであろう．これは，理念や理論のレベルの問題であるばかりではなく，実際に親の経済状態がその子どもの教育機会や学力に与える影響が大きいことがいくつかの資料から明らかになっているからでもある（☞ 2）．しかし，今日，学力形成には塾，家庭教師等の学校外教育の影響が大きく，これらの便宜を享受できるか否かが教育機会獲得の格差となってあらわれている．ここに教育の無償性の限界と課題がある．　　　　　　　　　　　　　　　　（池田）

(6) 無 償 性　31

1 保護者支出教育費

支出項目別（平成16年度）

区　分	幼稚園 公立	幼稚園 私立	小学校 公立	中学校 公立	中学校 私立	高等学校（全日制） 公立	高等学校（全日制） 私立
学習費総額	238,178	509,419	314,161	468,773	1,274,768	516,331	1,034,689
学校教育費	128,667	341,273	54,515	132,603	956,233	342,152	769,458
授業料	75,916	233,700	…	…	417,161	110,289	321,612
修学旅行・遠足・見学費	2,620	2,787	6,277	25,863	50,325	35,757	50,050
学級・児童会・生徒会費	3,383	321	4,099	4,515	6,290	10,936	9,445
ＰＴＡ会費	5,149	5,233	3,179	3,872	12,421	6,612	11,262
その他の学校納付金	3,825	39,746	1,287	5,936	222,651	21,250	187,329
寄付金	103	294	29	51	13,605	673	1,340
教科書・教科書以外の図書費	1,562	3,016	1,851	4,204	11,795	19,456	19,477
学用品・実験実習材料費	8,410	11,991	16,628	21,402	27,040	19,445	21,093
教科外活動費	541	2,904	2,371	25,357	52,962	36,495	36,100
通学費	3,662	14,764	1,190	6,467	75,953	42,768	65,306
制服	3,602	6,750	3,200	19,737	45,474	24,162	31,412
通学用品費	12,147	10,437	11,089	10,392	15,538	9,802	9,219
その他	7,747	9,330	3,315	4,807	5,018	4,507	5,813
学校給食費	16,630	26,177	40,798	36,701	3,100		
学校外活動費	92,881	141,969	218,848	299,469	315,435	174,179	265,231
補助学習	32,826	43,904	96,621	234,658	202,616	129,309	202,003
家庭内学習費	23,000	25,356	23,611	21,761	35,845	22,743	27,461
物品費	16,089	16,034	14,238	7,903	19,082	11,519	14,746
図書費	6,911	9,322	9,373	13,858	16,763	11,224	12,715
家庭教師費	2,133	2,933	12,235	30,911	39,721	19,421	30,091
学習塾費	7,550	14,651	57,947	174,776	122,364	67,995	123,252
その他	143	964	2,828	7,210	4,686	19,150	21,199
その他の学校外活動費	60,055	98,065	122,227	64,811	112,819	44,870	63,228
体験活動・地域活動	1,114	2,682	5,121	4,468	9,886	4,398	6,877
芸術文化活動	21,076	31,007	43,651	21,542	51,324	15,725	26,703
月謝等	13,182	22,583	34,121	17,209	32,725	10,919	16,534
その他	7,894	8,424	9,530	4,333	18,599	4,806	10,169
スポーツ・レクリエーション活動	20,786	36,592	42,521	21,342	21,356	6,343	8,892
月謝等	18,473	32,972	32,743	12,249	12,440	2,922	4,580
その他	2,313	3,620	9,778	9,093	8,916	3,421	4,312
教養・その他	17,079	27,784	30,934	17,459	30,253	18,404	20,756
月謝等	10,615	17,446	22,545	9,051	13,527	6,644	7,845
図書費	3,373	5,319	4,534	4,410	8,878	4,772	5,103
その他	3,091	5,019	3,855	3,998	7,848	6,988	7,808

資料　文部科学省「子どもの学習費調査報告書」
(注)1　幼児・児童・生徒一人当たりの教育費（年間）である．
　　2　教科書費については，高等学校（全日制）のみ調査している．

(http://www.mext.go.jp/b_menu/toukei/002/002b/18/177.pdf)

2 東京都足立区立各中学校準要保護生徒割合と学力テスト（区教委実施）の成績との関係

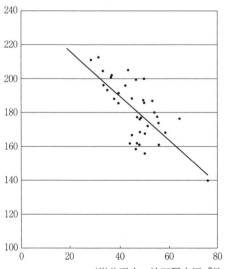

縦軸：学力テストの「各教科平均到達度合計」
　　　（05年4月，区教委実施）
横軸：準要保護児童生徒の割合（05年度，％）

（嶺井正也・池田賢市編『教育格差』現代書館，2006年，34頁）

（7）中 立 性

中立性の意義　義務性，無償性によって子どもを家庭や職場から解放し学校へ接近させることができたとしても，大切なのは保障される教育の中身である．子どもは未来に開かれた存在であり，子ども自身の自主的判断力を伸ばしていくことが学校の使命でもある．そして未来に生きる子どもたちにとってどのような価値観がふさわしいかを選び取ることは子どもたちの権利である以上，特定の党派的イデオロギーの注入（インドクトリネーション）は排除されねばならない．中立性の問題は，対立的な教育意思をいかに調整していくかという問題でもある．

中立性の内容　一般には宗教的，政治的，行政的中立性に類別される．宗教的中立性はヨーロッパにおける19世紀の近代公教育制度の成立過程で大きな争点となり，宗教教育の排除や選択権の保障などの形態をとって公教育の世俗化が確立された（☞ 3）．わが国では，教基法第15条で「宗教に関する寛容の態度」が尊重されつつも，国公立学校での「特定の宗教のための宗教教育」は禁じられている．政治的中立性は政治教育それ自体を否定するものではない．「良識ある公民として必要な政治的教養」（教基法14）を身につけさせることは民主主義国家にとっては不可欠なものである．だからこそ，特定の政党を支持する・しない等の活動は，国公私立のすべての学校において行うことはできない．また，中立性の実現には，教育行政が一般行政から相対的な独立を図ることが必要である（☞ 1・2）．しかし2006年の教基法改正は，従来の「教育は……国民全体に対し直接に責任を負って行われる」（旧教基法10）を削除し，「教育は……法律の定めるところにより行われる」（現教基法16）としたことで，行政的中立性の確保に大きな問題をもたらすことになった．

中立性論の課題　私立学校には宗教教育が認められているが，宗教的理由で私立学校を選択する場合がすべてではなく，私学といえども，生徒自身の思想・良心を選びながら自己形成する権利を保障すべきものである以上，私立学校においても宗教教育の選択や拒否の自由が保障されるべきである．政治的中立性に関しては，「中立」を強調することでかえって政治教育への取り組みを消極的にしてしまう危険性もある．また偏向教育の名のもとに教師の教育権限，公民権，労働基本権の制約を図る公権力側と，これを「公権力＝中立」の概念に支えられた「不当な支配」として批判する教育運動との対立もある．そもそも教育活動は不可避的に一定の教育価値の追求，実現を目指すものであり，ここに中立性論のディレンマがある．教育が目指すのは，特定の価値の伝授ではなく，価値を創造する力の育成であることが銘記されなければならない．　　　　　（池田）

1 教育行政と「不当な支配」

　問題は，教育行政機関が法令に基づいてする行為が「不当な支配」にあたる場合がありうるかということに帰着する．思うに，憲法に適合する有効な他の法律の命ずるところをそのまま執行する教育行政機関の行為がここにいう「不当な支配」となりえないことは明らかであるが，上に述べたように，他の教育関係法律は教基法の規定及び同法の趣旨，目的に反しないように解釈されなければならないのであるから，教育行政機関がこれらの法律を運用する場合においても，当該法律規定が特定的に命じていることを執行する場合を除き，教基法10条1項にいう「不当な支配」とならないように考慮しなければならない拘束を受けているものと解されるのであり，その意味において，教基法10条1項は，いわゆる法令に基づく教育行政機関の行為にも適用がありうるものといわなければならない．

（1976年5月21日，学力テスト旭川事件最高裁判決より）

2 教育委員会法（旧法）　第1条

　この法律は，教育が不当な支配に服することなく，国民全体に対し直接に責任を負つて行われるべきものであるという自覚のもとに公正な民意により，地方の実情に即した教育行政を行うために，教育委員会を設け，教育本来の目的を達成することを目的とする．

（1948年～．1956年に失効．）

3 宗教的中立性

　Dans les écoles, les collèges et les lycées publics, le port de signes ou tenues par lesquels les élèves manifestent ostensiblement une appartenance religieuse est interdit.

　Le règlement intérieur rappelle que la mise en œuvre d'une procédure disciplinaire est précédée d'un dialogue avec l'élève.

　公立小学校，コレージュ，リセにおいて，生徒による宗教的所属を目立つように表現する記号及び服装の着用は禁止される．

　学校内規は，懲戒手続きの実施に先立って生徒との対話を行うことを求める．

（フランス教育法典 L141-5-1）

第3世界における教育制度の原理

　本章における教育制度の原理は，主として欧米「先進国」の教育の歴史と現状から導き出されたものである．したがって，第3世界の諸国では，これらの原理がかならずしもあてはまらない場合がある．この理由として，以上の普遍原理が第3世界諸国ではまだ確立されていないとする考えと，第3世界には独自の原理が存在しているとする考えとがある．ここでは，義務性，無償性，中立性という原理が，これらの諸国でどのように適用されているかを検討することにより，グローバルな視点で教育制度の原理をとらえ直す手がかりとしたい．

I　義 務 性

　第3世界では，義務教育が制度化されていない国がある．一方，義務教育が法制化されていたとしても，未就学の当該年齢児童を数多く抱えている国もある．ただいずれの国でも，すべての児童に教育を提供することが課題とされ，これを義務教育に代わって「普遍的教育」(Universal Education) と呼ぶことがある．1960年代のカラチ・プランなどでは，「普遍的教育」は普遍的な学校教育の提供，普遍的就学，就学の普遍的継続・維持の3側面によって達成されるとされた．しかし，70年代になると，「すべての児童は，でき得れば全日制で，もしやむをえなければその他の形態で，基礎教育をうけることのできる現実的な可能性を保障されなければならない」（フォール委員会『未来の学習』）というように，義務就学を前提としつつも，学校によらない形態での基礎教育の提供が考えられている．そこでは就学年齢，就学年数ではなく，一定の課程を修了したかどうかが問題とされる．このように，かならずしも就学を義務とせず，かつての課程主義に類似した「普遍的教育」の保障が，第3世界の現実に立脚した義務教育の原理といえよう．

II　無 償 性

　第3世界において，義務教育が実現されていない原因には，学校の設置，教員の確保，教材の供給などの行政措置が十分でないことに加えて，就学すべき児童が家計を支えるために就労しなければならないという問題がある．すなわち，たとえ学校に要する費用がすべて無償となったとしても，就学を妨げる要因が完全に除去されたとはいえない．したがって，教育の無償性を，児童が就学することによる経済的損失にまで拡大して考える必要がある．

III　中 立 性

　とくに「先進国」と際立った相違がみられるのは，宗教的中立性に関してである．多くの第3世界諸国にとって，近代学校制度の形成と植民地支配とは表裏一体の関係にあった．そして，植民地支配に対抗し，ナショナリズムを軸とした国民教育建設を推進するためには，民族的アイデンティティに立脚した価値の確立が重要であり，宗教こそがその中心であった．したがって，近代教育の原理の一つである世俗化は，むしろ教育の民族性の喪失に結びつくものとも考えられる．具体的には，インドネシアやバングラデシュのようにイスラム宗教学校を公教育体系の一部として認めたり，タイのように寺への参詣や僧侶の説教を学校行事に採り入れたり，マレーシアのようにイスラム教に限って，信徒の子弟に公立学校でイスラム教育を実施している国がある．一方，公立学校では特定の宗教に関する教育を認めていないインドのような場合でも，個人の信教の自由を根拠としてはいるものの，国民相互の宗教的対立を回避して国民統合を図ることが中心的課題とされている．したがって，道徳教育の一環としての宗教教育一般の範囲を越えて，国民の信仰するあらゆる宗教についての知識を提供し，異なる宗教についての相互理解を促進することが必要とされている．　　（渋谷）

Ⅲ. 教育体系の基本問題

■本章のねらいと構成■

　前章で述べられた教育制度の諸原理は，さまざまな教育体系に具体化され，それぞれの教育体系における教育の運営に反映される．現代における教育体系では，とりわけ受教育権の保障を実現することが共通の基本課題となっている．

　本章では，教育体系の基本問題について，とくに学校体系を中心に取り上げ，これまでの学校体系の発達や，各国におけるさまざまな学校体系の特色などから，その歴史的比較的な検討を試みることによって，学校体系の基本構造を明らかにする．さらに「教育の人間化」を志向する生涯教育体系の構想を展望し，今日のわが国における教育体系の課題を解明する糸口を得ようとする．

(1) 学校体系の基本構造

学校制度と学校体系　学校制度とは学校教育の目的を達成するために合理的に組織された，学校教育に関する組織・構造・作用の総合システムとして，社会的に公認された制度をいう．学校体系とは，このような学校制度を構成する基本的な枠組みとして，各種の学校を統合関係をもつ教育系統と，接続関係をもつ教育段階によって体系化したものである．

教育系統と教育段階　一般に，学校体系の構造は，縦の系統性と，横の段階性とによって成り立っている．学校系統（系統性）は基本的には学校教育の目的・性格の違いによって分類されるが，それはまた社会階級・職業・性別・能力・障害の種類と程度などとも密接に関連している．たとえば，今日の普通教育系統・職業教育系統といった分類は，教育の目的の違いによる分類である．かつては階級の違いにより，貴族学校系統・庶民学校系統が並存していた．前者は貴族子弟の大学入学とその準備教育のために順次上から下へと構築された学校系統（下構型学校系統），後者は庶民の教育要求の高まりの中で下から上へと構築された学校系統（上構型学校系統）と呼ばれ，各々その歴史的な発達過程を異にしている（☞ 1）．学校段階は，学校の上下関係を区分するもので，いかなる教育水準のものを対象とするかによって分類され，初等・中等・高等教育段階，基礎・中間・終局学校段階，第1・第2・第3段階などの分け方がある．

接続関係と統合関係　各種の学校が学校体系としてひとつのまとまりをなすものと考えると，学校体系は，各学校段階間および各学校系統間の相互のつながりのあり方が問題になる．各学校段階間の縦のつながりを接続（articulation）関係，各学校系統間の横のつながりを統合（integration）関係という．接続関係は，例えば，下級段階から上級段階への進学制度，両者の教育内容の一貫性，教員資格の異同などから分析される．統合関係は，同一段階・異系統の学校間の施設の統合，生徒の転校・編入，教育内容の異同，教育活動の交流などから分析される．接続関係の歴史的動向は，選抜試験方式から進路指導方式へ，単一面の接続から内容・方法・教師・施設など多面的な接続へと向かっている．統合関係では，学校種別の分化は極力上級段階に移し，共学制・総合制・統合制をめざし，分化する場合も多面的な交流が図られる方向にある．

　以上のように，学校体系は，段階性，系統性，接続関係から成るのである（☞ 2）．

（桑原・清水）

（1） 学校体系の基本構造　37

1　2つの学校系統

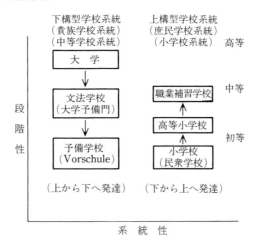

2　日本の現行学校体系

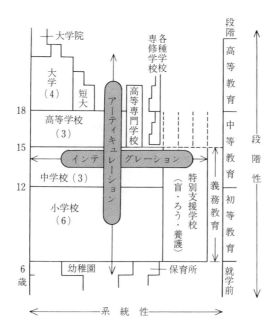

（2） 学校体系の歴史類型

学校体系の変遷　学校体系は，学校系統と学校段階の組み合わせによって，大きく複線型学校体系，分岐型学校体系，単線型学校体系に分類することができる．この3類型は，第一次大戦後の統一学校運動をきっかけとした複線型から分岐型への移行，第二次大戦後に強調されるようになった教育の機会均等理念を受けた分岐型から単線型への改革の試み，という歴史的な経緯の中に位置づけることができる（☞ 1）．

しかしこの類型はあくまでも単純化したモデルであり，実際にはどの学校段階のどの時期で分岐・統合させるのかは，各国によってまちまちであり，初等・中等教育段階の統合過程をさらに詳細に考えることもできる（☞ 2）．

複線型　複線型は，複数の学校系統が相互のつながりを持たないまま，独立して併存している学校体系である．ヨーロッパではそれぞれの学校系統と社会階級が結びつきながらこのような学校系統が発達してきたことから，階級的学校体系とも呼ばれる．複線型においては，学校系統間に連絡がないため，相互移動は原則的に不可能である．このような複数の学校系統が並立する状態は，階級別だけではなく，性別や宗教，人種によって異なる学校系統を提供する場合や，障害児教育を独立して実施する際にも認められる．

分岐型　分岐型は，学校系統の下部では学校が一つに統合されているが，ある教育段階から目的別に複数の学校が併存している学校体系を指し，その形状からフォーク型とも呼ばれる．19世紀末から20世紀初めのヨーロッパ諸国では，既存の複線型を改め，初等教育を統合して一つの学校で提供しようという「統一学校運動」が展開された．現在でも，ヨーロッパ諸国の学校体系には中等教育機関として複数の学校が用意されており（例えば，ドイツのギムナジウム，実科学校の併存），この運動の名残が認められる．「統一学校運動」の背景には，民主主義理念に支えられた，能力に基づく教育機会均等の原則がある．

単線型　教育機会均等原則をさらに徹底させようとすると，中等教育段階も統合した単線型学校体系を考えることができる．これはラダー（梯子）システムとも呼ばれ，アメリカの学校体系はその典型といえよう．またそのアメリカに強い影響を受けた日本の戦後教育改革も単線型を志向していた．現在，純粋に単線型をとる国は少なく，日本を含め，多くの国の学校体系は，単線型・分岐型両者の性格を併せ持っている．　　　　　　　　　　　　　　　　　　（大谷）

(2) 学校体系の歴史類型　39

1　学校体系の歴史類型（3類型）

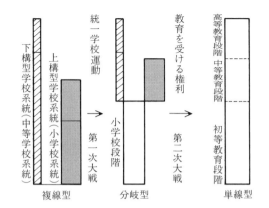

2　学校体系の類型（7類型）

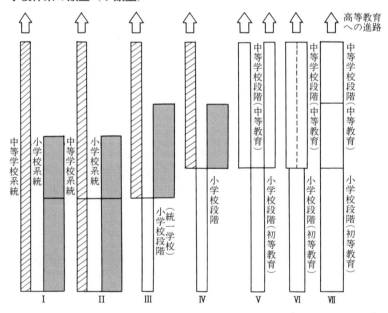

(1, 2とも真野宮雄作成)

（3） 日本の学校体系の変遷

学制の成立　1872年に制定された学制は，大学・中学・小学から成る単線型学校体系を志向していた（☞①）．

同時に学則は設立される学校の配置方法も詳細に規定していたが，財政的な事情のため，構想は頓挫した．

学校系統の分化　1880年代以降，当初の単線型は近代化に伴い国民教育を普及させ，目的別に人材を育成するため，次第に分岐型となっていった．

1. 国民教育の普及——1881年には前年の教育令改正によって，小学校中等科修了から中学校―大学へ進むルートがもうけられる（☞②）．また1986年の「学校令」の制定により，原則4年の義務教育制度（尋常小学校）が整備され，高等小学校の途中から中学校を経て帝国大学につながるエリート養成のコースが確立された．

2. 近代化の進展と中等教育機関の分化——明治後期になると近代化の進展に伴い，中堅職業人育成をねらいとして，実業学校，実業補習学校の設置が奨励される．また女子の教育要求が高まり，従来の中学校の一種として位置づけられていた高等女学校が独立する．1907年には尋常小学校が4年から6年に延長され，義務教育後の教育機関は一気に多様化する（☞③）．

3. 高等教育の拡大——大正期には近代産業の発展により高等教育機関への進学要求が高まった．臨時教育会議は従来からの学制改革論議に決着をつけるため，公私立大学や単科大学の設置を認め，同時に修学年限の短縮を目的として，従来の中学校を併合した7年制高等学校が新設された（☞④）．

4. 戦時下体制と学校制度——1941年，従来の尋常小学校，高等小学校は国民学校令により，国民学校初等科，高等科に改められ，修業年限の延長（満14歳まで）が試みられた（☞⑤）．

5. 戦後教育改革——1947年の学校教育法の公布により，6-3制の単線型学校体系が成立する．新制の中学校，高等学校は既存の各種中等学校の合併改編によって出発した（☞⑥）．

ゆるやかな分岐型へ　しかし1961年には高等専門学校が創設され，1998年には6年制の中等教育学校が新設されるなど，中等教育段階では再び学校系統の分化が見られるようになる（☞⑦）．また，戦後当初から，盲学校など（現在の特別支援学校）は小学校などと並立していることや，1960年代から問題となってきた高校間格差の事実を考えると，日本の学校体系が純粋な単線型を保っているとは言い難い．

（大谷）

（3） 日本の学校体系の変遷　41

日本の学校体系の変遷図

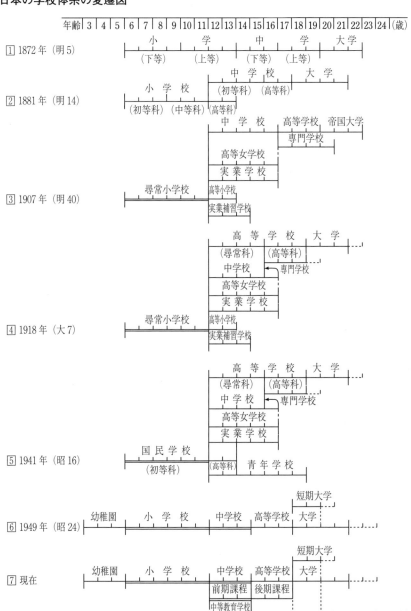

（4） 各国の学校体系

学校体系の規定要因　学校体系の基礎構造は① 学校系統（系統性），② 学校段階（段階性）という2要因により規定される．①は学校教育の目的に関する分類であり，例えば，普通教育学校系統と職業教育学校系統あるいは特別支援教育学校系統に分類される．さらに，教育の形態，学校の設置主体等によって細分化が可能である．②は教育水準や心身の発達段階に関する分類であり，具体的には就学前・初等・中等（前期と後期）・高等教育等といった段階に分類される．また，各国の学校体系は，歴史的・社会的背景，教育制度に関する理論等の多様な要因により，独自の成立及び発展の歴史を有し，特徴的な運営組織が形成され，その理念や性格が規定されるといえる．そこで，さまざまな要因の相互影響関係に着目し，各国の学校体系・教育制度の特質を比較研究の方法によって把握し，解明することが可能となる．

国別・事項別の比較　国別の比較は，異なった国の学校体系を対照し，国ごとに教育の全体及びその特徴を把握する方法であり，事項別の比較は，諸外国の学校体系・教育制度の構成領域，つまりサブシステムを解明することによって，各国の教育をより深く理解する試みである．

このような比較研究は，① ある問題意識から出発して，仮説を提示，② 概念の明確化とその概念を表す指標の開発，③ 事例となる国の選択，④ データの収集，⑤ データの操作と仮説の検証という手順で行われることが多い．さらに，ここでは各国の学校体系が「どのようになっているか」にとどまらず「なぜそうなのか」という問いに答える必要がある．

学校体系の類型　国別・事項別の比較を通じて世界の学校体系・教育制度に見られる一定の動向を発見し，理論的・概念的に類型化し，説明することができる．例えば，そのような類型として，義務教育制度の類型（課程主義型，年齢主義型，年数主義型），高等教育の発展類型（エリート型，マス型，ユニバーサル型）を挙げることができる．

系統性と段階性によって諸外国の学校体系を① 単線型，② 分岐型，そして③ 複線型の体系に分類することができる．①としてはアメリカ（☞ 1），②としては初等教育段階を統一したドイツ（☞ 3），前期中等教育段階までを統一したフランス（☞ 4）の学校体系がそれぞれ挙げられる．各国の学校体系が，どの類型に属しているかを比較することにより，例えば，教育の機会均等原理の各国における捉え方を知る一つの指標となるであろう．

（デメジャン）

1 アメリカ合衆国の学校体系図

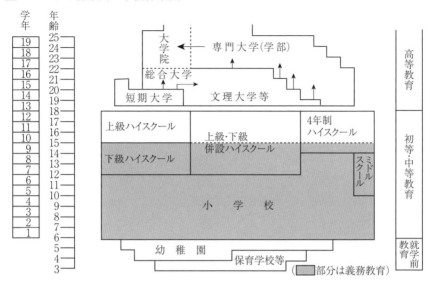

就学前教育 就学前教育は，幼稚園のほか保育学校等で行われ，通常3～5歳児を対象とする．

義務教育 就学義務に関する規定は州により異なる．就学義務開始年齢を7歳とする州が最も多いが，実際にはほとんどの州で6歳からの就学が認められており，6歳児の大半が就学している．義務教育年限は，9～12年であるが，9年又は10年とする州が最も多い．

初等・中等教育 初等・中等教育は，合計12年であるが，その形態は①6-3(2)-3(4)年制，②8-4年制及び③6-6年制の三つに大別される．このほか，5-3-4年制や4-4-4年制などが行われている．沿革的には，今世紀初めには8-4年制が殆どであったが，その後6-6年制，次いで6-3(2)-3(4)年制が増加し，最近はミドルスクールの増加にともない，5-3-4年制あるいは4-4-4年制が増えている．このほか，初等中等併設型の学校もある．2000年について，公立初等学校の形態別の割合をみると，3年制又は4年制小学校7.0％，5年制小学校32.4％，6年制小学校20.7％，8年制小学校7.5％，ミドルスクール16.8％，初等中等併設型学校7.3％，その他8.3％であり，公立中等学校の形態別の割合をみると，下級ハイスクール（3年又は2年制）12.2％，上級ハイスクール（3年制）2.5％，4年制ハイスクール48.4％，上級・下級併設ハイスクール（通常6年）12.2％，初等中等併設型学校18.8％及びその他5.8％となっている．なお，初等中等併設型学校は初等学校，中等学校それぞれに含め，比率を算出している．

高等教育 高等教育機関は，総合大学，文理大学，専門大学（学部）（Professional schools）及び短期大学の4種類に大別される．総合大学は，文理学部のほか職業専門教育を行う学部及び大学院により構成される．文理大学は，学部レベルの一般教育を主に行うが，大学院を持つものもある．専門大学（学部）は，医学，工学，法学などの職業専門教育を行うもので独立の大学として存在するものと総合大学の一学部となっているものとがある．専門大学（学部）へ進学するためには，通常，総合大学又は文理大学において一般教育を受け（年限は専攻により異なる），さらに試験，面接を受ける必要がある．短期大学には，従前からの短期大学（ジュニアカレッジ）のほか，コミュニティカレッジがある．州立の短期大学は主としてコミュニティカレッジである．

2 イギリス（連合王国）の学校系統図

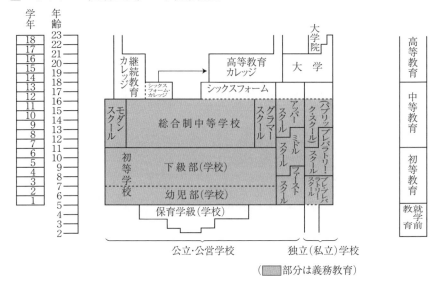

（░部分は義務教育）

就学前教育 保育学校及び初等学校付設の保育学級で行われる．
義務教育 義務教育は5～16歳の11年である．
初等教育 初等教育は，通常6年制の初等学校で行われる．初等学校は，5・6歳児を対象とする前期2年（幼児部）と7～11歳児のための後期4年（下級部）とに区分される．両者は一つの学校として併設されているのが一般的であるが，一部には幼児学校と下級学校として別々に設置しているところもある．また一部において，幼児部（学校）・下級部（学校）に代えてファーストスクール（5～8歳，5～9歳など）及びミドルスクール（8～11歳，9～12歳など）が設けられている．
中等教育 中等教育は通常11歳から始まる．原則として無選抜の総合制学校が一般的な中等学校の形態で，ほぼ90％の生徒がこの形態の学校に在学している．このほか，選抜制のグラマー・スクールやモダン・スクールに振り分ける地域も一部にある．義務教育後の中等教育の課程・機関としては，中等学校に設置されているシックスフォームと呼ばれる課程及び独立の学校として設置されているシックスフォーム・カレッジとがある．ここでは，主として高等教育への進学準備教育が行われる．初等・中等学校は，経費負担などの観点から，地方教育当局が設置・維持する公立（営）学校，国庫補助学校及び公費補助を受けない独立学校の3つに分類される．国庫補助学校は，従来公立（営）学校であったものが，地方教育当局の所管を離れ，国から直接補助金を得て自主的に運営される学校である（1999年度から地方補助学校に移行．独立性は変わらないが補助金は地方から交付）．また，独立学校には，いわゆるパブリック・スクール（11，13～18歳）やプレパラトリー・スクール（8～11歳，13歳）などが含まれる．
高等教育 高等教育機関には，大学及び高等教育カレッジがある．これらの機関には，第一学位（学士）取得課程（通常修業年限3年間）のほか，各種の専門資格取得のための短期の課程もある．1993年以前は，このほか，ポリテクニク（34校）があったが，すべて大学となった．また，継続教育カレッジ（後述）においても，高等教育レベルの高等課程が提供されている．
継続教育 継続教育とは，義務教育後の多様な教育を指すもので，一般に継続教育カレッジと総称される各種の機関において行われる．青少年や成人に対し，全日制，昼・夜間のパートタイム制などにより，職業教育を中心とする多様な課程が提供されている．

(4) 各国の学校体系　45

3　ドイツの学校系統図

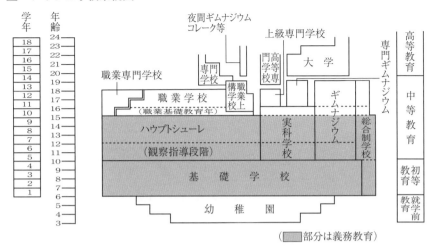

（■部分は義務教育）

就学前教育　幼稚園は満3歳からの子どもを受け入れる機関であり，保育所は2歳以下の子どもを受け入れている．

義務教育　義務教育は9年（一部の州は10年）である．また，義務教育を終えた後に就職し，見習いとして職業訓練を受ける者は，通常3年間，週に1～2日職業学校に通うことが義務とされている（職業学校就学義務）．

初等教育　初等教育は，基礎学校において4年間（一部の州は6年間）行われる．

中等教育　生徒の能力・適性に応じて，ハウプトシューレ（卒業後に就職して職業訓練を受ける者が主として進む．5年制），実科学校（卒業後に職業教育学校に進む者や中級の職につく者が主として進む．6年制），ギムナジウム（大学進学希望者が主として進む．9年制）が設けられている．総合制学校は，若干の州を除き，学校数，生徒数とも少ない．後期中等段階において，上記の職業学校（週に1～2日の定時制．通常3年）のほか，職業基礎教育年（全日1年制），職業専門学校（全日1～2年制），職業上構学校（職業訓練修了者，職業訓練中の者などを対象とし，修了すると実科学校修了証を授与．全日制は少なくとも1年，定時制は通常3年），上級専門学校（実科学校修了を入学要件とし，修了者に高等専門学校入学資格を授与．全日2年制），専門ギムナジウム（実科学校修了を入学要件とし，修了者に大学入学資格を授与．全日3年制）など多様な職業教育学校が設けられている．また，専門学校は職業訓練を終えた者等を対象としており，修了すると上級の職業資格を得ることができる．夜間ギムナジウム，コレークは職業従事者等に大学入学資格を与えるための機関である．なお，ドイツ統一後，旧東ドイツ地域各州は，旧西ドイツ地域の制度に合わせる方向で学校制度の再編を進め，多くの州は，ギムナジウムのほかに，ハウプトシューレと実科学校を合わせた学校種（5年でハウプトシューレ修了証，6年で実科学校修了証の取得が可能）を導入した．

高等教育　高等教育機関として，大学（総合大学，教育大学，神学大学，芸術大学など）と高等専門学校がある．修了にあたって標準とされる修業年限は，通常，大学で4年半，高等専門学校で4年以下とされているが，これを超えて在学する者が多い．

4 フランスの学校系統図

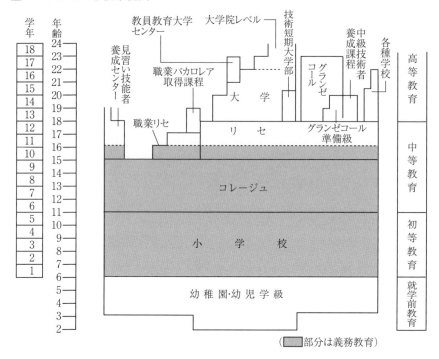

(▨部分は義務教育)

就学前教育 就学前教育は，幼稚園又は小学校付設の幼児学級・幼児部で，2～5歳の幼児を対象として行われる．

義務教育 義務教育は6～16歳の10年である．

初等教育 初等教育は，小学校で5年間行われる．

中等教育 前期中等教育は，コレージュ（4年制）で行われる．このコレージュでの4年間の観察・進路指導の結果に基づいて，生徒は後期中等教育の諸学校・課程に振り分けられる（いわゆる高校入試はない）．第3，4学年では普通教育課程のほかに技術教育課程などで将来の進路に合わせた学習内容が提供される．技術教育課程は職業リセに設けられる場合もある．後期中等教育は，リセ（3年制）及び職業リセ（2年制．職業バカロレア取得を目指す場合は2年修了後さらに2年の計4年）等で行われる．

高等教育 高等教育は，国立大学（学部レベル3～4年制，2年制の技術短期大学部等を付置している），私立大学（学位授与権がない．年限も多様），3～5年制の各種のグランゼコール（高等専門大学校），リセ付設のグランゼコール準備級及び中級技術者養成課程（いずれも標準2年）等で行われる．これらの高等教育機関に入学するためには，原則として「バカロレア」（中等教育修了と高等教育入学資格を併せて認定する国家資格）取得試験に合格し，同資格を取得しなければならない．グランゼコールへの入学に当たっては，バカロレアを取得後，通常，グランゼコール準備級を経て各学校の入学者選抜試験に合格しなければならない（バカロレア取得後に，準備級を経ずに直接入学できる学校も一部にある）．なお，教員養成機関として，主として大学3年修了後に進む教員教育大学センター（2年制）がある．

5 中国の学校系統図

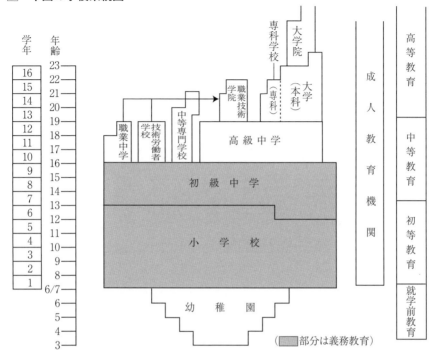

就学前教育　就学前教育は，幼稚園（幼児園）又は小学校付設の幼児学級で，通常3〜6歳の幼児を対象として行われる．

義務教育　9年制義務教育を定めた義務教育法が1986年に成立し，施行された．実施に当たっては，各地方の経済的文化的条件を考慮し地域別の段階的実施という方針がとられている．2002年までに全国の91％の地域で9年制義務教育が実施されている．

初等教育　小学校（小学）は，6年制である．義務教育法には入学年齢は6歳と規定されており，従来の7歳から6歳へ移行中であるが，一部の都市で6歳又は6歳半入学が実施されているのみで，7歳入学の地域がまだ多い．6歳入学の場合，各学校段階の在学年齢は7歳入学の場合よりも1歳ずつ下がる．現在農村部を中心にかなりの地域では5年制となっているが，これらの地域では今後，6年制に延長する方針が示されている．

中等教育　初級中学（3〜4年）卒業後の後期中等教育機関としては，普通教育を行う高級中学（3年）と職業教育を行う中等専門学校（中等専業学校，一般に4年），技術労働者学校（技工学校，一般に3年），職業中学（2〜3年）などがある．

高等教育　大学（大学・学院）には，学部レベル（4〜5年）の本科と短期（2〜3年）の専科とがあり，専科のみの学校を専科学校と呼ぶ．また，近年専科レベルの職業教育を行う職業技術学院（従来の短期職業大学を含む）が設置されるようになった．大学院レベルの学生（研究生）を養成する課程・機関（研究生院）が，大学及び中国科学院，中国社会科学院などの研究所に設けられている．

成人教育　上述の全日制教育機関のほかに，労働者や農民などの成人を対象とするさまざまな形態の成人教育機関（業余学校，夜間・通信大学，ラジオ・テレビ大学等）が開設され，識字訓練から大学レベルの専門教育まで幅広い教育・訓練が行われている．

6 韓国の学校系統図

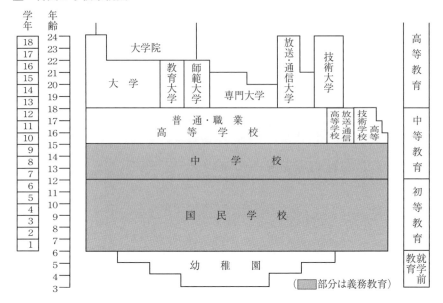

就学前教育　就学前教育は，3～5歳児を対象として幼稚園で実施されている．
義務教育　義務教育は6～15歳の9年である．
初等教育　初等教育は，6歳入学で6年間，初等学校で行われる．
中等教育　前期中等教育は，3年間，中学校で行われる．後期中等教育は，3年間，普通高等学校と職業高等学校で行われる．普通高等学校は，普通教育を中心とする教育課程を提供するもので，各分野の英才を対象とした高等学校（芸術高等学校，体育高等学校，科学高等学校，外国語高等学校）も含まれる．職業高等学校は，職業教育を提供するもので，農業高等学校，工業高等学校，商業高等学校，水産・海洋高等学校などがある．
高等教育　高等教育は，4年制大学（医学部など一部専攻は6年），4年制教育大学（初等教育担当教員の養成），及び2年制あるいは3年制の専門大学で行われる．大学院には，大学，教育大学及び成人教育機関である産業大学の卒業者を対象に，2～2.5年の修士課程と3年の博士課程が置かれている．
成人教育　成人や在職者のための継続・成人教育機関として，放送・通信大学，産業大学，技術大学（夜間大学），高等技術学校，放送・通信高等学校が設けられている．

(4) 各国の学校体系　49

7　ロシア連邦の学校系統図

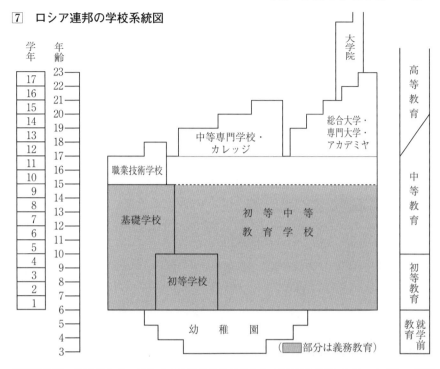

就学前教育　生後2か月〜7歳までの乳幼児を対象として幼稚園で行われる．ただし，育児休暇制度等により，1歳半までは家庭で保育される場合が多い．

義務教育　「改正ロシア連邦教育法」(1996年1月)は，15歳までに初等・前期中等教育を履修することを義務と定めている．同法は，義務教育の開始年齢及び修業年限については明示していないが，実態は6歳から15歳までの9年間である．なお，現在，義務教育年限の1年間延長が一部で実験的に行われている．

初等・中等教育　いずれの学校に入学しても第9学年までは共通の普通教育を受ける．第9学年修了後のコースは，主として①初等中等教育学校第10・11学年と②職業技術学校があり，生徒は能力・適性に応じて選択する．職業技術学校には初等中等教育学校第11学年修了を入学資格とする課程もある．修業年限は専門分野によって異なる．中等専門学校とカレッジは，一般的に初等中等教育第11学年修了を入学資格とし，卒業後，高等教育機関の第2・3学年に編入できる．中等専門学校には第9学年修了を入学資格とする課程もある．

高等教育　総合大学，専門大学及びアカデミヤがあり，修業年限は2〜6年である．(課程により2〜3年，4年〜，5年〜の3タイプがある) 総合大学や規模の大きい専門大学並びに研究所には大学院(アスピラントゥーラ：博士候補養成課程，3年制，及びドクトラントゥーラ：博士号取得課程，アスピラントゥーラ修了後3年以内)が設けられている．

(1〜7：文部科学省『教育指標の国際比較』(平成17年版，2005年)

（5） 学校体系の基本問題

人間の発達過程と学校体系　今日の学校体系では，一人ひとりの教育を受ける権利を保障するために，とくに人間の成長・発達過程に応じた教育の実現が求められている．こうした要請に応えようとする学校体系には，次のような基本的な教育課題がある．

① 人間の成長・発達過程における連続性に対応した教育を行う．
② 人間の発達における共通性を基礎にするとともに，それぞれの能力・適性に応じた教育を行う．
③ 人間の実生活における生活課題に対応した教育を行う．

アーティキュレーションの問題　①からは，アーティキュレーション（articulation，学校段階間の接続関係）をできるだけ円滑にすることが問題となる．具体的には次のような諸相に表れる．

・進学制度の形態―自動進学制，入学試験（資格試験，競争試験）制，内申書等による進路指導（漸進的進路決定）制など（☞ 1）
・接続の方法 ── 教員の相互交流，教育課程の一貫性，生徒資料の送付，体験入学等教育活動の交流など

インテグレーションの問題　②からは，並列した学校教育のインテグレーション（integration，統合）が問題となる．一般に，中等教育段階以上においては，多様な能力・適性・進路希望をもつ学習者の要求に応ずるため，多種類の学校や課程に分化し並列する傾向が強い．しかし，さまざまな生活様式をもつ者が，人間として全面発達を遂げ，民主的で平和な国家社会の形成者となるためには，同一教育段階に位置する別系統の教育組織が統合される必要がある．次の例がある．

・高等学校における普通科と専門学科（☞ 2）
・普通児教育系統と障害児教育系統

コンビネーションの問題　③からは，学習者の実生活における学習と，教育組織における教育とをいかに結合するか，そのコンビネーション（combination，結合）が問題となる．教育は，実生活で生きる力を増強することを目的とする．したがって，教育組織においても，実生活の中で必要の生じた問題解決能力の発達という課題を受けとめる必要がある．また，コンビネーション原理は，次の例のように，硬直化した学校教育を柔軟な視野から捉え直す新たな視座を提示する（☞ 3）．

・美術の授業と美術館へのデート
・家庭科の授業と夕食の準備等

（福野）

（5） 学校体系の基本問題　　*51*

1　アーティキュレーションの例　1999（平成11）年中央教育審議会答申

「初等中等教育と高等教育との接続の改善について」（第4章　第2節）
　初等中等教育と高等教育の接続を考えるに当たっては，とかく入学者選抜に焦点が当たりがちである．［中略］特に，今後はいかに高校教育から高等教育に円滑に移行させていくかという観点から，接続の問題を考えるべきであって，入学者選抜の問題だけではなく，カリキュラムや教育方針などを含め，全体の接続を考えていくことが必要であり，初等中等教育から高等教育までそれぞれが果たすべき役割を踏まえて，一貫した考え方で改革を進めていくという視点が重要である．
　その際，［中略］初等中等教育と高等教育がそれぞれ独自の目的や役割を有していることを踏まえつつ，高等学校と大学の両者がいかにしてそれぞれの責任を果たしていくかという観点から検討を行うべきである．
（出典：文部科学省ホームページ
　　http://www.mext.go.jp/b_menu/shingi/chuuou/toushin/991201e.htm　2007年5月現在）

2　インテグレーションの例　総合学科

　総合学科は，普通科及び専門学科と並ぶ新しい学科として，平成6年度から制度化されています．総合学科で行われる教育の特色として，
・幅広い選択科目の中から生徒が自分で科目を選択し学ぶことが可能であり，生徒の個性を生かした主体的な学習を重視すること．
・将来の職業選択を視野に入れた自己の進路への自覚を深めさせる学習を重視すること．
などが挙げられます．
　高等学校の学科は，新制高校発足当時から普通科と専門学科（職業学科）の2学科制でしたが，2学科制では，現在の高校生の能力・適正，興味・関心，進路等の多様化に対応することが困難であり，また，普通科は進学，職業学科は就職という固定的な考え方が，学校の序列化や偏差値偏重の進路指導などの問題を生じさせているとの考えから，普通科と職業学科とを統合するような新たな学科を設けることにしたものです．
（出典：文部科学省ホームページ
　　http://www.mext.go.jp/a_menu/shotou/kaikaku/seido/04033101.htm　2007年5月現在）

3　コンビネーションの例　1981（昭和56）年中央教育審議会答申

「生涯学習について」（第1章）
　［前略］現代の社会では，我々は，あらゆる年齢層にわたり，学校はもとより，家庭，職場や地域社会における種々の教育機能を通じ，また，各種の情報や文化的事象の影響の下に，知識・技術を習得し，情操を培い，心身の健康を保持・増進するなど，自己の形成と生活の向上とに必要な事柄を学ぶのである．［中略］
　今日，変化の激しい社会にあって，人々は，自己の充実・啓発や生活の向上のため，適切かつ豊かな学習の機会を求めている．これらの学習は，各人が自発的意思に基づいて行うことを基本とするものであり，必要に応じ，自己に適した手段・方法は，これを自ら選んで，生涯を通じて行うものである．その意味では，これを生涯学習と呼ぶのがふさわしい．［後略］
（出典：文部科学省ホームページ
　　http://www.mext.go.jp/b_menu/shingi/chuuou/toushin/810601.htm　2007年5月現在）

（6）生涯教育論と生涯学習体系

ユネスコ生涯教育論の登場　生涯にわたる教育の必要性の主張は，『論語』など中国の古典にも散見される．これら儒教における修養の教えは，よりよい生き方を求める人々の指標として受け継がれてきた（☞ 1 ）．

　1960年代に台頭した現代的生涯教育論は，これら古典的生涯教育論とは一線を画する．20世紀後半の社会・文化・経済状況（科学技術の急速な発展と産業・労働の構造変動，平均寿命の延長と生活の変化による余暇の増大など）は，学校教育の内容・役割の見直しと学校以外の教育の拡充・整備を不可避とした．教育概念の抜本的な転換を企図するユネスコは，パリで開催された成人教育国際推進会議（1965年）において「生涯教育」の理念を採用する．議長をつとめたポール・ラングランは，「教育は，児童期・青年期で停止するものではない．それは，人間が生きているかぎり続けられるべきものである」と述べている．

生涯教育から生涯学習体系へ　ユネスコの提唱をうけ，日本でも生涯教育理念を具体化するための政策的検討が進められた．中央教育審議会は，1971年のいわゆる「四六答申」において「生涯教育の観点から全教育体系を総合的に整備する」必要性を指摘した．また，1981年の「生涯教育について」の答申でも，家庭・学校・社会を通じてのライフ・ステージ別の教育課題を検討し，生涯教育を進めるための必要な施策を提言している．同答申は「生涯学習」の概念を初めて公式に用いたことでも知られる（☞ 2 ）．1986年の臨時教育審議会第二次答申は，「学校教育体系の肥大化に伴う弊害，とくに，学歴社会の弊害を是正する」必要性を訴え，「生涯学習体系への移行」を提唱した．以後，わが国の教育政策の中核に生涯学習が明確に位置づくこととなる．

生涯学習体系の構想　「いつでも，だれでも，どこでも，必要な内容を，必要に応じて」学ぶことを可能にする生涯学習社会を実現するためには，さまざまな学習機会を総合的に整備するとともに，それらの有機的なつながりを考えなければならない．ユネスコの「生涯教育」の初期の英訳 "lifelong integrated education" にも示されるように，個々の学習機会が「垂直的」（時系列的）にも「水平的」（空間的）にも統合された "教育＝学習" のシステム（生涯学習体系）が構想されなければならない（☞ 3 ）．既存の諸制度（学校教育，社会教育，職業能力開発など）の柔軟性や開放性を高めるとともに，相互に連携・融合させる仕組みが求められていると言えよう．　　　　　　　　　　　　（猿田）

1 古典的生涯教育論

◇孔子『論語』
「子曰く，吾十有五にして学に志す．三十にして立ち，四十にして惑わず．五十にして天命を知る．六十にして耳順う．七十にして心の欲する所に従えども，矩を踰えず．」(為政編)

◇佐藤一斎『言志四録』
「少にして学べば，則ち壮にして為すこと有り．壮にして学べば，則ち老いて衰えず．老いて学べば，則ち死して朽ちず．」

2 生涯教育と生涯学習

「人間が生涯を通じて資質・能力を伸ばし，主体的な成長・発達を続けていく上で，教育は重要な役割を担っている．今日，人々が自己の充実や生活の向上のため，その自発的意思に基づき，必要に応じ自己に適した手段・方法を自ら選んで行う学習が生涯学習であり，この生涯学習のために社会の様々な教育機能を相互の関連性を考慮しつつ，総合的に整備・充実しようとするのが生涯教育の考え方である．」

(中央教育審議会答申「生涯教育について」1981年)

3 垂直的・水平的統合の実現による生涯学習体系の構築

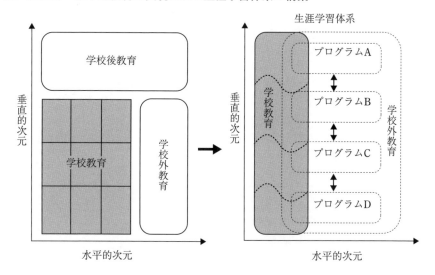

教育段階論

I ユネスコによる教育段階（ISCED 1997）

レベル	開始年齢	段階名	教育段階を決定する主な基準
0	3歳	就学前教育	施設における養育過程の教育的性質／学校，センターを基にして設置
1	5-7歳	初等教育／基礎教育の第1段階	3R's（読み・書き・算）の体系的な基礎学習／就業年限6年程度／義務教育の開始時
2	初等教育修了時 11-13歳	前期中等教育／基礎教育の第2段階	教科（科目）による授業／生涯学習の基盤をなす基本・基礎学力の習得／就業年限3年程度／多くの国の場合，義務教育の最終段階
3	15-16歳	（後期）中等教育	入学資格としてISCED 2段階の教育を修了（9学年程度）
4	通常，中等教育段階より高い年齢層	中等後教育／継続教育	入学資格としてISCED 3段階の教育を修了／専門性の高い教育課程／就業年限6ヶ月-2年
5		高等教育の第1段階（高等の研究資格を授与しない）	入学資格としてISCED 3，あるいはISCED 4段階の教育を修了／就業年限2年以上
6		高等教育の第2段階（高等の研究資格を授与する）	科学的研究を中心にした教育課程 学位論文を提出して審査を受けること

(UNESCO『International Standard Classification of Education (ISCED 1997)』, Paris: UNESCO, 1997 より作成)

II ヴィゴツキーの発達論における教育段階

時期	年齢	発達の特徴
3歳危機	3歳	周辺の人々との関係の成立（小規模社会化）
就学前期	3-6歳	心身の著しい発達，自己中心性・反抗心の時期 集団的遊戯の増加や他の社会的行動による社会性の発達 主な教育活動はゲーム
7歳危機	7歳	自己評価，自我意識の生成
児童期	7-12歳	主な教育活動は学習．論理的，抽象的・数概念的思考する能力の形成．教員の影響力が増大
13歳危機	13歳	自己意識の発達，自己の発見
思春期	12-17歳	性的成熟．抽象的思考能力の発達，概念作用，推理作用の発達．同年齢の友人の影響力が増大
17歳危機	17歳	心身の成熟，社会化，社会意識の発達
青年期	17-21歳	社会生活の体験，社会的活動の領域の拡大，男女関係の成立．

(Л.С.Выготский, Психология развития ребенка, М.: Смысл：Эксмо, 2005)
(ヴィゴツキー『児童発達心理学』2005 より作成)

Ⅳ. 乳幼児期の保育制度

■**本章のねらいと構成**■

　乳幼児期の保育制度においては,「乳幼児の発達権と親の生活権の同時保障」が,基本的な課題となる（第5節）.この課題へアプローチするために,本章では,① 「施設保育」の歴史を概観し（第1節）,② わが国の保育制度の歴史と現状を略述し（第2節）,③ わが国の保育制度の目的・内容（第3節）と保育者の教育（第6節）および問題を提示し（第4節）,④ 課題に示唆を与える外国の事例を紹介する（第7節）.最後に,乳幼児の発達権を保障するための保育制度の課題を明らかにする（第8節）.

（1） 保育制度の歴史

産業革命と施設保育の始まり　子どもを育てるという営みは，人間生活の基本的機能の一つであり，とくに，乳幼児に対しては，大人は絶えず保育の手を差し延べてきた．しかし，保育のための特別の制度・施設における保育（施設保育）が始まるためには，一定の社会的経済的条件が存在しなければならなかった．それは，産業革命後の社会変化と施設保育の意義の定着である．

乳幼児の保育のあり方とその重要性についての提言は，遠くギリシャ時代（たとえばプラトンの『国家論』）からみられるが，その提言が本格的になるのは，人間についての関心が高まるルネッサンス以降であり，とくにコメニウス，ルソー，ペスタロッチの著作に負うところが大きい．しかし，これらの提言は家庭保育の反省の道しるべではあったが，施設保育の提言ではなかった．

最初の施設保育の試みはフランスのオーベルランの編物学校（1770年）やイギリスの空想的社会主義者オーウェンの性格形成学院（1816年）であった．これらの試みの背景には，産業革命による児童労働・婦人労働の普及と労働者の生活環境の退廃があった．幼児の発達環境への慈善的・人道主義的対応が保育施設の必要を感じさせたのである．この施設保育にペスタロッチ流の教育理論を適用したのが幼稚園（Kindergarten）の父，フレーベルであった．

保育制度の確立と普及　こうして誕生した保育施設は，近代公教育原則に基づく国民教育制度が整備される中で，私的慈善的施設から公教育施設へと脱皮していく．イギリスの幼児学校と保育学校，フランスの母親学校，アメリカの幼稚園などが公教育体系の最初の段階に位置づけられる．この背景には，家庭保育を補うだけでなく，集団的・組織的保育を行う施設保育の必要性の認識があった．一方，フレーベルを生んだドイツなどでは，家庭保育の原則から，幼稚園は学校としてよりも家庭生活を補完する社会福祉施設として位置づけられる．20世紀初頭には，モンテッソーリに代表される科学的児童研究の発展に伴い，従来の保育内容が，幼児の発達段階に応じた遊びや経験へと刷新される．また，ソビエトでは，1930年代から，クルプスカヤらの指導により幼児の全面発達と女性の就業保障を二重目的とする保育制度が整備され，社会主義諸国のモデルとなった．各国において，すべての幼児の生活し発達する権利を保障し，施設保育を受ける機会を提供することは，第二次世界大戦後の課題となる．　　　　　（藤井）

1　世界幼児教育史略年表

1529	エラスムス（1466-1536）『子どもを産まれた直後から自由人にふさわしい方法によって，徳と学問に向かって教育することへの提言』
1632	コメニウス（1592-1670）『大教授学』
1633	コメニウス『母親学校指針』
1762	ルソー（1712-88）『エミール』
1770	オーベルラン「編物学校」を開設（社会改革の一環として設置．初めての保育施設）
1774	ペスタロッチ（1746-1827）『育児日記』
1787	ペスタロッチ『リーンハルトとゲルトルート』
1798	ホイジンガー（1766-1837）『6歳までの教育について』
1816	オーウェン（1771-1858）『新社会観』を発表し，「性格形成学院」の中に「幼児学校」を開設．（社会諸悪の根本たる無知の追放による理想社会の実現を目的）
1825	ウィルダースピン「幼児学校協会」を設置（幼児学校の設置，教員養成を目的）（英）
1826	フレーベル（1782-1852）『人間の教育』
1827	ペスタロッチ『幼児教育の書簡』
	メイヨー（1792-1846）『幼児学校の設置と指針』
	プロイセン文部省，幼児学校を奨励（独）
1828	パリに公立「保育所」が開設（仏）
1829	アポルチ，幼児学校を設立（伊）
1837	保育所に関する最初の勅令（仏）
1840	フレーベル，幼稚園を開設
1851	プロシア政府により「幼稚園禁止令」が出される（独）（1860年に解除）
1856	ドイツからの移住者シュルツ，アメリカ最初の幼稚園「ドイツ語稚園」を開設
1860	シュルツの影響を受けたピーボディ，最初の「英語幼稚園」を開設（米）
1870	初等教育法により幼児学校が公教育体系に位置づけられる（英）
1882	母親学校に関する政令「公私立母親学校は教育機関であり，そこで男女の子どもたちは，身体的，知的，道徳的発達が要求する世話を受ける」（仏）
1886	「母親学校」を公教育体系の初等段階に位置づける（仏）
1890	1890年代，公立幼稚園が爆発的に普及（米）
1900	最初の民衆幼稚園開設（ス）
1909	モンテッソーリ（1870-1952）『科学的教育方法』を発表，「子どもの家」を開設（伊）
1911	マクミラン（1861-1931）「保育学校」を開設（健康的な戸外遊びと生活指導中心）
1918	フィッシャー法「身体・精神面における健康な成長にとって，就学することが必要ないしは適切であるような，2歳以上5歳未満の児童のために」保育学校を設置（英）
1932	幼稚園課程基準公布（中）
1938	「幼稚園規定」（幼稚園は，幼児をソビエト的に教育する国家施設であり，幼児の全面発達と，女性の社会生活への参加の二重保障を目的とする）（ソビエト）
1940	バンコクに最初の国立幼稚園開設（タイ）
1946	マカレンコ（1883-1939）『全集』

（藤井穂高作成）

（2） 日本の保育制度 ── 歴史と現状

幼稚園の性格転換　わが国では1872（明5）年の学制（「幼稚小学」を規定）後，1876（明9）年に最初の幼稚園が東京女子師範学校に開設された．フレーベルの創設した幼稚園が貧しい子どもを対象としたのに対し，この幼稚園の場合は，馬車や人力車で通園する子どもたちが少なくなかった．これ以降，各地の幼稚園も都市の中流以上の子どもを対象とする教育施設として発展していった．1926（大15）年の幼稚園令は「幼稚園ハ幼児ヲ保育シテ其心身ヲ健全ニ発達セシメ善良ナル性情ヲ涵養シ家庭教育ヲ補フ」ことを目的として明記した．幼稚園教育は家庭教育と同質のものとみなされ，あるいは家庭教育の条件づくりとしての意味合いをもたされていた．これが戦前の幼稚園の最大の特徴であった．そのために，幼稚園の指導者（保母）は女子に限定されて母親代わりもしくは母親の補助者の役割が期待され，幼稚園は各種学校として位置づけられた．

　これに対し，戦後の学校教育法は幼稚園を正規の学校として確認し，教育職員免許法は独自の幼稚園教諭養成基準を設けた．これらの法的整備により組織的・計画的な幼稚園教育の積極的意義が強調され，同時に家庭および小学校に対する幼稚園の独自性の確立が期された．

託児所から保育所へ　保育所は戦前までは託児所と呼ばれており，大都市の低所得貧困家庭の幼児を預かる施設であった．最初の公立託児所は1919（大8）年に大阪市で開設された．託児所は1938（昭13）年の社会事業法の適用を受けることとなり，児童の保護を目的とするよりも，婦人労働力の確保という目的に力点が置かれた．託児施設は慈善施設に含まれ，職員・組織・設備などについての法的基準が設けられることはなかった．

　戦後の保育所は，原則的には「すべて児童は，ひとしくその生活を保障され，愛護されなければならない」（児童福祉法1②）という原理に基づき，児童の福祉を目的とし，戦前の託児所とは性格を異にする．保母（現在は「保育士」）資格が設けられ，施設・設備の基準が設定された．保育内容についても公的指針（『保育所保育指針』）が設けられている．児童福祉法は1951（昭26）年に改正され，保育所は母親の自宅外労働等により「保育に欠ける」者のみを対象とする施設となったが，今日では子育て家庭への支援も重要な役割となりつつある．

　なお，2006（平18）年に「就学前の子どもに関する教育，保育等の総合的な提供の推進に関する法律」が制定され，幼保一体的な「認定子ども園」の設置が可能となった．

（藤井）

(2) 日本の保育制度――歴史と現状　59

1　日本幼児教育史略年表

1872（明5）	学制「幼稚小学ハ男女ノ子弟六歳迄ノモノ小学ニ入ル前ノ端緒ヲ教ルナリ」（幼児教育に関する初の規定）
1875（明8）	京都府安栖里村「幼穉院」
1876（明9）	東京女子師範学校付属幼稚園
	石川県「幼稚集遊場」の設立を奨励
1878（明11）	東京女子師範学校に幼稚園保母練習科を付設（修業年限1年）
1880（明13）	東京に私立桜井女学校附属幼稚園（初めてのキリスト教幼稚園）
1883（明16）	茨城県小山村に子守学校（乳幼児の保育）
1887（明20）	石井十次による岡山孤児院などプロテスタントの保育事業が盛んになる
1890（明23）	小学校令「幼稚園図書館盲唖学校其他小学校ニ類スル各種学校ニ就テハ本令ノ規定ヲ適用スルコトヲ得（以下略）」
	小学校施行規則「幼児ヲ保育スルニハ其心身ヲ健全ニ発達セシメ善良ナル習慣ヲ得シメ以テ家庭教育ヲ補ハンコトヲ要ス」
1892（明25）	東京女子師範学校附属幼稚園に分室を設置し，貧民層の幼児を保育（簡易幼稚園のモデル）
1894（明27）	東京紡績株式会社に託児施設（初の工場託児所）
1896（明29）	「フレーベル会」（保育研究を目的とする保母団体）の結成
	文部省「学齢未満ノ児童就学禁止方」を訓令
1899（明32）	幼稚園保育及設備規定「幼稚園ハ満三年ヨリ小学校ニ就学スルマテ，幼児ヲ保育スル所トス」（幼稚園に関する最初の単行法令）
1900（明33）	東京麹町スラム街に「二葉幼稚園」
1901（明34）	フレーベル会「婦人と子ども」創刊
1914（大3）	「子どもの友」（最初の幼児用絵雑誌）創刊
1918（大7）	創作童話雑誌「赤い鳥」創刊
1919（大8）	大阪市に最初の公立託児所
1920（大9）	内務省に社会局設置（所管事項の中に「児童保護」）
	東京市による託児場の目的「少額収入者をして就学上の繋累を脱して生産力の増進を計らしむると共に，児童を通して家庭の改善を期せんとする」
1926（大15）	幼稚園令「幼稚園ハ幼児ヲ保育シテ其心身ヲ健全ニ発達セシメ善良ナル性情ヲ涵養シ家庭教育ヲ補フヲ以テ目的トス」
1933（昭8）	倉橋惣三『幼稚園真諦』
1938（昭13）	厚生省設置，省内に「児童課」を設置
	厚生省による公立託児所の定義「薄資階級ノ為ニ無料又ハ僅少ノ料金ヲ以テ昼間乳幼児ヲ受託保育シ其勤労ヲ容易ナラシム施設」
1947（昭22）	学校教育法「幼稚園は，幼児を保育し，適当な環境を与えて，その心身の発達を助長することを目的とする」
	児童福祉法「保育所は，日々保護者の委託を受けて，その乳児又は幼児を保護することを目的とする」
1951（昭26）	児童福祉法改正，保育所は「保育に欠けたるもの」だけを入所させることを明記

（藤井穂高作成）

（3） 保育施設の目的と保育内容

幼稚園の目的と保育内容　幼稚園の目的は「幼児を保育し，幼児の健やかな成長のために適当な環境を与えて，その心身の発達を助長すること」（学校法22）にある．すなわち，幼稚園における保育は幼児の「心身の発達を助長」するために行われる．この目的を実現するために，幼稚園教育の目標として ① 生活習慣を養い，身体諸機能の調和的発達を図る，② 集団生活に参加する態度と協同，自主及び自律の精神並びに規範意識の芽生えを養う，③ 社会生活や自然事象に対する正しい理解と態度及び思考力の芽生えを養う，④ 言葉の使い方を正しく導き，相手の話を理解しようとする態度を養う，⑤ 感性と表現力の芽生えを養う，の5点が定められている（学校法23）．幼稚園の教育課程の規準を示した「幼稚園教育要領」（1998（平10）年告示，翌々年実施）において，その基本は「環境を通して行う教育である」とされ，① 幼児期にふさわしい生活の展開，② 遊びを通じた総合的指導，③ 幼児一人一人の発達の特性に即した指導，の3つが重点事項として挙げられた．保育内容は，① 健康（健康な心と体を育てる），② 人間関係（人と関わる力を養い，自立心を育てる），③ 環境（身近な環境に積極的に関わる），④ 言葉（言葉に対する感覚や表現力を養う），⑤ 表現（豊かな感性を養い，創造性を豊かにする）の5領域で構成されている（☞ 1 ）．

保育所の目的と保育内容　保育所の目的は「日日保護者の委託を受けて，保育に欠けるその乳児又は幼児を保育する」（児童福祉法39）ことにあり，「養護と教育が一体となって，豊かな人間性をもった子どもを育成する」（保育所保育指針，1999（平11）年通知，翌年実施）ことが保育所における保育の特性である．

保育の目標は「子どもが現在を最もよく生き，望ましい未来の力の基礎を培うこと」とされており，① 生命の保持及び情緒の安定を図る，② 健康，安全の習慣・態度を養う，③ 自主，協調などの社会的態度を養い，道徳性の芽生えを培う，④ 自然や社会の事象についての興味・関心を育てる，⑤ 日常生活に必要な言葉を習得させる，⑥ 豊かな感性を育て，創造性の芽生えを培う，の6点が重点事項とされている．このうち ① は養護の視点（子どもが健康，安全で情緒の安定した生活ができる環境を用意すること），②〜⑥ は教育の視点（心身の健全な発達を図ること）に立つものである．保育所では，発達段階に応じて保育内容の領域が区分されており，3歳児以上では幼稚園教育要領に準じた教育が行われる（☞ 2 ）．

なお近年，幼保一元化のための取り組みが進行しており，2006年には双方の機能を併せ持つ総合施設「認定こども園」整備のための法案が可決された（幼保一元化については→（4）保育制度をめぐる問題）．　　　　　　（藤井・相良）

(3) 保育施設の目的と保育内容　61

1　幼稚園の保育内容の変遷

	保　育　内　容	特　　徴
1948（昭23）年 『保育要領―幼児教育の手引き』 （昭和22年度試案）	【12項目】 ①見学　②リズム　③休息　④自由遊び　⑤音楽　⑥お話　⑦絵画　⑧制作　⑨自然観察　⑩ごっこ遊び・劇遊び・人形芝居　⑪健康保育　⑫年中行事	・幼児の生活経験の重視 ・総合的な活動を取り入れる ・自由遊びの重視
1956（昭31）年 『幼稚園教育要領』	【6領域】 ①健康　②社会　③自然　④言語 ⑤音楽リズム　⑥絵画製作	・幼稚園と小学校の教育課程の一貫性 ・保育内容の系統化（「領域」概念の導入） ・指導計画の留意点の明確化
1964（昭39）改訂 『幼稚園教育要領』	同上	・教育内容の精選 ・幼稚園教育の独自性の明確化 ・「領域」及び「ねらい」の性格の明示
1989（平元）年改訂 『幼稚園教育要領』	【5領域】 ①健康　②人間関係　③環境 ④言葉　⑤表現	・「ねらい」と「内容」の関係の明確化 ・幼児期の特性を踏まえ，環境を通して行うことを「幼稚園教育の基本」として明示⇒ 　①幼児期にふさわしい生活の展開 　②遊びを通じた総合的指導 　③幼児一人一人の発達課題に則した指導 　の3事項の重視
1998（平10）年改訂 『幼稚園教育要領』	同上	・教師の役割の明確化 ・幼児期の発達の特性を踏まえた教育課程の編成 ・幼小連携の強化 ・子育て支援活動と時間外保育の推進

2　保育所の保育内容の変遷

	保　育　内　容	特　　徴
1948（昭23）年 『児童福祉施設最低基準』	①健康状態の観察　②個別検査　③自由遊び（音楽，リズム，絵画，製作，お話，自然観察，社会観察，集団遊び等）　④午睡　⑤健康診断	・教育面よりも養護面に重点
1965（昭40）年 『保育所保育指針』	年齢区分毎の保育内容の区分 <table><tr><th>年齢区分</th><th>領　域</th></tr><tr><td>6か月～2歳未満</td><td>①生活　②遊び</td></tr><tr><td>2歳</td><td>①健康　②社会　③遊び</td></tr><tr><td>3歳</td><td>①健康　②社会　③言語　④遊び</td></tr><tr><td>4歳 5歳 6歳</td><td>①健康　②社会　③言語　④自然　⑤音楽　⑥造形</td></tr></table>	・保育所の保育内容を充実させるための参考としての位置づけ ・幼稚園当該年齢児には幼稚園教育要領に準じた教育の実施
1990（平2）年改訂 『保育所保育指針』	3歳未満児の領域区分の廃止 <table><tr><th>年齢区分</th><th>領　域</th></tr><tr><td>4歳 5歳 6歳</td><td>①健康　②人間関係　③環境　④言葉　⑤表現</td></tr></table>	・養護の側面の重視 ・乳児保育の充実
1999（平11）年改訂 『保育所保育指針』	年齢区分から発達過程区分へ （領域は同上）	・子どもの人権への配慮，異文化の尊重 ・地域における子育て支援機能の明記 ・性別役割分業意識の排除

（4）保育制度をめぐる問題 ── 幼保二元体制

わが国の幼保二元体制　日本の保育制度は，1963（昭38）年の文部・厚生両省の共同通達以降，学校教育施設である幼稚園と児童福祉施設である保育所の二元体制が明確にされている（☞1）．両施設は，目的や機能の異なる施設であることを前提に，それぞれの対象となる幼児やその保護者の保育ニーズの違いなどにより区分されている．しかし一方で，こうした二元体制は，保護者の就労形態により幼児を区別するという問題，すべての幼児に等しく教育を提供するという教育の機会均等の原則からみた不平等，また幼児の成長発達において不可分な教育と養護とが，施設のうえで種別されているなどの問題を引き起こしている．

一元化への取り組み　現在，各地域および施設では多様化する利用者のニーズへの柔軟な対応や，地域における子育て支援の提供の推進などの社会的要請を受けて幼稚園と保育所の一体的な運営が進められており，実質的な一元化への傾向が見られる．具体例としては，幼稚園と保育所の一体的な施設の設置（東京都「いずみこども園」），行政窓口の一本化（静岡県掛川市），構造改革特区を活用した連携の推進（岐阜県瑞浪市），幼稚園・保育所の双方を含めた総合的な幼児教育の政策プログラムの策定（高知県）の取り組みがあげられる．

一方，各行政所管の連携推進も図られており，幼児教育環境の質的な向上や施設の有効利用などを目的に両施設の共用化等に関する指針や，子どもと家庭を支援するための共同行動計画が発表されている（1998年）．また新たに両施設の機能および子育て支援機能を総合的に提供する施設として，「認定こども園」が設置されることになった（2006年10月）（☞2）．同施設は，各都道府県が国の指針を参酌して定める認定基準を以て認定される．なお認定こども園の形態としては，① 幼保連携型，② 幼稚園型，③ 保育所型，④ 地方裁量型，がある．

一元化への課題　すべての幼児は「ひとしくその生活を保障され，愛護される」（児童福祉法1）とともに「その心身の発達を助長」（学校法22）される権利を有している．その権利の平等を前提とする幼保一元化を目指すならば，現行の幼稚園と保育所の両施設を機械的に結びつけることに留まらず，子どもと保護者の双方の視点に立って，一貫した就学前の幼児の教育環境を整備するという観点から，諸関係法令の見直しをはじめ，職員の養成，保育内容，施設の整備などの具体的な検討が必要となる．そうした点からも，この度の「認定こども園」の実施に期待しつつ，今後の幼保一元化の動向を見守る必要がある．　　　（石毛）

(4) 保育制度をめぐる問題——幼保二元体制   63

1　幼稚園と保育所の比較一覧

	幼　稚　園	保　育　所
根拠法令(所管)	学校教育法(文部科学省)	児童福祉法(厚生労働省)
目的	義務教育及びその後の教育の基礎を培うものとして，幼児を保育し，幼児の健やかな成長のために適当な環境を与えて，その心身の発達を助長すること(学校教育法第22条)	日日保護者の委託を受けて，保育に欠けるその乳児又は幼児を保育すること(児童福祉法第39条)
機能・役割	満3歳から小学校就学の始期に達するまでの幼児を対象に教育を行う学校	保護者の就労等により保育に欠ける乳児又は幼児等を保育する児童福祉施設
対象者	満3歳〜就学前の幼児	0歳〜就学前の保育に欠ける乳幼児．特例により児童を含む．
保育時間(一日)	4時間を標準として各園で定める．	8時間を原則とし，保育所長が定める．
保育内容の基準	幼稚園教育要領	保育所保育指針
職員資格	幼稚園教諭普通免許状	保育士資格(保育士登録証を有する者)
設置主体	国，地方公共団体，学校法人等が設置	地方公共団体，社会福祉法人等
保育料	設置者が定める．(幼稚園就園奨励補助金を所得が基準以下の家庭に，子の年齢別に支給)	市町村ごとに家庭の所得等を勘案して設定．
運営費(公費負担等)	運営費は設置者負担が原則．国は私立幼稚園に対し助成を行う都道府県への補助，就園奨励事業を行う市町村への補助を実施．	市町村が支弁した費用から利用者負担額を控除したものを国1/2，都道府県1/4，市町村1/4で負担．

(学校教育法，児童福祉法等より作成)

2　認定こども園

根拠法令	就学前の子どもに関する教育，保育等の総合的な提供の推進に関する法律
目的	・子どもの視点に立ち，「子どもの最善の利益」を第一に考え，次代を担う子どもが人間として心豊かにたくましく生きる力を身につける． ・保護者 地域の子育て力を高めるために各種の支援を行う．
機能・役割	・教育及び保育を一体的に提供(保育に欠ける子どもにも，欠けない子にも対応) ・地域における子育て支援(子育て相談や親子の集いの場の提供)の実施

(総合施設モデル事業の評価について(最終まとめ)等より作成)

3　近年の幼稚園と保育所の連携に関する動向

1998年3月	文部省・厚生省共同通知「幼稚園と保育所の施設の共用化等に関する指針について」
2001年3月	文部科学省「幼児教育振興プログラム」
2002年11月	地方分権改革推進会議「事務・事業の在り方に関する意見—自主・自立の地域社会をめざして—」
2003年6月	閣議決定「経済財政運営と構造改革に関する基本方針2003」
2004年12月	中央教育審議会幼児教育部会と社会保障審議会児童部会の合同の検討会議「就学前の教育・保育を一体として捉えた一貫した総合施設について(審議のまとめ)」
2005年1月	中央教育審議会答申「子どもを取り巻く環境の変化を踏まえた今後の幼児教育の在り方について—子どもの最善の利益のために幼児教育を考える—」
2006年3月	総合施設モデル事業評価委員会「総合施設モデル事業の評価について(最終まとめ)」
2006年6月	「就学前の子どもに関する教育，保育等の総合的な提供の推進に関する法律」成立
2006年10月	同法施行

(文部科学省ホームページ等より作成)

（5） 乳幼児の発達権と親の生活権

育児の性別役割分業　従来，家庭で母親が担う育児こそ「正常」なあり方とする社会意識を観念としての母性原理や理想的な家族像が補強してきた．その背景には，経済システムに対応した固定的な性別役割分業が「家」（家父長制から核家族まで）を基礎に編成されて，また，国家もそこでの育児の「家」事化と母親への負担集中に対して是正措置を講じることに消極的であったことなどがある．

権利の相互保障　しかし，産業構造の変化や社会運動の声にも促されて，母親の労働を含めた多様なライフ・チャンスを権利として承認する考え方が支持を得てきた．また，心理学研究の発展において，乳幼児期からの集団保育も，狭義の発達保障を超えた豊かな人間形成という側面から評価されてきた．それらの動向を踏まえながら取り組まれてきたのが，施設保育の整備拡充であった．現在まで必ずしも十分ではなく，依然としてその面での努力は重要なものの，乳幼児の保育をめぐっては，さらに新たな観点と取り組みが必要になってきている．例えば，ILOの「男女労働者，家族的責任を有する労働者の機会均等および平等待遇に関する条約」（1983年発効（☞[1]））に見られるように，父親の家事，育児への責任が求められてくると，成人男女の労働権（広くは生活権）と子どもの権利を相互保障していく観点から，育児にかかわる社会諸制度の改善・基盤整備が必要とされてくる（☞[2]）．また，非就労の母親にも，生涯学習政策の展開が，育児に限定されない多様な学習活動に取り組み，また余暇やボランティア（育児支援も含む）などの市民的活動にも参加する自発性・主体性を否応なく求めている．一方，急激な都市化による地域社会の崩壊と少子化や単親家族の増加などに見られる「家」の変質に直面している現代の子どもにとっては，異年齢間の仲間づくりや先行世代との直接・間接の交流が，その豊かな人間形成のために重要な生活経験となってきている．

家庭保育と施設保育　施設保育が権利の相互保障という観点から重要であり，人間にとって労働が高い価値を有するにしても，今の長時間労働と短い労働外生活時間は，両親の就労と育児を含む家庭・地域生活とのゆとりある両立という課題からは問題がある．子どもにとっても，個別家族における豊かな保育生活が基礎となってはじめて他者との交流が意義を大きくする．その点，親の長時間労働に沿う形での施設保育の時間延長といった対応にとどまらず，固定的な性別役割分業を見直しつつ，育児支援のために社会諸制度を再構築していくのが課題である．

（嶺井・広瀬）

(5) 乳幼児の発達権と親の生活権　65

1 男女労働者，家族的責任を有する労働者の機会均等および平等処遇に関する条約

　　第3条　　1　各加盟国は，男女労働者の機会および待遇の効果的な平等を実現するために，就業しまたは就業しようとする家族的責任を有する者が，差別を受けることなしに，かつできる限り就業にかかわる責任と家族的責任とが抵触することなしに，就業しまたは就業しようとする権利を行使しうるようにすることを国家的政策の目的としなければならない．

2 育児支援のための社会諸制度の改革

・義務教育諸学校等の女子教育職員及び医療施設，社会福祉施設等の看護婦，保母等の育児休業に関する法律（1975.7.3 法律62，廃止 1992.4.1 法律112）
　　第1条　この法律は，義務教育諸学校等の女子の教育職員及び医療施設，社会福祉施設等の看護婦，保母等の職務の特殊性等にかんがみ，これらの者について育児休業に関する制度を設け，女子の教育職員及び看護婦保母等の継続的な勤務を促進し，もって義務教育諸学校等における教育及び医療施設，社会福祉施設等における業務の円滑な実施を確保することを目的とする．
・地方公務員の育児休業等に関する法律（1991.12.24 法律110）
　　第1条　この法律は，育児休業等に関する制度を設けて子を養育する職員（地方公務員法（昭和二十五年法律第二百六十一号）第四条第一項に規定する職員をいう．以下同じ．）の継続的な勤務を促進し，もって職員の福祉を増進するとともに，地方公共団体の行政の円滑な運営に資することを目的とする．
・児童福祉法等の一部改正（1997.6 厚生省）
〈保育制度にかかわる主な改正点〉
　①「保育所への入所措置」が「保育の実施」に変わり，行政処分の意味が無くなった．
　②保育所入所の実施の前提として行政当局が行う情報提供に基づき，保護者による直接的な「保育所の選択的利用」が可能となった．
　③保育所卒園児童にも，放課後の児童健全育成事業が新設された．
　④虚弱児施設が廃止され，児童養護施設に統合された他，教護院が入所のみならず通所の機能も加えた児童自立支援施設に組み込まれた．
・男女雇用機会均等対策基本方針（2000.7.14 労働省）
　（3）イ　育児休業その他仕事と子育て両立のための制度の一層の定着促進・充実
　男女労働者ともに，希望すれば育児休業を取得できるよう，制度の周知徹底を図るとともに，企業における育児休業制度の定着に向けた指導を行う．また，育児のための勤務時間短縮等の措置や育児を行う労働者の深夜業を制限する制度等の周知徹底を図る．
・保育等子育て支援情報サービス総合情報流通システム（2001.1 開始予定）

（6） 保育者の資格と養成

保育者とは　一般に，保育者とは，幼稚園・保育所・認定こども園・児童福祉施設等において，乳幼児・児童の保育に直接従事する専門職の総称である．幼稚園の保育者は「教諭」と呼ばれ，その職務は「幼児の保育をつかさどる」（学校法27条⑨）とされ，他方，保育所・児童福祉施設の保育者は「保育士」と呼ばれ，その職務は「児童の保育及び児童の保護者に対する保育に関する指導を行う」（児童福祉法第18条の4）と規定される．従来，保育士は児童福祉法施行令に規定される職であったが，2001年の児童福祉法改正によって，同法の中に保育士に関する諸条項（保育士の定義・欠格事由・資格・登録・信用失墜行為の禁止・秘密保持義務・名称の使用制限等）が新たに規定された（国法である児童福祉法に初めて規定されたという意味で「保育士の国家資格化」という）．この児童福祉法改正時に，近年の少子化問題に伴う子育て支援の必要性から，保育士の職務内容として新たに「保護者の保育に関する指導」が追加された．

資格と養成　幼稚園教諭の資格は免許制，つまりその職に就くためには，「教育職員免許法」に規定される幼稚園教諭免許状（専修・一種・二種）あるいは幼稚園助教諭用の臨時免許状を持たなければならない．また，その養成は大学（短期大学を含む）の養成課程で行われることを原則とする（☞[1]）．他方，保育士は免許制ではなく，厚生労働大臣の指定する保育士養成学校等（「指定保育士養成施設」という．修業年限2年以上）を卒業した者および保育士試験に合格した者に「保育士となる資格」が与えられ（養成と試験の2系統制），最終的に保育士登録を行った者が「保育士となる」ことができる（一つの都道府県に登録申請を行い，申請者には都道府県知事の「保育士登録証」が交付される．一度登録を行うと，他都道府県でも保育士として従事できる）．指定保育士養成施設は，従来，短期大学・専門学校が中心であったが，近年の就業する母親の増大，各種の子育て支援施策の充実等による保育士需要の高まりとその職務の多様化・高度化等に対応した保育士の高い専門性と倫理に対する要請等を背景に（☞[2]），4年制大学（教育学部・社会福祉学部等）での養成が急増している．また，幼保機能の合体した「認定こども園」の創設（2006年10月）に象徴されるように，近年，幼保の連携・一体化が進む中，幼稚園教諭免許と保育士資格の同時取得の必要性が高まり，両者の養成課程の整合性を促進する改善策や免許・資格の所有者が相互にそれぞれの免許・資格を取りやすくする対策等が取られてきている．

(秋川)

(6) 保育者の資格と養成

1-1 幼稚園教員免許取得状況

			専修	一種	二種	計
大 学	国立	教員養成大学学部		1,736	1,053	2,789
		一般学部		41	3	44
	公立			50	1	51
	私立			4,342	92	4,434
	計			6,169	1,149	7,318
短期大学	国立					0
	公立				405	405
	私立			58	26,991	27,454
	計			58	27,396	27,454
大学院・専攻科	国立	教員養成大学学部	78	1	5	84
		一般学部	3			3
	公立			14		14
	私立		70[26]		1	71[26]
	計		151[26]	15[0]	6[0]	172[26]
指定教員養成機関					3,867	3,867
合 計			151	6,242	32,418	38,811

1-2 幼稚園教員免許取得者の幼稚園就職状況

大学	国立	教員養成大学学部	277
		一般学部	10
	公立		11
	私立		1,187
	計		1,485
短期大学	国立		
	公立		101
	私立		6,805
	計		6,906
大学院・専攻科	国立	教員養成大学学部	8
		一般	2
	公立		
	私立		5
	計		15
指定教員養成機関		1,134	
合 計			9,540

注1）卒業者数は，課程認定を受けている学科等の卒業者数である．
注2）大学院，専攻科の欄における［　］下記の数は，専攻科を示し，内数である．

（文部省教育職員課調査，1999年6月1日現在）

2 全国保育士会倫理綱領（2003年採択）

　すべての子どもは，豊かな愛情のなかで心身ともに健やかに育てられ，自ら伸びていく無限の可能性を持っています．
　私たちは，子どもが現在（いま）を幸せに生活し，未来（あす）を生きる力を育てる保育の仕事に誇りと責任をもって，自らの人間性と専門性の向上に努め，一人ひとりの子どもを心から尊重し，次のことを行います．
　　私たちは，子どもの育ちを支えます．
　　私たちは，保護者の子育てを支えます．
　　私たちは，子どもと子育てにやさしい社会をつくります．
（子どもの最善の利益の尊重）
1　私たちは，一人ひとりの子どもの最善の利益を第一に考え，保育を通してその福祉を積極的に増進するよう努めます．
（子どもの発達保障）
2　私たちは，養護と教育が一体となった保育を通して，一人ひとりの子どもが心身ともに健康，安全で情緒の安定した生活ができる環境を用意し，生きる喜びと力を育むことを基本として，その健やかな育ちを支えます．
（保護者との協力）
3　私たちは，子どもと保護者のおかれた状況や意向を受けとめ，保護者とより良い協力関係を築きながら，子どもの育ちや子育てを支えます．
（プライバシーの保護）
4　私たちは，一人ひとりのプライバシーを保護するため，保育を通して知り得た個人の情報や秘密を守ります．
（チームワークと自己評価）
5　私たちは，職場におけるチームワークや，関係する他の機関との連携を大切にします．
　また，自らの行う保育について，常に子どもの視点に立って自己評価を行い，保育の質の向上を図ります．
（利用者の代弁）
6　私たちは，日々の保育や子育て支援の活動を通して子どものニーズを受けとめ，子どもの立場に立ってそれを代弁します．
　また，子育てをしているすべての保護者のニーズを受けとめ，それを代弁していくことも重要な役割と考え，行動します．
（地域の子育て支援）
7　私たちは，地域の人々や関係機関とともに子育てを支援し，そのネットワークにより，地域で子どもを育てる環境づくりに努めます．
（専門職としての責務）
8　私たちは，研修や自己研鑽を通して，常に自らの人間性と専門性の向上に努め，専門職としての責務を果たします．

社会福祉法人　全国社会福祉協議会
全国保育協議会
全国保育士会

（7）先進国の幼児保育制度

動　向　幼児保育は，従来，家庭の問題とされてきたが，近年は，① 教育的観点（幼児期を生涯学習の基盤である，あるいは幼児は将来の社会の担い手であるとする観点）と ② 家庭福祉政策・労働政策の一環として，親の就労・育児の両立支援の観点が強調されるようになり，家庭と社会の共通の問題との認識が広まってきている．① の観点からは，社会的・経済的ニーズを背景に文字・数のリテラシー教育や個々の幼児の自主性を尊重しつつ集団性を育てる教育が強調され，幼児保育と初等教育間の「接続」に力が注がれる傾向が顕著である．また，② の観点からは，就労形態と保育ニーズの多様化に対応し，幼児保育施設も多様化が進み，同時に，① の観点との統合化（幼保の連携強化，幼保機能の統合化）が進められる傾向にある．

スウェーデンの就学前学校　従来，スウェーデンでは，幼児保育制度は家族福祉政策の一環として位置づけられ，社会省・保健福祉庁が所管する幼保一元制をとる国の代表例であったが，学校教育との接続を強化する観点から，1998年から所管を教育省に変更した．幼児保育施設は，保護者の就労形態や子どもの特別なニーズなどに対応し多様だが，例えば，全日制の就学前学校（förskola，保育所）・公開児童センター（öppen förskola，日中働いていない親が子どもを自由に連れていくことができる無料の施設）・就学前クラス（förskoleklass，就学前の6歳児対象の午前中3時間の幼児教育，1998年新設）・家庭的保育（familjedaghem，保育ママの家庭で保育）等々がある．全ての幼児保育施設においてプレ・スクール活動（1〜5歳児対象の教育的集団活動）が行われる．

フランスの保育制度　フランスは「所管分離・年齢区分型」の幼保一元制を採る国に属するといえる．つまり，原則的に3歳を境に，国民教育省管轄下の母親学校（ecole maternelle，幼稚園）・幼児学級（classe maternelle，小学校に付設）と雇用連帯省管轄下の集団保育所（clèches collectives）・家庭的保育園（creches-familiales）・家庭的保育（assistante maternelle）など，様々な乳幼児保育施設（3歳未満中心）に区分されている．母親学校は，母親のように幼児を保護し家庭から小学校へ橋渡しをするという意味を込めて，1881年に当時の保育所を改称したもので，当初から内容的な幼保一元化が推進されてきたが，1977年の学習指導要領改定以降，小学校以降の学力平均化を目指して知育重視に転換し，2歳からの就園も推進されてきている．1990年以降，小学校の準備段階としての「初期学習期」と位置づけられ，幼小の連携が強化されてきている．

（秋川）

(7) 先進国の幼児保育制度　69

1　外国の保育制度の類型

所管区分	所管官庁，年齢・対象領域による区分	代　表　的　国　名
所管統合型	保健福祉省担当型	デンマーク，ノルウェー，フィンランド等
	教育省担当型	スウェーデン，イギリス等
所管分離型	年齢区分型	フランス，オランダ，イタリア，中国等
	対象区分型	日本，韓国，フィリピン，アメリカ合衆国等

(全国保母養成協議会【現全国保育士養成協議会】・日本保育協会編・発行『すばらしい保育者をめざして』1988，p.75の図をもとに，日本保育学会編『諸外国における保育の現状と課題』世界文化社，1997 も参考に作成)

2　その他の主要国と日本の保育制度の比較表

		日　本	アメリカ	イギリス	ド　イ　ツ
幼児教育	対象	・3～5歳児（幼稚園）	・主に3～4歳児（保育学校，nursery school） ・主に5歳児（幼稚園，kindergarten，半日制・全日制がある）	・2～4歳児（保育学校，nursery school） ・主に3～5歳児（初等学校付設の保育学級，nursery class） ・就学直前幼児（レセプションクラス，reception class）	・3～5歳児（幼稚園，Kindergarten）
	公私立施設の比率	・公4：私6	・保育学校は大半が私立．幼稚園は，通常，公立小学校に付設．	・資料なし．在籍数でみると9割以上が公立．	・約6割が教会系の私立（1994年，旧西ドイツ地域）．
	所管	・文部科学省	教育は州の専管事項とされる．連邦レベルでは教育省担当．	教育技能省	基本的には各州教育省が権限を有するが，ほとんどの州で幼児教育は，保健・福祉関係省の所管．
保育	対象	・0～5歳児（保育所）	・主に2～4歳児（保育センター，day care center） ・家庭的保育としてのファミリー・デイ・ケア・ホーム（family day care home）やグループ・デイ・ケア・ホーム（group day care home）の占める割合も大きい．	・0～4歳児（保育所，day nursery） ・プレイグループ（（親たちがボランティアと協力して，遊びを通して保育を行うグループ，playgroup），チャイルドマインダー（（自宅で親と契約して託児，childminder）の占める割合も大きい．	・0～2歳児（保育所，kinderkrippen）
	所管	・厚生労働省	・基本的に州に権限がある．連邦レベルでは，健康・人的サービス省担当．	・教育技能省	・基本的には各州に権限がある．
	備考	・「認定こども園」2006年創設	・ヘッド・スタート（head start，経済的に恵まれない子どもを対象とする就学前教育プログラム）がある．	・1998年から幼児教育と保育を一体化し，教育技能省に統合	・幼稚園・保育所・学童保育所の3形態を1箇所にまとめた「KITA」（kindertagesstätte）と呼ばれるセンターもある．

(文部科学省幼稚園課作成の「就学前教育・保育制度の国際比較」，中教審初等中等教育分科会幼児教育部会第1回資料「幼児教育の現状に関する説明資料」所収，2003・10をもとに，汐見稔幸編『世界に学ぼう子育て支援』フレーベル館，2003 も参考に作成)

（8）保育制度の課題

保育制度の政策的課題　象徴的には，合計特殊出産率が「1.57」となった1990年の政府による少子化ショック発表後，年々その率は低下し，1998年現在で「1.38」にまで下がった．直面する育児困難や将来の労働力確保などの課題にも対応すべく，政府は，一方での女性の社会進出も踏まえて，子育て支援のための保育サービスの充実を目指す保育政策を打ち出した．1994年には，文部・厚生・労働・建設省がいわゆる「エンゼルプラン」（☞1）を発表し，その基本構想を提示した．また，厚生省（現厚生労働省）は，「緊急保育対策等5ヶ年事業」を策定して，0歳児保育，延長保育，夜間保育，学童保育などの積極的な推進を決定した．文部省（現文部科学省）も同省と合同で，幼稚園と保育所の「あり方を検討会」を1998年4月に設置し，同年6月発表の「子どもと家庭を支援するための共同行動計画」の中で，幼稚園と保育所の連携を促進する立場を明らかにした．また，厚生省は，前年の児童福祉法改正で「保育に欠ける」子どもに対する措置制度から希望と必要に応じて「保育を実施」する保育制度への転換を図った．現在，このように，総合的な育児支援システムの整備が（☞2），政策側から追求され出しており，幼稚園と保育所の役割・機能の部分的見直しと，それらの施設の共用化等に関する指針（1988年3月）などを始めとする各種の幼保一元化へ向けた動きも，民間での自主的な取り組みと呼応しながら活発化している．しかし，1980年代以降，逼迫する国家財政を理由として必ずしも十分な予算配分が福祉・教育事業に割かれているとは言い難く，保育者の負担軽減という課題からも，民間活力への安易な依存は，条件整備行政の責任を曖昧化させる面を含んでいる点に注意したい．

その他の課題　① 幼保一元化──近年，幼稚園と保育所の実態は近づいているが，依然，施設・設備や労働条件などには格差があり，少子化時代の幼保再編を積極的な契機として捉え返して，幼保一元化を進めるさまざまな取り組みが進められている．
② インクルーシブな保育──インクルージョンの考え方により，乳幼児期から「障害者」と「健常者」，「外国人」と「日本人」などを分離せずに受入れる人権適合的な実践と特別なニーズに応じた保育の条件整備が課題となっている（☞3）．
③ 地域に根差した育児支援体制──幼保施設・家庭・関係機関が連携した地域の育児支援体制づくりが課題とされ，生活・雇用環境の整備改善や乳幼児と高齢者を含む異世代との交流・活動の機会と場の確保なども合わせて追求されている．

〔広瀬〕

1　少子化対策推進基本方針（1999.11.12 少子化対策推進閣僚会議）

〈新エンゼルプランの目標〉
　① 保育サービス等子育て支援サービスの充実
　② 仕事と子育ての両立のための雇用環境の整備
　③ 働き方についての固定的な性別役割分業や職場優先の企業風土の是正
　④ 母子保健医療体制の整備
　⑤ 地域で子どもを育てる教育環境の整備
　⑥ 子どもたちがのびのび育つ教育環境の実現
　⑦ 教育に伴う経済的負担の軽減
　⑧ 住まいづくりやまちづくりによる子育ての支援

2　科学技術庁資源調査会『乳幼児期の人間形成と環境に関する調査報告——子ども21世紀への旅立ち——』1988年

〈人間的知性の健やかな発達を促すための対策〉
① 乳幼児期のナチュラル・ヒストリー（生育環境の中で人間的知性が発達するすべての過程）
② 乳幼児育成における親の責任と労働条件の改善
③ 親の役割を補完する社会的サポートシステムの整備
　→同報告書では，すべての乳幼児の「自然」な人間形成過程への理解と，育児主体としての父母の共同責任を強調している．そして，その責任を果たすために労働時間の短縮，育児休業制度や女子再雇用制度の定着促進，職場内保育の充実等を国や雇用主に求めた．また，保育施設の充実や緊急の連絡，応急措置を代行する育児サービス事業の普及推進，専門教育を受けた「エキスパート・ベビーシッター」（仮称）の育成なども盛り込み，「さまざまな子育てタイプ」と「選択肢の多い人事システムの構造」，そして「さまざまな子育て施設」を組み合わせた総合的な保育（子育て支援）システムの整備を提言した．

3　保育所における障害児の受入れについて（1978年，厚生省児童家庭局長通知）

　1　保育に欠ける障害児で，保育所で行う保育になじむものについては，保育所に受け入れるものとする．
　2　保育所に入れる障害児は一般的に中程度までの障害児と考えられ，集団保育が可能で日々通所できるものとする．

子どもの育ちをめぐる問題状況

育児不安の増大

　育児不安とは，「育児によって生じる心配事や悩み事，また負担感や束縛感が蓄積された結果，生み出される不安感」であり，1970年代以降報告されるようになった．少子化や核家族化といった家族の変化や地域との関係に代表される人間関係の希薄化の進行を背景として，育児不安は強まる傾向にある（図1）．強い育児不安は児童虐待発生のリスクを高めるなど深刻な問題を引き起こすとともに，思春期の問題行動など長期的な問題の引き金となることも指摘されている（育児不安の定義については荒牧美佐子・田村毅「育児不安と関連のあるソーシャル・サポートの規定要因」『東京学芸大学紀要6部門』55, 2003, pp.83-93. を参考とした）．

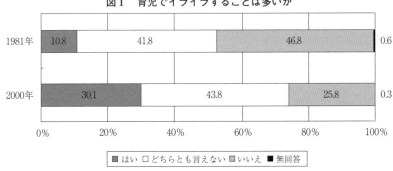

図1　育児でイライラすることは多いか

（資料：加藤洋子「児童相談所における児童虐待相談処理件数の増加要因に関する調査研究」2001）

虐待の増加，深刻化

　子どもの虐待問題は90年代に顕在化し，それ以降，児童相談所の児童虐待相談対応件数は増加の一途を辿っている（図2）．こういった状況を受けて，2000（平12）年の児童虐待防止法制定や2004年の児童福祉法改正など，児童虐待の防止に関する体制の整備が現在進められている．

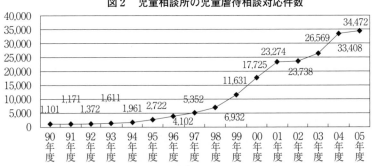

図2　児童相談所の児童虐待相談対応件数

（平成17年度厚生労働省雇用均等・児童家庭局総務課調べ）

（相良）

V. 児童期の教育制度

■**本章のねらいと構成**■

　児童期は，人間の知的・身体的・道徳的・情緒的発達にとって，その基礎を形成する段階である．それゆえに，児童期の教育制度は，一般にはすべての児童を対象に基礎教育を与える「国民教育」として組織され，義務教育とされている．今日わが国の児童期の教育制度（小学校）では，量的側面よりもむしろ質的側面において児童の教育を受ける権利をどのように保障すべきかが課題となっている．

　そこで，本章では，まずわが国の小学校の歴史を概観し，次いで小学校の目的と内容をおさえたうえで，義務就学の保障や学校環境の整備にも触れ，さらに外国の初等教育制度改革の動向やわが国の学校外教育の現状等をみることによって，今後のわが国における初等教育について総合的に検討するための基礎を示すこととする．

（1）小学校の歴史

民衆に対する教育の提供　宗教改革期において，まず教会が一般庶民の教育について関心を持ち，キリスト教の教義とともに，読み書き算術を施す教会学校への通学が，信仰上の義務として課されるようになった．その後，産業革命や市民革命が達成され，近代国家が成立するに伴い，国家によって民衆の初等教育機関への通学が奨励（または強制）されるようになった．そのため，庶民の学校からは宗教教育が次第に排除され（教育の世俗化），3R's の教育がその中心を占めるようになった．これは近代公教育の原理（教育の中立性）に基づいた変化といえる．しかし一方，近代国家は，一般庶民を順良な国民，優秀で従順な労働者へと形成することに大きな関心を寄せる．そのため国民としての基礎的な資質を育成する初等教育機関は，大学進学を目指す上流階級子弟のための下構型学校系統とは明確に区別され，階級的複線型学校系統の一方に位置づけられた．

エレメンタリーからプライマリィへ　このような複線型の学校体系を分岐型へと改める統一学校運動が，第一次世界大戦後，フランスやドイツを中心として盛んとなり，複数の初等教育機関が統合されるようになる．また既設の準備教育機関としての中等学校に加え，初等教育終了後には実業中等教育機関が提供されるようになる．従来それ自体で完結していた民衆の小学校教育（Elementary Education）は，学校段階における最初の教育（Primary Education）と考えられるようになった．

日本の小学校の歴史　日本の小学校は 1873 年の「学制」以降，一貫してすべての児童を対象とする唯一の初等教育機関として位置づけられていた（☞ ①）．戦前においては小学校を修了することは，納税，兵役と並び国民の義務とされていた．しかし，当時は義務教育を「普通教育」ととらえ，一般国民としての教育はここで完結し，これに続く中等教育や高等教育は中流階層を再生産する教育機関と考えられていた．発足当初は小学校教育の必要性は認識されず，就学率は低迷していたが，1900 年に授業料が原則無償となると，尋常小学校就学率は急激に上昇していった（☞ ②）．さらに 1907 年には尋常小学校が 4 年から 6 年に延長され，6 年制，無償，といった現在の小学校の原型が整うことになる．昭和の戦時体制下では，小学校は国民学校と改称され，皇国史観にもとづく教育が展開された．終戦後，1947 年に教育基本法と学校教育法が制定され，新たな理念のもと，小学校 6 年，中学校 3 年の単線型 9 年制義務教育が実現した．

（大谷）

1 戦前日本の主要初等教育法令（抄）

学 制（1872, 明5）
第21章　小学校ハ教育ノ初級ニシテ人民一般必ス学ハスンハアルヘカラサルモノトス之ヲ区分スレハ左ノ数種ニ別ツヘシ然トモ均ク之ヲ小学ト称ス即チ尋常小学女児小学村落小学貧人小学小学私塾幼稚小学ナリ〔其外廃人学校アルヘシ〕

教育令（1879, 明12）
第3条　小学校ハ普通ノ教育ヲ児童ニ授クル所ニシテ其学科ハ読書習字算術地理歴史脩身等ノ初歩トス土地ノ情況ニ随ヒテ罫画唱歌体操等ヲ加ヘ又物理生理博物等ノ大意ヲ加フ殊ニ女子ノ為ニハ裁縫ノ科ヲ設クヘシ

第14条　凡児童学齢間少クトモ十六箇月ハ普通教育ヲ受クヘシ

第16条　公立小学校ニ於テハ八箇年ヲ以テ学期トス土地ノ便宜ニ因リテハ此学期ヲ縮ムルコトヲ得ヘシト雖モ四箇年ヨリ短クスヘカラス此四箇年間ハ毎年授業スルコト必四箇月以上タルヘシ

第18条　学校ヲ設置スルノ資力ニ乏シキ地方ニ於テハ教員巡回ノ方法ヲ設ケテ児童ヲ教授セシムルコトヲ得ヘシ

教育令（1880, 明13）
第13条　凡児童六年ヨリ十四年ニ至ル八箇年ヲ以テ学齢トス

第15条　父母後見人等ハ其学齢児童ノ小学科三箇年ノ課程ヲ卒ラサル間已ムヲ得サル事故アルニアラサレハ少クトモ毎年十六週日以上就学セシメサルヘカラス又小学科三箇年ノ課程ヲ卒リタル後ト雖モ相当ノ理由アルニアラサレハ毎年就学セシメサルヘカラス……（後略）

第16条　小学校ノ学期ハ三箇年以上八箇年以下タルヘク授業日数ハ毎年三十二週日以上タルヘシ

小学校令（1886, 明19）
第3条　児童六年ヨリ十四年ニ至ル八箇年ヲ以テ学齢トシ父母後見人等ハ其学齢児童ヲシテ普通教育ヲ得セシムルノ義務アルモノトス

小学校令（1900, 明33）
第1条　小学校ハ児童身体ノ発達ニ留意シテ道徳教育及国民教育ノ基礎並其ノ生活ニ必須ナル普通ノ知識技能ヲ授クルヲ以テ本旨トス

国民学校令（1941, 昭16）
第1条　国民学校ハ皇国ノ道ニ則リテ初等普通教育ヲ施シ国民ノ基礎的錬成ヲ為スヲ以テ目的トス

2 明治年間の就学率の変遷

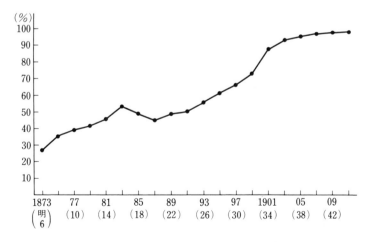

（各年度の『文部省年報』より作成）

(2) 初等教育の目的と内容

小学校の目的と教育目標　小学校の目的は,「心身の発達に応じて,義務教育として行われる普通教育のうち基礎的なものを施すこと」(学校法29) とされ,この目的を実現するために10項目の教育目標 (学校法21・30) が掲げられている.2001 (平13) 年からは,本目標達成のために,「児童の体験的な学習活動,特にボランティア活動など社会奉仕体験活動,自然体験活動その他の体験活動の充実」(学校法18の2,現行法では学校法31) が追加された.2005 (平17) 年10月の中央教育審議会答申「新しい時代の義務教育を創造する」を踏まえ,2006 (平18) 年12月に改正された教育基本法では,「義務教育として行われる普通教育は,各個人の有する能力を伸ばしつつ社会において自立的に生きる基礎を培い,また,国家及び社会の形成者として必要とされる基本的な資質を養うことを目的として行われるものとする」(教基法5) と規定された.

教育課程の編成と基準　小学校の教育課程に関する事項は文部科学大臣が定めることとしており (学校法33),これを受け,小学校の教育課程は,国語,社会,算数,理科,生活,音楽,図画工作,家庭及び体育の各教科,道徳 (私立の小学校は,宗教をもって道徳に代えることができる),特別活動並びに総合的な学習の時間によって編成するものとしている (学校法施行規則50).2005 (平17) 年からは,学校生活への適応が困難である児童を対象として,その実態に配慮した教育課程を編成する特例を認めることができることとなった (学校法施行規則56).小学校の教育課程の基準は,文部科学大臣が公示する小学校学習指導要領によるものとしており (学校法施行規則52),1947 (昭22) 年に「試案」として発行し,1958 (昭33) 年に国家基準性が強化され,それ以降約10年に一度のペースで改訂されてきている (☞ 1).

初等教育における接続の課題　小学校の修業年限は6年 (学校法32) とされているが,近年,学習指導要領にとらわれない教え方ができる研究開発学校制度などを利用し,広島県呉市や東京都品川区など一部で,中学校を合わせた9年間を「4・3・2制」,「5・4制」「4・5制」とする教育改革が試みられている.就学前教育機関との連携・接続においても,教育内容における接続の改善や「幼小連携推進校」の奨励,幼小一貫教育校の検討などが中央教育審議会で答申されている (「子どもを取り巻く環境の変化を踏まえた今後の幼児教育の在り方について」2005 (平17) 年).今後は子どもの発達や学びの連続性,教科間の連携・接続を踏まえた教育内容の見直しが教育政策上の課題であるとともに,各学校・地域レベルにおける創意工夫が期待されている.　　　　(半田)

1 小学校学習指導要領の変遷一覧

発行・改訂・実施年月	教育課程の領域	年間授業日数(週平均時数)	特　　徴
1947・3 発行 (昭22) 1947・4 実施	教科(自由研究を含む)	770(22)〜1,190(34)	「試案」として発行．新しく社会科・家庭科・自由研究を設置．国語の文字学習では「ひらがな」から始めることとし，ローマ字学習の試みもとり入れられた．
1951・7 全面改訂 (昭26) 発行	教科 教科以外の教育活動	基準時数 870(23)〜1,050(28)	「試案」はそのまま，自由研究がなくなり「特別教育活動」を重視．「学習指導要領に示されたものよりも，いっそうすぐれた指導計画，指導法を教師が発展させることを希望したい」とした．
1958・10 全面改訂 (昭33) 告示 1961・4 実施 (昭36) (道徳は1958・10実施)	教科 道徳 特別教育活動 学校行事等	最低時数 816(24)〜1,085(31)	国家基準性強化．道徳の時間の特設．基礎学力の充実(国語・算数の時間数増大)，能力・適性に応ずる教育を重視．
1968・7 全面改訂 (昭43) 告示 1971・4 実施 (昭和46)	教科 道徳 特別活動	標準時数 816(24)〜1,085(31)	科学技術の発展に応じた教育内容の一層の向上 (算数・理科の教育内容の現代化)
1977・7 全面改訂 (昭52) 告示 1980・4 実施 (昭55)	教科 道徳 特別活動	850(25)〜1,015(29)	ゆとりと充実．人間性・個性・能力に応じる教育を強調．君が代を国歌と規定．合科的指導の推進．総則から教育基本法を削除．
1989・3 全面改訂 (平元) 告示 1992・3 実施 (平4)	教科 道徳 特別活動	850(25)〜1,015(29)	自己教育力の育成，基礎・基本の重視と個性教育の推進，心の教育の充実(道徳教育の一層の重視)，社会・理科の廃止と生活科の設置(1，2年生)，国旗掲揚・国歌斉唱の徹底．
1998・12 全面改訂 (平10) 告示 2002・4 実施 (平14)	教科 道徳 特別活動 総合的な学習の時間	782(23)〜=945(27)	人間性，社会性，国際社会に生きる日本人としての自覚の育成，自ら考える力(総合的な学習の時間)，ゆとりある教育実現のための教育内容・時間の削減と基礎基本のいっそうの重視，学校裁量余地の拡大．

(秋川・大谷作成)

（3） 就学義務と就学保障

就学義務法制　戦前・戦中の就学義務は「主権者＝天皇」に対する「臣民」たる親の義務であるという点で特徴的である．教育を受けることおよび受けさせることは端的にいって国家に対する義務であるとする義務教育であって，その法制は天皇の命令（勅令）主義を原則としていた．現行の義務教育法制は法律主義を前提としつつ，すべての子どもの学習権の保障を基本的な目標としている（憲法26 ①）．そのための第1次的な義務主体が親であることを前提として，その保護する子どもに教育を受けさせる，親の義務（就学義務）を規定している（同法26 ②）．さらにその義務履行を保障するための義務（就学保障義務）が公権力機関に課せられる旨を規定している（同法26 ②（☞1））．この他，学齢児童生徒を使用するに際して彼らの就学を妨げることを禁止する避止義務が課されている（学校法20，労基法）．

就学援助法制　「国及び地方公共団体は，能力があるにもかかわらず，経済的理由によって修学が困難な者に対して，奨学の措置を講じなければならない」（教基法4③，同趣旨　学校法19）という課題に対応すべく就学援助法制が採られている．すなわち，経済的格差に起因した教育機会の格差を是正するために，経済的困窮者の義務教育に伴う（親の就学義務履行に伴う）費用のある部分（☞2）を国や地方公共団体が援助する仕組み，さらにかかる援助を行う地方公共団体に対する国庫補助の仕組が定められている．他方，困窮者の生活全般の保護を目的とする生活保護法は，その一領域として教育扶助を定めている（同法13）．

就学保障の課題　準要保護世帯の認定は市町村教委が行うのであるが，国庫補助による援助率が全世帯の7％と低くおさえられていることや，そのために認定にあたっての基準が援助を必要とする実態から相当に隔たっていることなど，依然未解決の問題が多い．さらに，教育扶助も含めて義務教育以外の教育に対する援助の仕組みが，いまだ十分には整備されていないところから教育における経済的格差の問題は深刻である．とくに，国公立学校と私立学校の間の，さらには地域間の負担格差は拡大する傾向にあり，経済的困窮者や地方在住者に相対的に高負担が背負わされている．経済的格差に関して政策的な関心を高め，これらの問題を早急に解決する制度の確立が求められる．　　　　　　　　　（江幡）

(3) 就学義務と就学保障　79

1　就学義務の法規定

〔憲　法〕　「すべて国民は法律の定めるところにより，その保護する子女に普通教育を受けさせる義務を負う．」(26②)　　学習権（26①）
無償義務（26②）

〔教基法〕　「国民は，その保護する子女に，……普通教育を受けさせる義務を負う．」（5①）　　就学援助義務（4②③）
無償義務（5④）

〔学校法〕　「保護者は，子の満6歳に達した日の翌日以後における最初の学年の初めから，……満15歳に達した日の属する学年の終わりまで，……就学させる義務を負う．」(17)　　無償義務（6）
避止義務（20）
就学援助義務（25）
学校設置義務（38・49・80）

2　就学援助等の主要領域

準拠法律	就学奨励法	特別支援学校就学奨励法	生活保護法	その他の法律
就学援助等の領域	○学用品もしくはその購入費 ○通学に要する交通費 ○修学旅行費	○教科書購入費 ○学校給食費 ○通学・帰省・付添に要する交通費 ○寄宿舎費 ○修学旅行費 ○学用品の購入費	○学用品 ○通学用品 ○学校給食その他	○学校給食費（学校給食法12②） ○感染症等の治療費（学校保健安全法24・25） ○学資貸与（独立行政法人日本学生支援機構法） ○学割・通学定期乗車券（旅客営業規則28・36・92・170）

（4） 学校環境の整備

学校環境の多様な側面　学校をとりまく自然的・物的・人的環境をあわせて学校環境という．学校環境には学校内の施設・設備，学級・学校規模，学校建築，地域社会の自然社会環境，さらに通学区域や通学路などきわめて多様な側面に関わる問題が含まれる．

今日の少子化社会への移行，地域環境の都市化や過疎化，情報化・国際化の進展，地球環境保護の問題などは，今後の学校環境をいかに整備していくかという課題と密接に関連している．例えば，少子化による児童数の減少による「余裕教室」の再活用や転用，都市化による市街地密度の高まりから学校と福祉施設の複合的利用，情報化社会への対応のため学校のインテリジェント化の推進などが試みられている．

学校環境の今日的課題　子どもを学校だけでなく地域社会で育てるという観点から，地域に開かれた学校環境づくりが課題となっている．保護者，地域住民，学校ボランティア等のためのスペースや子どもとの交流スペースを学校内に設置すること，誰でも学校に訪問できるよう施設設備のバリアフリー化，特別教室や図書室の地域開放などの推進が求められている．

学校の地域開放が主張される一方で，近年，防犯や事故対策のために「安全な学校環境の整備」が緊急の課題とされてきている．通学路の「安全点検」や「通学路マップ」づくり，児童生徒の危険回避能力を培う「防犯教室・防犯訓練」などが実施されている．また，子どもたちが危機に遭遇した時の避難場所となる「子ども110番の家」や「子ども110番の車」，また保護者や地域住民による「安全パトロール隊」の組織化が全国で急速に進んでいる．

エコスクールの試み　近年，地球温暖化などに見られる地球規模での環境問題が世界共通の課題となっている．できるだけ地球環境へ負荷をかけない環境保護を考慮した学校施設がエコスクールである．エコスクールは，太陽光発電や太陽熱，その他新エネルギーの利用，屋外・校庭の緑化，雨水（中水）の散水やトイレへの使用，その他の省エネルギー技術利用が行われる学校である．文部科学省は平成9年より経済産業省と協力し，公立学校のエコスクール・パイロット・モデル事業を実施している．エコスクール事業では，実際の環境負荷低減に寄与していく学校施設・設備を設置すると同時に，学校生活の中で，それら設備等に触れることで子どもたちが環境に対して関心を持ち，学校生活の中で環境問題への関心と課題を発見する環境教育への利用が期待されている．　　　　　（野津）

(4) 学校の環境の整備

1 全国の公立小中学校余裕教室の現状

余裕教室数（平成5年〜平成16年累計）	余裕教室活用数（平成5年〜平成16年）	学校施設への活用	学校施設以外への転用等			
			社会教育施設等	児童福祉施設等	社会福祉施設	その他
125,405	122,469（活用率97.7%）	119,247	836	1,260	152	630

文部科学省ホームページより作成（2006年）
http://www.mext.go.jp/a_menu/shotou/zyosei/yoyuu.htm

2 エコスクール計画例（鳥取県・鹿野町）「地球大好き学校整備計画大要」

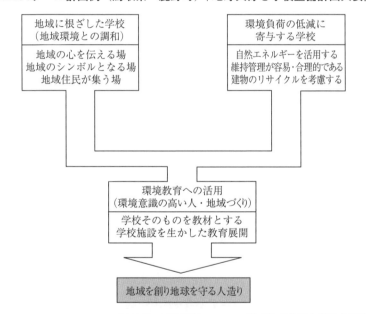

（鳥取県・鹿野町ホームページ「地球大好き学校整備計画」）
http://www.infosakyu.ne.jp/musicalnet/school/eco/no3/）

(5) 外国の初等教育改革

学力水準の向上　初等教育とは，教育過程の最初の段階であり，すべての者を対象に，将来の社会生活の基礎・基本となる知識・技能等の教育を施すものである．その中身は，その国の歴史や伝統，教育・学校観，社会的・経済的・地理的条件等を反映し，多様であることから，改革の内容も多種多様である．

1980年代以降，教育改革は世界的規模で進行した．その背景には，経済のグローバル化に伴う国際競争の激化，高度技術革新の進展があるとされている．急速な社会経済の変化に対応できる人材の育成が国家戦略として位置づけられたことを受け，「学力水準の向上」は近年の各国の教育改革に共通する目標となっている．

しかしながら，目標は共通であっても，それを達成するためにとられる手法は各国で異なる．アメリカやイギリスでは教育内容の基準化・共通化及びその到達度を測定するための学力テストの実施が90年代以降進められてきた．2001年12月に公表された経済協力開発機構（OECD）による生徒の学習到達度調査（PISA）の結果を受けて，ドイツもまた，教育スタンダードの制定と州統一テストの実施へと踏み切った．一方フランスにおいては，一人一人の子どもに応じた多様で弾力性のある教育を推進する改革が行われており，それは教育課程編成における「学習期」の設定や個別指導の導入にあらわれている（☞①）．なお，日本では教育内容の削減等によるゆとり教育路線に基づき改革が推進され，教育の多様化・弾力化が行われてきたが，昨今の学力低下論争を受けて，改革方針の見直しが行われている．

学校の裁量権拡大　各国の教育改革に共通するもう一つの点として，学校の裁量権拡大があげられる．アメリカでは，予算や教員人事，教育課程の編成に裁量権を拡大した「自主的運営」を認める州や地方が増えており，学校選択制度の導入やチャータースクールの設置が進められている．イギリスにおいては，1988年教育改革法によって，学校運営権を大幅に各学校に移譲する「自律的学校運営」が導入され，学校理事会が大きな権限を持つこととなった．なお，学校の裁量権拡大は，学校の説明責任（アカウンタビリティ）の重視の流れと表裏一体の関係にあり，イギリスでは学校別の全国成績一覧表が公表され，親はそれを資料として学校選択を行う仕組みが整備されている．学校の裁量権の拡大と並行して教育への市場原理の導入が進められるアメリカ，イギリスとは対照的に，フランスでは公教育を国の責任と考える伝統から，市場原理の影響はあまり受けていないが，親，地域住民の参加による学校運営の改善という形で学校レベルでの裁量権を認める方向に進んでいる（☞①）． 　　　　　　　　　　　（相良）

(5) 外国の初等教育改革

1 諸外国の初等中等教育改革の動向

	アメリカ合衆国	イギリス	フランス	ドイツ
制度	・公立学校の選択制度（80年代後半以降）	・国が直接補助する国庫補助学校の創設（88～99年） ・技術，語学等の中等レベルの専門カレッジ認定制度の導入（93年から） ・総合性中等学校選抜枠の導入（93年定員10%，96年15%） ・義務教育後の教育・訓練資格の統一的枠組み設定（96年から検討） ・多様化の観点から総合性中等学校の見直し（1997年）		・ハウプトシューレの在り方を中心とした中等教育三分岐型学校制度の見直し ・旧東ドイツ地域5州における複線型学校制度の導入など教育の再編（1990年～） ・旧東西地域のアビトゥア取得までの修業年限差を授業時間を共通化することで妥協 ・全日制学校の拡充（03年から）
教育内容・方法	・全国レベル，州レベルでの「教育スタンダード」の設定（90年代） ・州レベルにおける「教育スタンダード」に準拠した学力評価の実施（90年代） ・学区（あるいは学校）レベルでの教育成果（州が実施する学力テストの結果など）の公表（90年代） ・公民教育の充実，強化 ・州レベルでの学力テストの実施と結果の公開の義務化（02年から） ・読み書き能力強化プログラムの提唱（02年から）	・全国共通カリキュラムの導入（89年から順次）及び改訂によるカリキュラムのスリム化（93年～） ・カリキュラムの定着を見る全国テストの実施（91年から） ・学校別全国成績一覧の公表（92年から） ・公民教育の充実，強化（02年には中等学校で必修化）	・子どもの学力の多様性に応じた教育課程の弾力的運用 ・初等教育5年間と就学前教育最終年を前後半の2期で構成し，各期内での留年の原則的廃止（90年） ・小学校低学年からの外国語教育導入（95年） ・後期中等教育における各コース間の学力格差の是正（80年代半ば以降） ・公民教育の充実・強化（97年以降） ・情報科社会に対応したマルチメディアの教育への導入促進（97年以降） ・地域語教育の促進（80年代以降） ・個別指導の導入（00年～）	・外国語教育の初等教育への実験的導入 ・学習内容や修了試験等の改革に関する「ギムナジウム上級段階及びアビトゥアの原則に関する指針」を各州文部大臣会議が決議（95年） ・マルチメディア教育の推進と「学校のネット化」プロジェクトの開始（96年） ・教育スタンダードの策定（03年） ・州レベルの学力テストの実施（04年～）
管理運営	・チャーター・スクールの増大	・予算，教員任用等「自主的学校運営」の推進（88年以降） ・学校監査の強化（92年～）	・学校会議等の制度化 ・学校の裁量権の拡大	
その他	・職業教育の拡充（93年～） ・「実績低迷校」の在校生に対する教育機会の選択保障（02年～）	・親の学校選択の拡大（88年以降本格的に推進） ・補助学籍制度（私立学校への進学補助）の廃止（80～97年）	・公立学校における「ライシテ（非宗教性）」原則の強化（90年代）	・職業教育の拡充

（本間政雄・高橋誠編『諸外国の教育改革』ぎょうせい，2000，pp.8-9.に一部加筆，修正）

（6） 児童期の学校外教育

学校外教育の意義　正規の学校で行う教育以外の，家庭や地域社会で行う児童・生徒の学習・文化・スポーツ活動が学校外教育である．人は児童期に集団生活の仕方や態度，生活習慣，社会的道徳などを学校以外の集団活動，遊び，家庭生活から学び，社会的自己を形成していく．そのため，学校教育ではできないさまざまな活動を児童に体験させ，児童の自発性，忍耐力，責任感，協調性などを育成していくことが学校外教育の重要な役割である．

学校外教育への関心の高まり　1960年代以降，日本の高度経済成長に伴う社会変化は，次のような子どもの発達環境の変化を生み出した．① 都市への急激な人口集中と都市開発による子どもの生活環境劣化．② 自動車普及による安全な遊び場の減少．③ 共稼ぎ家族，核家族の増加による家庭の教育力低下．③ 塾やけいこ事の時間が増加し，戸外で遊ぶ時間，異年齢間で遊ぶ機会の減少．④ 地域社会変化による子どもと大人が共に取り組む地域活動機会の減少．

これらの変化により，身体的弱さや肥満の問題，集団生活が困難な子どもの増加，基本的生活習慣の不足，対人関係に関わる心理的問題の増加などが顕著になっている．こうした問題を克服するために，地域社会で行う子どもの健全育成のための学習・文化・スポーツ活動への関心が高まっている．

学校外教育の種類　① 児童生徒が参加する団体活動：ボーイスカウト，ガールスカウト，海洋少年団，スポーツ少年団，子ども会などがある．近年は特に野外活動や国際交流活動が増加している．② 児童生徒が参加する地域活動：ボランティア活動，自然愛護活動，町内行事や地域の伝統行事への参加．近年，学校外でのボランティア活動が特に重視されている．③ 青少年教育施設を利用した活動：少年自然の家は自然の中で集団野外活動や自然研究の活動を行う施設である．児童文化センターは科学的知識の普及を行う．平成14年度からの学校週5日制の実施により，地域における子どもの体験活動を充実し，自然体験やボランティア活動を推進するために，「放課後児童クラブ（平成16年度，全国で12,400か所）」や「子どもセンター（平成13年度，全国で983か所）」の設置が増加している．児童公園や冒険遊び場（プレーパーク）なども，子どもの遊び体験の場として関心が高まり，近年設置が増加している．

なお，上に挙げた公的な教育施設以外で，民間の「塾」や「習い事教室」「スポーツクラブ」などが，児童期の子どもの学校外での学習の場として非常に大きな役割を果たしている．小学生の約八割が何らかの「習い事」を学校外でしていると言われる．

（野津）

(6) 児童期の学校外教育　85

1　文部科学省が実施する子どもの体験活動を重視した学校外教育の例（平成 12 年）

事　業　名	備　考
「子ども長期自然体験村の設置」	農林水産庁と連携
「森の子クラブ活動推進プロジェクト」	林野庁と連携
「あぜみちとせせらぎ」づくり推進プロジェクト	農林水産庁と提携
子どもたちの海・水産業とのふれあい推進プロジェクト	水産庁と連携
「子どもの自由空間」創造プロジェクト	建設省と連携
「子どもの水辺」再発見プロジェクト	建設省・環境庁と連携
「子どもパークレンジャー」事業	環境庁と連携
「ふれあいサイエンス・プログラム」	
「子ども科学・ものづくり教室」の開催	
「子どもの商業活動体験～子どもインターンシップ」の実施	通商産業省と連携
「子ども地域活動促進事業」の実施	
週末の学校の施設・機能の開放の促進	
博物館・美術館等の土曜の子ども向け開放の促進	
「博物館・美術館を楽しむ」ためのハンズ・オンの活動の促進	ハンズ・オン（自ら見て，触って，試して，考えること）
「子ども地域文化プラン」の促進	
スポーツに楽しむ機会の充実	

（文部科学省『平成 12 年度　わが国の文教政策：教育改革の動向』より作成）

　　　　　　　　注　省庁名は平成 12 年度のもの

2　子どもが通う「習い事」の種類

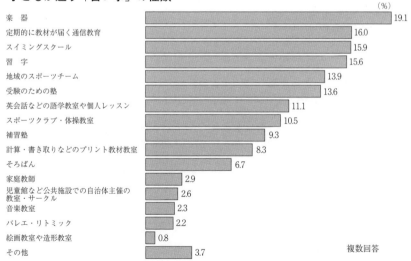

項目	(%)
楽器	19.1
定期的に教材が届く通信教育	16.0
スイミングスクール	15.9
習字	15.6
地域のスポーツチーム	13.9
受験のための塾	13.6
英会話などの語学教室や個人レッスン	11.1
スポーツクラブ・体操教室	10.5
補習塾	9.3
計算・書き取りなどのプリント教材教室	8.3
そろばん	6.7
家庭教師	2.9
児童館など公共施設での自治体主催の教室・サークル	2.6
音楽教室	2.3
バレエ・リトミック	2.2
絵画教室や造形教室	0.8
その他	3.7

複数回答

出典『学校教育に対する保護者の意識調査』ベネッセ未来教育センター・朝日新聞社共同調査（2004 年）（注：小 2，小 5，中 2 の合計）

（7） 児童期教育制度の課題

児童期の子どもの特徴　幼児期から児童期へ成長する子どもは，まず身体的成長が著しく，スポーツや集団ゲームへの関心が増し，運動能力が飛躍的に向上する．知的側面でも，複雑な抽象的思考，操作的思考が発達する．さらに，社会的側面では，他人と協調し集団生活の規律を理解する社会性の発達もある．こうした児童期の子どもの発達は，いずれの側面でも，家庭，仲間，学校などの社会組織・集団との関わりから発達する．小学校は本来，このような子どもの全体的な能力発達を，計画的・組織的に実現することを目的としている．

現代の小学校が抱える問題　現代日本の小学校では新たな問題が多発している．年間 30 日以上欠席のいわゆる「不登校児」が毎年増加している．逆に，小学校における「いじめ」発生件数は近年減少している．暴力・非行などの問題行動は低年齢化，粗暴化の傾向が見られる．近年，注目されてきた問題は，小学校の学級崩壊である．授業中に勝手に席を離れる，授業時間になってもなかなか教室に入らない，授業中，先生に注意されてもおしゃべりを続けるなどの子どもの増加が指摘されている．

近年，子どもが加害者・被害者となる殺傷事件の重大事件の相次ぐ発生が，社会全体に大きな衝撃を与えている．学校と家庭，地域，関係機関等との緊密な連携，命を大切にする教育の充実，情報社会の中での情報モラルやマナーについての指導の確立が必要とされている．

小学校制度改革の試み　現在，従来の小学校のあり方を改革するために多様な試みや構想がされている．いじめや不登校など学校不適応に対応するため，スクールカウンセラーの配置による学校の相談体制の充実が図られている．校長が保護者や地域の人から意見，助言を聞き，地域の声を学校運営に反映するため，学校評議委員制度が平成 12 年度よりスタートした．さらに，児童生徒・保護者の学校選択の自由を確保するため，小・中学校に関する通学区域制度の改革が検討され，実際に東京都やその他の自治体では学校選択制度を導入し始めている．そのほか，フリー・スクール（不登校の子どもを教育する民間学校），コミュニティ・スクール（地域独自のニーズに基づいて市町村が設置し，地域が運営に参画する公立学校），チャータースクール（教員・保護者等が主体となって設立され，自治体と契約し，独自の理念に基づく教育を行う学校）など，従来の学校制度の枠を越えた教育の在り方が構想され，実際の試みも始まっている．（野津）

1 児童生徒の問題行動対策重点プログラムの概要（文部科学省　平成 16 年度）

  1．命を大切にする教育の充実
    （1）命を大切にする心を育む教育の充実
    （2）伝え合う力と望ましい人間関係の指導の推進
    （3）社会性を育む体験活動の充実
  2．学校で安心して学習できる環境づくりの一層の推進
    （1）複数の視点から子どもの変化に対応できる体制の確立等
    （2）生徒指導体制の強化
    （3）犯罪抑止教育の推進
    （4）関係機関等との連携の強化
  3．情報社会の中でのモラルやマナーについての指導の在り方の確立
    （1）子どもに対する情報モラル教育の充実
    （2）家庭における情報モラル教育や有害情報対策への支援
    （3）有害環境対策の推進

2 不登校児童生徒数の推移

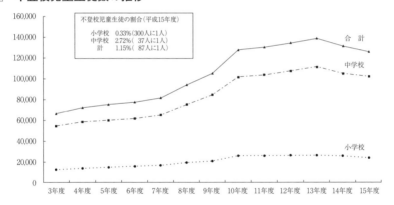

（出典　文部科学省ホームページ www.mext.go.jp/b menu/houdou/16/08/04082302/015.pdf）

3 平成 15 年度に東京都目黒区で行われた小学校選択制へのアンケート結果（抜粋）

「あなたは，この隣接小学校希望入学制度の導入に関して，どのようなお考えをお持ちですか．」への保護者の回答（215 人回答）

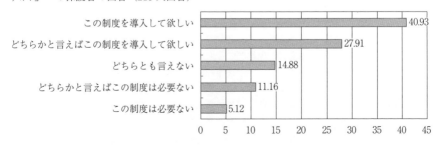

「万人のための教育宣言」と初等教育

＊「万人のための教育宣言」（抜粋）
　私たち「万人のための教育世界会議」（ジョムティエン，1990年3月5日〜9日）の参加者は，
・教育が世界の全ての年齢の全ての男女の基本的権利であることを想起し，
・教育が個人の向上や社会の改善にとって，十分な条件ではないにせよ不可欠な鍵であることを認識し，
・現在の教育の普及が全体として著しく不十分なものであり，教育がより適切なものにされ，質的に改善され，しかも全ての人に利用できるものにされなければならないことを認め，ここに，次に掲げる"万人のための教育宣言：基本的な学習ニーズを満たすための行動の枠組み"を宣言する．
【万人のための教育：目的】
第1条：子供，青年，成人を含み全ての人は基本的な学習ニーズを満たすための教育の機会から恩恵を得ることができなければならない．
【万人のための教育：拡大された展望と新たなコミットメント】
第2条：基本的な学習のニーズを満たすには，通常の教育手段を超えるより広い展望が必要である．
第3条：基礎教育は全ての子供，青年，成人に提供されなければならない．
第4条：教育機会の拡大が意味のある開発につながるには，人々がその教育機会をいかに活用し，有用な知識・能力を身につけるかどうかにかかっている
第5条：基礎教育の手段や範囲は場合によって柔軟に拡大すべきものである．
（・家庭の外での子供たちの基礎教育の中心的な提供システムは初等学校就学である．初等教育は，普遍的で，全ての子供たちの基本的な学習ニーズが満たされることを保証し，コミュニティの文化，ニーズ，機会を考慮しなければならない．補足的なオールタナティブなプログラムは，学校における学習と同一水準の学習を提供し，適切に支援されるのであれば，初等学校への就学に限りのある，あるいは初等学校へ全く就学できない子供たちの，基本的な学習ニーズを満たすのに役立つことができる．）
第6条：学習のための環境を充実させるべきである．
第7条：全てのレベルで教育の新しいパートナーシップを生み出し，強化すべきである．
【万人のための教育：必要条件】
第8条：教育政策改革や制度の強化に必要な支援的政策環境を生み出すべきである．
第9条：基礎的な学習のニーズを幅広く満たすには，既存のものだけでなく新しい資金・人的資源を動員すべきである．
第10条：国際的連帯を強化して，これらの目標を満たすことができる条件を生み出すべきである．

....

［説明］1990年のジョムティエン会議を契機として，1948年の「世界人権宣言」によって普遍的権利とされた教育が，開発にとっても必要不可欠な要素として認識され，初等教育（児童期の基礎教育）と成人に対する基礎教育の普遍化，全ての人間の基本的な学習ニーズの充足が国際的な課題とされるようになった．各国の教育政策は近代セクターの人材養成を行う中・高等教育，職業教育を重視してきていた．これに対し，「持続可能な開発」や国連開発計画が提起した「人間開発」などの開発のパラダイム転換が，開発における初等教育（基礎教育）の重要性を高め，国際的な取り組みを促進したといえる．　　　　　　　　（渋谷）

VI. 青年期の教育制度

■本章のねらいと構成■

　青年期は，人間にとって自己の原形をつくりあげる重要な時期である．このことから，青年自らによる能動的な学習が教育の中心になる．そこで，具体的には，青年一人ひとりの個性や適性を適切に指導し促進する仕組みをつくることが，青年期の教育制度の課題になってくる．

　わが国の青年期の教育では，中学校の教育は義務教育として保障され，また，高等学校への進学率も100％に近い．しかし，その半面では，三無主義，落ちこぼれ，非行という症候がみられ，青年期の教育に暗い影を落としている．

　青年期の教育は，「量」から「質」への転換期にある．本章では，青年期の教育の仕組みが，どのように成立し展開してきたか，そして，わが国や諸外国においてどのような問題に直面しているのか，さらにどのような改革動向がみられるか，等について要説する．

（1）中等教育制度の歴史

中等教育の概念　中等教育は，ほぼ12歳から18歳までの青年を対象に，初等普通教育の基礎のうえに，進路や適性を考慮しながら，高等専門教育の程度には達しない学習内容を提供する．中等教育の概念ないしイメージはこの程度であり，あまり明確でない．これは，「中等教育」の概念が19世紀中葉に誕生し，しかも多様な教育施設における教育を含んでいたことによる．

中等教育制度の発達　「学校」が社会的に定着し始めるのは中世期の都市においてであるが，そこにおいて初等学校とか中等学校とかの段階的区分や体系的連結は存在しなかった．中等学校は，宗教改革期に宗教的・世俗的指導者の養成機関として簇生したドイツの古典語学校，フランスのコレージュ，イギリスの文法学校，などを主要な源流としながら，主に古典語教育との関連で大学の予備教育機関としての地位を占めることになる（☞ 1 ）．その後，産業の発達に伴って発達してくる実業教育機関を包摂していくが，それと並行して初等学校との間に段階的な関係をもたせ，かつ中等教育をすべての者に開放しようとする思想と運動が起こり，段階的に累進的な学校体系の中間段階に位置づくことになる．しかし，中等学校は，初等・中等・高等の概念的不明確さおよび中等学校の中間段階的性格のため，今日なおも問題を抱え安定していない．

わが国の中等教育制度　1872（明5）年の「学制」は，8年制小学校に続く6年制中学校を構想したが，その後多くの改革を経るなかで，中等教育機関は高等教育の予備教育機関である正系の中学校，傍系の実業学校や高等女学校，さらに小学校の延長としての高等小学校や青年学校，などの並立する複線型学校体系を形成し，戦後教育改革まで続くことになる．なお，そこにおいては，正系の中学校を特権化する思想と施策のため，中等教育への国民的要求は抑えられ（☞ 2 ），また，傍系等の中等教育機関はそれが中学校の補完物にすぎないものであるところから，そこでの教育は中等教育への国民的要求を満たしうるものではなかった．

　昭和10年代になると，戦力としての青年育成という必要性から，1939（昭14）年度より他種の学校在学者・中等学校4年終了者を除いて19歳未満のすべての男子に対する青年学校義務制が発足した．しかし上述の経緯からみて，この制度化をして中等教育の義務化とみなすことは難しいであろう．　　　（平田）

（1）中等教育制度の歴史

1 19世紀のリセの週当り授業時数（1880年8月2日省令）

現在の相当学校	小学校			コレージュ			リセ			
期	初等科			文法科			高等科			
学年	準備級	8ᵉ	7ᵉ	6ᵉ	5ᵉ	4ᵉ	3ᵉ	2ᵉ	修辞級	哲学級
フランス語	10	10	10	3	3	3	3	4	5	—
哲　　学	—	—	—	—	—	—	—	—	—	8
ラテン語	—	—	—	10	10	6	5	4	4	1
ギリシャ語	—	—	—	—	—	6	5	5	4	
歴　　史	2	2	2	2	2	2	3	3	4	3
地　　理	2	2	2	1	1	1	1	1		
理　　科	4	4	4	3	4	3	3	3	3	10
現代外国語	4	4	4	3	3	2	3	3	2	1
図　　画	2	2	2	2	2	2	2	2	2	2
計	24	24	24	24	25	25	25	25	24	25

（桑原敏明作成）

2 中等教育機関への進学率

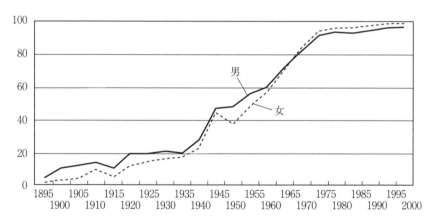

（2）中学校制度の成立と展開

新制中学校の成立　戦後日本の教育改革は，「米国教育使節団報告書」(1946.3) を起点かつ推進力として始まるが，新制中学校制度もその例外ではない（☞ 1）．他方，同使節団に協力した日本側教育家委員会も，自ら学制改革案を作成し，新制中学校のあり方を描いた（☞ 2）．教育刷新委員会（1946.8 設置）は，教育の重要事項に関する内閣直属の建議機関として「学制に関すること」を建議し，「国民学校初等科に続く教育機関」として新制中学校を提案した（☞ 3）．当時新制中学校についてはさまざまな議論もあったが日本民主化を課題とする総指令部の示唆と新学制即時実施を求める国民世論を背景に，1947（昭 22）年 3 月学校教育法が公布され，4 月から新制中学校が発足した．

新制中学校制度の特色　新制中学校の制度的特色は，単一制（小学校に続く唯一の学校で，すべての生徒に共通の課程を履修させる）をとっていることである．範となったジュニア・ハイスクールはアメリカでも全国的な制度ではなかったが，日本は焼土と疲弊の中で，これを全国的な制度として採り入れた点に教育民主化の決意が読みとれる．また，男女共学制，各市町村設置（学区制），独立校舎の原則，校長・教員を専任とすることなどが特色といえる．

新制中学校発足時の課題　新制中学校は発足はしたものの，新校舎建築の予算はほとんどなく，このため仮設校舎，小学校との同居，青空教室・雨傘教室という状況もみられ，4 部授業が行われたところもあった．教員構成では，前歴が小学校教員である者が全体の半数を超えていた（☞ 6）．このような苦難のなかではあったが，6・3 制自体は国民の大多数が支持しており，学校建設のために資材の提供や労働奉仕に多くの国民が参与した．

中学校制度の展開　戦後，中学校は普通教育のみを施す単一の義務性 3 ヶ年の中等教育機関になったが，前期中等教育の概念的不明確さが，1951（昭 26）年の政令改正諮問委員会答申の職業教育の導入案（☞ 4）や 1971（昭 46）年の中教審答申の再編成案（☞ 5）にみるように，再改革の呼び水になっている．1987（昭 62）年の教課審答申による中学校での習熟度別学級編成の導入提案や，1997（平 9）年度からの通学区域の弾力的運用措置，1998（平 10）年の学校法改正（中高一貫教育の選択的導入　☞ 本章（6））などは中学校教育の多様化を模索するものであるが，中学校制度の本質的なあり方への問い返しが求められる．

（平田）

1　米国教育使節団報告書と新制中学校の構想（1946年）

　課税で維持し，男女共学制を採り，かつ授業料無徴収の学校における義務教育の引き上げをなし，修業年限9ヶ年に延長，換言すれば生徒が16歳に達するまで教育を施す．年限延長改革案を我々は提案する．更に，生徒は，最初の6ヶ年は現行と同様小学校において，次の3ヶ年は現行小学校の卒業児童を入学資格とする各種の学校の合併改変によって創設されるべき「初級中等学校」において，修学することを我々は提案する．

2　日本側教育家委員会報告書と新制中学校の構想（1946年）

　（三）　小学校の上に三年制の初級中学校を置きこれを義務教育とすること．但し，初級中学校に於ては職業別の学校種別を設けず，主として普通教育を行ふ学校とする．

3　教育刷新委員会建議と新制中学校の構想（1946年）

　1）国民の基礎教育を拡充するため，修業年限3ヶ年の中学校（仮称）を置くこと．2）右の中学校は，義務制とすること，全日制とすること，男女共学とすること．……6）教育の機会均等の趣旨を徹底させるため，国民学校初等科に続く学校としては，右の中学校のみとすること．7）右の中学校制度は，昭和22年4月から，これを実施すること．

4　政令改正諮問委員会答申と新制中学校の再改革構想（1951年）

　　（2）　中学校（三）の課程は，普通教育偏重に陥ることを避け，地方の実情に応じ，普通課程に重点をおくものと職業課程に重点をおくものとに分ち，後者においては，実用的職業教育の充実強化を図ること．

5　中央教育審議会答申と新制中学校の再改革構想（1971年）

　（3）　……小学校と中学校，中学校と高等学校のくぎり方を変えることによって，各学校段階の教育を効果的に行うこと．

6　新制中学校教員の前歴（昭和22年5月）

	人　数	構成比
小学校教員	50,049人	50.9%
青年学校教員	22,809	23.2
中等学校教員	5,754	5.9
新規採用	19,316	19.6
その他	413	0.4

（内田・森編『学校の歴史3』第一法規出版，1979，p.206）

(3) 中学校の目的と内容

中学校の目的・目標 　学校法第45条は，中学校の目的として，「小学校における教育の基礎の上に，心身の発達に応じて義務教育として行われる普通教育を施す」と定め，中学校の教育は一人ひとりの調和的発達を目指す一般教育と国民として必要な事項を習得させる共通教育の2つを柱とする普通教育でありながらも，小学校の初等普通教育や高等学校の高等普通教育と異なることを示している．また，同法第46条は，中学校の目的を実現するため10の教育目標を掲げ，義務教育の完成段階として国民および社会人に必要な資質の育成と青年期における健全な育成を教育課題として示している．

中学校の教育課程 　1958（昭33）年全面改訂の学習指導要領は，小学校とともに中学校に「道徳の時間」を特設し，教科でも特別活動でもない新たな領域として道徳の領域を設けた．戦後新学制発足当初に生徒の自発的活動を促進することを趣旨として設けられた「自由研究」は，1951（昭26）年に「特別教育活動」として教科外の活動に位置づけられていたが，この全面改訂で特別活動となった．

　1989（平元）年改訂の学習指導要領は，中学校の教科領域について，必修教科は従来通り8教科だが，選択教科の範囲を拡大した．それまで第3学年の選択教科であった音楽，美術，保健体育および技術・家庭を第2学年の選択教科に加え，第3学年については，従来の他に国語，社会，数学および理科を選択教科に加えた（☞①）．また，教育課程上の位置づけが曖昧であった部活動は，その一部または全部を必修のクラブ活動の履修に替えることができるようになった．

　2002（平14）年改訂の学習指導要領は完全学校週5日制に対応して，教育内容を3割縮減する一方，「総合的な学習の時間」を設けた（☞②）．改訂の要点を摘記すれば次のとおり．①「ゆとり」の中で「特色ある教育」を展開し，生徒に自ら学び自ら考える［生きる力］を育成することとした．②外国語を必修教科とし，聞く話す教育を重視することとした．③各教科及び「総合的な学習の時間」で体験的な学習，問題解決的な学習の充実を図った．④コンピュータなどの情報手段の活用を一層推進し，技術・家庭科で情報に関する内容を必修とした．⑤各学校が創意工夫を生かした時間割編成ができるよう，授業の1単位時間や授業時数の運用を弾力化した．⑥教科の特質に応じ目標や内容を複数学年まとめるなど基準の大綱化を図った．⑦道徳や特別活動においてボランティア活動を重視することとした．

　　　　　　　　　　　　　　　　　　　　　　　　　　　　（平田）

（3） 中学校の目的と内容　　95

1　中学校の年間標準授業時数

〔平成 14 年改正〕

	国語	社会	数学	理科	音楽	美術	保体	技家	外語	道徳	特活	選択	総合	計
1 年	140	105	105	105	45	45	90	70	105	35	35	0〜30	70〜100	980
2 年	105	105	105	105	35	35	90	70	105	35	35	50〜85	70〜105	980
3 年	105	85	105	80	35	35	90	35	105	35	35	105〜165	70〜130	980

2　教育課程の基準の改善のねらい（教育課程審議会答申）

〔昭和 51 年答申〕
1) 人間性豊かな児童生徒を育てること
2) ゆとりのあるしかも充実した学校生活が送れるようにすること
3) 国民として必要とされる基礎的・基本的な内容を重視するとともに児童生徒の個性や能力に応じた教育が行われるようにすること

〔昭和 62 年答申〕
1) 豊かな心をもち，たくましく生きる人間の育成を図ること
2) 自ら学ぶ意欲と社会の変化に主体的に対応できる能力の育成を重視すること
3) 国民として必要とされる基礎的・基本的な内容を重視し，個性を生かす教育の充実を図ること
4) 国際理解を深め，我が国の文化と伝統を尊重する態度の育成を重視すること

〔平成 10 年答申〕
1) 豊かな人間性や社会性，国際社会に生きる日本人としての自覚を育成すること
2) 自ら学び，自ら考える力を育成すること
3) ゆとりのある教育活動を展開する中で，基礎・基本の確実な定着を図り，個性を生かす教育を充実すること
4) 各学校が創意工夫を生かし特色ある教育，特色ある学校づくりを進めること

※現在，現行（平成 14 年度改訂）の学習指導要領について，その教育内容および教育課程の枠組みの見直しが進められており，新しい教育課程において重視する点として次の点が挙げられている．
・「読み・書き・計算」などの基礎・基本を確実に定着させ，教えて考えさせる教育を基本として，自ら学び自ら考え自ら行動する力を育成すること
・将来の職業や生活への見通しを与えるなど，学ぶことや働くこと，生きることの尊さを実感させる教育を充実し，学ぶ意欲を at かめること
・家庭と連携し，基本的な生活習慣，学習習慣を確立すること
・国際社会に生きる日本人としての自覚を育てること

〔中央教育審議会答申「新しい時代の義務教育を創造する」〕

（4） 高等学校制度の成立と展開

新制高校の成立　1946年，米国教育使節団は，「男女共学制」「総合制」「希望者全入制」に基づいた後期中等学校構想を提示した（☞①）．この構想は，終戦以前より日本国内で出されていた入試制度改善を求める諸提言とも相まって，新制高校のあり方に絶大な影響力を発揮した．文部省は，希望者全入制の実質的保障のため，通学区制を制度化し1学区に1高校を設ける小学区制の実現をめざした．小学区制により，共学制・総合制の浸透の同時達成も企図したのである．これら男女共学制・総合制・小学区制は，一般に高校三原則と呼ばれる．

高校三原則の展開　高校三原則は，占領期施策の地域的差異を受け，その全てが全国的な均一性をもって実施されたわけではなかった．① 男女共学制：旧制中等学校では男女別学制がとられており，教育水準の面でも男女間の格差は大きかった．この格差撤廃と教育機会均等を実現化する有効な手段として，公立高校はその多くが男女共学とされ，この原則は現在でも生きている．② 総合制：次節（☞ p.98）でもみるように高等学校は「高等普通教育及び専門教育を施すこと」を目的とする．よって，高等学校では両者の教育課程を含んだ総合制が原則とされるのである．しかし，総合制化が目ざされたのは1948（昭23）年から数年間にすぎず，その後急速に単科制に移行していった．③ 小学区制：上記2つの原則がいわば任意規定であったのに対し，公立高校における通学区の設置は，教育委員会の職務の一つとして強制規定に位置づけられた（旧教委法，現地教行法）．通学区の規模は各地方自治体によって異なり，京都府を代表とする西日本で小学区制の実施度が高かった．しかし，工業立国化をめざす人的能力開発政策等により小学区制は崩壊し始め，その理念であった希望者全入原則は，1963年における高校入試の制度化によって終息した（学校法施規第59条改正）．

高校制度の多様化　戦後の産業構造の変化と高校進学率の上昇を受け，高校教育制度の多様化は常に求められてきた．1988（昭63）年には，定時制・通信制課程に限って単位制高校が設置され，1993（平5）年にはそれが全日制にも拡大された（☞③）．また，1994（平6）年には高等学校設置基準が改正され，普通科と専門学科の枠を取り払った総合学科が導入された．総合学科は将来的に500校の設置が見込まれている．2001（平13）年の地教行法の改正によって，通学区制を求める規定（第50条）が削除されたことを受け，2007（平19）年度までに12都県が学区制を撤廃している．

（藤田（晃））

1 米国使節団報告書（部分）

Beyond the "lower secondary schools", we recommend the establishment of a three year "upper secondary school", free from tuition fees and open to all who desire to attend. Here again, co-education would make possible many financial savings and would help to establish equality between the sexes.（中略）These schools should include academic courses leading to entrance to colleges and universities, as well as courses in home-making, agriculture, and trade and industrial education. We recommend that in the smaller prefectural districts, all these courses be included in a single school unit. In cities and other heavily populated districts, it might be desirable to consentrate some of the courses in separate schools, but, on the whole, we favor the comprehensive "upper secondary school".

2 学科別生徒数の構成（1950〜2005年度）

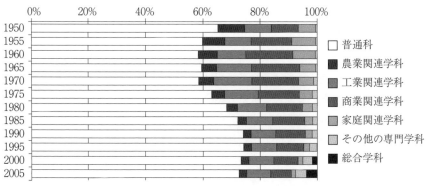

（文部科学省『データから見る日本の教育2006』表Ⅰ-2-2より作成）

3 単位制高等学校の推移（1955〜2005年度）

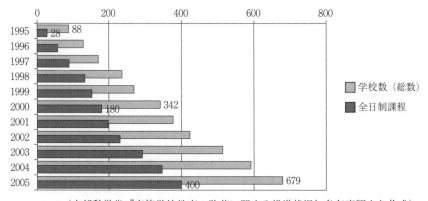

（文部科学省『高等学校教育の改革に関する推進状況』各年度版より作成）

（5） 高等学校の目的と教育課程

高等学校の目的　1943（昭18）年1月に公布された中等学校令は，中等学校を「中学校」「高等女学校」「実業学校」に区分し，その総括的目的を「皇国ノ道ニ則リテ高等普通教育又ハ実業教育ヲ施シ国民ノ錬成ヲ為ス」と定めていた．一方，戦後誕生した新制高校の目的は「中学校における教育の基礎の上に，心身の発達に応じて，高等普通教育及び専門教育を施すこと」（学校法41）と規定されている．新制高校では戦前の中等教育の種別化（分岐型学校体系）から脱却して，高等普通教育と専門教育を総合する学習が目指されているのである．

高等学校における教育課程　高校では「義務教育として行われる普通教育の成果をさらに発展拡充（学校法51）」し，生徒の能力・適性・進路等の多様化に配慮するための教育課程が必要とされる．1999（平11）年に告示された学習指導要領では，普通教育に関して10教科59科目が，職業・専門教育に関して209科目が示されている．しかし実際には，個別の学科内で生徒自らが選択できる幅は限定されており，一般の普通科高校では，これまで職業的科目の選択を可能にする学校側の準備も，生徒側の余裕も極めて乏しかった．このような中で，1994（平6）年に「第3の学科」として登場した総合学科は，自らの適性・関心・将来計画等に基づきつつ，幅広い選択科目群から生徒自身に学びをデザインさせる仕組みとして注目されている（☞①）．また，総合学科以外の高校でも，選択科目の拡大，学科の枠を越えた教育課程の編成，大学・高等専門学校・専修学校等における学修の単位認定，各種技能審査の成果の単位認定等，生徒の柔軟かつ多様な学びを積極的に支援する動きが見られる．将来を展望する力・数ある選択肢から選び取る力・自らの将来を創造する力の育成に資するため，2004（平16）年度より本格的に開始されたキャリア教育の推進，とりわけ高校における就業経験（インターンシップ）の拡充（☞②）等への期待が高まっている．

生涯学習機関としての高校　かつて勤労青少年のための教育を主要な役割としてきた定時制や通信制高校は，今日，義務教育段階において長期にわたる不登校を経験した生徒，全日制高校を中退した生徒，成年の在学者など，さまざまなニーズに応えるための機関として機能している．このような重要性に鑑み，文部科学省は，2007（平19）年度に「定時制・通信制チャレンジ事業」を開始し，「社会や生徒のニーズに応じた定時制・通信制課程の改善・充実を図るための実践研究」を推進するため全国で49校に研究の委嘱を行った．　　　（藤田（晃））

（5）高等学校の目的と教育課程　99

1　総合学科におけるカリキュラム解説の一例（千葉県立八街(やちまた)高等学校）

選択科目は自分の興味や進路に合わせて選びます

単位	1	2	3	4	5	6	7	8	9	10	11	12	13	14	15	16	17	18	19	20	21	22	23	24	25	26	27	28	29	30
1年	国語総合				世界史A		現代社会		数学I			理科基礎		体育		保健	英語I			芸術I		家庭総合		情報A		産業		選択科目		LHR
2年	日本史A／地理A		家庭総合		理科I		保健		体育			総合		選択科目																LHR
3年	体育		総合		選択科目																									LHR

5つの系列
八街高校では5つの系列が用意されています．将来の夢や希望に合わせて自由に選びます．各系列は，あくまで科目選択の目安なので系列を越えての選択も可能です．
「人文」……国語・歴史・外国語など人文に関することを学ぶ 【主な科目】古典，日本史，政治経済，英語，中国語
「自然」……数学・理科・環境など自然科学に関することを学ぶ 【主な科目】数学，物理，化学，生物，地学，数学史，動物学，生物活用
「情報」……コンピューターの知識・技術など情報に関することを学ぶ 【主な科目】情報B，情報活用，プログラミング，情報と表現
「商業」……会計・流通・国際経済など商業に関すること学ぶ 【主な科目】ビジネス基礎，簿記，会計，マーケティング，商品と流通，英語実務，情報検定
「生活」……福祉・生活健康・文化芸術など生活に関することを学ぶ 【主な科目】家庭看護，社会福祉実習，手話，被服，児童文化，スポーツ，ダンス

（出典：八街高等学校ウェブサイト http://www.chiba-c.ed.jp/yachimata/　2007年7月現在）

2　公立高校におけるインターンシップの実施率

年度	農業	工業	商業	水産	家庭	看護	情報	福祉	その他の職業に関する学科	職業学科小計	普通科	その他の学科	総合学科	全体
1997	44.0	14.6	26.4	29.3	56.1	—	—	—	—	28.2	—	—	—	—
1998	60.7	27.6	31.1	49.0	41.0	100.0	—	—	—	40.3	5.7	—	37.8	20.9
1999	62.7	43.3	39.8	44.7	48.8	100.0	—	—	27.6	47.7	7.4	1.2	43.0	22.7
2000	75.1	59.9	53.0	73.5	49.1	100.0	—	82.6	57.9	60.7	14.6	4.4	64.2	31.9
2001	73.6	73.5	62.4	80.4	53.7	86.9	0.0	89.5	88.9	67.8	21.7	7.8	69.1	38.9
2002	79.4	77.3	71.0	87.0	65.4	78.3	50.0	66.7	81.8	74.1	32.0	9.7	76.2	47.1
2003	85.8	82.3	77.8	81.4	72.2	83.1	33.3	73.7	85.7	79.9	36.9	13.4	69.5	52.2
2004	84.2	80.2	81.5	71.9	81.1	87.1	62.5	88.9	47.1	81.2	45.1	19.4	76.3	59.7

（出典：文部科学省「平成16年度インターンシップの実施状況」
http://www.mext.go.jp/a_menu/shotou/career/05010501/006.htm）

（6） 中高一貫教育の制度化と課題

公の制度としての導入　日本では従来，一部の私立中学・高校において，「エスカレーター式」と一般に呼ばれる実質的な一貫教育が行われていた．しかし，第16期中央教育審議会答申（1997年6月）の提言（☞ 1）を受けて，「学校教育法等の一部を改正する法律」が翌年6月に成立したことにより，1999（平11）年4月，中高一貫教育が公の制度としてスタートした．1999年9月に改訂された文部省「教育改革プログラム」では，中高一貫教育を実施する学校が国公私立を問わず「当面，高等学校の通学範囲（全国で500程度）に少なくとも1校整備されること」との整備目標が示されている．

実施形態　日本での中高一貫教育は次の3形態で実施される．

① 中等教育学校：一つの学校において一体的に中高一貫教育を行うもの．1998年の学校教育法改正により新たに「一条校」として成立した．

② 併設型：同一の設置者による中学校と高等学校を高等学校入学者選抜を行わずに接続するもの．このための県立中学校の設置も実施に移されている．

③ 連携型：既存の市町村立中学校と都道府県立高等学校が連携して中高一貫教育を実施するもの（☞ 2）．

このうち前二者（①・②）の形態では，小学校から接続する段階で入学者選抜を行うことになるが，公立校においては学力検査による選抜は行うことができない．これは，1998年の「学校教育法等の一部を改正する法律」の審議を行った衆議院文教委員会及び参議院文教・科学委員会が，その採決に際して，中高一貫校を「受験エリート校」化させないことや，受験競争の低年齢化を招かないこと等を求めた附帯決議を付したことによる．

中高一貫教育の課題　日本における中高一貫教育の導入は，従来型の中学校・高校教育と併置され，子どもたちや保護者によって自主的に選択されることを旨とするゆえ「選択的導入」と呼ばれる．小学校卒業後の6年間，さらにそれに続く将来を見通し構想するための充分な援助と情報が，小学生とその保護者に対して提供される必要がある．また，これまでの中学や高校では実施し得なかった特色あるカリキュラムの開発は，中高一貫教育の成否にかかわる極めて重要な課題であるが，それに並行して，一般の高校への進学や他の中学からの編入を円滑に支援する仕組みの整備も求められる．中高一貫教育が早期トラッキング装置となることは避けられねばならない．

（藤田（晃））

1 中高一貫教育の導入を求める中央教育審議会答申（1997年6月26日）抄

……これまでの教育改革の論議においても，中高一貫教育は，様々な形で検討が行われてきた．昭和46年の中央教育審議会答申「今後における学校教育の総合的な拡充整備のための基本的施策について」においては，漸進的な6・3・3制の学校体系の改革を推進する第一歩として中高一貫教育などを先導的に試行すべき旨提言されたが，教育関係者等の共通理解が得られなかったこともあり，実施が見送られた．その後，昭和60年の臨時教育審議会「教育改革に関する第一次答申」において，6年制中等学校の設置が提言され，これを踏まえて具体的な調査研究も行われたが，平成3年の中央教育審議会答申「新しい時代に対応する教育の諸制度の改革について」においても指摘されているとおり，中高一貫教育には受験競争の低年齢化を招くおそれがあることなどから，最終的な結論は持ち越されてきた．

……これまでになされた提言やそれに基づく調査研究，あるいは国公私立での中高一貫教育の状況を踏まえると，中高一貫教育については，次のような特色があると考えられる．まず，中高一貫教育の利点としては，(a) 高等学校入学者選抜の影響を受けずにゆとりのある安定的な学校生活が送れること，(b) 6年間の計画的・継続的な教育指導が展開でき効果的な一貫した教育が可能となること，(c) 6年間にわたり生徒を継続的に把握することにより生徒の個性を伸長したり，優れた才能の発見がよりできること，(d) 中学1年生から高校3年生までの異年齢集団による活動が行えることにより，社会性や豊かな人間性をより育成できることなどが挙げられる．一方，問題点としては，(a) 制度の適切な運用が図られない場合には，受験競争の低年齢化につながるおそれがあること，(b) 受験準備に偏した教育が行われるおそれがあること，(c) 小学校の卒業段階での進路選択は困難なこと，(d) 心身発達の差異の大きい生徒を対象とするため学校運営に困難が生じる場合があること，(e) 生徒集団が長期間同一メンバーで固定されることにより学習環境になじめない生徒が生じるおそれがあること，などが挙げられる．このように中高一貫教育については，一方で問題点があるものの，利点と考えられる点も多い．とりわけ，子どもたちに［ゆとり］を与える必要性を訴えた第一次答申の理念を踏まえると，これら数々の利点の中で，［ゆとり］ある学校生活をおくることを可能にするということの意義は大きいと言わなければならない．

……いずれにしても，中高一貫教育の利点と問題点の軽重について，現行制度と比較しながら総合的に判断するのは，あくまでそれぞれの子どもたちや保護者であり，高等学校入学者選抜の改善を図る中で，従来の中学校・高等学校に区分された中等教育と，中高一貫教育とを選択可能とする柔軟な学校制度を設けることが望まれるのである．

2 中高一貫教育導入の状況

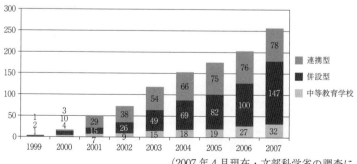

（2007年4月現在・文部科学省の調査による）

（7） 各種学校・専修学校

義務教育後の教育の拡大　今日，義務教育終了者を対象とする教育には，①文部科学省以外の各省庁が所管する学校の教育，②企業内教育，③高等学校・大学等１条校における教育，④各種学校・専修学校の教育等がある．これらの教育組織には，教育の目的・内容・構造などにおいて，それぞれ特色がみられる．生涯学習社会の構築が求められている今日，これらの教育はますます拡大される傾向にあり，とくに各種学校・専修学校の役割は，青年期や成人のさまざまな教育的ニーズに応ずるものとして注目される．

各種学校の特色　各種学校は，法律上「学校教育に類する教育を行うもの（１条校や各省庁所管の学校を除く）」（学校法134）とされ，その具体的内容が各種学校規定（昭和31年文部省令31）で定められているが，１条校等より弾力性のあるものとなっている．1976（昭51）年より従来の各種学校を整備改善して新たに専修学校が制度化されたため，各種学校は小規模で修業年限が短いものが多くなった．しかし，その種類は多岐多様にわたっており，その中には予備校，自動車学校，外国人学校，海外大学の日本分校なども多く含まれている．

専修学校の特色　専修学校は，各種学校の法的・社会的な位置づけを明確にするために，1976（昭51）年より発足し，「職業若しくは実際生活に必要な能力を育成し，又は教養の向上を図ることを目的として」組織的な教育を行う（学校法82の2）．専修学校は，入学資格によって，高等専修学校（中学校卒業），専門学校（高等学校卒業），一般課程（特になし）の３課程に分けられる（括弧内は入学資格）．

　1994（平6）年からは一定の要件（修業年限２年以上，総授業時間数1,700時間以上）を満たす課程で，文部科学大臣の認定を受けた専門学校の修了者に「専門士」の称号が，また，2005（平17）年から一定の要件（修業年限４年以上，総授業時数3,400時間以上，体系的な課程編成等）を満たす課程で文部科学大臣の認定を受けた専門学校の修了者に，「高度専門士」の称号が与えられている．

　専修学校と１条校との接続は順次改善されており，1985（昭60）年から修業年限３年以上の高等専修学校修了者への大学入学資格が，1998（平10）年から一定の要件（修業年限２年以上等）を満たす専門学校修了者大学への編入資格が，2004（平16）年から一定の要件（修業年限４年以上等）を満たす専門学校修了者に大学院入学資格が，それぞれ法令で付与されている．　　　　（石嶺）

(7) 各種学校・専修学校

1 専修学校・各種学校生徒数

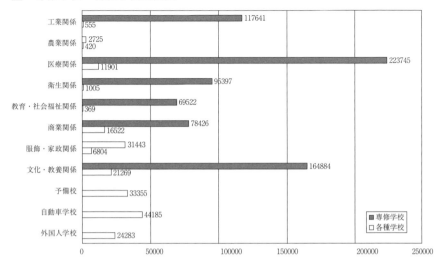

(出典：文部科学省『学校基本調査－平成19年度版より作成』)

2 修業年限2年以上の専門学校の学科数（7357学科中）（2005年12月現在）

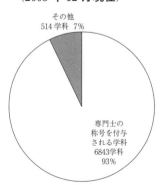

(出典：文部科学省『平成18年度専修学校
―君たちが創る未来のために』p.7)

3 専修学校から大学への編入学者数推移

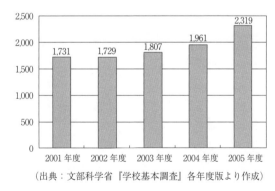

(出典：文部科学省『学校基本調査』各年度版より作成)

(8) 外国の中等教育制度

主な改革動向　20世紀後半から続く主な改革動向は以下のようである.

① 前期中等教育の義務教育化：教育年限の延長は世界的趨勢であり，一般に前期中等教育段階までを義務期間とする傾向が強い.

② 単線型学校系統への移行：中等教育の大衆化に伴い，とくに西欧において伝統的な複線型・分岐型学校系統への批判が強く行われてきた．今日，職業技術の訓練に焦点化した中等教育とアカデミックな領域を中核とする中等教育との間に明確な区分を設ける国においても，中等教育段階での学校選択が，高等教育への接続における障壁とならない仕組みを整備する場合が多い.

③ カリキュラムの改善：社会と生徒双方のニーズを考慮し，カリキュラム改善が進められている．情報社会に対応するためのコンピュータ・リテラシーの修得等の世界共通の課題の他，民族・人種間の教育格差を是正するためのカリキュラム開発に焦点を当てる国も少なくない.

④ 後期中等教育段階での就学率の向上：中等教育機関への在籍が当然視される国がある一方で，それが一部の階層に限られた特権的位置づけにある国も多く存在するが（☞ ①），世界的に見た場合，後期中等教育段階への在籍率は向上してきている．また，中途退学者等に「セカンド・チャンス」を提供する教育機関や，働きながら学ぶための制度の整備を進める国も数多くあり，学習者のライフスタイルに合わせた学習支援制度の確立がめざされている（☞ ②）.

総合制中等学校をめぐる問題　共通課程を軸としながら，多くの選択科目やコースを設けることにより，生徒の能力や適性および希望に即した教育を提供するのが総合制である．日本では高等学校の「総合学科」がこれに相当する．とくに西欧では1960年代から，後期中等学校の総合制化が大きく前進した．この動きは，政権政党の交代などの理由から直線的に推進されたわけではないが，総合化は中等教育制度改革の大きな潮流であった．しかし，1970年代の後半から，国家間の経済競争や高度技術の発展に寄与する人材の効率的な育成のため，優秀な生徒を選抜して教育することへの再評価が一部でみられる．総合制の歴史の長いアメリカ合衆国においても，特定分野における高い能力を持った生徒のみを対象とする中等学校の設置が進んでいる．さまざまな能力・適性・興味をもつ生徒が相互に影響を与えあい成長する機会を提供しうる総合制の理想をどのような形態で実現するかは世界に共通のテーマであろう．

（藤田（晃））

(8) 外国の中等教育制度

1 東アジア太平洋地域における中等教育機関在籍率〔gross enrollment ratio〕

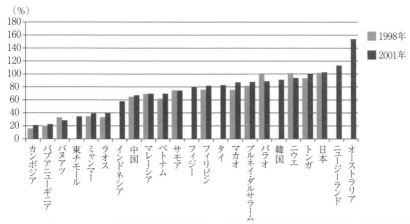

注：gross enrollment ratio ＝中等教育段階相当年齢総人口に対する中等教育機関在籍者の比率，在籍者の年齢は問わない．（中等教育段階相当年齢者の在席率〔net enrollment ratio〕とは異なる．）
出典：UNESCO, *Education for All: The Quality Imperative*, UNESCO publishing, 2004, Annex Table 8 をもとに作成（2001年データが欠落している国・地域は割合した．）

2 OECD加盟国における年齢別の中等教育機関在籍率（2004年）（％）

	標準後期中等学校卒業年齢	15歳				16歳				17歳				18歳				19歳				20歳			
		在席率	中等教育機関	継続教育機関	高等教育機関	在席率	中等教育機関	継続教育機関	高等教育機関	在席率	中等教育機関	継続教育機関	高等教育機関	在席率	中等教育機関	継続教育機関	高等教育機関	在席率	中等教育機関	継続教育機関	高等教育機関	在席率	中等教育機関	継続教育機関	高等教育機関
オーストラリア	17-18	98	93	n	n	80	1	4	38	3	26	25	3	35	20	3	37
オーストリア	17-19	92	90	n	n	77	13	n	47	24	5	18	14	14	6	5	21
ベルギー	18-19	102	102	n	n	104	n	1	48	7	36	23	8	46	13	3	48
カナダ	18	m	m	n	n	m	6	4	m	7	19	m	5	37	m	2	37
チェコ	18-19	100	100	n	n	98	n	n	82	5	4	35	12	23	7	8	34
デンマーク	19-20	98	93	n	a	86	n	n	81	n	n	60	n	4	36	n	12
フィンランド	19	99	96	n	n	95	n	n	93	n	n	34	n	18	17	n	32
フランス	18-20	98	96	n	n	89	n	2	52	n	28	25	n	40	10	n	43
ドイツ	19	98	97	n	n	91	n	1	83	n	3	42	18	10	20	14	18
ギリシャ	18	92	97	a	a	68	n	n	17	3	56	34	3	58	n	4	60
ハンガリー	18-20	99	94	1	n	89	1	n	54	10	13	20	18	30	10	12	35
アイスランド	18-20	99	99	n	n	83	n	n	75	n	n	69	n	1	39	n	17
アイルランド	17-18	100	96	1	n	76	5	6	29	17	37	3	15	41	1	13	42
イタリア	17-19	95	88	a	a	81	a	a	71	a	6	18	1	35	6	1	36
日本	18	101	97	a	n	95	n	m	3	m	n	1	m	n	m	m	m
韓国	17-18	95	98	a	n	93	n	2	12	n	57	1	a	69	n	a	64
ルクセンブルク	18-19	90	84	1	n	81	n	n	69	n	m	51	1	n	30	1	n
メキシコ	18	59	50	a	a	38	a	3	18	a	12	8	a	17	4	a	7
オランダ	18-19	101	97	n	n	81	n	6	59	n	19	37	n	28	25	n	33
ニュージーランド	17-18	96	85	1	1	67	2	4	27	4	25	12	3	35	9	3	40
ノルウェー	18-19	99	94	n	n	93	n	n	85	n	n	40	1	13	19	1	29
ポーランド	18-20	97	97	n	n	94	n	x	86	n	1	39	6	30	17	9	41
ポルトガル	18	89	79	a	a	74	a	n	45	n	19	28	n	26	15	n	30
スロバキア	18-19	99	95	n	n	89	n	n	79	n	3	31	1	22	4	1	28
スペイン	17-18	100	97	a	n	82	n	2	41	a	28	22	a	36	12	a	38
スウェーデン	19	99	97	n	n	97	n	n	94	n	1	29	1	13	19	1	24
スイス	18-20	97	90	1	n	86	1	n	76	2	2	46	3	8	20	4	16
トルコ	16-17	58	53	a	n	31	a	4	18	a	13	x	a	20	m	a	21
イギリス	16-18	102	94	x	n	81	x	n	38	x	23	23	x	32	18	x	34
アメリカ	18	97	92	m	m	83	m	m	21	m	36	5	m	45	1	m	46
OECDD平均		95	91	n	2	82	1	2	53	3	17	28	4	28	14	4	33

注：a＝当該国において調査項目として設定せず，m＝データなし，n＝ゼロあるいはきわめて少数，x＝他の項目に統合して集計　出典：OECD, *Education at a Glance 2006*, Table C1.3

（9） 青年期の学校外教育

青年期の学校外教育の意義　教育を広く「人間形成の作用」と把握するなら，その範囲は学校という時空に留まらず，生活活動全般に及ぶ．ルソーが「第二の誕生」と呼んだ如く，青年期には，身体，感覚，知性，感情などの領域における急激な成熟と，社会との接触機会の増加による自己確立の開始が見られるが，学校外における豊かな生活体験と社会経験の保障によって，青年の活力を引き出し，成人文化への適応や社会的自己確立の達成を援助することに，青年期における学校外教育の意義がある．

青年期の学校外教育施設と組織　学校外教育を「学校教育以外の教育機会の総称」と理解するなら，その範囲は多岐にわたるが，青年の健全育成施設の整備事業に限定すれば，青年の家，公民館，図書館，博物館，社会体育施設などを学校外教育施設として挙げることができる（☞ 1）．これらの施設は，青少年を取り巻く環境の変化や，ニーズの多様化・複雑化・高度化に伴って，その有り様を大きく変えつつあり，例えば，昭和20年代に普及した青年学級は，1999（平成11）年の青年学級振興法の廃止により役割を終えた（☞ 2）．また，1959（昭和34）年に青年教育の振興のために文部省付属施設として設置された国立青年の家は，1999（平成11）年の法改正により独立行政法人国立青年の家によって設置運営される施設となり，さらに，2006（平成18）年には，同法人らが統合された独立行政法人国立青少年教育振興機構の発足に伴い，国立青少年交流の家に改組されている．こうした青年を対象とする学校外教育施設の再編動向は地方自治体レベルでも見られ，例えば，東京都は，多様化・高度化する学習ニーズに対応するべく，青年の家を全廃し，PFI（Private Finance Initiative）を用いた青少年社会教育施設としてユース・プラザを設置している．

青年期の学校外教育の課題　家庭教育・学校教育・社会教育がそれぞれ独自の教育機能を発揮しながら連携することが求められて久しい（社会教育審議会答申［1971］）．近年，高等学校教育において，ボランティア活動等に係る学修，フリースクール等の民間施設における学修，あるいは，技能審査の成果が単位認定されるなど，三者の連携は進行しつつあるが（☞ 3），その効果的な運営方途の確立とともに，自主的自発的な学習活動としての学校外教育の価値を，同教育の「学校化」によって損ねることのないような配慮が求められる．特に学校外教育施設の設置運営に関しては，社会の変化に伴い多様化・高度化する学習ニーズに適切に対応するために，学校外施設間および市町村の広域的連携によって，あるいは，中等および高等教育機関や，民間事業ないし企業の人的物的資源を活用しながら，学校外における青年の豊かな学習機会を確保し高質かつ効率的な学習を保障するとともに，彼らの自主的な学習活動を喚起・促進するための教育制度上の整備が必要と言える．

（中村）

（9） 青年期の学校外教育　107

1　学校外教育施設数の推移

(単位：施設)

年	青年の家	公民館	図書館	博物館	女性教育施設	社会体育施設	文化会館
1955	−	35,343	742	239	−	1,634	−
1963	−	19,417	810	294	−	2,524	−
1975	315	15,752	1,066	409	90	−	−
1984	424	17,520	1,642	676	100	24,605	−
1993	411	17,562	2,172	861	224	40,663	1,261
2002	393	17,947	2,742	1,120	196	47,321	1,832
2005	380	17,143	2,979	1,196	183	48,055	1,885

（文部省／文部科学省『社会教育調査報告書』より）

2　青年学級振興法

　第1条　この法律は，勤労青年教育がわが国の産業の振興に寄与し，且つ，民主的で文化的な国家を建設するための基盤をなすものであることにかんがみ，社会教育法（昭和24年法律第207号）の精神に基き，青年学級の開設及び運営に関して必要な事項を定め，その健全な発達を図り，もつて国家及び社会の有為な形成者の育成に寄与することを目的とする．

　第2条　この法律において「青年学級」とは，勤労に従事し，又は従事しようとする青年（以下「勤労青年」という．）に対し，実際生活に必要な職業又は家事に関する知識及び技能を習得させ，並びにその一般的教養を向上させることを目的として，この法律の定めるところにより市（特別区を含む．以下同じ．）町村が開設する事業をいう．

（平成11年7月16日廃止）

3　青年期における学校教育と学校外教育の連携例

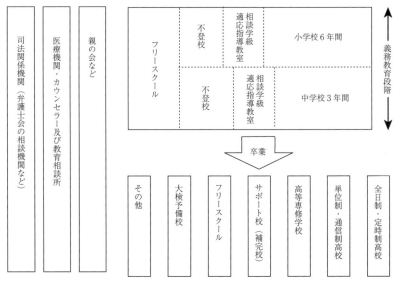

(21世紀教育研究所出版局編『新しい学びの場　オルタナティブ・スクールガイド』，1996,p.16をもとに中村が作成)

(10) 不登校・中退問題と学校教育

不登校とは　広くは，学校に行かない，あるいは行けない状態を指す．精神医学における「学校恐怖症」の研究を経て，1960年頃より，学校に行きたくても行けない「登校拒否」が知られるようになる．1966年，文部省は長期欠席理由（病気，経済的理由，その他）に「学校ぎらい」（心理的な理由などから登校をきらっている）を追加，「登校しない様々な状態」の総称として「登校拒否」を用いるようになった．しかし，必ずしも登校を「拒否」するのではないため，一般には「不登校」が定着した．同省も1998年度よりこれを用い，「何らかの心理的，情緒的，身体的，あるいは社会的要因・背景により，児童生徒が登校しないあるいはしたくともできない状況にあること（ただし，病気や経済的な理由によるものを除く）」と定義している（☞①，②）．同じく就学困難な場合でも，就学義務猶予・免除者や日本国籍のない子どもたちはここには含まれない．

出席扱いと就学義務　不登校の増加に伴い，「フリースクール」など学校外で受けた指導日数を指導要録上「出席扱い」とする措置が1992年より導入された．2005年からはIT等を活用した学習活動にも適用されている．一定の要件を満たし，「学校復帰」のために適切であると校長が認める場合に限られるため，「教育支援センター（適応指導教室）」の指導は「出席扱い」としやすい（2005年度に「出席扱い」とした児童生徒16,909人のうち適応指導教室で指導を受けた者が72.4％）．その他，就学校指定の際に保護者の意見を聴取する「学校選択制」や，中卒認定試験・大学入学資格検定の受験（検）資格拡大等による就学義務制度の弾力化が進められている．「就学義務」から「教育義務」への捉え直しやホームスクーリングを含め，義務教育制度のあり方が問われている．

高校中退　中途退学とは修了・卒業せずに学校を辞める，あるいは辞めさせられることをいい，高等学校の退学には自主退学，懲戒処分による強制退学（退学処分），授業料滞納等による自動的退学（除籍）がある．自主退学が最も多く，理由別では就職希望などの「進路変更」が1993年から減少に転ずる一方，「学校生活・学業不適応」が増加し，学校に馴染めず就職も選べない，行き場のない状態を示している（☞①，③）．

青年期教育の問題　2006年度の高校進学率は97.7％，18歳人口の高等教育機関への進学率は75.9％にも及ぶ．不就学が少数派となり，「学校へ行かないこと」が問題とされる社会で，不登校・中退は「学校不適応」として画一的に捉えられてきた．イヴァン・イリイチ（Ivan Illich）が『脱学校の社会』（1971年）で痛烈に批判するように，学校が学習の価値を独占すると，「よい学び」は「よい学校でサービスを受けたこと」と混同され，学校以外での学習は「学び」と認識されなくなる．不登校・中退は，「学校」以外の選択を困難にしてきた青年期教育制度の問題を端的に示している．

（荒川）

(10) 不登校・中退問題と学校教育

1 過去30年間の不登校児童生徒・中途退学者数およびその割合の推移

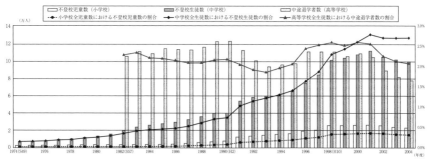

注1）中途退学についての調査は1982年に開始。
注2）不登校の数値は、1987年度までは「学校ぎらい」を理由とする年間50日以上の長期欠席者数、
　　1988年度より1997年度までは「学校ぎらい」を理由とする年間30日以上の長期欠席者数、
　　1998年度以降は「不登校」を理由とする年間30日以上の長期欠席者数。

2 国公私立中学校における「不登校状態となったきっかけ」2004年度
　　計 100,040（人）

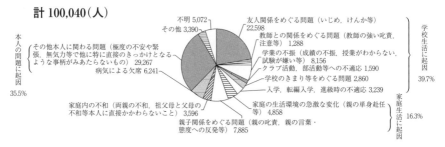

3 高等学校中途退学の理由別内訳　2004年度
　　計 77,897（人）

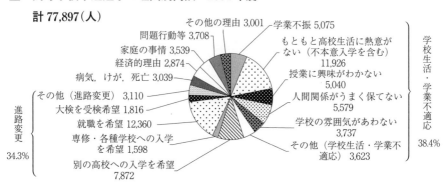

（以上のグラフは、文部科学省「生徒指導上の諸問題の現状について」各年度版のデータに基づき作成）

中学校卒業程度認定試験及び高等学校卒業程度認定試験

　中学校卒業程度認定試験とは，学校教育法の規定により，病気などやむをえない事由によって保護者が義務教育諸学校に就学させる義務を猶予又は免除された子女に対して，中学校卒業程度の学力があるかどうかを認定するために国が行う試験であり，合格したものには高等学校の入学資格が与えられる．近年，受験資格の緩和が進んでおり，2003（平成15）年度には，就学義務の猶予又は免除を受けておらず，年度の終わりまでに満15歳に達する者に対しても受験資格が拡大された．

　高等学校卒業程度認定試験は，様々な理由で，高等学校を卒業できなかった者等の学習成果を適切に評価し，高等学校を卒業した者と同等以上の学力があるかどうかを認定するための試験である．合格者には大学・短大・専門学校の受験資格が与えられる．また，高等学校卒業者と同等以上の学力がある者として認定され，就職，資格試験等に活用することができる．しかし，高等学校卒業の学歴を与えるものではない．

　高等学校卒業程度認定試験は，2005（平成17）年度に，従来の大学入学資格検定（大検）から変更になった．大検からの変更点の一つとして，当該年度に満16歳以上になる人であれば，誰でも受験できるようになった．また，学校長の判断により，合格した科目を全日制高等学校の単位として認定することができる．試験科目も次の点で大幅に変更となった．
・選択科目の廃止
・家庭科（必修科目）の廃止
・選択科目であった英語を，必修科目に変更

1 受験状況の推移

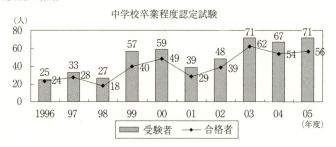

中学校卒業程度認定試験

（文部科学省調べ）

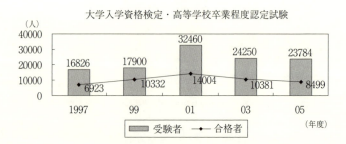

大学入学資格検定・高等学校卒業程度認定試験

（出典：文部科学省『平成17年度第2回高等学校卒業程度認定試験実施結果について』2005年）

VII. 高等教育

■**本章のねらいと構成**■

　高等教育への高進学率は，いったい何を意味しているのであろうか．それは，単に量の問題にとどまらず，伝統的な大学教育とはちがった新しい高等教育が何であり，それを支える制度的枠組みはどうあるべきか，という高等教育の根本的な問題の検討を求めている．

　そこで，本章では，これまでの高等教育の歴史をもとに，わが国における高等教育の現状および大学制度，大学自治，大学入試，大学評価等の問題点を明らかにするとともに，諸外国における改革動向にも触れ，今日の高等教育の課題を解明するための基礎知識を提示する．

(1) 高等教育の歴史

大学の起源——中世ヨーロッパの大学　大学の始まりは，11，12世紀以降，都市が発生するにつれて，優れた学者を慕って集まった学生の自主的な集団であった．そこでは教師と学生はともに自己の利益を守るためにギルド的集団（組合）を形成していた．これに時の権力者である教会や国王はその保護者となるべく特許状（チャーター）を発行し，彼らに一定の特権を認めた（☞①）．そこでの教育は，神学を中心とした法学，医学，人文諸学にわたる専門性を養うものであった．

近代国家における大学——大学の国家機関化　近代国家の成立に伴い，大学は国家と結びついていった．産業革命を経て，大学は国家利益の追求のために，ますます国家の繁栄と発展のために有用な人材を養成することと研究機関としての役割を担うようになっていった．そのことは当然に大学の改革を要請し，大学への近代的な諸科学の導入，その創造的研究をベースとした科学の専門分化，産業社会の要求する科学技術を担う人材の養成，新しい近代大学の設立，既存の大学の改革などをもたらした．

わが国高等教育制度の展開　わが国の高等教育の発展も，国家の発展・繁栄との関係でとらえられた．すでに明治期には，早急な近代化（文明開化・富国強兵）を推進するために優秀な人材を優先的に育成するためのエリート教育機関，帝国大学が設立された（帝国大学令，1886（明19）年）．他方，この高等学校→帝国大学の6年制の系統とは別に，3～4年の短期の課程で商業，工業，医学などの専門教育を教える機関として専門学校が制度化された（専門学校令，1903（明36）年）．これら官学の高等教育機関に対して，私立大学の発展は，明治政府が官学優先政策をとったため，遅れをとった．大正期に入りようやく1918（大7）年に大学令が公布され，私立大学の誕生をみた（☞②）．

　戦後の学制改革は，戦前の多層的な高等教育の構造を一本化し，それらすべてに大学教育として平等な地位を与えた．そして短期大学，大学，大学院に再編された．その後高等教育の多様化が図られ，1962（昭37）年には高等専門学校の設立，1964（昭39）年には短期大学の恒久化，1975（昭和50）年には専修学校の設立，最近は，放送大学，独立大学院さらに専門職大学院（例，法科大学院）の設立等新しいタイプの大学，大学院の拡充が図られている．　　　（馬場）

(1) 高等教育の歴史

1 12～14世紀のヨーロッパの大学

	イタリア	フランス	イギリス	スペイン・ポルトガル	ドイツ, ボヘミア, ネーデルランド	その他の諸国
十二世紀	サレルノ ボローニャ レッジョ (1188＊)	パリ モンペリエ(？)	オックスフォード			
十三世紀	ヴィチェンツァ (1204＊) アレッツォ (1215＊) パドワ(1222＊) ヴェルチェッリ (1228＊) イエナ($^{1246}_{1357}$皇) ナポリ(1224,皇) ローマ(教皇庁の) (1244-5,教) ピアチェンツァ (1248,教)	オルレアン (1231 前) アンジェー＊ トゥールーズ ($^{1229}_{1233}$教)	ケンブリッジ (1209＊)	バリャドリード (？) (1250 頃) バレンシア (1212-4,王) サラマンカ (1230 前,王) セビリャ ($^{1254,}_{1260,}$王 教) リスボン コインブラ (1290,教)		
十四世紀	ローマ（市の） (1303,教) ペルージャ (1308,教) トレヴィーゾ (1318,皇) ピサ(1343,教) フィレンツェ (1349,教) パヴィア (1361,皇) フェラーラ (1391,教)	アヴィニョン (1303,教) カオール (1332,教) グルノーブル (1339,教) オランジュ (1365,皇)		レリダ (1300,王) ペルピニャン (1349,教) ウエスカ (1359,王)	プラハ (1347-8,教) ヴィーン (1365,教) エルフルト ($^{1379,}_{1392,}$教) ハイデルベルク (1385,教) ケルン (1388,教)	クラクフ ($^{1364,}_{1397,}$教) ペーチ (1367,教) ブダ (1389,教)

（左端縦書き）
教書，特に成立した特許状をまたず
創設されたもの 教書，特許状によって

＊ 他大学からの移動によるが，それに関連して創立されたもの
教 教皇教書
皇 神聖ローマ皇帝 によって創立されたもの
王 国王

(広島大学大学教育研究センター『大学論集』第3号 p.63)

2 高等教育制度（モデル）の変遷

(I) 明治中期　　(II) 大正初期　　(III) 昭和初期

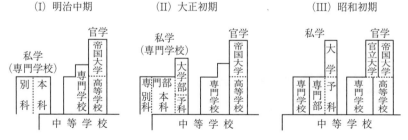

(河野・新井編著『現代教育の構造と課題』ぎょうせい, p.166)

(2) わが国の高等教育の制度

高等教育機関の多様化　現在，高等教育を施す教育機関は多岐にわたるが，戦後の教育制度は高等教育については大学がほぼ全面的に担うことを想定して出発している．戦前は，旧制大学，旧制高等学校，専門学校など複数の高等教育機関が存在していたが，新制大学制度はこれを一元化し，学校教育法は大学を教育機関であると同時に研究機関としても位置づけた．その後，高等専門学校の新設（1962年），当初暫定的な機関であった短期大学の恒久化（1964年），専修学校の法制化（1975年）を経て，高等教育を提供する機関の多様化が進んでいった（☞①）．

また，中央政府の各省庁が所管する大学校などの訓練施設には，高等教育レベルの教育を提供するものも少なくない（例えば，防衛大学校，水産大学校，気象大学校，国立看護大学校，職業能力開発総合大学校など）．

修学ルート・方法の多様化　次に，複数の高等教育機関どうしの接続や連絡にも改善が加えられていく．法的には可能であった高等専門学校から大学への編入学は，1973年の技術科学大学（長岡・豊橋）の新設により実質的にも保障された．また専修学校高等課程修了者に大学受験資格が与えられ（1985年），専門課程課修了者（2年生以上）も大学に編入学にすることが可能となった（1998年）．このように大学と他の高等教育機関との連絡が改善される一方で，大学における履修にも変化が見られる．大学では高校卒業者を対象に4年（または6年）の教育を施すことが一般的であったが，2001年からは高校2年生から大学に入学する「飛び入学」が可能となっている．この「飛び入学」制度は大学院にも同時に適用されており，大学に3年間在学すれば大学院に進学することが可能である．

また大学評価・学位授与機構が，科目等履修生制度などで単位を積み上げ，レポートを提出することで，短大や高専の卒業者に学士の学位を授与する事業を行っている．

高等教育から中等後教育へ　このように，現在わが国の高等教育は多様化の一途を辿っている．また大学数や大学や短大へ進学率の増加に伴い（☞②），大学自体に多様化を迫る論調も見られる．例えば研究を主とする大学と，学生の教育に力を注ぐ大学などに分化すべきという論議があるが，これは量的拡大による大学間格差の問題がもはや無視できなくなってきたことにも由来している．また，中等教育修了者の多くがその後も専門教育や職業教育を受け続ける，という現状に基づき，従来の高等教育を前の教育段階との関係から中等後教育論としてとらえ直す動きも高まっている．

（大谷）

1 高等教育機関（中等後教育機関）の目的規定

	戦　　前		戦後（すべて学校教育法）
大　学	大学は国家に須要なる学術の理論及応用を教授し並其の蘊奥を攻究するを以て目的とし兼て人格の陶冶及国家思想の涵養に留意すべきものとす（大学令 1918 年）	大　学	大学は，学術の中心として，広く知識を授けるとともに，深く専門の学芸を教授研究し，知的，道徳及び応用的能力を展開させることを目的とする．
高等学校	高等学校は男子の高等普通教育を完成するを以て目的とし特に国民道徳の充実に力むべきものとす（高等学校令 1918 年）	短期大学	深く専門の学芸を教授研究し，職業又は実際生活に必要な能力を育成することをおもな目的とする
		高等専門学校	高等専門学校は，深く専門の学芸を教授し，職業に必要な能力を育成することを目的とする．
専門学校	高等の学芸技芸を教授する学校は専門学校とす　専門学校に於ては人格の陶冶及国体観念の養成に留意すべきものとす（専門学校令 1928 年）	専修学校	職業若しくは実際生活に必要な能力を育成し，又は教養の向上を図ることを目的として次の各号に該当する組織的な教育を行う

2 大学・短期大学数と進学率（過年度卒を含む）の推移（文部省「学校基本調査」より作成）

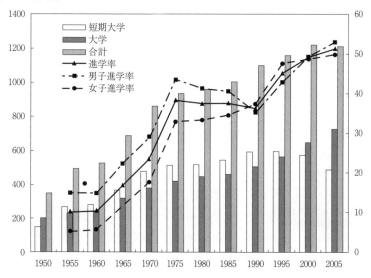

（3） わが国の高等教育の現状

高等教育の大衆化　わが国の高等教育は，戦後の高度経済成長とともに急速に量的拡大を遂げ，1963（昭38）年には進学率15％を超える大衆化をもたらした．大学数では，当初の新制大学180校はすでに4倍以上の726校に達し，1964（昭39）年に恒久的な制度となった短期大学数も，近年4年制大学への移行に伴って減少傾向にあるが，現在488校を数える．大学・短期大学への進学率は，平成期に入り拡大を続け1999（平11）年には49.1％を記録し，現在（平成17年）は51.5％と50％を超えている（☞ 1）．近年，とくに4年制大学への進学傾向および女子の進学が際立っている．反面，進学率の地域間格差は依然として大きく，都道府県別にみた進学率の最高と最低では2倍程度の格差が生じている．

大衆化構造の特色　高等教育の大衆化は，わが国の私学振興重点政策などを背景に，欧米諸国とは異なる私学主導型，大規模化，女子学生依存型の構造を特色としている．平成17年5月現在，大学（大学院含む）の場合，機関数では76.2％が，在学者数でも73.7％がそれぞれ私立で占められている．短期大学では，私立が占める割合は機関数で89.3％，在学者数で92.7％とさらに高くなっている（☞ 2）．大規模化傾向も顕著で，1万人以上の学生を有する大学は1950年代には10校程度にすぎなかったが，現在では4倍以上に増加し，その大部分が私立大学となっている．また，女子学生の伸びも著しく，短期大学では90％近くで占められているが，大学あるいは大学院においても急速に増加している．

こうした大衆化状況の中で，教育研究環境条件における格差の問題が存在する．例えば，本務教員1人あたりの学生数をみると，国公立大学の10人程度に比べて私立大学では24人近くになっており，学費についても私立は国公立に比べて平均で1.7倍近くとなっている．年々その格差は縮まりつつあるが，とくに格差是正のための私学行政のあり方が課題となっている．

専門分野構成の特色　わが国の高等教育における専門分野の構成は，機関あるいは設置者によって特徴的である（☞ 3）．大学全体では，社会科学，工学，人文科学の順に多いが，国立では工学を中心とした自然科学系が多いのに対して，公立・私立では人文・社会科学系が自然科学系の2倍以上を占め，経費の比較的少ない構造となっている．短期大学の場合，著しく家政系，人文系に偏しており，これに教育系の分野を加えると全体の3分の2を占める．近年では，女性の職業志向や専修学校等の影響を受け，専門科目の多い学科が目立っている．

（清水）

(3) わが国の高等教育の現状

1 大学（学部）短期大学（本科）への進学率の推移（浪人含む）

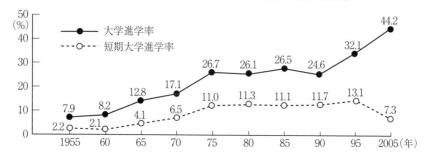

（出典）文部（科学）省『学校基本調査』『学校基本調査速報』より

2 設置者別構成比の推移

学生数比率		1955年	1965年	1975年	1985年	1995年	2005年
私立	大学院	47%	33%	38%	34%	32%	35%
	大学	60	71	76	73	76	77
	短期大学	81	85	91	90	92	93
女子	大学院	6	8	9	13	22	30
	大学	12	16	21	24	33	40
	短期大学	54	75	86	90	91	87
本務教員数（概数）	大学	38,000人	57,000人	90,000人	112,000人	137,000人	162,000人（女性17%）
	短大	5,500	9,300	16,000	18,000	21,000	12,000人（女性47%）

（出典　同上）

3 大学（学部）・短期大学（本科）専門分野別学生比率（平成17年度）

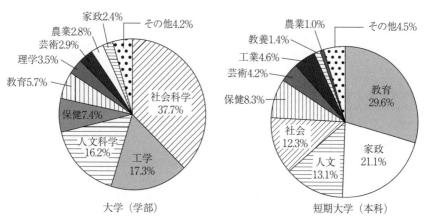

（出典）文部科学省『学校基本調査速報』（平成18年）

（4） 日本の大学制度とその問題

教育・研究組織　大学の中心的機能は教育および研究にあり，その教育研究の基本組織は学部である．学部には，専攻により学科または課程が置かれる．当該大学の教育研究上の目的を達成するため有益かつ適切である場合，一定の要件を満たせば学部以外の基本組織を設置することができる．

他方，大学院における教育研究上の基本組織は研究科であり，研究科にはそれぞれの専攻分野の教育研究を行う数個または1個の専攻が置かれる．1999（平11）年の法改正によって研究科以外の基本組織を置くことができ，これは研究者養成と高度専門職業人養成あるいは社会人の再教育など大学院の多様な機能に対応するねらいがあり，教育と研究の組織分離を可能にさせるものであった．

教育研究の責任体制としての教員組織については，従来の助教授を廃止し「准教授」を設け，助手のうち主として教育研究を行う者のために「助教」の職を設けることになった（☞ ②）．また，関連して，これまで基準において明示されていた講座制や学科目制の規定は廃止された．

管理・運営組織　設置者管理主義の原則により，大学の管理権は法律上それぞれの設置者にあるが，実際には「大学の自治」（☞ 本章(6)）の要請によって，その管理・運営は大学内部の機関が行っている．大学には，通常，独任制機関としての学長，学部長等と，合議制機関としての評議会，教授会があり，これに事務局組織が加わって管理・運営を行っている．

1998（平10）年10月26日の大学審議会答申では，大学の責任ある運営体制の確立が提言され，学長を中心とする全学的な運営体制の整備をはじめ，学外有識者による「運営諮問会議」の設置，評議会と教授会の審議事項の明確化，さらには大学の教育研究・組織運営状況の公表義務化などが実現した．

2004（平16）4月に法人化された国立大学では，学長をトップとする「役員会」をはじめ，教学面を審議する「教育研究評議会」，経営面を審議する「経営協議会」などが設置されることになった（☞ ③）．

財政制度の問題　わが国の国内総生産（GDP）に占める公財政支出高等教育費は，先進国に比べて低い（0.4％）．初等・中等教育費の格差より著しく，アメリカの3分の1，イギリスやドイツの半分に過ぎない．高等教育費に占める学生納付金の比率も高く，諸外国に比べ受益者負担の割合が高く，多くの家計を圧迫している（☞ ④）．学生の生活費を含めた年間生活費（平均）は200万円近くに達し，その80％は家計負担となっている．　　　　　　　　　　（清水）

（4） 日本の大学制度とその問題

1 大学院の組織編制の例

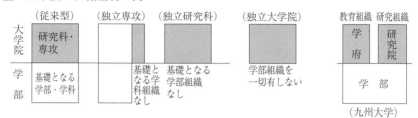

2 新しい教員組織

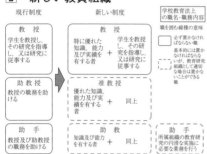

3 国立大学法人の運営組織

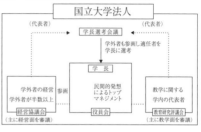

4 学生生活費に占める授業料の割合（大学・昼間部）

（単位：円）

	年度	80	90	98	2000	02	04
国立	学生生活費(A)	899,300	1,376,500	1,595,000	1,679,400	1,618,300	1,540,600
	授業料(B)	180,000	339,600	469,200	478,800	496,800	494,900
	$\frac{(B)}{(A)} \times 100$	20.0 %	24.7 %	29.4 %	28.5 %	30.7 %	32.1 %
私立	学生生活費(C)	1,186,756	1,731,686	2,010,024	2,111,559	2,063,067	2,062,100
	授業料(D)	355,156	615,486	770,024	789,659	804,367	817,952
	$\frac{(D)}{(C)} \times 100$	30.0 %	35.5 %	38.3 %	37.4 %	39.0 %	39.7 %
格差	$\frac{私立(D)}{国立(B)}$	2.0	1.8	1.6	1.6	1.6	1.7

（注）学生生活費は学生生活調査を基本にし，授業料は新入生のものに置き換えて作成．私立大学授業料は平均値．
（資料）文部科学省及び日本学生支援機構の調査より

（5） 大学入学試験制度

諸外国の入学者決定方法　大学入学者決定方法は，大別すると，① 中等教育修了資格試験が同時に大学入学試験となる方法と，② 中等教育の修了を入学基礎資格とし，各大学が独自に選抜を行う方法がある．前者では，イギリスのGCE（Aレベル，ASレベル）・GCSE試験，ドイツのアビトゥア，フランスのバカロレアのように，その資格取得者は原則として希望する大学に入学できる．後者は，アメリカ，中国，日本，ロシアなどが挙げられるが，その学力検定試験において全国共通の試験制度を設けている場合もある．近年，大学進学者の量的拡大が各国の一般的傾向となっている．このうち，イギリスやフランスなどでは，主に経済面での国際競争力強化策の一環として中等教育修了資格取得者数の拡充が図られている．また，中国やロシアでは，計画的人材養成が廃止され，公平な競争原理に基づいた入学試験が実施されている．

わが国の入試制度　わが国の大学入試制度は，進学機会の均等化を図るべく，性，思想・信条，社会的身分等による差別を排し，公平な競争原理に基づいている．大学入学資格について，原則として高校を卒業した者またはこれと同等以上の学力を有する者（大学入学資格検定合格者など☞章末）に入学資格が認められている．そのうえで，各大学は学力検査，調査書，健康診断その他の資料に基づいて独自の入試を行っている．他方，全国共通試験について，1990（平成2）年からそれまでの共通第一次学力試験に代わり，国公私立を通じて各大学が自由に利用できる大学入試センター試験がスタートした（☞ 1 ）．このセンター試験では，利用大学が教科・科目やその配点を自由に定めることができる（☞ 2 ）．ここでは，各大学の創意工夫に基づき，特色ある入試を実現するとともに，共通第一次学力試験において問題とされた大学の序列化やいわゆる輪切りを助長しないことがねらいとされている．

多様化する選抜方法　近年，一般入試に加え，推薦入学といった特別選抜制度の浸透，アドミッション・オフィス（AO）入試やいわゆる飛び入学試験の実施など，選抜方法の"多様化・複雑化・軽量化"が進んでいる（☞ 3 ）．大学入学志願者の合計と大学入学定員の合計が同数になるという，いわゆる大学全入の時代を迎えるにあたり，多様な教育を提供する大学と多様な能力・関心等を有する志願者との適切な相互選択のあり方が求められている．大学側に関しては，大学が入学者受入方針（アドミッション・ポリシー）を対外的に明示し，実際の入試の方法等に反映させることが重要な課題の一つとされている．　　　（吉田）

(5) 大学入学試験制度

1 旧制高校・新制大学の入試方法の変遷

期　　間	入　試　方　法
明治19〜　34年（1886〜1901）	単独選抜
明治35〜　40年（1902〜1907）	共通試験　総合選抜
明治41〜大正5年（1908〜1916）	単独選抜
大正6〜　　7年（1917〜1918）	共通試験　総合選抜
大正8〜　14年（1919〜1925）	共通試験　単独選抜
大正15〜昭和2年（1925〜1927）	〃（2期試験）
昭和3〜　15年（1928〜1940）	単独選抜
昭和16〜　20年（1941〜1945）	共通試験　単独選抜
昭和22年　　　（1947）	知能検査　単独選抜
昭和23〜　29年（1948〜1954）	進学適性検査　単独選抜（2期試験）
昭和30〜　37年（1955〜1962）	単独選抜（2期試験）
昭和38〜　43年（1963〜1968）	能研テスト（一部，単独選抜（2期試験）
昭和44〜　53年（1969〜1978）	単独選抜（2期試験）
昭和54〜　60年（1979〜1985）	共通一次試験
昭和61〜　　（1986〜1989）	〃（連続方式）
平成元年　　　（1989）	〃（分離分割方式）
平成2年〜　　（1990〜）	大学入試センター試験　単独選抜（分離分割方式）

＊昭和24（1949）年新制大学発足時から一期，二期校別の入試が行われたが，共通一次試験開始（昭和54（1974）年）とともに廃止された．

（丸山工作「大学入試センター試験の展望」『IDE』2000年3月，26頁の表を一部省略）

2 大学入試センター試験利用教科数別大学・学部数

	平成18年度						平成17年度					
	国立		公立		計		国立		公立		計	
	大学	学部	大学	学部	大学	学部	大学	学部	大学	学部	大学	学部
6教科を課す	62	160	11	16	73	176	62	152	9	11	71	163
5教科を課す	80	297	46	91	126	388	80	303	44	80	124	383
4教科を課す	29	39	35	49	64	88	31	42	38	55	69	97
3教科を課す	44	77	44	74	88	151	46	85	44	77	90	162
2教科を課す	8	10	12	16	20	26	9	11	14	19	23	30
1教科を課す	1	1	6	6	7	7	1	1	6	6	7	7
課さない	—	—	1	1	1	1	—	—	1	1	1	1

3 国公私立大学における特別選抜等の実施状況

	平成17年度								平成16年度							
	計		国立		公立		私立		計		国立		公立		私立	
	大学	学部	大学	学部	大学	学部	大学	学部	大学	学部	大学	学部	大学	学部	大学	学部
専門高校・総合学科卒業生選抜	36	52	15	16	2	4	17	20	39	56	15	16	2	4	22	36
アドミッション・オフィス入試	401	888	25	82	12	18	364	788	375	802	22	75	7	11	346	716
特別選抜 ・推薦入学	678	1813	75	275	68	134	535	1813	692	1759	75	274	69	131	528	1354
・帰国子女	403	1094	72	212	34	79	297	803	410	1091	71	208	36	85	303	798
・中国引揚者等子女	60	140	19	49	14	30	27	61	62	145	19	50	14	31	33	81
・社会人	475	1017	51	107	44	73	380	837	467	982	51	106	44	72	372	804

（『大学資料』No.169号，2006年，78－79頁より作成）

（6） 大学自治の諸側面

大学自治理念の展開　大学自治とは政治的権力，宗教的権威，経済的圧力から独立して，教育・研究を自律的に遂行することをいう．それは歴史的におよそ次の3モデルに要約される．① 中世の大学は法王や皇帝の特許によって租税・賦役等の公役免除の特権，学内裁判権，学位授与権を与えられた．それは教育・研究の自由の確保というより，教師・学生組合の権益を守ることにあった．② 19世紀初頭のベルリン大学の創設を支えた自治理念は，国家官吏として教師は国家に対して忠誠を果たすが，大学内においては教師の教える自由と学生の学習する自由の2つから成り立っていた．③ アメリカでは市民のもつ学問の自由のより積極的な制度的保障として大学の自治をとらえ，素人参加の理事会と教師集団の自治組織を形成させた．

こうして大学の自治は国によってその理解に相違がみられるが，一般に ① に示した制度的内容の確率によって保障されると理解される．

わが国大学の自治の発展と事件　わが国の大学自治の展開は，もっぱら中央的な国家権力と大学の自律的権限との関係に絞られていた．1892（明25）～1893（明26）年に評議会の半数を教授の互選により選出すること，分科大学教授会（今の学部教授会）の設置，講座制の制定が行われ，分科大学教授会に学科課程の編成，学位授与資格の審査，学生の試験などに関する審議権限が与えられた．ただ明治憲法下では国家官吏の任命権は天皇にあったから，帝国大学の教師の人事権の確立は法制上不可能であった．しかし一連の事件（☞ ②）を通じて大学の人事権も次第に大学側に移されていった．

大学自治の今後の課題　戦後は，日本国憲法第23条が「学問の自由の保障」を明文化し，大学の自治はその系として理解されるに至った．しかし国立大学については例えば大学の設置認可，財政，事務官人事は行政権の掌中にあった．さらに近年の国立大学の独立行政法人化によって，学長の任命権，中期計画の認可，その評価という新しい問題に直面することになった．

他方，1960年代の大学紛争の中で，教授会中心の自治に対して学生，職員等大学の構成員も自治の担い手になるべきであるという見解も出された．さらに高度産業社会の中で産学協同が進展するにつれて，企業と大学の自律性との調和の問題も出てきた．

（馬場）

(6) 大学自治の諸側面　123

1　大学の自治を保障する制度的側面

教　育 　{ (1) 入学者の選抜権
　　　　　 (2) カリキュラムの編成権
　　　　　 (3) 学位・資格の認定・授与権

研　究 　{ (4) 教師の人事権
　　　　　 (5) 研究の自由権
　　　　　 (6) 財政自主権

経　営 　{ (7) 学長・学部長等の選出権
　　　　　 (8) 大学施設の管理権
　　　　　 (9) 学則・規則の制定権

2　わが国大学自治の発展

1881年(明14)	東京大学諮詢会設置	自治的機関として運営される
1886年(明19)	評議会設置	
1893年(明26)	教授会設置，講座制制定	大学内の自治的慣行形成される（人事を除く）
1906年(明39)	戸水事件	
1914年(大3)	沢柳事件	教授の任免に教授会の同意を必要とすること及び選挙による総長選出が慣行として承認される
1918年(大7)	東大総長選挙実施	
1920年(大9)	森戸事件	
1928年(昭3)	河上事件	
1933年(昭8)	滝川事件	政府，大学の人事に関与
1937年(昭12)	矢内原事件	
1939年(昭14)	河合事件	
1946年(昭21)	日本国憲法23条	「学問の自由は，これを保障する」
1947年(昭22)	教育基本法2条	「……学問の自由を尊重し……」
〃　　〃	学校教育法59条	「大学には，重要な事項を審議するために，教授会を置かなければならない」
1949年(昭24)	教育公務員特別法4～12条	大学教員の任免・分限・懲戒・服務を規定
1963年(昭38)	東大ポポロ座事件	学内における正常な秩序の維持について
1969年(昭44)	大学の運営に関する臨時措置法	

（7）大学評価

大学評価の意義　今日，大学の教育研究の多様化・高度化に加え，資源の有効活用とアカウンタビリティの履行，さらには国際的通用力の国際基準化などから，大学評価活動の重要性が強く求められている．日本においては昭和40年代大学の大衆化状況とともに，大学連合組織において大学は自ら教育研究の向上に努めるべきとの認識が高まり，大学内部の自己点検や自己評価を求める気運も生まれた．こうした内外の動きの中，高等教育の量的拡大から質的充実への転換を図るプロセスにおいて，大学評価というものがそのための一つの新しいコンセプトとして考えられるようになった．大学の特色は教育研究とともに社会サービスを提供し，社会を統合する一構成要素ととらえられ，大学評価は大学自身の質的充実と社会のアカウンタビリティの要請に応えるものとして重要な役割をもつこととなった．

日本の大学評価　戦後，日本では大学設置基準による設置認可という一種の大学評価が行われてきたが（☞1），設置基準が到達すべき最大限の基準とみなされる傾向があり，大学の改善まで結びつくことは少なかった．そのため，1991（平3）年に大学設置基準が改正されて以降，自己点検・評価の実施とその結果の公表などが大学に求められるようになった．また文部科学省は「事前規制から事後チェックへ」という規制改革の流れを踏まえて設置認可制度の大幅な弾力化を進め，「事後チェック」として，2002（平14）年に学校教育法などを改正し，2004（平16）年度から全ての大学・短期大学・高等専門学校などが7年以内ごとに，機関別の認証評価を受けることを義務付けた．この認証評価は，文部科学大臣により認証評価機関として認証を受けた機関が実施する，大学の教育研究，組織運営および施設設備などの総合的な状況についての評価である（☞2）．現在5機関が認証され評価を行っており，大学は複数の認証評価機関の中から評価を受ける機関を選択することができる（☞3）．加えて，国立大学法人については，文部科学省に設置された国立大学法人評価委員会が業務実績に関する評価を行う（国立大学法人法第9条）．

海外の大学評価　アメリカではアクレディテーション方式による大学評価が行われてきた．これは専門や地域ごとに設立されている基準認定団体が大学の評価，認定を行うものである．一方，イギリスではチャーターリング方式による大学評価が行われている．これは政府が大学を研究分野，教育分野ごとに評価するものであり，評価結果は大学への補助金の配分にも反映される．研究分野の評価では「ピア・レビュー（同僚研究者による評価）」が行われている．　　　（和賀）

1 大学設置基準（抄）

第1条　大学（短期大学を除く．以下同じ．）は，学校教育法（昭和22年法律第26号）その他の法令の規定によるほか，この省令の定めるところにより設置するものとする．
2　この省令で定める設置基準は，大学を設置するのに必要な最低の基準とする．
3　大学は，この省令で定める設置基準より低下した状態にならないようにすることはもとより，その水準の向上を図ることに努めなければならない．

2 文部科学大臣が認証評価機関になろうとする者を認証する基準を適用するに際して必要な細目を定める省令要綱（抄）

第1　大学評価基準及び評価方法
1．大学評価基準が，学校教育法及び大学設置基準等に適合していること．
2．大学評価基準において，評価の対象となる大学における特色ある教育研究の進展に資する観点からする評価に係る項目が定められていること．
3．大学評価基準を定め，又は変更するに当たっては，その過程の公正性及び透明性を確保するため，その案の公表その他の必要な措置を講じていること．
4．評価方法に，大学が自ら行う点検及び評価の結果の分析並びに大学の教育研究活動等の状況についての実地調査が含まれていること．
5．大学の教育研究等の総合的な状況についての評価（機関別評価）を行う認証評価機関については，大学評価基準が，以下の事項について評価を行うものとして定められていること．
① 教育研究上の基本組織に関すること ② 教員組織に関すること ③ 教育課程に関すること ④ 施設及び設備に関すること ⑤ 事務組織に関すること ⑥ 財務に関すること ⑦ ①〜⑥のほか，教育研究活動等に関すること
6．（略）

第2　評価体制
1．大学の教員及びそれ以外の者であって大学の教育研究活動等に関し識見を有するものが認証評価の業務に従事していること．ただし，専門職大学院の評価にあっては，これらの者のほか，当該専門職大学院の課程に係る分野に関し実務の経験を有する者が認証評価の業務に従事していること．
2．大学の教員が，その所属する大学を対象とする認証評価の業務に従事しないよう必要な措置を講じていること．
3．認証評価の業務に従事する者に対し，研修の実施その他の必要な措置を講じていること．
4．（略）
5．（略）

(中央教育審議会「文部科学大臣が認証評価機関になろうとする者を認証する基準を適用するに際して必要な細目を定める省令の制定について（答申）」2004年2月より)

3 文部科学大臣から認証された評価機関とその評価対象

	大学	短期大学	法科大学院	高等専門学校
独立行政法人　大学評価・学位授与機構	○	○	○	○
財団法人　大学基準協会	○	○	○	
財団法人　日本高等教育評価機構	○			
財団法人　短期大学基準協会		○		
財団法人　日弁連法務研究財団			○	

(2007年5月現在，和賀作成)

（8） 諸外国の高等教育

米国の高等教育制度　アメリカは，研究中心の総合大学，伝統的な教養教育を施すリベラルアーツカレッジ，短期高等教育機関としてのコミュニティカレッジ，及び大学院レベルの高度職業専門教育を施すプロフェッショナルスクールなど，多様な目的に応じた多元的な高等教育制度を有する．また，中等教育修了を基礎資格としつつ，SATやACTなどの全国共通試験を重視する大学入学制度を採っている．

欧州の高等教育制度　イギリスは，大学と非大学高等教育機関による二元的制度を有するが，1992年に，地域産業の人材養成を目的とする非大学高等教育機関のポリテクニクが大学へと昇格し，一元的制度に近づきつつある．現在は，大学及び非大学高等教育機関である高等教育カレッジと継続教育カレッジが存在する．大学は単独で学位授与権を持つが，多くの高等教育カレッジと継続教育カレッジは大学と提携することにより学位を授与する．

　フランスでは，大学，グランゼコール，教員教育大学センター，各種学校が制度を構成している．大学はすべて政令で設置される国立機関である．他方，グランゼコールは官僚や産業界幹部の養成機関で，国立・公立・私立に区分される．

　ドイツの高等教育制度は，大学と職業教育を施す高等専門学校に大別される．このうち大学には，総合大学，神学大学，教育大学，芸術大学などがある．これらは主に州立であるが，一部に教会立・私立の非州立高等教育機関も存在する．

　これらヨーロッパの大学入学制度は，中等教育修了資格を得ることにより，原則として希望する大学への入学が認められる点を共通の特徴としている．

中国の高等教育制度　中国には，全日制高等教育機関として，大学，専科学校，職業技術学院が，パートタイム形態の成人高等教育機関として夜間大学や通信大学などがある．大学は本科（学部）と大学院の課程を，専科学校は人文・政治法律・財政経済・教育・理学・工学・農林・医薬の各分野を専攻分野とする専科課程を，職業技術学院は専科課程よりも職業指向の強い課程を設置している．

改革の世界的動向　近年，多くの国で高等教育改革が重要政策として掲げられるようになり，高等教育に対する国家の関与が増大する傾向にある．ヨーロッパにおいても大学の大衆化がみられ，それに伴う財政上の負担の増大への対応として授業料徴収などの受益者負担制が採用されるようになった．また，欧米やアジア諸国に共通する動向としては，市場・競争原理が導入され，質を保証するシステムとしての大学評価も実施されるようになった点が挙げられる．　　（橋場）

(8) 諸外国の高等教育　127

1　高等教育機関への進学率

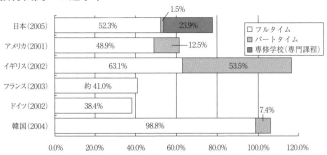

2　人口千人当たりの高等教育在学者の人数

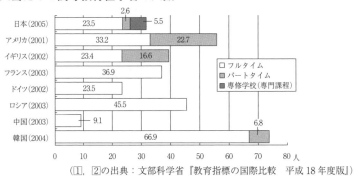

（1, 2の出典：文部科学省『教育指標の国際比較　平成18年度版』）

3　機関類型を中心としたPostsecondary Education System

ヨーロッパ型（OECD）	アメリカ型（Carnegie Commission）
HIGHER EDUCATION（高等教育）	
University-type Education（大学型） （＝長期高等教育） 　レベルⅢ／Ⅱ 　　Universities（総合大学） 　　複合型大学モデル 　　二元型モデル 　　結合型モデル Non-university-type Education（非大学型） （＝短期高等教育） 　レベルⅠ 　　多目的型モデル 　　専門型モデル 　　二元型モデル	（大学型） 　レベルⅢ 　　博士学位授与大学 　レベルⅡ 　　総合制大学 　　リベラルアーツ・カレッジ 　レベルⅠ 　　2年制教育機関 　　ジュニア・カレッジ 　　コミュニティ・カレッジ 　　専門学校
FURTHER EDUCATION（継続教育）	
継続教育機関 （短期高等教育を除く）	（非大学型） Postsecondary Institutions 専門学校その他の学習機会

（出典：喜多村和之『現代の大学・高等教育―教育の制度と機能』玉川大学出版部, 1999年, p.34）

（9） わが国の大学改革の動向

設置基準の大綱化　1991（平3）年の大学設置基準等の大幅改正により，多くの大学においてカリキュラム改革や教養部改組を中心とした教育改革が急速にかつ大規模に行われた．最も顕著な傾向は，旧来の一般教育の軽視＝専門教育の重視であり，これはとくに国立大学に目立つ．授業科目区分の見直しでは，「基礎」「教養」「共通」「総合」「コア」といった名称を冠した科目区分が多くみられ，また教養部改組では「環境」「国際」「人間」「情報」「文化」「生命」といった学際的な学部・学科が多く設置された．

カリキュラム改革と並行して授業体制や授業改革も行われ，週5日制の実施やセメスター制への移行をはじめ，補習教育や導入教育の実施，ティーチング・アシスタント制の導入やオフィス・アワーの開設，授業シラバスの作成や学生の授業評価の実施も各大学でみられるようになった．

大学評価の進展　基準の大綱化とともに導入された自己点検・評価も大学改革の画期的な出来事であった．各大学に教育研究の点検・評価が努力義務化され，多くの大学でその結果が公表されることになった．これと並行して，一部の大学では客観的な外部評価が実施され，また大学基準協会では1996（平8）年度から「相互評価」を実施してきた．さらに，2000（平12）年度からは，国立大学を対象とした国（大学評価・学位授与機構，現在は独立行政法人）の第三者評価も開始され，また各大学では自己点検・評価が義務化，外部評価が努力義務化されることになった．

2004（平16）年からは，すべての大学を対象に文部科学大臣が認証する認証評価機関が定期的に評価し（7年に1回），結果を社会に公表することが法律で義務づけられた（☞ ②）．国立大学では，「国立大学法人評価委員会」による法人評価も受けることになった．

大規模な構造改革　大学の構造改革の一環として，2004（平16）年にすべての国立大学が法人化された．こうした動きに合わせて，国立大学の大規模な再編・統合が進行し，2002（平14）年の山梨大学－山梨医科大学（山梨大学）や筑波大学－図書館情報大学（筑波大学）の統合を皮切りにすでに13組の統合が実現した．他方では，公立大学の統合や法人化も始まり，兵庫県立大学，県立広島大学，大阪府立大学，首都大学東京の新大学が誕生している．

文部科学省では，大学の国際競争力を強化するために，2002（平14）年度から競争原理に基づく各種プログラムを実施している．世界最高水準の教育研究拠点づくりをめざした21世紀COEプログラム（2007年度よりグローバルCOEプログラムへ改称），特色ある大学教育支援プログラム，「魅力ある大学院教育」イニシアティブなどである．　　　　　　　　　　　　　　　　　（清水）

1 大学改革のこれまでの取組

(出典 文部科学省『文部科学白書』2005, p.173)

2 新たな質の保証システム

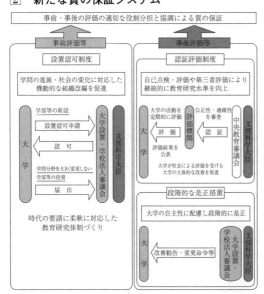

(出典 文部科学省『文部科学白書』2005, p.170)

外国人学校卒業生と大学受験

I 外国人学校卒業生の大学入試受験資格

我が国の大学入学資格を持つ者については，学校教育法第90条において「高等学校若しくは中等教育学校を卒業した者若しくは通常の課程による12年の学校教育を修了した者（中略）又は文部科学大臣の定めるところにより，これと同等以上の学力があると認められた者」と定められている．外国人学校は学校教育法第1条に定める学校ではないため，その卒業生は高等学校卒業と同等以上の学力があると認められなければ，大学入学試験は受験できない．

高等学校卒業と同等以上の学力があると認められる者の条件は，学校教育法施行規則第150条，1948（昭和23）年文部省告示第47号「大学入学に関し高等学校を卒業した者と同等以上の学力があると認められる者を指定する件」，1981（昭和56）年文部省告示第153号「外国において学校教育における12年の課程を修了した者に準ずる者を指定する件」により規定されているが，近年まで外国人学校卒業生は対象ではなかった．それ故，大学進学を希望する外国人学校卒業生は，大学入学資格検定（現，高等学校卒業程度認定試験）の受検が認められた2000（平成12）年以降，同検定により大学入学試験の受験資格を得ることが通例であった．

II 大学入試受験資格の緩和

上述の状況が人権侵害として問題視されていたこともあり，2003（平成15）年3月に文部科学省は，一部の外国人学校の卒業生について高等学校卒業と同等以上の学力があると認める方針を発表した．しかし，この方針は，上掲の1948年告示を改正し，欧米系の評価団体が認定した欧米系の外国人学校のみを対象に加えようとするものであったことから，主にアジア系の外国人学校関係者が反発し，同告示の改正は一時的に見送られた．結局，同年9月19日に前掲の学校教育法施行規則・告示が改正・施行され，①欧米系の評価団体が認定する外国人学校に加え，②我が国の高等学校程度の課程として外国の学校教育制度における位置付けを有すると文部科学省が認めた外国人学校の卒業生に対して大学入学試験の受験資格が付与され，③その他の外国人学校については，各大学が個別に判断を行うこととされた（☞ [1]）．

2003年の改正は，在日外国人子女の学習権を保障する重要な制度改革として捉えられる．しかし，「国交がないために教育課程が確認できない」という理由から，実質的に朝鮮学校の卒業生のみが，各大学の個別の入学資格審査により受験資格の有無が判断される結果となっている．法改正を受けて2003年度に実施された国立大学個別の入学資格審査では，朝鮮学校卒業生の受験資格を認めた大学がほとんどである．朝鮮学校卒業生に対する大学入学試験の受験資格の法的な保障については，今後の改革の道程を注視していく必要がある．

[1] 学校教育法施行規則及び告示の主要な改正点（2003年9月19日）

改正された告示等	受験資格が認められる新たな基準（主要対象外国人学校）
① 1948（昭和23）年　文部省告示第47号	特定の評価団体（WASC, ACSI, ECIS）の認定を受けた外国人学校の12年の課程を修了し，18歳に達した者（欧米系の外国人学校）
② 1981（昭和56）年　文部省告示第153号	文部科学省が，我が国の高等学校程度の課程として外国の教育制度における位置付けを有すると認めた外国人学校（中華学校・韓国学校等）
③ 学校教育法施行規則第69条	各大学が個別の入学資格審査により，高等学校を卒業した者と同等以上の学力があると認め，18歳に達した者（実質的には朝鮮学校）

（橋場）

Ⅷ. 障害児教育制度

■**本章のねらいと構成**■

　障害児教育は，現代公教育の重要な一領域である．しかし，障害児教育がこのような位置づけを獲得するには，欧米では約100年，日本においても約70年の年月を要した．

　現代における障害児教育は，障害児の教育を受ける機会やその教育の内容・方法等にわたり，ますます拡充発展をみるに至ったが，なお多くの未解決な課題を残している．

　本章は，こうした現代障害児教育の制度を概観するために，障害児教育制度の歴史，障害児教育施設の種類，障害児教育の目的と教育課程，障害児就学指導の制度，統合教育の動向，生涯教育的観点からみた障害児（者）教育，各国の障害児教育の基本的動向，等によって構成されている．

（1） 障害児教育制度の歴史

障害児教育の始まり　障害児のための教育は，18世紀後半のフランスにおける盲学校，聾学校として始まった．次いで，19世紀中頃から知的障害児学校（アメリカ），肢体不自由児学校（ドイツ），虚弱児学校（デンマーク）が設立された．障害児のための学級，例えば，言語障害児学級，弱視児学級などは20世紀に入り設置された．これらの障害児学校・学級は社会福祉の領域で誕生したものが，19世紀から20世紀初頭にかけて進行した公教育の普及や教育の機会均等理念の拡大とともに公教育の領域の一部となった．また，教育方法の進歩や医学や生理学等の周辺領域の発展も障害児学校・学級の設立に寄与した．

戦前日本の障害児教育制度　日本の障害児教育は，欧米に比べて盲学校，聾学校においては約100年，知的障害児学校等においては約50年遅れて始まった．教育対象となる障害の種類は，障害が明らかのものから一見しては障害とは認識しえないものへ，軽度から重度へと時代とともに増加した．しかし，戦前の障害児学校は，公立学校の特殊学級や1923（大12）年の「盲学校及聾唖学校令」以降の公立盲学校，聾学校を除けば，ほとんどが民間社会福祉施設か各種学校であった（☞①）．

戦後日本の障害児教育制度　障害児教育を公教育の一領域として初めて位置づけたのは学校教育法（1947（昭22）年）である．翌年（1948（昭23）年）盲・聾学校の義務制が発足し，1956（昭31）年に完了した．財政難等の理由により養護学校の義務化は見送られ，その対象である知的障害児等は主に特殊学級において教育を受けた．また，障害の程度の重い者は就学を猶予あるいは免除（学校法23条）されていた．1971（昭46）年の中央教育審議会答申を端緒として，1979（昭54）年養護学校義務化が実現した．これをもってわが国の障害児の義務教育制度は完成をみた．

特別支援教育制度への転換　現在は「特殊教育」から「特別支援教育」への制度転換を図っている（☞②）．特別支援教育はノーマライゼーション理念の普及，障害の重度・多様化等に応じ，従来の教育対象に加え学習障害（本章以下LD），注意欠陥多動障害（本章以下ADHD），高機能自閉を含めて障害のある児童・生徒の自立や社会参加に向け一人一人の教育的ニーズに応じて適切な教育的支援を行うことを目指している．

（宮崎）

1 日本の特別支援教育制度史略年表

年	
1871年	工学頭・山尾庸三が建白書「盲唖学校ヲ創立セラレンコトヲ乞フノ書」を提出.
1872年	「学制」中に「廃人学校」規定. 日本初の特別支援教育に関する規定.
1878年	京都盲唖院設立. 日本初の視覚・聴覚障害児のための学校.
1886年	小学校令に就学猶予規定. 1890年に就学免除規定を追加.
1890年	長野県松本尋常小学校に落第生学級設置. 日本初の特別支援学級.
1900年	小学校令の就学猶予免除規定に障害名（白痴・不具廃疾）を明記.
1917年	林間学校（神奈川）設立. 日本初の虚弱児・病弱児のための学校.
1923年	「盲学校及聾唖学校令」公布. 特別支援学校についての最初の独立勅令.
1932年	東京市立光明学校設立. 戦前の独立校としては唯一の肢体不自由児のための学校.
1940年	大阪市立思斉学校設立. 日本初の知的障害児のための学校. 規定外のため各種学校扱い.
1941年	「国民学校令施行規則」公布. 養護学級, 養護学校の任意設置を認める.
1947年	「学校教育法」公布. 『特殊教育』を規定.
1948年	盲, ろう学校義務制発足.
1979年	養護学校義務制発足.
2006年	「学校教育法」改正. 特殊教育から特別支援教育へ転換.

（宮崎孝治作成）

2 盲・聾・養護学校から特別支援学校へ

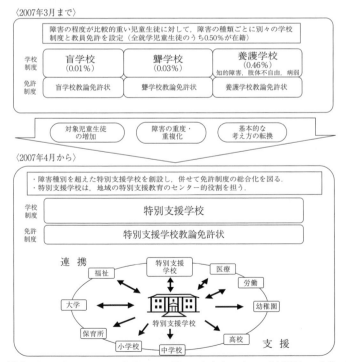

（出典：http://www.mext.go.jp/a_menu/shotou/tokubetu/material/010.htm より一部改変）

（2） 特別支援教育施設の種類

特別支援学校 特別な支援が必要な子どものための学校として，2007（平19）年4月より盲学校・聾学校・養護学校の区分をなくし特別支援学校を設けている（学校法1条）．また，特別支援学校には小学校，中学校等に必要な助言又は援助を行う特別支援教育のセンター的機能が明確となった（学校法74）．期待される機能として，①小・中学校等の教員への支援機能，②障害のある幼児児童生徒への指導・支援機能，③福祉・医療・労働などの関係機関等との連絡・調整機能，等がある．特別支援学校では幼稚部，小学部，中学部，高等部を置くことができる（学校法76）．学級編制は，特別支援学校において小・中学部では6人（重複障害学級では3人）（標準法3③），高等部では8人（重複障害学級では3人）（高校標準法14）である．心身の障害の状態が重度あるいは重複で，特別支援学校へ通学することが困難な者に対して，週2日以上2時間ずつ，特別支援学校等の教員が家庭や医療機関等を訪問して教育を行う訪問教育を行っている．1999（平11）年より高等部においても実施され後期中等教育の保障がなされた．

特別支援学級 特別な支援が必要な子どものための学級として，2007（平19）年4月より特殊学級の名称を改称し特別支援学級を設けている（学校法81）（☞ ②）．対象となる者は，知的障害者，肢体不自由者，身体虚弱者，視覚障害者，聴覚障害者，その他心身に障害のあるもので，特別支援学級において教育を行うことが適当な者である（学校法81②）．特別支援学級には大別すると，小・中学校に併設する学級と病院や療養所などで小・中学校からの派遣教員によって開設される学級（通称，院内学級）の2種類がある（学校法81③）．学級編制は小・中学校とも8人である（標準法3②）．

通級指導教室 通級による指導とは，小・中学校等の通常の学級に在籍しながら，特別支援学校あるいは特別支援学級などに通級し，特別な教育課程によって障害に応じた特別な指導を受けるものである（学校法施則140，141）．1993（平5）年より実施されている（☞ ③）．対象は障害の多様化に対応するために，従来の言語障害者，自閉症者，情緒障害者，視覚障害者，聴覚障害者に加え，2006（平18）年4月よりLD者，ADHD者を加えている．年毎に対象が増え，特別支援学校あるいは特別支援学級と連携を持った小・中学校等での指導体制の整備がより一層重要となっている． （宮崎）

（2） 特別支援教育施設の種類　135

1　特別支援教育の対象の概念図

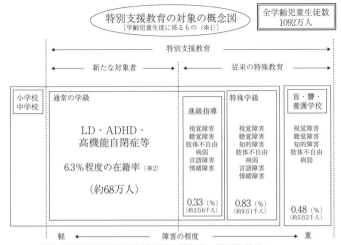

(出典：中央教育審議会答申「特別支援教育を推進するための制度のあり方について」(2005（平成17）年）より（一部改変））

2　特殊学級及び特殊学級在籍者数の推移

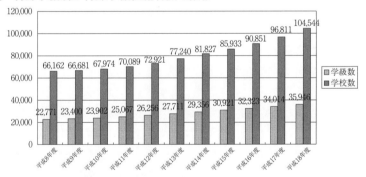

3　通級による指導対象生徒数の推移

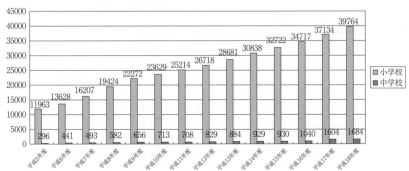

(出典：23は文部科学省特別支援教育資料（平成18年度）より作成）

(3) 障害児教育の目的と教育課程

教育目的　わが国の特別支援教育の目的は，教育基本法第1条に規定されており，健常児の教育の目的と何ら変ることがない．特別支援学校の目的は，視覚障害者，聴覚障害者，知的障害者，肢体不自由者または病弱者に対して幼稚園，小学校，中学校又は高等学校に準ずる教育を施すとともに，障害による学習上の又は生活上の困難を克服し自立を図るために必要な知識技能を授けることを目的とする，と定めている（学校法72）．また，小学校，中学校，高等学校及び中等教育学校に置くことができる特別支援学級の目的は障害による学習上又は生活上の困難を克服するための教育を行うこと（学校法81），と新たに定められた．

特別支援学校・学級の教育課程　特別支援学校は幼稚園，小学校，中学校又は高等学校に準ずる教育を施すことから，その教育課程は幼稚園，小学校，中学校又は高等学校の教育課程に基本的には準じている．

平成11年告示の盲，聾，養護学校学習指導要領（幼稚部は教育要領）の特色としては，「自立活動」という独自の領域の存在である（☞①）．1971（昭46）年に導入された「養護・訓練」が，一人一人の幼児児童生徒の実態に対応した活動であることや自立を目指した主体的な活動であることなどを一層明確にする観点から，「自立活動」と名称変更したものである．この領域の目的は，個々の幼児，児童又は生徒が自立を目指し，障害に基づく種々の困難を主体的に改善・克服するために必要な知識，技能，態度及び習慣を養い，もって心身の調和的発達の基盤を培うことにある．

特別支援学級は原則として小学校，中学校の学習指導要領に準じ，独自なものは告示されていない．但し，特例として特に必要のある場合は特別の教育課程によることができる（学校法施則138）．また，通級による指導でも特別の教育課程を編成することもできるようになった．障害に応じた指導の充実を図るためLD者，ADHD者のみ月1回の指導も可能になっている（☞②）．

個別の教育支援計画　多様なニーズに適切に対応するために平成17年度までに「個別の教育支援計画」が策定されることとなっている（☞③）．障害のある児童生徒の一人一人のニーズを正確に把握し，教育の観点から適切に対応していくという考えの下，長期的な視点で乳幼児期から学校卒業期までを通じて一貫して的確な教育的支援を行うことを目的としている．教育課程と個別の教育支援計画の関連の検討が必要である．　　　　　　　　　　　　　　　（宮崎）

(3) 障害児教育の目的と教育課程   137

1 特別支援学校のカリキュラム構成

| 各 教 科 | 道徳 | 特別活動 | 自立活動 | 総合的な学習の時間 |

(出典：http://www.mext.go.jp/a_menu/shotou/tokubetu/005.htm より)

2 「自立活動」及び「教科指導の補充」に係る指導時間数の弾力化

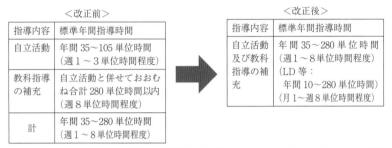

(出典：文部科学省告示第54号（2006（平18）年）から一部改変)

3 個別指導計画の概略図

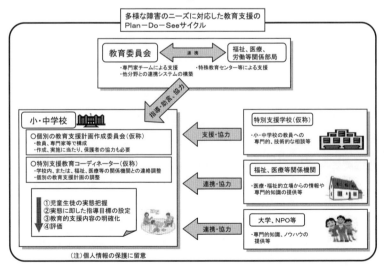

(出典：文部科学省「今後の特別支援教育の在り方について」（最終報告）より一部改変)

（4） 障害児就学指導の制度

就学指導と就学基準　就学指導とは学齢に達した児童のために，適切な就学の指導を保護者に対して行うことをいう．就学指導を行う対象となる障害の程度を就学基準といい，学校教育法施行令に定められている．特別支援教育の理念にかんがみると，就学指導は，就学時のみならず就学後を含めて一層重要な役割を担うこととなる．

現行の制度は，社会のノーマライゼーションの進展，教育の地方分権の推進等の特別支援教育を巡る状況の変化を踏まえ，一人一人の教育ニーズに応じた教育支援の充実を図るため，障害のある児童生徒の就学基準が見直される（2002（平14）年）とともに新たに認定就学制度が創設された．また，就学する学校の決定に際しては，保護者の意見を聴くよう通知されている．

障害の判断に当たっては，障害のある児童生徒の教育の経験のある教員等による観察・検査，専門医による診断等に基づき教育学，医学，心理学等の観点から総合的かつ慎重に行うことが求められている．このことから，市町村の教育委員会は適切な就学指導のための調査・審議機関（就学指導委員会）を今後も設置することが大切になっている．

認定就学と転学手続　2002（平14）年より就学手続の弾力化の一環として認定就学と転学手続が整備された（☞ 1 ）．認定就学とはその障害の状態等に照らし，小・中学校において適切な教育を受けることができると市町村教育委員会が認める場合に，小・中学校に就学させることができることを指す（☞ 2 ）．この制度を活用するためには，指導体制及び教育環境の整備が大切である．また，転学手続とは，特別支援学校に在学している児童生徒が障害の状態の変化により認定就学者に該当することとなった場合及び小・中学校に認定就学者として就学しているものが，その障害の状態の変化により認定就学者に該当しなくなった場合等の手続をいう（☞ 3 ）．

就学猶予・免除　治療又は生命・健康の維持のための療養に専念することを必要とし，教育を受けることが困難又は不可能な者については，保護者の願い出により，就学義務の猶予又は免除の措置を行うことが出来る．養護学校義務化以降猶予・免除対象者は減っているが，実態としてまだわずかだが存在する．猶予・免除対象者で障害を理由としている者の割合は約3.3％（2006（平17）年文科省調査）である．

（宮崎）

（4） 障害児就学指導の制度　139

1　就学手続きの流れ

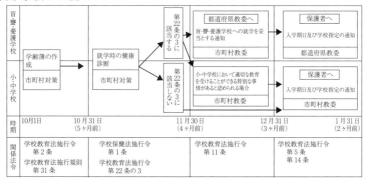

http://www.mext.go.jp/a_menu/shotou/tokubetu/003/001.htm より

2　小・中学校における認定就学者の推移（各年5月1日現在）

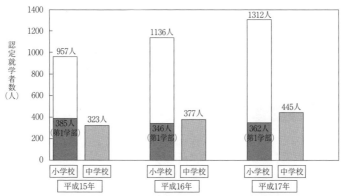

（出典：文部科学省特別支援教育資料（平成18年度）より）

3　盲・聾・養護学校と小・中学校との間の転学状況（義務教育段階）―国・公・私―

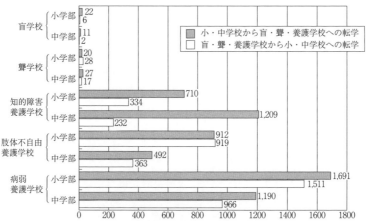

（出典：中央教育審議会答申『特別支援教育を推進するための制度のあり方について』（2005（平17）年）より）

（5） インクルージョンの動向

インクルージョンの思想の台頭　障害があるという理由で障害児・者専門の学校や施設に収容する分離政策への批判が1950年代後半に北欧からはじまり，ノーマライゼーション（☞ 1）を基本原理とした政策転換がはじまった．1970年代には国連やユネスコが基本理念として取り入れ，2006年には障害者権利条約（☞ 章末資料）が成立した．学校教育においても，障害児を特別学校や特別学級で分けることは差別であるという認識のもと，障害のない子どもと一緒に通常の学級で学校教育を行う実践が各国で行われた．これらの実践は初期にはインテグレーション，メインストリーミンと称され，現在ではインクルージョンとして発展してきている．

インクルージョンの定義　1994年ユネスコでサラマンカ宣言（☞ 2）が採択され，インクルージョンが全面的に採用された．これによると，インクルージョンの定義は以下のようにまとめられる．

① すべての子どもたちが対象で誰をも排除しない
② 特別なニーズを持つ子も条件の整った普通学校で学習する
③ 差別と闘う教育

インクルージョンの背景　インクルージョンの背景には，次の二点が影響を与えている．

①「分離教育の弊害」　教育の場を分けることは，個別のニーズに応じた教育を行うことができるという利点がある．だが，マイナス点として，障害のある子どものみを集めて教育を行うことの刺激の少なさ，障害の有無により場を分けることの心理的な影響（差別・偏見の助長）が健常児，障害児共に顕れることが指摘されている．

②「障害概念の変遷」　従来は個人の能力の「低下」や「欠落」を障害としてきた．WHOの生活機能分類（☞ 3）では人間の生活機能を「心身機能・身体構造」「活動」「参加」の三つに分けて，それらが阻害される状況を「機能障害」「活動制限」「参加制約」としてこの三つを障害としている．つまり，障害は個人の能力の問題のみではなく，社会が生み出すことを明示した．これらを取り除くために，サラマンカ宣言ではインクルージョンが「最も有効な手段」であるとしているのである．

(一木)

(5) インクルージョンの動向

1 ノーマライゼーションの定義の同化的側面と異化的側面

同化的側面－障害者の生活をその社会の主流の状態にする
異化的側面－障害者が受け入れられるよう社会を変革する

「障害のある人たちに，障害のない人たちと同じ生活条件を作り出すことを『ノーマリゼーション』といいます。『ノーマライズ』というのは，障害のある人を『ノーマルにする』ことではありません。彼らの生活の条件をノーマルにすることです。（略）ノーマルな生活条件とは，その国の人々が生活している通常の生活条件ということです。」
（花村春樹訳著『「ノーマリゼーションの父」N.Eバンク－ミケルセン』,1994,p167）

2 サラマンカ宣言（ユネスコ，1994）（抜粋）

われわれは以下のことを宣言する
・「すべての子どもは，ユニークな特性，関心，能力および学習のニーズをもっている」
・「教育システムはきわめて多様なこうした特性やニーズを考慮にいれて計画・立案され，教育計画が実施されなければならない」
・「特別な教育的ニーズを持つ子どもたちは，彼らのニーズに合致できる子ども中心の教育学の枠内で調整する，通常の学校にアクセスしなければならない」
・「このインクルーシブ志向をもつ通常の学校こそ，差別的態度と闘い，すべての人を喜んで受け入れる地域社会をつくり上げ，インクルーシブ社会を築き上げ，万人のための教育を達成する最も効果的な手段である」

3 WHO生活機能分類

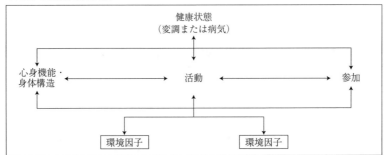

（世界保健機構（WHO）2003年改訂版）

生活機能が阻害された状態を，それぞれ「心身機能障害，身体構造障害」「活動制限」「参加制約」といい，これらを「障害」とする。

（6） 特別支援教育

特別支援教育の基本的方向　2007年4月より，学校教育法が一部改訂され，従来の特殊教育が特別支援教育に改められた．特殊教育は「障害の程度等に応じ特別な場で指導を行うこと」であるが，特別支援教育とは「障害のある児童生徒一人一人の教育的ニーズに応じて適切な教育的支援を行う」ものであり，特殊教育からの転換を図るとされている．その背景としては，世界の障害児教育を取り巻く潮流（場に応じた教育から個人のニーズに応じた教育へ／インクルージョン），盲・聾・養護学校や特殊学級在籍児童生徒の増加と障害の重度重複化，発達障害の子どもたち（☞ 2）への対応課題があげられている．

特別支援教育の在り方の基本的考え方　2003年「今後の特別支援教育の在り方について」（調査研究協力者会議）では次のように書かれている．「特別支援教育とは，従来の特殊教育対象の障害だけではなく，LD，ADHD，高機能自閉症を含めて障害のある児童生徒の自立や社会参加に向けて，その一人一人の教育的ニーズを把握して，その持てる力を高め，生活や学習上の困難を克服するために，適切な教育や指導を通じて必要な支援を行うものである．」そのために，①「多様なニーズに適切に対応する仕組み」として「個別の教育支援計画」を，②「教育的支援を行う人・機関を連絡調整するキーパーソン」として「特別支援教育コーディネーター」を，そして，③「質の高い教育支援を支えるネットワーク」として「広域特別支援連携協議会等」の仕組みが導入されている．

特別支援教育を推進する上での学校の在り方　従来の盲・聾・養護学校を特別支援学校と改めるとともに，障害種にとらわれない学校の設置が可能となった．また，学校や保護者の相談機関として地域のセンター的機能が求められている．地域の学校においては，従来の法制度では，障害児教育は特殊学級や通級で対応されていたが，特別支援教育体制においては，発達障害児の籍を基本として普通学級に置くことからも，学校全体での対応が求められている．

　特別支援教育では障害児を個人の教育的ニーズに対応としながら，障害別の就学先を行政が障害によって決定する従来の法令が変わっていない点で，インクルージョンの理念からは乖離していることが課題である．　　　　　（一木）

(6) 特別支援教育　　143

1　「特別支援教育を推進するための制度の在り方について（答申）」
(2005 年 12 月)

- 障害のある児童生徒などの教育について，従来の「特殊教育」から，一人一人のニーズに応じた適切な指導及び必要な支援を行う「特別支援教育」に転換すること．
- 盲・聾・養護学校の制度を，複数の障害種別を教育の対象とすることができる学校制度である「特別支援学校」に転換し，盲・聾・養護学校教諭免許状を「特別支援学校教諭免許状」に一本化するとともに，特別支援学校の機能として地域の特別支援教育のセンターとしての機能を位置づけること．
- 小・中学校に置いて，LD・ADHD を新たに通級による指導の対象とし，また特別支援教室（仮想）の構想については，特殊学級が有する機能の維持，教職員配置との関連などの諸課題に留意しつつ，その実現に向け引き続き検討すること．

2　発達障害の定義

- 高機能自閉症〈High-Functioning Autism〉

　　高機能自閉症とは，3 歳位までに現れ，① 他人との社会的関係の形成の困難さ，② 言葉の発達の遅れ，③ 興味や関心が狭く特定のものにこだわることを特徴とする行動の障害である自閉症のうち，知的発達の遅れを伴わないものをいう．また，中枢神経系に何らかの要因による機能不全があると推定される．

- 注意欠陥／多動性障害（ADHD）の定義〈Attention-Deficit/Hyperactivity Disorder〉

　　ADHD とは，年齢あるいは発達に不釣り合いな注意力，及び／又は衝動性，多動性を特徴とする行動の障害で，社会的な活動や学業の機能に支障をきたすものである．また，7 歳以前に現れ，その状態が継続し，中枢神経系に何らかの要因による機能不全があると推定される

（以上，2003 年「今後の特別支援教育の在り方について（最終報告）」参考資料より抜粋）

- 学習障害（LD）〈Learning Disabilities〉

　　学習障害とは，基本的には全般的な知的発達に遅れはないが，聞く，話す，読む，書く，計算する又は推論する能力のうち特定のものの習得と使用に著しい困難を示す様々な状態を指すものである．学習障害は，その原因として，中枢神経系に何らかの機能障害があると推定されるが，視覚障害，聴覚障害，知的障害，情緒障害などの障害や，環境的な要因が直接の原因となるものではない．

（平成 11 年 7 月の「学習障害児に対する指導について（報告）」より抜粋）

（7）各国の障害児教育の基本的動向

1994年のサラマンカ宣言に引き続き2006年に国連障害者権利条約が成立し，国際的潮流としては今後さらにインクルージョンの方向に各国は進んでいくと思われる．ここでは各国のインクルージョンの動向を紹介する．

イタリア　世界でもっともインクルージョンの理念に近い国の一つとされている．1971年から障害児の普通学級への受け入れがはじまり，現在は就学前から高等教育まですべての段階の学校で障害児の普通学級のインクルージョンが保障されている．インクルージョンの進展の中で学校制度改革が行われ，一学級の生徒数の削減（障害児の入る学級は20人以下），複数担任制の導入，カリキュラムの総合化，評価方法の個人内相対評価への変更等が行われた．その上で，障害児に対しては，個別教育計画の作成，支援教師や介助者の配置，週6時間までの特別プログラムの実施等の，必要な補助器具補助教材の提供等が行われている．

アメリカ合衆国　1975年に全障害児教育法（IDEA）が制定された．それまで州によって制度が異なっていた障害児の教育に対して，障害を理由として地域の学校に受け入れないのは違法であることをと明確にし，学校における最低必要な保障と子どもにとって「最も制約の少ない環境」を保障するための財政支援が定められた．通常学級に在籍し，その上でリソースルームに通う，巡回教師およびクラス内サービスを受ける等が選択ができるようになっている．

イギリス　1978年のウオーノック報告によりインクルーシブ教育の方向へ転換する．1991年教育法では，「可能なところでは，特別な教育的必要性を持つ全ての子どもたちは一般校で教育されるべきである」「統合が効率的にいくように，特別な必要性を持つ生徒は全て，またはほとんどの学校活動に参加しなければならない．全ての生徒に開かれている経験をすることがその生徒に教育的利益がある場合，その生徒は特別な手助けを受けることができる」と，特別教育ニーズを持つ子どもを可能な限り通常の教育活動に参加させるよう学校管理者に求めた．1994年から学習援助助手（Learning Support Assistant）等の支援制度が行われている．

フランス　2005年2月に「障害者の権利，機会，参加および市民権の平等のための法律」が出され，それまでの分離教育制度から原則統合に向けて動き出した．「障害のある，あるいは健康面で問題を抱えているすべての子どもおよび青少年は，その住居に最も近い学校に登録される」と，地域の学校への在籍が保障された．

（一木）

1 初等教育において追加的支援を受けている障害児の就学先

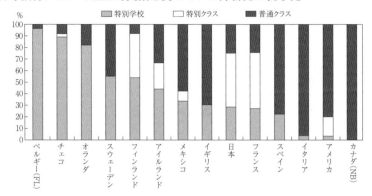

2 前期中等教育において追加的支援を受けている障害児の就学先

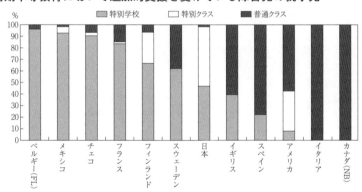

3 後期中等教育において追加的支援を受けている障害児の就学先

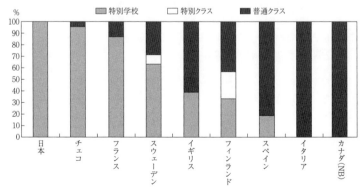

出典：OECD "EQUITY IN EDUCATION" 2004，弓削俊彦訳『教育のおける公平性』2007，技術経済研究所

1 障害者権利条約（2006年12月）（川島聡・長瀬修　仮訳（2007年3月29日付訳））

第24条　教育

1　締約国は，教育についての障害のある人の権利を認める．この権利を差別なしにかつ機会の平等を基礎として実現するため，締約国は，あらゆる段階におけるインクルーシブな教育制度及び生涯学習であって，次のことに向けられたものを確保する．

(a) 人間の潜在能力並びに尊厳及び自己価値に対する意識を十分に開発すること，並びに人権，基本的自由及び人間の多様性の尊重を強化すること．

(b) 障害のある人が，その人格，才能，創造力並びに精神的及び身体的な能力を最大限度まで発達させること．

(c) 障害のある人が，自由な社会に効果的に参加することを可能とすること．

2　この権利を実現するため，締約国は，次のことを確保する．

(a) 障害のある人が障害を理由として一般教育制度から排除されないこと，並びに障害のある子どもが障害を理由として無償のかつ義務的な初等教育又は中等教育から排除されないこと．

(b) 障害のある人が，自己の住む地域社会において，他の者との平等を基礎として，インクルーシブで質の高い無償の初等教育及び中等教育にアクセスすることができること．

(c) 個人の必要に応じて合理的配慮が行われること．

(d) 障害のある人が，その効果的な教育を容易にするために必要とする支援を一般教育制度内で受けること．

(e) 完全なインクルージョンという目標に則して，学業面の発達及び社会性の発達を最大にする環境において，効果的で個別化された支援措置が提供されること．

2 障害者基本法　（昭和45年制定　最終改正平成16年）

（教育）

第14条　国及び地方公共団体は，障害者が，その年齢，能力及び障害の状態に応じ，十分な教育が受けられるようにするため，教育の内容及び方法の改善及び充実を図る等必要な施策を講じなければならない．

2　国及び地方公共団体は，障害者の教育に関する調査及び研究並びに学校施設の整備を促進しなければならない．

3　国及び地方公共団体は，障害のある児童及び生徒と障害のない児童及び生徒との交流及び共同学習を積極的に進めることによって，その相互理解を促進しなければならない．

IX. 私学制度

■本章のねらいと構成■

　今日の公教育体制の発展と拡充において，私学の果たす役割は著しく重要となっている．しかし，とかく現象面のみにとらわれ，その本来的な意義については見失われがちである．

　そこで，本章においては，私学制度について，その独自性と公共性をめぐる基本理念を前提として，わが国における明治以来の歴史，および現状とその諸課題を明らかにするとともに，主要国における私学制度との比較を通じて，今日の諸問題を検討するための基礎を提示しようとする．

（1）　私学教育の独自性と公共性

戦後教育改革と私学制度　私学教育の理念は，近代公教育思想の「教育の自由」を根源としているが，公教育制度の発展に伴い，私学は公教育制度との対立，支配，共存などさまざまな関係に位置づいてきた．わが国では，戦前の国家主義的教育体制のなかで，私学の発展は著しく制約されたが，戦後の教育改革論議を通じ，新憲法の理念（思想，信仰，表現，学問の自由）に基づき，教育基本法，学校教育法，私立学校法等によって，私学は新たに制度化された（☞ 1）．すなわち，「私立学校の特性にかんがみ，その自主性を重んじ，公共性を高めることによって，私立学校の健全な発達を図る」（私立学校法1）こととされ，その独自性の保障とともに公教育の重要な一翼を担うことが確認されたのである．

私学の自主性　私学教育の自主性とは，建学の精神や独自の教育理念に基づく自律的な教育活動と学校運営を意味し，行政機関による規制をできるだけ排除することにより保障される．具体的には，① 特定の宗教教育その他の宗教活動の実施（教基法15），② 義務教育諸学校における授業料の徴収（教基法5，学校法6），③ 通学区域によらない児童生徒の募集（学校法施行令5）などがある．また，所轄庁の権限も私立学校の設置や廃止等の認可，閉鎖命令に限定し，学校の設備，授業等に対する変更命令（学校法14）は適用されず（私学法5），さらに所轄庁がこれらの権限や学校法人の設立認可や解散命令等を行うに当たっても，私立学校審議会や大学設置・学校法人審議会への意見聴取が義務づけられている．

私学の公共性　一方，私学は「公の性質」（教基法6①）について，公私を問わず学校教育事業自体が公共の福祉を担うという解釈が一般的である（☞ 2）．

　私学教育の自主性を損なわず，その公共性を高めるために，公費による私学助成制度（本章（4）参照）や，私立学校の学校運営に一定の制約が課せられている．学校設置基準の設定やそれに基づく審査，学習指導要領への準拠などである．また，学校法人制度のもとで，その組織や運営等について法的規制を加えている．私立学校法で，公正な学校法人運営を確保するために，法人役員（理事・監事）の定数，選任方法，職務，諮問機関としての評議員会の設置を規定し，また，学校法人の解散にあたっては残余財産の恣意的な処分を防止する措置などを規定している（☞ 3）．なお2004年には，公教育を担う主体としての信頼を高め，管理運営を行う機能の強化を図るため，私立学校法の改正が行われ，学校法人の理事会の設置等の管理運営制度の改善や財務情報の公開等が求められた．

（西山）

(1) 私学教育の独自性と公共性　　149

1　私立および公立機関の地位

公立の専門学校および大学を適切に維持するのに必要な資金は，国庫から支給されることができる．しかし，私立学校によっては，ことは深刻である．私立学校の場合，それを適正に維持するに要する資金がかなり確実に得られる見通しがなければ，開校は許可されるべきではない．授業料から得られる資金以外に，またそれ以上に，なんらかの財政的支持が得られなければならない．（中略）さらに，このような方法で学校に公共の基金を与えることによって，どのような形でにしろ，学校の自由を妨げることがあってはならない．

（「第一次米国教育使節団報告書」1946 年）

2　私立学校の「公共性」の法解釈

・…私立学校もその小，中学校の段階において国家の義務教育制の実施に協力するものであるから，その公的性質において国，公立学校に準ずる性格をもつものといい得られる．…義務教育以上の課程の私立学校も国，公立学校に対する補充的機能をいとなむ点で，ひとしく公の性質を有するものといえる（田中耕太郎『教育基本法の理論』，有斐閣，1961 年）
・学校が公の性質をもつ根拠を説明する仕方に二説ある．一つは，学校の設置主体（教育事業主体）が公の性質を持つという説（いわゆる教育事業主体説）であり，他の一つは，学校で行なわれる教育（教育事業）が公の性質をもつがゆえに学校が公の性質をもつとする説（いわゆる教育事業説）である．…この第二の説は，現在教育法学界の多数説になっている．
（平原春好「法律に定める学校と公共性」，神田修編『教育基本文献選集 5　学校教育と教職員の権利』学陽書房，1978 年所収）

3　私立学校法の主な規定

学校法人	第 26 条	私立学校経営のための収益事業の許可と許可条件
	第 35 条	理事 5 人以上及び監事 2 人以上の役員の必要
	第 36 条	理事会の運営と議決の方法
	第 37 条	役職（理事 監事）の職務の内容
	第 41 条	評議員会の設置義務と評議員の組織
	第 42 条	評議員会へ諮問すべき事項
	第 51 条	解散した学校法人の残余財産の帰属と処分されない財産の国庫への帰属
	第 52 条①	学校法人の合併手続き（理事の 3 分の 2 以上の同意等）
私立学校の所轄庁	第 4 条	・文部科学大臣の所轄：私立大学・私立高等専門学校，それを設置する学校法人，上記の私立学校とそれ以外の私立学校（専修・各種学校服務）を併設する学校法人 ・都道府県知事の所轄：大学・高等専門学校以外の私立学校（専修学校・各種学校含む），それを設置する学校法人及び第 64 条第 4 項の法人
所轄庁の学校法人に対する権限	第 30 条①	学校法人の設立を目的とする寄附行為とそれに関する諸事項の所轄庁への申請
	第 31 条①	申請された学校法人の資産，寄附行為の審査及び認可
	第 45 条	寄附行為の変更の認可
	第 50 条②	学校法人の解散の認可または人知恵
	第 52 条②	学校法人の合併の認可
	第 61 条	定められた事由に該当する場合の収益事業の停止命令
	第 62 条	法令違反，法令に基く所轄庁の処分に対する違反の場合の学校法人の解散命令
審議会	第 8 条	都道府県知事の私立学校審議会，文部科学大臣の大学設置・学校法人審議会への諮問
私学助成	第 59 条	国又は地方公共団体による学校法人に対する助成

（2） 戦前日本の私学制度

人民自為と私学　1872年の学制制定から1886年の学校令制定までの時期，明治政府は義務教育の普及に力を注ぎ，中等以上の教育機関については，帝国大学を維持するのが限度であった．公教育への私学の参入は，中等・高等教育から進む．東京や京阪地方には，慶應義塾，東京専門学校（早稲田），同志社英学校などさまざまな私学が設立され，西洋文明の吸収と伝授，法律家・中堅官吏の養成，宗教教育など独自の教育が行われた．また教育に対する関心の高まりは地方にも及び，各地で多数の私立中学校や，高等教育に匹敵する教育機関が創設された．政府は当初，中等教育は国民の任意である（人民自為）としていたが，やがてこれを自由民権運動の温床と捉え，1886年の中学校令では1府県1中学校を原則として，事実上多数の私立中学校を廃校に追い込んだ．

私立専門学校と大学令　しかし官立高等教育機関は，府県立中学校を卒業した進学希望者すべてを収容できず，その結果，私立高等教育機関がそれを補完するようになる．帝国大学や官立専門学校に匹敵する教育課程，教授スタッフを整えた私学の存在を無視できなくなった政府は，1899年の私立学校令（☞ 1）によって私学を（特に宗教教育に関して）監督しつつ，1903年には専門学校令を制定し，公教育への組み込みを図る．法律上は専門学校とされた私学の一部には，「大学」を名乗る所も現れた．さらに大正期に入ると，官立専門学校の大学昇格運動と呼応して，私立専門学校を大学へと昇格させる気運が高まった．臨時教育会議の結果を受けて，1918年，帝国大学令とは別途に大学令が制定され，単科大学や公私立大学の設立が可能となり，私立大学は正規の大学として発足する．

補完と依存の二面性　大正期には，一部で国民教育と専門教育を国と私学がそれぞれ分担しようとする提言も示された（☞ 2）が，総じて戦前の政府は，官立学校が吸収できない教育要求の受け皿として私学を代用する傾向が顕著であった．一方私学は，官立学校が持つ数々の特権（国家公務員への無試験任用や試験の一部免除，兵役義務の延期や短縮，中等教員資格の無試験検定など）を要求して手にしてゆく．学生の確保という経営上やむを得ない面もあったものの，その享受と引き替えに，厳しい国家的監督を受けることになる．私学が官立高等教育の補完であり，私学もまた特権を手に入れるため，国家規制に依存せざるを得なかった背景には，戦後にも見られるような国の管理が及びづらい私学に対する根強い不信（☞ 3）と，警戒感があった．　　　　　　　　　　　（大谷）

1 私立学校令（抜粋）と訓令第十二号

第一条 私立学校ハ別段ノ規定アル場合ヲ除ク外地方長官ノ監督ニ属ス
第二条 私立学校ヲ設立セントスル者ハ監督官庁ノ認可ヲ受クヘシ
第九条 私立学校ノ設備授業其ノ他ノ事項ニシテ教育上有害ナリト認メタルトキハ監督官庁ハ之カ変更ヲ命スルコトヲ得
第十条 左ノ場合ニ於テハ監督官庁ハ私立学校ノ閉鎖ヲ命スルコトヲ得
一 法令ノ規定ニ違反シタルトキ
二 安寧秩序ヲ紊乱シ又ハ風俗ヲ壊乱スルノ虞アルトキ
三 六箇月以上規定ノ授業ヲ為ササルトキ
四 第九条ニ依リ監督官庁ノ為セル命令ニ違反シタルトキ

明治32年文部省訓令第十二号　一般ノ教育ヲシテ宗教ノ外ニ特立セシムルハ学政上最必要トス依テ官立公立学校及学科課程ニ関シ法令ノ規定アル学校ニ於テハ課程外タリトモ宗教上ノ教育ヲ施シ又ハ宗教上ノ儀式ヲ行フコトヲ許ササルヘシ

2 官立／私立の機能分担論

…民間私立の教育機関は，年と共に発達し，今や文学法政等の学科に就いては勿論，医科理工科の如きも，私立大学又は専門学校にて，高等程度の教育を施し得るに至れり．此の趨勢を以て進まば，近き将来には，単科大学の完全なるもののみならず，所謂総合大学の完全なるものも，亦民間私立の経営によりて，経営せらるるに至るべきは，決して架空の憶測にあらず．苟も然らば国家百年の長計として，此に立すべき教育制度の大方針は即ち
一，高等専門の教育は，私立教育機関に委するを本則とし，国家は之を補助する事．
二，普通国民教育は，国家自ら経営するを本則とし，私人の之を経営する者に対しては，十分の監督をなす事．
…学問の独立，研究の自由の為めには，高等専門の教育は，之を私立の教育機関に委し，国家は之に必要なる補助を与ふるに止まり，其の教師を拘束するが如きことなきを要するなり．現在の帝国大学の如きも，年々国家より相当の補助金を与へて，一種の団体設営となすべきなり．

(『教育時論』第1007号 1913年)

3 教育刷新委員会第八特別委員会（教員養成）で示される私学への不信

○八番（城戸幡太郎君）…私は私の今までの経験で私立大学そのものに対して信用ができないからこういう考を持っておる．…
○臨時委員（稗方弘毅君）意見の相違かも知れないけれども，城戸さんは，私立学校に対して前からの御議論を拝聴しておると，非常に信用をお持ちにならない．
○八番（城戸幡太郎君）持たない．
○臨時委員（稗方弘毅君）これは意見の相違であって，学校を信用しないという前提が果して城戸さんのおっしゃるように正しいかどうか．これは再検討をする必要があろうと思う．…

(1947年6月11日)

(3) 日本の私学の現状と課題

進学率の上昇と私学の役割 1950年代以降，高度経済成長や産業構造の変化，第一次ベビーブームなどにより，高校，大学（短大）への進学率が上昇した．私立学校はこの進学の受け皿として大きな役割を果たしてきた（☞①）．高等学校では，私立の生徒数割合が1955年に20％であったが，1970年には30％を突破した．その後，生徒減少期に入っても，各都道府県は公立高校の定員数を調整することによって，公私立高校の均衡を維持してきた．また，高等教育への進学率の上昇は，私立大学・短大の増設と拡張に依るところが大きい．学生数割合では，1955年に私立大学は約60％であったが，1965年には70％に上昇し，短期大学（90％）とともに高い割合を維持してきた．その反面，教育環境や研究条件の質的な面が脆弱であり，授業料等の経済的負担と合わせ国公立大学との格差が顕在化した．

少子化と私立大学の危機 オイルショック（1973年）以降，一時停滞した私立大学志向は，80年代半ばの第二次ベビーブーム，共通一次試験による「国立離れ」，進学率の上昇等によって再び高まった．18歳人口は1992年にピークを迎え，その後減少をたどるとされたが，大学設置基準の緩和，地方自治体の積極的な大学誘致，短大の大学への改組転換などにより，私立大学数は1985年の331校から2004年には542校へと急増した．しかし今日，大学進学をめぐる需給のアンバランスは，肥大した私立大学の存続と経営上の危機を招いている．私立短大の約4割，大学の約3割が定員割れ（2004年度）のなか，高等教育政策が目指す「競争的な環境」は，私立大学の存立基盤を揺るがすことになる．高等教育の大衆化を担ってきた私学は，差別化を図るなかで，その独自性の発揮と教育・研究の質的向上という私学本来の意義を自ら厳しく問う立場に置かれている（☞②）．

私立中学・高校の役割と新たな展開 少子化の影響は，初等・中等教育にとっても児童・生徒の獲得と存続の危機として現れている．高校・大学入試への期待感や公立学校への不安感などを背景として，都市部では，私立の中高一貫教育や私立小学校への進学志向が高まっている．少子化のなか保護者の期待に応えるべく，子どもの個性や能力など多様なニーズに応じた私学教育も展開されている．こうした私学の生き残り策は受験競争の低年齢化や教育費の上昇という問題（☞③）を生じさせている一方で，硬直化した公立学校の活性化や地域における私学との連携・協力など公教育の見直しへと連なっている．また，米国のチャーター・スクールなど，公私の枠組み自体を問い直す新しい学校像も検討されている．

(西山)

(3) 日本の私学の現状と課題　153

1　私立学校の学校数および在籍者数の学校教育全体に占める割合の推移

年	幼稚園		小学校		中学校		高等学校		短期大学		大学	
	園数	幼児数	学校数	児童数	学校数	生徒数	学校数	生徒数	学校数	学生数	学校数	学生数
1960	63.8%	68.8%	0.6%	0.4%	4.6%	3.5%	22.2%	28.7%	76.4%	78.7%	57.1%	64.4%
1965	62.9%	73.6%	0.6%	0.5%	5.1%	3.0%	24.6%	32.8%	81.6%	85.3%	65.9%	70.5%
1970	63.4%	76.0%	0.6%	0.&6%	5.3%	3.0%	25.5%	30.4%	86.4%	90.1%	71.7%	74.4%
1975	59.5%	75.1%	0.6%	0.6%	5.2%	3.2%	24.8%	30.2%	84.6%	91.2%	72.6%	76.4%
1980	59.0%	73.4%	0.7%	01.5%	5.1%	2.9%	23.8%	28.1%	83.6%	90.9%	71.5%	75.0%
1985	58.5%	75.3%	0.7%	0.5%	5.2%	2.9%	23.6%	28.1%	83.8%	89.7%	72.0%	72.7%
1990	58.3%	78.1%	0.7%	0.7%	5.4%	3.8%	23.8%	28.7%	84.0%	91.4%	73.4%	72.7%
1995	58.2%	79.6%	0.7%	0.8%	5.7%	5.2%	24.0%	30.2%	83.9%	92.4%	73.5%	73.2%
2000	58.7%	79.1%	0.7%	0.9%	6.1%	5.7%	24.1%	29.4%	86.9%	91.0%	73.7%	73.3%
2004	59.5%	79.3%	0.8%	0.9%	6.4%	6.4%	24.3%	29.5%	88.8%	91.7%	76.4%	73.4%

中等教育学校は学校数で50%，生徒数で55.4%（2004年度）となっている．
（出典：平成17年度文部統計要覧より作成）

2　競争的な環境における大学改革

　今後の財政的支援は，国内的のみならず国際的な競争的環境の中にあって，高等教育機関が持つ多様な機能に応じた形に移行し，各機関がどのような機能に比重を置いて個性・特色を明確化するにしても，適切な評価に基づいてそれぞれにふさわしい適切な支援がなされるよう，機関補助と個人補助の適切なバランス，基盤的経費助成と競争的資源配分を有効に組み合わせることにより，多元的できめ細やかなファンディング・システムが構築されることが必要である．…私立大学については，その多様な発展を一層促進するため，基盤的経費の助成を進める．その際，国公私にわたる適正な競争を促すという観点を踏まえ，各大学の個性・特色に応じた多様な教育・研究・社会貢献のための諸活動を支援すること…国公私を通じた競争的・重点的支援の拡充により，積極的に改革に取り組んで成果を挙げている大学等をきめ細やかに支援すること，民間企業を含めた研究開発のための公的資源配分を大学等にも開放し，活力にあふれた研究環境を整備すること，競争的資源配分の間接経費を充実することにより，機動的・戦略的な機関運営を支援すること，高等教育を受ける意欲と能力を持つ者を経済的側面から援助するため，奨学金等の学生支援を充実すること等が重要である．

（中央教育審議会「我が国の高等教育の将来像（答申）」2006年1月）

3　学校種別にみた公私の学習費比較（単位：円）

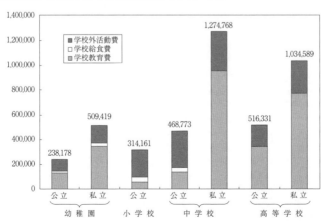

（出典：文部科学省「子どもの学習費調査」平成16年度）

（4）私学助成制度

私学助成制度の確立　憲法第89条は「公の支配に属しない事業」に公の財産を支出することを禁じており、私学助成はこれに違反するとの説が戦後改革期にあった。しかし、「公の性質」を有し、学校法人、学校の施設・設備、教育内容、教員などに対する包括的な法制がある点で、私学教育は「公の支配」に属する事業とされ、私学助成は法的根拠を得た。1952年に私立学校振興会が設立され、貸付・寄付金事業、助成金の交付などが開始されたが、私立学校、大学が拡張するにつれ、赤字経営や教育環境、授業等の公私間格差が問題となった。1970年に日本私学振興財団法、75年に私立学校振興助成法が制定され、助成法第1条に「教育条件の維持及び向上」、「修学上の経済的負担の軽減」、「私立学校の経営の健全性」の確保が目指された。本法成立の際、参院文教委員会は私立大学経常費への補助をできるだけ速やかに2分の1とするよう努める付帯決議も行った。

経常的経費の補助　大学等の高等教育機関の経常的経費への補助は、「一般補助」、「特別補助」、「私立大学教育研究高度化推進特別補助」に分かれる。「一般補助」は教職員の給与費や基盤的な教育研究経費等であり、交付額は大学の規模など客観的な教育研究条件や傾斜配分によって決定される。「特別補助」は、社会人の受入れや学習機会の多様化に関する経費など、社会的要請の強い教育研究（☞2）に対する経費の補助である。「私立大学教育研究高度化推進特別補助」は2002年度より創設され、世界水準の優れた大学づくりを目指す観点から先端的・先導的学術研究の推進や教育の質の向上や教育システムの改善等に対して、「競争的な配分」を重視した直接の補助制度であり増額傾向にある。また、高校以下の私学の経常的経費は都道府県が助成し、文科省による国庫補助や地方交付税の措置も行われている。国庫補助の一般補助では、IT教育環境の充実や少人数学習の推進等の経費補助、特別補助では社会人講師の活用や幼稚園の子育て支援事業等への補助がある。

私学助成の課題　私立大学の経常的経費への補助は、一般補助の傾斜配分の強化と特別補助への重点化による効率的運用を目指し、大学間の競争と一層の自助努力を促す方向にある（☞4）。こうした効率化、重点化は教育研究の活性化、国際的競争力の強化に結びつく反面、授業料の上昇や教育環境の悪化、ひいては大学淘汰に連なる問題となる。私学が担うべき「公共性」を、私学助成の量と質によっていかに保障するかが問われている。

（西山）

（4）私学助成制度　155

1　私立大学等の経常費補助金の推移

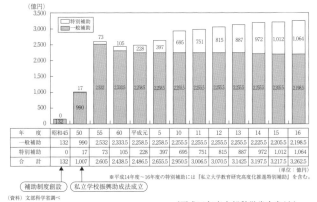

（平成16年度文部科学省白書より）

2　私立高等学校等経常費助成費等補助金の推移

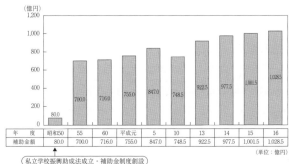

（平成16年度　文部科学省白書より）

3　私立大学経常費補助の「特別補助」の対象

1．生涯学習推進特別経費
社会人の受入れ（学部等・大学院，教育訓練講座） 夜間大学院・夜間部・通信教育等 公開講座・施設等の開放
2．個性化推進特別経費
学習方法の改善（大学院基盤整備，小人数教育，インターンシップ） 学習機会の多様化（単位互換・科目等履修生，帰国学生，障害者，留学生の受入れ等） 特定分野の人材養成（看護師，養護学校教員等，社会福祉士等）

（平成17年度）

4　私立大学教育研究高度化推進特別補助の対象

1．大学院高度化推進特別経費（大学院整備重点化，ティーチング・アシスタント，教育研究機能活性化，特定大学院支援，法科大学院支援）
2．学術研究推進特別経費（学術研究高度化推進，リサーチ・アシスタント，ポスト・ドクター等）
3．大学教育高度化推進特別経費（高等教育研究改革推進，教育・学習方法等改善支援，教養教育改革推進，海外研修派遣，国際シンポジウム開催）
4．高度情報化推進特別経費（情報通信設備，教育学術情報ネットワーク，教育学術コンテンツ，教育研究情報利用，サイバー・キャンパス整備）

（平成17年度）

（5） 外国の私学制度

公教育制度と私学　教育は自然法上の「親の教育権」の付託を受けて，又は学生の学問の自由に応えるために行われるものであるため，元来私的なものとされた．そのため，歴史的には多くの国で公立学校に先行して私学が生まれた．公教育制度の成立に伴って私学の比重は相対的に低下したが，1980年代以降の世界的な教育の私事化，及び1990年代の旧社会主義諸国での私学解禁の動きの中で，私学は再びその比重を増しつつある．私学の位置づけは，各国の公教育制度の歴史的特質とかかわって多様であるが，ここでは諸外国の私学制度を，私学優勢型，公立補完型に分類・検討する．また，私学の最近の動向についても言及する．

私学優勢型　近代市民社会において教育の自由の原則が尊重され，私学の普及している国においては，私学の存在を前提として公教育制度が成立している．例えば，オランダでは，憲法が保障する「教育の自由」の原則に基づき，多様な私立学校が存在し，その在籍者が在籍者総数の約7割を占めるまでになっている．しかし，公的助成に際しては公立・私立の区別は無く，政府は全く同じ基準で学校経費を負担している（☞ ①）．イギリスでは設置者という観点では，初等・中等学校の約4割，総合大学のほぼ全てが私学である．しかし，初等・中等の約8割は地方教育当局の維持する公営私立学校（有志立学校）であり，総合大学の経費の9割弱は国の補助金で賄われている．そのため，公費助成を受けていない純粋な意味での私立は，パブリック・スクールで有名な独立学校である（☞ ②）．

公立補完型　公教育制度の成立に国家が中心的な役割を果たしてきた国においては，私学の比重は小さく，公立学校の代替もしくは補完的な地位に留まることが多い．例えば，ドイツでは私立学校設立の権利は保障されているが，歴史的に私立学校は公立学校の不足を補ってきたという経緯もあり，初等・中等教育段階における私立学校の占める割合は低い（☞ ③ 他にフランス等）．

新しい動き　旧社会主義諸国では，私学は原則として存在しなかった．しかし，例えばロシアは旧ソ連解体後，1992年に私有化・市場経済への移行に伴う教育機関の自由化・私有化の促進策として，私立学校設置の権利をロシア連邦内の団体のみならず，ロシア連邦内外の個人にまで拡大している（☞ ④）．また，例えばアメリカでは，学校選択が自由になるにつれて，教育バウチャーにより私立学校への進学が可能になったり（☞ ⑤），ホーム・スクールから企業が経営する私立学校まで出現したりするなど，私学の多様化とともにその量的拡大も著しい．

（古川）

1　私学優勢型［オランダ］

何人も，当局の監督権を侵すことなく，しかも法によって示された教育の形態に関して議会制定法によって規定された教師の適正と道徳的誠実さを審査する当局の権限を侵すことなく，教育を与えることは自由とする．　　　　　　　　　　　　　　　　　　　　　　　（オランダ憲法第23条2項）

議会制定法によって定められた条件を満たす私立初等学校は，公立の学校と同一の基準に従って公の財源から援助されるものとする．私立の中等学校と大学予備学校が公の財源からの寄金を受ける要件は，議会制定法によって定められるものとする．　　　　　　　　　　　　　（同法第23条7項）

2　私学優勢型［イギリス］

イギリスの初等・中等学校は，国や地方自治体の経費で維持・管理されている公費維持学校 (maintained school) と，公的助成を受けていない独立学校 (independent school) に大別される．公費維持学校は，1998年の「教育の水準と枠組みに関する法律 (School Standards and Framework Act 1998)」で，以下のように規定されている．(a) コミュニティー・スクール (community schools)；旧公立学校 (county school)，(b) ファウンデーション・スクール (foundation schools)；国から補助金があった旧 grant mantained school だが，この補助金を地方に移管した地方補助金立学校，(c) ボランタリー・スクール (voluntary schools)；有志立学校，(ⅰ) ボランタリー・エイディド・スクール (voluntary aided schools)；旧助成学校，(ⅱ) ボランタリー・コントロールド・スクール (voluntary controlled schools)；旧管理学校

3　公立補完型［ドイツ］

私立学校を設立する権利は保障される．公立学校の代替としての私立学校は，州の認可を必要とし，州の法律に従う．認可が与えられるのは，私立学校が，その教育目的および施設設備において，また，教員の学問的養成が，公立学校に劣らず，親の貧富により生徒が差別されない場合である．教員の経済的および法的な地位が十分に保証されない場合には，認可は拒否されなければならない．

　　　　　　　　　　　　　　　　　　　　　　　　　　（ドイツ連邦共和国基本法第7条4項）

4　旧社会主義国［ロシア］

教育機関の設置者および設置者集団となりうるのは，以下のものである．(a) 国家権力機関および行政機関，ならびに地方自治機関，(b) わが国の，外国系の，および外国のあらゆる所有形態の事業体，機関，およびそれらの合同と連盟，(c) わが国の，外国系の，および外国の社会基金ならびに私的資金，(d) ロシア連邦の領土内の登録された社会団体および宗教団体，(e) ロシア連邦および外国の市民．教育機関の協同設置も認められる．　　　　　　　　　　（1992年ロシア連邦教育法第11条）

5　新しい動き［教育バウチャー］

教育バウチャーは，授業料クーポン，学校利用券などとも呼ばれ，教育当局から交付されたバウチャーを使って，親は子どもの適性，通学距離，カリキュラムなどを考慮し，公立もしくは私立学校を選択できる制度である．日本においても，経済界の要望や規制改革を背景として，2005年10月文部科学省内に「教育バウチャーに関する研究会」が発足し，国内における教育バウチャー制度導入の可能性について検討を開始している．

米国では，低所得者と高所得者の間に極めて大きな格差が存在するミルウォーキー市やクリーブランド市などの6地域で，限定的に教育バウチャー制度が実施されており，その意味では格差是正を目的としたバウチャー制度であるという性格を持っている．一方，バウチャー制度は，宗教系の学校に直接的な補助を禁止している憲法上の制約を回避するための一つの手段であるという側面もある．

またチリでは，全国的な教育バウチャー制度を導入した結果，公立学校から私立学校への生徒の移動が促進され，私立学校に移動した生徒の学業成績が一部向上したことは確認されたものの，ソーティング（階層化）による格差の拡大が，むしろ進行したとの報告もある．

　　　　　　　　　　　　　　　　　　　（参考）「教育バウチャーに関する研究会」配付資料
　　　　　　　　　　　　　http://www.mext.go.jp/b_menu/shingi/chousa/shougai/010/index.htm

主要国における公私別比率

アメリカ合衆国（2001年度）

種別	私立学校数		在学者数	
	実数（校）	比率（%）	実数（人）	比率（%）
就学前	—	—	2,713,000	35.7
初等学校	}27,223	}22.7	4,880,000	12.6
中等段階			1,322,000	8.8
大学	1,752	74.1	3,441,000	35.6
短期大学	732	39.9	254,000	4.1

フランス（2003年度）

種別	私立学校数		在学者数	
	実数（校）	比率（%）	実数（人）	比率（%）
就学前	199	1.1	325,300	12.5
小学校	5,324	13.6	566,200	14.5
コレージュ	1,804	25.8	670,900	20.7
リセ・職業リセ	1,726	39.8	455,400	20.5
大学	(15)	(15.5)	(18,200)	(1.4)

（注）フランスの「私立大学」は学士号等の学位授与権が認められていないため、（ ）に入れて参考値とした．

ドイツ（2003年度）

種別	私立学校数		在学者数	
	実数（校）	比率（%）	実数（人）	比率（%）
学校幼稚園等	171	5.3	3,900	7.3
基礎学校	481	2.8	51,500	1.6
中等教育期間	2,443	10.3	631,000	7.3
大学・高等専門学校	96	28.9	59,400	3.1

（注）ドイツの「学校幼稚園等」は就学義務年齢に達しているが心身上の理由から就学が不適切とみなされる子どものための機関，及び就学義務年齢には達していないが就学が適切とみなされる子どものための早期教育機関の数値．

ロシア（2003年度）

種別	私立学校数		在学者数	
	実数（校）	比率（%）	実数（人）	比率（%）
就学前	—	—	—	—
初等学校・基礎学校・初等中等教育学校	}707	}1.1	}69,000	}0.4
高等教育	392	37.5	267,000	8.1

韓国（2004年度）

種別	私立学校数		在学者数	
	実数（校）	比率（%）	実数（人）	比率（%）
就学前	3,918	47.5	417,800	77.1
初等学校	75	1.2	48,900	1.2
中学校	662	22.5	378,600	19.6
普通・職業高等学校	939	45.1	878,600	50.3
大学・教育大学・大学院	156	80.8	1,632,200	76.4
専門大学	143	90.5	858,800	95.7

（文部科学省『教育指標の国際比較』平成18年版，2006）

X. 生涯学習支援制度

■本章のねらいと構成■

　今日，急激に変化する社会のなかで，それぞれの職業分野で求められる新たな知識・技術を習得するために，増大する余暇において自らの教養・情操を培いかつ心身の健康を保持・増進するために，また地域社会のなかで豊かな人間関係を保持し相互の理解を深めるために，社会教育あるいは広く生涯学習支援制度への需要が，ますます拡大されている．

　人びとが必要に応じ適切かつ豊かな学習の機会が得られるように，社会のさまざまな教育機能を相互の関連性を考慮しつつ，しかも生涯学習の観点から，総合的に体系化するのが生涯学習支援制度の課題である．

　そこで，本章では，これまでの社会教育の概念と特質，歴史を述べるとともに，生涯学習の機会，行財政，施設，職員さらには諸外国の動向等を取り上げることとする．

（1） 社会教育の概念と特質

社会教育の概念　わが国における社会教育の一般的な定義は，学校教育以外の組織的な教育活動であるといえよう．しかし，法制上の規定などによってもその定義は一様ではない（☞ 1 ）．広義にとらえるならば，学校の教育課程によるもの以外の学習活動すべてを総称したものと考えられ，学校教育との境界に位置する専修学校・各種学校から，日常的な行動であるテレビ・ラジオの視聴・聴取までを含むことができる．その一方で，文部省や教育委員会によって組織されるもののみを社会教育活動とする考え方もある．

近年は，社会教育固有の領域を策定するよりは，生涯学習体系の構築という観点から，学校教育，家庭教育との統合によって，人間の生涯にわたる学習機会の提供を図ろうとする傾向がみられる．したがって，スクール・ビジネスやサークル活動，企業内教育，ボランティア活動のように，従来は社会教育の対象とはみなされなかった活動も視野に入れて，考えられるようになってきている．このように多種多様な活動を含むため，社会教育の目的・主体・方法・対象等を一律に確定するわけにはいかない．したがって，さまざまな社会教育活動を類別し，その種類ごとに特性を明らかにしていくことが必要とされる．

社会教育の特質　社会教育の相対的特質は以下のとおりである（☞ 2 ）．
① 学習者は明確な目的，問題意識をもって教育活動に参加する．
② 学習者は強制されるのではなく，自発的に教育活動に参加する．
③ 学習者にとって，社会教育活動は時間的にみると必ずしも日常生活の中心を占めるものではない．社会教育形態はパート・タイムが基本となる．
④ 教育内容の系統性・累積性よりも，むしろその多面性・完結性が重視される．また，学習者の生活と関連し，彼らの要求に基づいて編成される．
⑤ 一つの教育活動においても，学習者の学歴，年齢，生活経験等の属性は多様であり，同質ではない．
⑥ 教育活動の内容は多様であり，学校教育のように制約されない．
⑦ 教育活動組織の主体は特定されず，誰でも社会教育活動を組織できる．
⑧ 教育活動での教育者と被教育者との区別が明確ではない．指導者が存在しない活動や，指導者が学習者から学ぶという現象もある．また，かならずしも指導者が公的資格要件を満たす専門職者である必要はない．　　　（渋谷）

1 社会教育の定義（法令及び審議会答申による）

◇旧教基法　第7条（社会教育）　家庭教育及び勤労の場所その他社会において行われる教育は，国及び地方公共団体によって奨励されなければならない．

◇社教法　第2条　この法律で「社会教育」とは，学校教育法に基き，学校の教育課程として行われる教育活動を除き，主として青少年及び成人に対して行われる組織的な教育活動（体育及びレクリエーションの活動を含む．）をいう．

◇文部省設置法　第2条　この法律の解釈に関しては，次の定義に従うものとする．
　　7「社会教育」とは，公民教育，青少年教育，婦人教育，労働者教育等の社会人に対する教育，生活向上のための職業教育及び科学教育，運動競技，レクリエーション並びに図書館，博物館，公民館等の施設における活動をいう．
　　（注　現行の文部科学省設置法では社会教育の定義は定められていない）

◇社会教育審議会答申『急激な社会構造の変化に対処する社会教育のあり方について』
[1971（昭46）年4月30日]
　「社会教育という概念は……ひとびとの日常生活の中でのあらゆる学習活動に対する教育的配慮として広くとらえる必要がある．」
　「今後の社会教育は，国民の生活のあらゆる機会と場所において行なわれる各種の学習を教育的に高める活動を総称するものとして，広くとらえるべきである．」
　「しかし，社会教育の範囲を広くとらえるといっても，いっさいの学習活動が，即社会教育であるということではない．社会教育の概念には，ひとびとの学習意欲や学習活動とそれらを教育的に高めようとする作用との相互関係が内在することを忘れてはならない．」

2 アンドラゴジー（成人の教育学）とペダゴジー（子どもの教育学）の比較
(Knowles, M.S.)

		ペダゴジー	アンドラゴジー
前提	自己概念	依存性	自己管理性の増大
	経験	あまり価値をもたない	豊かな資源となる
	レディネス	生物学的発達・社会的圧力	社会的役割の発達課題
	時間的パースペクティブ	延期された応用	応用の即時性
	学習へのオリエンテーション	教科中心	問題中心
デザイン要素	雰囲気	権威主義的，形式的，競争的	相互性，尊重，協力，非形式的
	プランニング	教師	相互計画化の機構
	要求の診断	教師	相互的自己診断
	目標の公式化	教師	相互の話し合い
	デザイン	教科内容単元の論理	レディネスや問題単元からの系統性
	活動	伝達技術	経験主義的技術（探求）
	評価	教師	要求の相互的再診断，プログラムの相互的測定

（『新社会教育事典』第一法規，1983，pp.34-36）

（2） 日本の社会教育の歴史

社会教育の前史　社会教育が学校以外の教育活動を指すとするならば，厳密には社会教育は近代学校制度の成立と裏腹に出現したといえる．しかし，それ以前にも，社会教育に相当する活動が存在していたことはいうまでもない．徳川時代には，幕藩体制を維持するためにとられた五人組帳前書や諭達・教諭書などによる民衆教化，村落の若者組や講，石門心学や報徳教の伝播，郷学運動などが存在していた．

通俗教育と教化政策　当初社会教育活動は，大衆を啓蒙する活動を指す「通俗教育」という語が用いられていた．1886（明19）年の文部省官制において「通俗教育」は官用語となり，国民の教化・啓蒙，風俗の矯正のため，各地で開催され通俗教育講談会，教育幻燈会等をその行政対象とした．その後日露戦争を契機として，愛国婦人会（明34）の設立，青年団結成の奨励（明38），中央報徳会（明39）・帝国在郷軍人会・帝国農会（明43）の結成など，教化団体の組織化が推進された．これらの団体は1924年に教化団体連合会として一元化され，のちに中央教化団体連合会となって，1929年からの教化総動員運動を支え，1937年からの国民精神総動員運動によって，国民精神総動員中央連盟に統合された．

通俗教育から社会教育へ　1920（大9）年には府県に社会教育主事が置かれ，1921年には通俗教育が社会教育に改められた．そして，1924年には文部省に社会教育課が誕生し，1929年には社会教育局が新設されるなど，社会教育としての行政機構が次第に整備されてきていた．しかしその一方で，社会教育は教化政策としての国民精神総動員運動の一部に組み込まれてしまった．

戦後教育改革と社会教育　戦後直ちに国民教化体制は一掃され，民主主義啓蒙のため，公民講座，「公民ノ集ヒ」，青年公論会などが開催された．1946（昭21）年には教養の向上，民主主義の実際的訓練，平和主義の振興の拠点として公民館の設置が開始された．そして，1949年には社会教育法，図書館法（1950），博物館法（1951）が制定される．また，戦前には弾圧されあるいは翼賛体制に組み込まれていた青年の共同学習運動や農事研究活動など，民衆が自ら組織する学習運動もかつてない高まりをみせた．このように，民主主義国家の構成員としての主体性を尊重しつつ，すべての国民があらゆる機会，あらゆる場所で学習ができるように積極的に保障することが社会教育の課題とされた．　　（角替・渋谷）

(2) 日本の社会教育の歴史　　163

1　社会教育略年表

1871年	文部省に博物局設置（文部省博物局観覧場開設）
1872年	「学制」頒布．書籍館＜東京＞設立
1873年	集書院＜京都＞設立
1876年	東京博物館（上野）建設
1877年	第1回内国勧業博覧会
1879年	教育令＜書籍館の規定をもつ＞公布
1893年	実業補習学校規程制定
1897年	片山潜，キングスレー館設立
1899年	図書館令公布
1901年	愛国婦人会創立
1907年	第1回文部省美術展覧会開催
1911年	通俗教育調査委員会設置
1918年	臨時教育会議，通俗教育に関し答申
1920年	東京労働講習所等設立
1921年	文部省，通俗教育を社会教育に改称
1924年	教化団体連合会結成．大日本連合青年団結成
1925年	ラジオ放送開始
1926年	木崎無産農民学校（新潟）開設．青年訓練所令公布
1936年	青年学校令公布
1937年	国民精神総動員運動始まる
1941年	大日本青少年団発足
1945年	日本，ポツダム宣言受諾．敗戦
1946年	日本国憲法公布．第1回国民体育大会．「公民館の設置運営について」文部次官通牒
1947年	教育基本法公布
1948年	教育刷新委員会「社会教育振興方策について」建議．教育委員会法公布．文部省，父母と先生の会参考規約発表．
1949年	社会教育法公布．社会教育審議会令公布．通信教育審議会令公布
1950年	図書館法公布．文化財保護法公布
1951年	サンフランシスコ講和条約．児童憲章制定．博物館法公布
1952年	日本PTA全国協議会結成．第1回全国公民館大会開催
1953年	テレビ放送開始．青年学級振興法公布．第1回全国PTA大会開催
1955年	第1回日本母親大会開催
1956年	地方教育行政の組織及び運営に関する法律公布．「青少年の野外活動の奨励について」文部事務次官通達
1957年	社会教育審議会「公民館の充実振興方策について」答申
1958年	中央教育審議会「勤労青少年教育の振興方策について」答申．職業訓練法公布

社会教育略年表つづき

1959年	国立中央青年の家開所．社会教育法の一部改正（社会教育関係団体に対する助成制度の導入等）
1960年	「青年の家の管理運営について」社会教育局長通知．第1回信濃生産大学開講
1961年	スポーツ振興法公布
1962年	社会通信教育規程公布．全国老人クラブ連合結成
1964年	第18回オリンピック東京大会開催．社会教育審議会「大学開放の促進について」報告
1965年	国立社会教育研修所設置．同和対策審議会「同和地区に関する社会的及び経済的諸問題を解決するための基本的方策」を答申
1968年	文化庁設置
1969年	同和対策事業特別措置法公布
1970年	大阪万国博覧会開催．公立少年自然の家施設費国庫補助開始
1971年	社会教育審議会「急激な社会構造の変化に対処する社会教育のあり方について」答申．中央教育審議会「今後における学校教育の総合的な拡充整備のための基本的施策について」答申
1972年	第3回世界成人教育会議を東京で開催
1973年	「公立少年自然の家について」社会教育局長通知
1974年	「放送大学（仮称）の基本構想」まとまる．老人問題懇談会「今後の老人対策について」提言
1975年	国立室戸少年自然の家設置
1976年	専修学校制度発足
1977年	国立婦人教育会館設置
1979年	中央教育審議会「地域社会と文化について」答申
1980年	国立オリンピック記念青少年総合センター設置
1981年	社会教育審議会「青少年の徳性と社会教育」を答申．中央教育審議会「生涯教育について」答申．放送大学学園法公布．放送大学学園設立
1982年	地域改善対策特別措置法公布
	「生涯教育推進事業」に予算措置
1984年	臨時教育審議会設置
	「高齢者の生きがい促進総合事業」開始
1986年	文部省「生涯教育事業調査」実施
1987年	臨時教育審議会最終答申
	「社会教育施設ボランティア活動推進事業」開始
	社会教育主事講習等規程改正
	「教育改革推進大綱」閣議決定
1988年	文部省：社会教育局を改組して生涯学習局を設置
	「フロンティア・アドベンチャー事業」開始
	社会審社会通信教育部会「新しい時代に向けての社会通信教育の在り方」公表
1989年	第1回生涯学習フェスティバル「まなびピア'89」開催
	「長寿学園開設事業」開始

2 通俗教育ニ關スル件

1918（大7）・12・24　臨時教育会議答申

諮問第八號通俗教育ノ改善ニ關シテハ當局者ニ於テ左記ノ各項ヲ實施セラルルノ必要アリト認ム
右及答申候也

1. 朝野關係各方面ノ聯絡ヲ保チテ通俗教育ニ關スル事項ヲ審議スル爲文部省ニ調査會ヲ設置スルコト
2. 通俗教育ニ關スル施設の計畫及實行ノ任ニ當ル爲文部省ニ主任官ヲ置クコト
3. 地方團體及教育會其ノ他ノ公溢盆團體ノ協力ヲ促シ可成各地方ニモ通俗教育ニ關スル主任者ヲ置カシムルコト
4. 通俗教育ノ事ニ當ルヘキ者ヲ養成スル爲相當ノ施設ヲ爲スコト
5. 善良ナル讀物等ノ供給ヲ豊ニスル爲積極的施設ヲ爲シ併セテ出版物ノ取締ニ關シ一層ノ注意ヲ加フルコト
6. 通俗圖書館博物館等ノ發達ヲ促シ之ニ備付クヘキ圖書及陳列品ニ關シ必要ナル注意ヲ怠ラサルコト
7. 通俗講演會ヲ獎勵シ一層適切ナラシムルコト
8. 活動寫眞其ノ他ノ興行物ノ取締ニ關シ全國ニ及ホスヘキ準則ヲ設クルコト
9. 健全ナル和洋ノ音樂ヲ獎勵シ殊ニ俗謠ノ改善ヲ圖ルコト
10. 劇場寄席等ノ改善ヲ圖ルコト
11. 學校外ニ於ケル體育上ノ施設ヲ改善シ其ノ普及ヲ圖ルト共ニ競技ニ伴フ弊害ヲ除クコト

3 公民館の設置の趣旨

一．公民館の趣旨及目的

　これからの日本に最も大切なことは，すべての國民が豊かな文化的教養を身につけ，他人に頼らず自主的に物を考へ平和的協力的に行動する習性を養ふことである．そして之を基礎として盛んに平和的産業を興し，新しい民主日本に生れ變ることである．その爲には教育の普及を何よりも必要とする．わが國の教育は國民學校や青年學校を通して一應どんな田舎にも普及した形ではあるが，今後の國民教育は青少年を對象とするのみでなく，大人も子供も男も女も，産業人も教育者もみんながお互に睦み合ひ導き合つてお互の教養を高めてゆく樣な方法が取られねばならない．公民館は全國の各町村に設置せられ，此處に常時に町村民が打ち集つて談論し讀書し，生活上産業上の指導を受けお互の交友を深める場所である．それは謂はゞ郷土に於ける公民學校，圖書館，博物館，公會堂，町村民集會所，産業指導所などの機能を兼ねた文化教養の機關である．それは亦青年團婦人會などの町村に於ける文化團體の本部ともなり，各團體が相提携して町村振興の底力を生み出す場所でもある．此の施設は上からの命令で設置されるのでなく，眞に町村民の自主的な要望と協力によつて設置せられ，又町村自身の創意と財力によつて維持せられてゆくことが理想である．

(1946（昭21）年7月5日付文部次官通牒（抄））

（3） 生涯学習機会の多様性

生涯学習支援における学習機会の位置づけ　「人々が，生涯のいつでも，自由に学習機会を選択して学ぶことができ，その成果が社会において適切に評価されるような」（☞1）生涯学習社会では，学習機会は学校における児童・生徒・学生のみに対して提供されるものではなく，学校，社会，家庭における乳幼児期から高齢期に至るまでの全ての人々に対して提供されるものである．このような学習機会の提供は，生涯学習支援の一つとして位置づけられる．また，学習機会のみならず，学習資源（☞2）も提供されているため，以下では，学習資源を含めて学習機会等と記述することとする．

学習機会等を提供する際には，例えば，どのようなライフステージ（乳幼児期，少年期，青年期，成人期，高齢期）における学習であるのか，どのような学習方法・形態（集合学習（集団学習，集会学習），個人学習）における学習であるのかを考慮する必要がある．また，学習者の多様な学習ニーズをできるだけ満たせるようなものになっているのか，社会的な課題の解決に資するようなものになっているのかについても検討し，生涯にわたって充実した学習機会等の提供が可能となるように取り組む必要があろう．

学習機会等の提供主体　学習機会等の提供は，教育委員会，首長部局，学校，公民館，図書館，博物館や，学習サークル，NPO，指導者をはじめとする様々な生涯学習関係機関・施設・団体等（以下，生涯学習関係機関等）によって行われている（☞3）．例えば，学校においては，在籍児童・生徒・学生のみならず，地域住民や一般の学習者に対する公開講座が実施されており，公民館，図書館，博物館においては，各種の学級，講座，教室やイベント・行事の開催，施設・設備等の貸出が行われている．また，様々な生涯学習関係機関等によって，eラーニングによる学習機会等提供も行われている．そのような学習機会等提供は，時間的，地理的制約のある学習者にとって，利用しやすいものとなるであろう．

多様な学習機会等提供の仕組み　人々の学習ニーズをできるだけ満たせるような学習機会等提供を行うためには，生涯学習関係機関等が個別に学習機会等提供を行うことに加えて複数の生涯学習関係機関等が連携・協力し，多様な学習機会等提供を行う必要があろう．そのような連携・協力のための仕組み（学習機会等提供のための生涯学習支援ネットワーク）の構築は，生涯学習推進にとって重要な課題の一つである．

（大西）

(3) 生涯学習機会の多様性　　167

1 答申における生涯学習社会についての記述

「今後人々が，生涯のいつでも，自由に学習機会を選択して学ぶことができ，その成果が社会において適切に評価されるような生涯学習社会を築いていくことを目指すべきであると考える．」(生涯学習審議会答申「今後の社会の動向に対応した生涯学習の振興方策について」1992年)

2 学習資源の定義と種類

学習資源の定義

　学習資源は，学習者が学習に用いることのできる資源である．
　学習資源は，社会的資源の一種であり，人的資源，物的資源，文化的資源に分類することができる．

学習資源の種類と具体例

学習資源の種類	具 体 例
人的資源	指導者（講師や助言者等），学習相談員，学習ボランティア，学習仲間
物的資源	生涯学習関係施設・設備，経費，教材・教具， 上記を確保して利用するための経費
文化的資源	学習内容に関する内容情報，学習案内に関する案内情報

(大西麗衣子「3-3　生涯学習支援ネットワークの構築」山本恒夫・浅井経子・渋谷英章編『生涯学習論』文憲堂，2007年，pp.56-57)

3 答申における学習機会等提供に関する記述

学校外活動の充実に向けての課題

　国や地方公共団体によって，家庭教育に関する親の学習機会等の充実のための施策や，青少年教育活動に係る各種事業の推進及び**青少年団体**等の育成，各種社会教育施設等の整備などが図られているが，これらの施策の充実を一層積極的に推進する必要がある．
　今後の活動の促進に当たっては，社会変化によって生じている様々な課題を視野に入れ，子供が今日の社会動向に対する基礎的な興味・関心を養えるよう，活動の新しい視点を工夫することが重要である．
　特に，身近な地域における子供の活動の場の充実・確保，**青少年教育施設**等の整備・充実，地域の青少年団体等の育成・活性化，学校外活動を支援する人材の確保に努める必要があり，また，学校の施設も高機能・多機能化を図り，身近な活動の場として十分活用されるよう整備・充実を図っていくことが望ましい．
［今後の社会の動向に対応した生涯学習の振興方策について　生涯学習審議会答申　平成4 (1992) 年7月］

メディアを活用した家庭教育支援

　こうした施策を進めるに当たっては，これまで家庭教育に関する学習機会に参加したくてもできなかった人々に対する配慮がなされなければならない．特に，共働き家庭が増加していること等を踏まえ，自宅や職場等身近な場所に居ながらにして学習できるような環境を整備する必要がある．このため，家庭教育に関する学習内容その他の情報をテレビ番組等を通じて提供するとともに，近年，家庭においてコンピュータの普及が著しいことを踏まえ，パソコン通信やインターネット等の新しいメディアを通じて豊富に提供していく必要がある．メディアの利用は，特に，過疎地域の家庭教育の充実を図る上でも非常に重要であると考える．
［21世紀を展望した我が国の教育の在り方について(第1次)　中央教育審議会答申　平成8 (1996) 年7月19日］

(井内慶次郎監修，山本恒夫・浅井経子編『生涯学習［答申］ハンドブック―目標・計画づくり，実践への活用―』文憲堂，2004年，p.91, p.93)

(4) 生涯学習の行財政

社会教育行政 人々の生涯学習に対する公的支援は，わが国では社会教育行政を中心に進められてきた．社会教育行政のあり方を規定する社会教育法は，社会教育の本来的な性格を国民の「自己教育」「相互教育」（☞ [1]）に置き，行政の任務をそのための条件整備・環境醸成に限定している（助長行政）．また，住民の生活に身近な市町村に社会教育行政の中心的な役割を担わせるとともに（市町村主義），戦前の指定団体による民衆教化ではなく，施設の整備・運営に重点を置いている（施設主義）．さらに，住民意思を反映するための社会教育委員や公民館運営審議会，専門的技術的な助言と指導を行うための社会教育主事（補）などが制度化されている．

生涯学習推進体制 1984～87年の臨時教育審議会は，生涯学習体系への移行を主軸とする教育体系の再編成の方針を打ち出した．これをうけて当時の文部省は，1988年に社会教育局を生涯学習局（現文部科学省生涯学習政策局）に改組するとともに，1990年には社会教育審議会を廃止し生涯学習審議会を発足させた（現中央教育審議会生涯学習分科会）．一方，都道府県における生涯学習推進体制の確立をうながすため，1990年「生涯学習の振興のための施策の推進体制等の整備に関する法律」（「生涯学習振興法」）を制定した．

現在，すべての都道府県に生涯学習担当部局が設置されるとともに，知事等を本部長とする生涯学習推進本部など，全庁的な連絡調整組織が設けられている（☞ [2]）．施策の推進に際しては，生涯学習推進会議や生涯学習審議会などの議を経た「生涯学習振興計画」（構想）などが策定されている．

社会教育財政 学習活動を支える社会教育費は，社会教育施設・設備費，社会教育活動費，文化財保護費などを内容とし，大部分は地方（とくに市町村）で負担される（☞ [3]）．地方社会教育費の財源は，一般財源（地方税や地方交付税等）と特定財源（国庫補助金や地方債等）に分かれる．任意的性格が強い社会教育費は算出基礎が明確ではなく，地域格差が生まれやすい．一方，近年の財政難に対応するため，社会教育施設の整備に民間資金を活用したり，株式会社やNPOなどに施設の管理運営を代行させる例なども増加している．これら新たな社会教育行財政の手法が，単なるコストダウンにとどまらず，住民の生涯学習権のさらなる保障に結びつくよう，学習者やボランティアをはじめとする住民意思の一層の反映に努めるべきであろう． (猿田)

1 戦後の社会教育観

　社会教育は本来国民の自己教育であり，相互教育であつて，国家が指揮し統制して，国家の力で推進せらるべき性質のものではない．国家の任務は国民の自由な社会教育活動に対する側面からの援助であり，奨励であり，且奉仕であるべきであつて，例えば社会教育関係の団体を統制し，指揮したりするようなことは慎まなければならない．（寺中作雄『社会教育法解説』，1949年）

2 都道府県の生涯学習推進体制の例

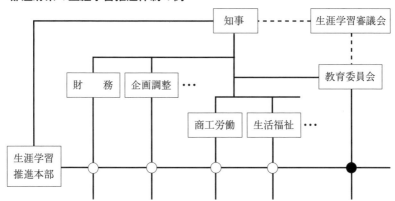

（注）○は推進本部への参加部局，●は主管部局を示す．

3 地方の社会教育費（2003年度）

	都道府県	市町村	計
公民館費	-	304,918,361	304,918,361
図書館費	47,536,085	294,815,492	342,351,577
博物館費	99,194,101	141,840,593	241,034,694
体育施設費	84,977,791	510,792,724	595,770,515
青少年教育施設費	30,021,715	51,960,758	81,982,473
女性教育施設費	243,116	3,224,767	3,467,883
文化会館費	7,682,944	183,803,135	191,486,079
その他の社会教育施設費	23,687,402	148,611,924	172,299,326
教育委員会が行った社会教育活動費	32,000,069	130,572,275	162,572,344
文化財保護費	36,452,344	116,072,857	152,525,201
計	361,795,567	1,886,612,886	2,248,408,453

※単位：千円（『文部科学統計要覧（平成18年版）』より作成）

（5） 生涯学習施設

社会教育（関連）施設　人々の学習・文化活動が行われる場はきわめて多様である．行政が主催ないし認定する社会教育活動に限定しても，通信教育は家庭で，公開講座は学校で，成人教育講座は公民館で，というように学習はいたるところで行われている．これら学習活動が行われる場のうち，政府や法人等が設置する「社会教育の奨励に必要な施設」（社教法3）を社会教育施設と呼ぶ．通常，公民館，図書館，博物館のほか，青年の家や少年自然の家などの青少年教育施設，女性教育会館等の女性教育施設，視聴覚センターなどを指すが，運動広場，体育館などの体育・スポーツ施設を含めることもある（☞ 1 ）．また，文部科学省以外の省庁が福祉，余暇対策，地域開発，まちづくりなど，独自の目的から公共施設を設置する例も多い．これらは学習の場としても重要な役割を果たしていることから，社会教育関連施設と呼ばれることもある．

社会教育施設の特徴　社会教育施設の特徴は以下の諸点に求められる．①公立の図書館では入館料を徴収できないのをはじめ（図書館法17），利用にあたって高額の使用料や受講料は必要とされない．②利用者の制限はなく，「市町村その他一定区域内の住民」（公民館，社教法20）や「一般公衆」（図書館法2，博物館法2）に開かれている．③施設・設備以外に専門職員や指導者などの人的側面が重視されている．その他，公民館では営利事業や政治的・宗教的活動を行うことは禁止されている．

生涯学習（推進）センター　1990年の中央教育審議会答申「生涯学習の基盤整備について」は都道府県の施設として「生涯学習推進センター」の設置を提言している．以後，地域における生涯学習振興の拠点として，様々なセンターが設置されている（☞ 2 ）．センターの中核業務は，学習情報提供・学習相談，学習需要の把握や学習プログラムの開発，学習成果に対する評価，関係機関との連携・協力などであるが，地域の実情に応じた講座を主催する場合も多い．

中教審答申は大学・短大の「生涯学習センター」の設置も提言しており，近年この種のセンターも着実に増加している．国立大学の「生涯学習教育研究センター」や私立大学の「オープン・カレッジ」「エクステンション・センター」などであり，固定の学習者を確保し活発な事業展開を図っているケースも多い．

今後は，社会教育関連，生涯学習関連の施設がネットワークを構築し，相互に情報と資源を共有しながら学習機会を提供することが期待される．　　　（猿田）

1　主な社会教育施設・社会教育関連施設一覧

	所管省庁名	施　設　名
社会教育施設	文部科学省	公民館，図書館，博物館（美術館，動物園，植物園，水族館等）
		青少年教育施設（青年の家，少年自然の家，児童文化センター等）
		女性教育施設（女性教育会館等）
		視聴覚センター・ライブラリー
社会教育関連施設		体育・スポーツ施設（運動広場，体育館，水泳プール，野球場等）
		文化施設（劇場，文化会館，歴史民俗資料館等）
	国土交通省	コミュニティセンター，高齢者コミュニティセンター，離島開発総合センター
	農林水産省	農村環境改善センター，構造改善センター，漁村センター，農村地域定住促進対策に係る多目的集会施設等，山村振興に係る基幹集落センター等
	厚生労働省	老人福祉センター，老人憩いの家，児童館，母子健康センター，市町村保健センター，勤労青少年ホーム，働く婦人の家
	経済産業省	工業再配置促進に係る集会場等，電源立地対策に係る集会場等
	防衛省	コミュニティ供用施設，学習等供用施設

2　都道府県生涯学習推進センターの名称

生涯学習・生涯教育	生涯学習推進センター	北海道，岩手，新潟，山梨，長野，愛知，島根，山口，熊本，沖縄
	生涯学習センター	秋田，山形，茨城，群馬，石川，岐阜，三重，岡山，広島，愛媛，佐賀
	生涯教育センター	兵庫
	生涯学習情報センター	神奈川
	県民生涯学習カレッジ	富山
社会教育	社会教育センター	奈良
	総合社会教育センター	青森
	社会教育総合センター	福岡
その他	総合教育センター	栃木，静岡，徳島
	文化情報センター	大阪，和歌山
	県民活動総合センター	埼玉
	県民交流センター	鹿児島
	生活学習館	福井

※ 2006年7月現在

（6） 生涯学習関係職員

社会教育職員　社会教育関係の行政機関や施設において社会教育の仕事に従事する職員を社会教育職員という．社会教育職員は，① 指導系職員（教育職，研究職等を含む），② 管理系職員（守衛職，技能・労務職），③ その他の事務系職員，に大別される．指導系職員には，教育委員会に置かれる社会教育主事（補），施設職員としての公民館主事，司書（補），学芸員（補）など，さらに非常勤の社会教育指導員，体育施設の指導系職員などが含まれる．これらの職員は，学校教育では教員や指導主事に相当する重要な専門職員といえるが，兼任職員も多く含まれている（とくに公民館職員）（☞ [1]）．また，教育公務員特例法上の「専門的教育職員」に該当するのは社会教育主事のみである．

地域における学習機会の充実を図る上で，社会教育行政の企画・実施を担う社会教育主事の役割が重要である．市町村における社会教育の充実を目的に，「派遣社会教育主事制度」が 1974 年より実施されてきたが，国庫補助の打ち切り（1998 年）や財政事情の悪化などもあり社会教育主事の減少が懸念されている．

社会教育職員の資格，養成・研修　指導系の社会教育職員には高い専門的資質が要求される．社会教育主事，司書および学芸員の資格要件は，法律その他で定められており，大学などの修了・単位取得を基本としつつ，文部科学大臣が大学などに委嘱する講習の受講や学校教育・社会教育関係の職の経験などが求められる（☞ [2]）．社会教育職員の研修は任命権者によるもののほか，文部科学大臣や都道府県でも行われている．

今後求められる資質　近年，人々の学習要求はますます高度化・多様化しているといわれる．生涯学習審議会は「社会の変化に対応した今後の社会教育行政の在り方について」（1998 年）の答申の中で，「生涯学習社会におけるネットワーク型行政の推進」を提言している．それによれば，人々の学習活動を「様々な立場から総合的に支援していく仕組みを構築する」ため，「社会教育行政は生涯学習振興行政の中核として，積極的に連携・ネットワーク化」に努めるべきとされる．社会教育主事や生涯学習（推進）センターの指導系職員には，学校，民間団体，一般行政部局，生涯学習施設，他の地方公共団体などと情報の交流をすすめ，資源を共有するための「ネットワーキング」の能力が求められている．また，情報通信技術（ICT）の活用能力や情報処理能力など，専門職員に必要な資質の中味が大きく変わろうとしている．　　　　　　　　　　　　　　（猿田）

(6) 生涯学習関係職員　173

1　主な社会教育職員の職務および職員数（2002年）

職員名		職務	職員数 専任	職員数 兼任	施設数
社会教育主事		社会教育を行う者に専門的技術的な指導と助言を与える	3,279	653	
社会教育主事補		社会教育主事の職務を助ける	264	87	
公民館	館長	公民館の行う各種の事業の企画実施その他必要な事務を行い，所属職員を監督する	2,250	3,737	17,947
	主事	館長の命を受け，公民館の事業の実施にあたる	6,546	4,259	
図書館	司書	図書館の専門的事務に従事する	2,317	168	2,742
	司書補	司書の職務を助ける	253	12	
博物館	館長	館務を掌理し，所属職員を監督して，博物館の任務の達成に努める	550	284	1,120
	学芸員	博物館資料の収集，保管，展示及び調査研究その他これと関連する事業についての専門的事項をつかさどる	2,921	235	
	学芸員補	学芸員の職務を助ける	309	20	

（文部科学省『文部統計要覧（平成18年版）』より作成）

2　社会教育主事，司書および学芸員の資格

社会教育主事（社教法9の4）	1．①大学に2年以上在学し62単位以上を取得（または高等専門学校の卒業），②社会教育主事補の職など3年以上，③社会教育主事講習の修了 2．①教育職員普通免許状の所持，②文部科学大臣指定の教育に関する職5年以上，③社会教育主事講習の修了 3．①大学に2年以上在学し62単位以上を取得（文部省令で定める社会教育に関する科目の単位を含む），②社会教育主事補の職など1年以上 4．①社会教育主事講習の修了，②社会教育の専門的事項について，前各号に掲げる者に相当する教養・経験があるとの都道府県教育委員会の認定
司書（図書館法5）	1．①大学又は高等専門学校の卒業，②司書講習の修了 2．①大学の卒業，②大学での図書館に関する科目の履修 3．①司書補の経験3年以上，②司書講習の修了
学芸員（博物館法5）	1．①学士の学位の所持，②大学での博物館に関する科目の単位の修得 2．①大学に2年以上在学し62単位以上取得（博物館関係の単位を含む），②学芸員補の職3年以上 3．①前各号に掲げる者と同等以上の学力及び経験を持つとの文部科学大臣の認定

（注）いずれも各号のひとつに該当すれば資格を得ることができる．
　　　ただし，各号に示された条件はすべて満たす必要がある．

（7） 生涯学習成果の評価と活用

生涯学習成果の活用促進　1999年の生涯学習審議会答申は，「学習の成果を生かすための方策」を検討し，行政は「学習機会の提供」ばかりでなく，「生涯学習成果の活用促進」にも力を入れるべきであり，「活用の機会や場の開発」と合わせて「社会的な仕組みの構築」を進めるべきとする．そして，生涯学習成果を「個人のキャリア開発」「ボランティア活動」「地域社会の発展」に生かすため，「生涯学習パスポート」の仕組みを提言している（☞1）．

「生涯学習パスポート」は，学習歴と学習成果の「自己申告書」であり，学習者の「自己評価」を基本とした主体的・自律的な運用を想定している．しかし，その有効性・通用性の確保には，自己評価の認証（学習活動の事実確認とその証明，公示）システムが必要とされるなど，普及・定着のための課題は多い．

生涯学習成果の評価・認証システム　生涯学習成果の評価・認証（認定）システムは，学歴のような一元的なシステムではなく，多様な目的・基準・手続きによる多元的なシステムとして整備されなければならない．たとえば，目的としては「学位取得」（学位志向）や「キャリア開発」（キャリア志向）などがあり，手続きとしても学習内容や評価基準を「事前に」示すもの（課程志向）から，学習成果を「事後的に」評定するもの（認定志向）まで多岐にわたる（☞2）．今後の生涯学習施策においては，学習者が自ら最適な学習機会と評価方法を選択できるような支援を行うことが重要である．

生涯学習体系と生涯学習評価システム　臨時教育審議会第3次答申（1987年）は，「生涯学習体系」を「人間のライフステージ別，発達段階別の学習・教育についてその連続性，適時性，選択性等の諸問題に十分配慮」した「新しい柔軟な教育ネットワーク」と表現している．学習者の能力やニーズの現状を的確に把握するための「評価システム」は，学習組織相互の柔軟かつ円滑な「関係性」を図るためにも重要である．

生涯学習評価システムの構築に際しては，①各学習組織の活動を改善し方向付けるための［形成的評価］（内在的評価），②各学習組織間をつなぎ，職場や地域社会での活用へと橋渡しを行う［事前的評価］（診断・配置）ならびに［総括的評価］（成果把握・認定），③生涯学習体系全体の実態把握を行い，政策的・行政的な改善・方向付けを目的とした［外在的評価］（政策評価・行政評価）など，各サブ・システムの整備と全体の体系化が求められる（☞3）．　（猿田）

1 「生涯学習パスポート」の構想

　これ（生涯学習パスポート）は個人の記録であるから，客観的な記録だけではなく，自己評価や自分自身についての記述を盛り込むことができるようにしておかなければならない．従って，それを例えば学校歴，学校以外の学習活動歴，資格リスト，技能リスト，職歴，ボランティア歴，地域活動歴，自分の進歩についての自己評価，今後の抱負等を記載するファイルとすることが考えられる．その形式はまちまちでもよいが，標準的な様式を作り，各方面でそれを利用してもよいであろう．
（生涯学習審議会答申「学習の成果を幅広く生かす——生涯学習の成果を生かすための方策について」1999 年）

2 生涯学習成果の評価・認定システムの類型

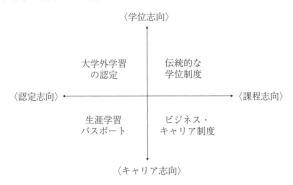

3 「生涯学習評価システム」のイメージ

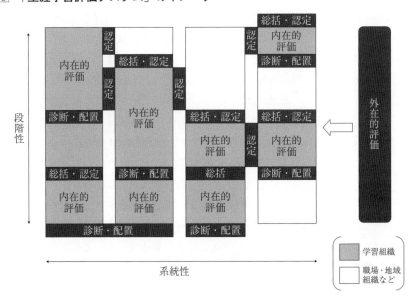

（8） 諸外国の生涯学習支援制度

第三期の大学　（University of the 3rd Age-U3A）　成長して大人になるまでの「第一期」，職場や家庭で中心的な役割を果たす「第二期」，子育てや仕事を終えた「第三期」，死を目前にする「第四期」というように人間の生涯を区分するならば，かつては成人してからの生活のほとんどを第二期として過ごし，その後直ちに第四期を迎えるのが通例であった．ところが，工業・商業人口が増加するにつれ，元気でありながら退職して年金で生活する高齢者の数が増加してきた．そして，この人生の第三期を充実するためのプログラムとして考えられたのが「第三期の大学」である．1968年，フランスで大学は地域住民に教育機会を提供すべきであるという法律が成立し，これを受けて1973年にトゥールーズ社会科学大学が退職者を対象とした老年学の講座を開設したのが「第三期の大学」の始まりである．ヨーロッパ各国，北米諸国にまでこの運動は広がり，1981年までに170以上の機関がこの運動に加盟した．ドイツ，フランスでは高齢者に対する大学の開放として組織化され，例えばドイツでは大学入学資格を必要とせず，高齢者に対する特別な学習相談・オリエンテーション・援助事業を行い，場合によっては授業料割引等の優遇措置を講じる「シニア学習生」プログラムがある．これに対し，イギリスでは大学に依存せず，高齢者の自己学習組織，ボランティア活動組織として発展してきている．

ノンフォーマル教育　（Nonformal Education）　ノンフォーマル教育は，一般には学校以外の組織的教育活動を指すが，1970年代にとくに第3世界諸国の教育戦略として考えられたものである．学校制度だけでは教育の普及に限界があるこれらの諸国では，学校よりも柔軟で，学習者の生活状況や学習条件にむすびついた教育機会の提供が必要とされた．農業普及事業，識字教育，職業技能訓練，保健・家族計画，地域発展計画などと連携し，社会・経済活動の一環として実施されることが多い．学校教育にくらべて，① 学習者の学習要求に応えることを目的とする，② 学校教育では機会が与えられない多様な下位集団を対象とすることができる，③ 教育内容が学習者の生活と密接に関連する，④ 学習者の状況，社会の変化に対応した柔軟な組織形態をとる，⑤ 既存の施設設備，人員を利用することができるため組織するコストの軽減が可能な場合があり，教育以外の財源からも経費を引き出すことができる，などの特徴が考えられる．

1990年からの基礎教育の普遍化の実現という国際的な教育プログラムの展開のなかで，ひとびとの基本的学習ニーズに柔軟に対応するものとして，その重要性が再び高まっている．　　　　　　　　　　　　　　　　　　（渋谷）

1 フランクフルト大学の「第三期の大学」

【高齢者のための学習プログラム】

　フランクフルト大学には1982年以来，シニアのための学習プログラムが用意されている．それは「第三期の人々の大学」という名で設立された．フランクフルト大学の「第三期の大学」は社団法人になっており，正規のプログラムから授業科目を選択することにより事業を行っている．「第三期の大学」は高齢者に以下の機会を与えることを目的としている．

　　　　　――高齢者や高齢に近い人々の問題について学術的に討論する
　　　　　――高齢者に，最新の学術的成果に親しんでもらう
　　　　　――高齢者に，教養を豊かにする機会を与える
　　　　　――高齢者に，ジェロントロジー分野の研究に参加してもらう
　　　　　――学術的な関係を通じて世代間の出会いの場を提供する

【事業内容】

Ⅰ　オリエンテーション（事前講演会，所長講演，市図書館および大学図書館の利用案内，学習相談）

Ⅱ　連続講演会（テーマの例：科学と倫理，経済のグローバル化，地球の生命の諸現象，イスラムの女性，ドイツ再統一の社会的効果，アンギナ・ペクトリスと心筋梗塞，など）

Ⅲ　演習，実習，プロジェクトグループ（入門・オリエンテーション事業，ジェロントロジー，ジェロントロジーの応用，など）

　　　（国立教育会館社会教育研修所『社会教育指導者の手引　高齢社会と学習』平成12年, p.22）

2 インフォーマル教育，フォーマル教育，ノンフォーマル教育の関係

　それが，いかなる場所で，いかなる方法で学ばれるか，また学校教育のなかに見いだされるか否かにかかわらず，教育を学習と同義にとらえる．

①　インフォーマル（informal）教育――すべての人々が日常の経験や環境との接触から，知識・技能・態度・洞察力をこれによって獲得し，増殖させるところの全生涯にわたる学習の過程である．一般に組織化されておらず，しばしば体系化されていない．しかしいかなる人間の全生涯の学習時間のうちでも――極度に「学校化」された人間の学習時間においてでさえ――これは大部分を占めている．

②　フォーマル（formal）教育――高度に制度化され，年齢によって部類分けされ，各部分が段階的に構成された「教育制度」であり，前期初等学校から最上級では大学まで及んでいる．

③　ノンフォーマル（non-formal）教育――フォーマル教育の枠組の外で，子供と同様に大人をも含めた住民の中の特定の下位集団に対して一定の様式の学習を用意する，あらゆる組織化され，体系化された教育活動である．いかなる種類の集団の多様な学習要求にも応え，要求の変化に対応して変化できるように，フォーマル教育よりも非常に多くの柔軟性，融通性，適応性を備えていることが，その特徴である．

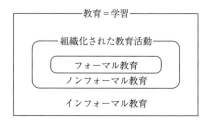

(P.H. Coombs & M.Ahmed : *Attaching Rural Poverty-How Nonformal Education Can Help*, 1974, p.8)

生涯教育と生涯学習

① 生涯教育も，生涯学習と同じように，ある統一的な定義があるわけではない．ここでは，生涯教育を個人，集団，社会の向上のために，生涯を通じての人間的，社会的，職業的な発達を図る営みとしておこう．個人のレベルでいう生涯学習は，個人の側で行われる考え方や行動様式の変容の過程であるのに対し，生涯教育は発達を図るのであるから，その個人に働きかける側の，そのような変容を助ける営みである．

(山本恒夫『21世紀生涯学習への招待』協同出版，2001年，pp.30-31)

② （生涯教育と生涯学習という）両概念の現実の用法にはかなりの混乱があり，両者は相互交換的に使用されることさえある．その場合には両概念は同義語として使用されている．その原因の一つは，学習をサービスの供給者側からみると，同一の過程が「教育」と呼ばれ，その利用者側からみると，それが「学習」と呼ばれるというような安易な論拠に起因している．……しかし，正確には，この2つの視点の間には大きな違いがあり，一方は学習へのサービスを供給することを意味するから「教育」という用語が使用され，他方はその利用者の行動の変化を意味するから「学習」と呼ばれる．／生涯教育と生涯学習という場合にも，事情は同じである．かりに同一の「生涯学習」という用語を使用する場合でも，それを支援する文脈で使用される場合には「生涯教育」を意味し，それが個人における内部的変化を指す場合には，「生涯学習」を意味する．

(池田秀男「生涯教育と生涯学習」『生涯学習事典』東京書籍，1990年，p.13)

③ （1969年の中央教育審議会の『学校教育の総合的な整備拡充』に関する中間報告〔「生涯教育」の概念の公式化〕，1981年の中教審『生涯学習について』〔生涯学習の条件整備としての生涯教育〕，1987年臨時教育審議会最終答申〔生涯学習体系への移行〕など）これらの過程をたどるとき，たしかに生涯教育から生涯学習への志向は認められるが，中教審答申では生涯学習と生涯教育との関連について，また臨教審答申では学習体系と教育体系の用語の使用については，なお明確とはいえない．／その後，生涯学習をめぐる論議，生涯学習体系への移行を図るための施策や試行が展開されつつあるが，「誰のための，何のための生涯学習への移行か」については視点が不明確であり，必ずしもそれをめざす総合的体系的改革論には至っていない．特に，教育の主体と客体，学習の主体と客体との関係において，そのいずれを中心にするかを明らかにする必要がある．今日人間一人ひとりの生涯にわたる学習の機会を保障するような学習社会の到来を求めるならば，おのずから学習の主体である人間を中心とすることとなり，「生涯教育」よりも「生涯学習」に力点をおかざるを得ない．したがって，それが行われる社会的仕組みを「生涯にわたる教育体系」とするよりも「生涯にわたる学習体系」＝「生涯学習体系」とするのが適切となる．／そこで，なによりも学習における主体としての人間一人ひとりの学習権を保障するための生涯学習体系についての基礎的理論の構築が急務であり，しかもそれに基づいて今日における社会状況との対応の中でその具体化への方策を検討しなければならない．

(真野宮雄「生涯学習体系論の課題」『生涯学習体系論』東京書籍，1991年，pp.12-13)

XI. 教育行財政制度

■**本章のねらいと構成**■

　教育行財政制度の歴史・現状および動向は，教育政策の展開と深くかかわり，各国ごとの固有な歴史的・社会的・政治的状況を背景として論争的な問題をつねにはらんでいる．そのなかで，今日，とくに問題となるのは，教育に関する中央の行政権の主導的展開をめぐるものである．本章では，この問題を念頭に置きながら，以下の順序で叙述することとしたい．

①　わが国教育行政制度の歴史的概観
②　わが国中央・地方の教育行政制度の展開と現状
③　わが国の教育行財政をめぐる主要問題
④　教育行財政制度の改革と世界的動向

（1） 教育行政の史的展開

学制と教育行政　1871（明4）年に全国の文政を統轄する文部省が設置された．文部省は翌年「学制」とその趣旨を説明する「被仰出書」を頒布し，その中で，教育行政の構想を示した．それは，フランスを範にした，文部省（督学本局）――大学区（督学局）――中学区（地方官）――小学区（学区取締）という中央集権体制の確立を図るものであった．学区制度は，一般行政区画とは異なる教育独自の行政単位として構想されたが，学校設置・運営の経費負担等を地方負担とするなどの地方への過重な財政負担の設定，現実生活との遊離などから十分な実施は見られなかった．

教育勅語体制下の教育行政　戦前日本の公教育制度は，森有禮文政下での学校制度の確立，一般行政区画の整備に対応する地方教育行政制度の確立，「教育勅語」の発布に至り完成をみた（☞1）．その特質は，① 教育立法を勅令主義とした天皇・枢密院の教育意思の直接反映，② 教育を国の事務とし，学校監督や教員人事などの運営・人的管理を国の，施設整備や給与負担など物的管理を地方の所掌とした点，③ 文部大臣（視学官）――地方長官（府県視学・郡視学）――市町村長（学務委員）――校長・教師という，視学制度を基軸とした集権体制の形成，という3点にある．

戦後教育改革と教育行政　戦後日本の教育行政は，憲法・教基法体制のもと大きな転換が図られた（☞1）．教育行政は，勅令主義を改め法律主義に基づいた教育立法のもとで行われるようになった．また，地方分権の流れの中で，教育行政の機能を，指導，助言，援助を中心とする指導行政へと転換すると共に，教育は地方の固有事務と改められ，教育委員会法の制定により，一般行政から相対的に独立し，地方の教育行政を担う教育委員会制度が発足した．その後，教育委員会制度は地教行法の成立により大きく変更される．地教行法は，教育行政の中立性の確保，教育行政と一般行政の調和，国・都道府県・市町村の連携をその趣旨とし，教育委員の公選制の廃止と教育長の任命承認制の導入や，予算編成権限の首長への一元化などの大きな変革が行われた．地教行法制定における教育行政と一般行政の調和は，教育行政に対する首長の存在と役割を強め，国・都道府県・市町村の連携強化は，教育委員会に対する文部省の影響を強めるものとなった．

分権改革と教育行政　1990年代以降，分権改革が進む中，地教行法下の教育行政は，その集権的・官治的性格が問題とされ，地域に根ざした主体的な教育行政の再構築が求められている．現在，具体的な改革として，地方分権一括法や中教審答申（1998年）に基づき，機関委任事務の廃止，教育長の任命承認制の廃止，県費負担教職員の研修権限の中核市への委譲等が行われている（☞2）．（柳林）

(1) 教育行政の史的展開　　*181*

1 戦前と戦後の教育行政の比較

項　目	戦　　前	戦　　後
教育立法	勅令主義（財政事項につき一部法律主義）	法律主義
教育理念	教育勅語体制 　教学聖旨（1879，明12） 　小学校教員心得（1881，明14） 　諸学校令（1886，明19） 　地方学務通則（1890，明23） 　教育勅語（1890，明23）	教育基本法体制 　日本国憲法（1946，昭21） 　教育基本法（1947，昭22）→ 　　（2006，平18年に改正） 　学校教育法（1947，昭22） 　教育委員会法（1948，昭23）→ 　　地教教育行政の組織及び 　　運営に関する法律（1956，昭31） 　教職員免許法（1949，昭24） 　文部省設置法（1949，昭24）→ 　　文部科学省設置法（1999，平11） 　教育公務員特例法（1949，昭24）
教育事務の諸掌主体	国（中央集権）	地方自治体（地方分権）
地方教育行政機関	府県知事（国の機関，内務省官吏）	教育委員会 （首長から相対的に独立した行政委員会）
文部省権限	指揮監督	指導助言
教育指導・監督制度	視学制度	指導主事制度
教員身分（公立学校）	待遇官吏	地方公務員
教科書制度	国定制度（1903，明36以降）	検定制度
教育課程行政(小学校)	府県知事（教則大綱による）1900（明33）年以降，文部大臣〔小学校令施行規則〕	監督庁（文部科学大臣）〔学習指導要領〕 －都道府県教委〔教育委員会規則〕

（田邊作成を柳林が修正）

2 地方分権一括法以降の教育行政改革

教育委員会制度	教育長の任命承認制の廃止 教育委員定数の弾力化（原則5人，条例により6人又は3人でも可） 教育委員からの教育長の任命 県費負担教職員の研修権限の中核市への委譲 都道府県による市町村立学校の学級編制の認可の事前協議への変更 都道府県教育委員会の事務の一部の市町村教育委員会への委任の廃止 教育委員の構成の多様化 教育委員会会議の原則公開 教育行政に関する相談窓口の明示
機関委任事務の廃止に関する事柄	教科書の発行のための需要数の報告等の法定受託事務化 教員職員の免許状の授与等にかかる手数料規定の廃止 学齢簿の編制，就学校の指定に関わる事務（市町村教育委員会）の自治事務化
国の関与	文部大臣による代執行や調査報告の命令の廃止
社会教育	公民館運営審議会の必置規制の廃止 国庫補助を受ける公立図書館長の司書資格規制の廃止

（2）中央教育行政機構とその問題

国の教育行政機関（☞①）　国の教育行政機関としては，内閣（内閣総理大臣）および文部科学省（文部科学大臣）がある．国の行政権は内閣に属しており（憲法65），内閣総理大臣は行政各部を指揮監督する（同72）．内閣の職権に属する教育行政事務は，教育関係の法案や予算案の国会提出，教育に関する条約の締結，教育に関する政令の制定等である．内閣に直属して，政策を立案・実施するのが諸省庁であり，国の教育行政については，その大部分を文部科学省が担っている．

文部科学省の役割は，① 全国レベルでの教育制度の基本枠組みの制定，② 全国的な基準の設定，③ 地方における教育条件整備の支援，④ 事業の適正な実施のための支援措置，等である．また，文部科学省には，中央教育審議会（☞②），教科用図書検定調査審議会等の審議会が置かれる．これらの審議会は重要事項について調査・審議を行い，文部科学大臣に対して「建議」や「答申」を行う．審議会には民意の反映，専門知識の導入，利害調整といった機能があり，ここでの提言は，教育政策の形成に重要な役割を果たす．しかし一方で，その「御用機関」的性格が問題視されることもある．

文部科学省の任務・所掌事務と組織　文部科学省の任務と所掌事務については，文部科学省設置法に規定されている．同法3条では，文部科学省の任務を，「教育の振興及び生涯学習の推進を中核とした豊かな人間性を備えた創造的な人材の育成，学術，スポーツ及び文化の振興並びに科学技術の総合的な振興を図るとともに，宗教に関する行政事務を適切に行うこと」と規定しており，所掌事務については，同法4条に97項目が列挙されている．また，同省の組織等については文部科学省組織令によって定められている（☞③）．

文部科学省の機構改革と新しい役割　2001（平成13）年の中央省庁再編に伴い，それまでの文部省は，科学技術庁と統合して新たに文部科学省となり，部局や審議会の整理・合理化が図られた（初等中等教育局と教育助成局の統合，国際統括官の設置等）．省庁再編の基本的な目的は，制度疲労をきたした戦後型行政システムから，簡素化，効率化を目指す新たな行政システムへの転換である．これと地方教育制度の見直しが図られたことで，文部科学省の役割は重点化され，政策官庁としての機能が強化された．省庁再編に伴って導入された政策評価制度（各省庁が自らその所掌する政策について評価を行うもの）を生かしながら，説明責任を徹底し，効率的かつ国民本位の質の高い教育行政を実施することが強く求められている．

（藤田（祐））

1 中央レベルにおける教育政策過程

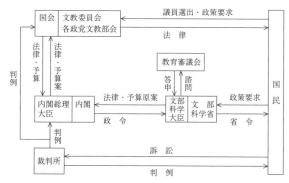

2 中央教育審議会

分科会の名称	主な所掌事務
教育制度分科会	一．豊かな人間性を備えた創造的な人材の育成のための教育改革に関する重要事項 二．地方教育行政に関する制度に関する重要事項
生涯学習分科会	一．生涯学習に係る機会の整備に関する重要事項 二．社会教育の振興に関する重要事項 三．視聴覚教育に関する重要事項
初等中等教育分科会	一．初等中等教育の振興に関する重要事項 二．初等中等教育の基準に関する重要事項 三．教員職員の養成並びに資質の保持及び向上に関する重要事項
大学分科会	大学及び高等専門学校における教育の振興に関する重要事項
スポーツ・青少年分科会	一．学校保護，学校安全及び学校給食に関する重要事項 二．青少年教育の振興に関する重要事項 三．青少年の健全な育成に関する重要事項 四．体力の保持及び増進に関する重要事項 五．スポーツの振興に関する重要事項

3 文部科学省の組織

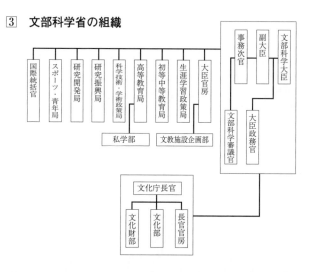

（3）教育委員会制度とその問題点

教育委員会制度の意義　教育委員会制度とは，首長から相対的に独立した行政委員会であり，教育・学術・文化に関する行政を司る合議制の執行機関である教育委員会を設置し，地域の教育問題の解決を図ろうとする仕組みである．教育委員会は，都道府県，市町村，教育関係事務に関する市町村の組合に置かれている．

教育委員会制度の沿革　戦後日本の教育委員会制度は，教育委員会法（1948年）による教育委員会設置から始まる．教育委員会法の制定趣旨は，教育行政の地方分権化，民主化，一般行政からの独立である．その後，① 国，都道府県，市町村の教育行政の一体化，② 教育行政の政治的中立性の確保，③ 教育行政と一般行政との調和を目的として，地方教育行政の組織及び運営に関する法律（1956年）が制定され，委員の公選制の廃止や予算編成権が首長へ一元化されるなど教育委員会制度は大きく変更された．この地教行法下の教育委員会制度は，近年の分権改革の中で，各自治体がおかれている状況に応じた独自の教育行政を自主・自律的に展開しうる仕組みへの転換が求められ，地方分権一括法（1990年）による改革が実施されている（☞ ①）．さらに2000年には，教育改革国民会議の提言を受け，委員の多様化や会議の原則公開，相談窓口設置が義務付けられた．

教育委員会の組織　教育委員会は，原則として5人で組織されるが，条例の定めにより6人（都道府県，指定都市），又は3人（町村）で組織することもでき，委員の内の1人が教育委員長として教育委員会会議を主催する．また，教育委員により委員の中から（教育委員長を除く）教育長が任命され，教育行政に関する専門家として教育委員会会議に出席し助言を行う．この5人の委員からなる委員会が教育委員会であるが，教育行政の執行に当たっては，教育長を長とし，その指揮監督下で教育事務を執行する教育委員会事務局が置かれている．5人の委員からなる委員会を狭義の教育委員会，そして，この5人の委員会と教育委員会事務局とを併せたものを，広義の教育委員会と呼ぶこともある（☞ ②，③）．

教育委員会制度改革の動向　分権改革の中で，教育委員会の廃止論や任意設置論が出されるなど，教育委員会制度は批判的検討にさらされ，制度改革が模索されているが，現在は，現行制度の基本を堅持しつつ，その改善を図ることが改革動向の中心となりつつある．組織・機構面の改善案としては，生涯学習関連事務の首長部局への移管，委員の数や任期，選任方法を自治体の選択制とすることなどが中教審や地方分権改革推進会議等で提示されている．また，役割に関する改善案としては，学校の自律性確保が教育改革の中心的な位置を占めるなかで，自律的な学校への支援体制の強化が強く求められているといえるだろう．（柳林）

1 教育委員会制度の変遷

項目	教育委員会法	旧地教行法	新地教行法
法の目的	教育行政の三原則（民主化，地方分権，一般行政からの独立）の実現	地方公共団体における教育行政の組織・運営に関する基本的事項の確定	→同
委員選出	公選制（住民の直接選挙）	首長が議会の同意を得て任命	→同
委員の資格条件	常勤職との兼職禁止（但し，委員の一人は地方議員）	常勤職との兼業禁止（但し，市町村教育委員の一人は教育長），人格要件，所属政党人数の制限	→同
委員定数	都道府県7人，市町村は5人	5人（町村は3人も可）	5人（都道府県・指定都市は6人，町村では3人も可）
教育長の任命	当該教育委員会による任命	当該教育委員会による任命と，それに対する上級機関の承認によって定まる	当該教育委員の委員（委員長を除く）の内から，教育委員が任命（上級機関の承認は必要なし）
指導主事	指導と助言（命令・監督禁止）	上司の命令をうけ事務に従事	→同
教育委員会の権限	教育事務の管理・執行，予算原案・条例原案送付権，予算支出命令権	教育事務の管理・執行のみ（教育財政権限は首長に一元化，意見具申のみ可能） 都道府県教委は，その事務の一部を市町村教委に委任することができる 都道府県教委は，市町村立の学校の組織編成，教育課程，教材の取り扱い等の基本的事項を，教育委員会規則で基準を設けることができる	→同 ＊都道府県教委の事務の市町村教委への委任は廃止 ＊都道府県教委はその教育委員会規則で市町村立学校の組織編成，教育課程，教材の取り扱い等の基本的事項の基準を決めることはできない
県費負担教職員の任命と服務	市町村教委	都道府県教委が市町村教委の内申をまって任命（内申には校長の意見具申を添付） 都道府県教委は市町村教委の行う服務に関する監督に対して，一般的指示ができる	→同 ＊都道府県教委は市町村教委の行う服務に関する監督に対して，技術的な基準を設けられる
文部大臣と教育委員会相互の関係	技術的・専門的な助言指導（行政上・運営上の指揮監督は禁止）	教員の服務監督・職階制・研修・勤務評定の指示・計画，指導・助言・援助，基準設定，措置要求	＊指導・助言・援助は行うことができるに改正（旧教行法は行うこととされていた）

註・→同は，特に大きな変更点がないことを示している．
・＊は，「地方分権の推進を図るための関係法律の整備に関する法律」（1999年）による改革における変更点を示している．

2 現行教育委員会の組織と権限

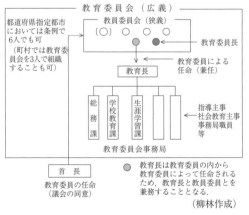

学校教育の振興	学校の設置管理 教職員の人事及び研修 児童・生徒の就学及び学校の組織編制 校舎等の施設・設備の整備 教科書その他の教材の取扱いに関する事務の処理
生涯学習・社会教育の振興	生涯学習・社会教育事業の実施 公民館，図書館，博物館等の設置管理 社会教育関係団体等に対する指導，助言，援助
芸術文化の振興，文化財の保護	文化財の保存，活用 文化施設の設置運営 文化事業の実施
スポーツの振興	指導者の育成，確保 体育館，陸上競技場等施設の設置運営 スポーツ事業の実施 スポーツ情報の提供

（柳林作成）

3 教育委員会の設置状況（2005年5月1日現在：教育行政調査（平成17年）より）

	都道府県	市町村等	市	特別区	町	村	組合・共同＊	広域連合
教育委員会数	47	2524	740	23	1293	332	136	−

＊全部教育事務組合，共同設置，一部事務組合を含む

（4）指導行政

指導行政とは　「指導行政」という場合，いわば「作用としての」指導行政と「領域としての」指導行政，という二つの用法があり，これらを区別する必要がある．

　「作用としての」指導行政とは，強制的な指揮・命令・監督でなく，非強制的な指導・助言・援助に重点を置く教育行政の作用を意味している．それは，通説的には，教育行政機関相互（文部科学省と教育委員会，都道府県教育委員会と市町村教育委員会）の関係と，教育委員会と学校の関係を包括した概念であり，戦後日本の教育行政の基本原理であると説明されることが多い（☞ 1 ）．（だが，教育行政機関相互の関係の基本原理としての指導助言関係と，学校の自主性を尊重する必要から生じる行動原理としての教育委員会による指導助言は，本来，区別する必要がある．）

　一方，「領域としての」指導行政とは，教育委員会が学校に対して，その組織的能力を高めるために行う，専門的事項についての指導・助言に関わる活動領域（内容）のことである．端的には，後述する指導主事の職務活動を意味している．

指導主事制度　指導主事とは，教育委員会事務局に属し，「上司の命を受け，学校における教育課程，学習指導その他学校教育に関する専門的事項の指導に関する事務に従事」（地方教育行政法19③）する専門的教育職員である．教育委員会と学校の接点に位置し，指導行政を担う中核的存在として，学校訪問（要請訪問，計画訪問），教員研修の実施，カリキュラム開発，情報の収集・提供，各種会議への出席，各種文書・資料の作成などの業務に携わる．指導主事制度は，戦前の権威主義的な視学制度への歴史的反省に基づいて，戦後，それに代わって発足したものである．

指導行政の課題　以下では，学校を支援し，その自主性・自律性の確立と教育力向上を図るという観点から，「領域としての」指導行政を充実させるための課題をいくつか挙げておきたい．① 指導主事の配置の拡充．市町村，特に町村の教育委員会においては配置が不十分な状況にある（☞ 2 ）．② 指導主事の専門性の向上．広い視野や豊富な情報をもち，自己研鑽に努める指導主事が求められている．③「上位下達」的，形式的，前例主義的な指導助言の在り方の改善．学校が抱える問題に真摯に対応し，学校が真に必要とする情報を適切に提供するなど，学校の良きパートナーという立場で指導助言を行うことが大切である．④ 教育センター等，研修機関の機能の充実．学校が適時に有益な情報（授業実践の先進的取組など）を入手・活用できるような仕組みが，今日，特に重要になっている．

（藤田（祐））

(4) 指導行政

1 指導行政の重視

「教育行政の重点は…監督による違反の是正よりも，いかにして充実したよりよき教育を行うかに向けられなければならないだろう．即ち，指導，助言，援助等の非権力的作用にこそ，教育行政の最も大切な仕事があるというべきである．

…地方自治の尊重という点から見ても，又市町村自体が教育の運営を行うという点から考えても，文部大臣，都道府県の教育委員会，市町村の教育委員会の関係は教育事業を営むものの主体性を尊重した指導，助言，援助の関係になることは，蓋し当然というべきであろう．全国の市町村において，津々浦々の学校において営まれる教育に主体性がなく，それが全て命令監督の下に機械的に行われるということは，ありうべからざるところであり，又決して国民の教育の振興発達を期するゆえんではありえない．／教育及び教育行政にあっては，指導，助言，援助という非権力的作用を中心として，その運営を行うべきものである．」
(出典：木田宏『改訂　逐条解説・地方教育行政の組織及び運営に関する法律』第一法規，1962年，8～9頁)

2 市町村教育委員会における指導主事の配置状況

区　　分	教育委員会数	指導主事・充て指導主事を置く教育委員会	
		配置率 (単位はパーセント)	配置教委当たり平均人数 (単位は人)
総数	2,524	44.1	4.4
50万人以上	31	100.0	28.6
30万人以上50万人未満	47	100.0	15.7
10万人以上30万人未満	179	97.2	7.8
5万人以上10万人未満	258	82.2	4.2
3万人以上5万人未満	276	67.8	2.4
1.5万人以上3万人未満	413	43.3	1.5
8千人以上1.5万人未満	466	29.0	1.1
5千人以上8千人未満	324	24.4	1.1
5千人未満	394	15.5	1.2
全部教育事務組合	—	—	—
一部教育事務組合	132	3.0	4.5
共同設置教育委員会	4	75.0	3.0
広域連合教育委員会	—	—	—
(参考) 平成15年度総数	3,365	34.4	4.1

(出典：文部科学省「平成17年度教育行政調査」)

（5） 教育内容行政とその問題

教育内容行政とは　教育内容行政とは，教育行政のうち，初等中等段階の学校の教育内容に関わる領域を対象とするものであり，教育課程行政（教育課程の基準設定，教育課程の編成・実施に対する指導・助言等）と教科書行政（教科書の検定・採択等）の二つに大別される．教育課程の編成は，文部科学省が国の教育課程の基準として学習指導要領を作成し，これに基づいて各学校が独自に行うという仕組みになっている．そして，教育課程の適切な編成・実施のために，各学校に対して指導助言を行うのが教育委員会である．これまで，この指導助言の在り方が，形式的あるいは「上意下達」的であるといった問題点がしばしば指摘されてきた．学校の教育課程上の諸問題に対しては，学校の自主性・自律性を高める観点から，その創意工夫を支援しようとする教育委員会の姿勢が求められている．

学習指導要領　学習指導要領が作成されるのは，それが教師の教育活動の指針となるとともに，教育の機会均等の保障や全国的な一定の教育水準の維持を図るためである．学習指導要領は，1947（昭和22）年に「試案」として作成されて以来，社会情勢の変化等に伴って約10年に一回の間隔で改訂されてきた（☞ ①）．1958（昭和33）年に「告示」という公示形式がとられ，以後，行政解釈によれば，それは法的拘束力を持つとされているが，学テ裁判や伝習館高校事件など，その法的性格をめぐって争われたケースもある．これについて最高裁判所は，「国家は必要かつ相当と認められる範囲において，教育内容についても決定する権能を有する」（学テ事件判決）と述べた上で，学習指導要領の法的拘束力を是認している．

教科書制度　教科書は法令上，「教科の主たる教材」であり，文部科学省検定済教科書又は文部科学省著作教科書の2種類がある（教科書発行法2）．戦後日本の教科書制度は，教育の中立性確保等の観点から，小・中・高等学校を通じて検定制が採用されており，これらの学校においては教科書の使用義務がある（学校法34①他）．義務教育諸学校で使用される教科書は国の負担により無償給与されている（教科書無償措置法）．また，教科書採択は，公立学校については所管の教育委員会，国・私立学校については校長が行う（☞ ②）．検定や採択をめぐっては，これまでに種々の論争が展開されており（家永教科書裁判，歴史教科書問題等），その仕組みの不透明さ等が問題点として指摘されてきた．今後，検定手続きや採択の一層の透明化を図っていくことが求められる．　　　（藤田（祐））

（5） 教育内容行政とその問題　189

1　学習指導要領の改訂経過

昭和22.3.20	小・中・高等学校学習指導要領（試案）一般編発行　→　22.4 実施
昭和22.4.7	通達「新制高等学校の教科課程に関する件」
昭和26.7.10	小・中・高等学校学習指導要領（試案）一般編発行
昭和30.12	小・中学校学習指導要領社会科編改訂
昭和30.12.5	高等学校学習指導要領発行　→　31.4 実施
昭和33.10.1	小・中学校学習指導要領告示　→　小36.4 実施. 中37.4 実施
昭和35.10.15	高等学校学習指導要領告示　→　38.4 学年進行により実施

昭和43.7.11	小学校学習指導要領告示　→　46.4 実施
昭和44.4.14	中学校学習指導要領告示　→　47.4 実施
昭和45.10.15	高等学校学習指導要領告示　→　48.4 学年進行により実施

| 昭和52.7.23 | 小・中学校学習指導要領告示　→　小55.4 実施. 中56.4 実施 |
| 昭和53.8 | 高等学校学習指導要領告示　→　57.4 学年進行により実施 |

| 平成元3.15 | 小・中・高等学校学習指導要領告示
　→　小4.4 実施. 中5.4 実施. 高6.4 学年進行により実施 |

平成10.12.14	小・中学校学習指導要領告示　→　小・中14.4 実施
平成11.3.29	高等学校学習指導要領　→　15.4 学年進行により実施
平成15.12.26	小・中・高等学校学習指導要領一部改訂

（出典：佐藤順一編著『現代教育制度』学文社，2004 年，p.133）

2　教科書採択の仕組み

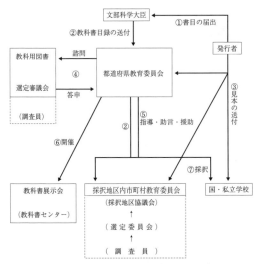

（出典：文部科学省『教科書制度の概要』2005年）

（6） 教育財政制度とその問題

教育財政と負担構造の変遷　教育財政とは，国または地方自治体が教育目的の達成のために必要な財源を確保するとともに，公教育費を配分し，管理することをいう．今日の日本においては，教育費負担法1条の規定等に見られるように，国民の「教育を受ける権利」を保障するための公経済と意味づけることが可能であろう．教育財政度に関しては，歴史的には大まかにいえば次の3つの発展段階，① 自己負担から公費負担へ，② 公費負担が設置者負担から国庫補助・負担（国庫支出）へ，③ 国庫支出が補助金制度から財政調整制度へ，を認めることができる．

受益者負担主義の原則　教育の義務制化は必ずしも無償化を意味しておらず，有償制により義務教育を開始する国も多い．日本も，学制（1872年）では，受益者負担原則がとられていた．その後，小学校令（1890年）の授業料不徴収原則により設置者負担原則が確立され，これは現行の学校教育法5条後段の規定まで一貫している．

設置者負担主義の原則　設置者負担主義原則は，国，地方自治体，学校法人がそれぞれ設置する学校の経費を自己負担するという原則である．しかし，設置者負担主義原則には，① 国と地方の税制上の配分＝財源が所掌事務に要する歳出の割合と比べて不均衡な垂直的格差，② 産業構造の地域的不均衡に基づく水平的格差，③ 学校制度の公私二元体制による公私間格差等，様々な財政格差から生じる問題が指摘されうる．このため実際には教育財源の保障を目的とした「学校経費負担の特例」が多数設けられざるをえない．

財政調整制度と問題点　上記の格差是正のため，① 垂直的調整制度としての国庫負担金・補助金制度，② 水平的調整制度としての地方交付税制度，が実施されてきた．また，公私間格差に対しては1970年以降私学の「公共性」の観点から私学助成制度が拡充されている（☞ ①，②，③）．地方財政調整制度の問題点として，① 補助金制度には，地方財政間の格差にもかかわらず一律に交付され，応分の地方負担が義務づけられるため，補助事業への過重負担を逆に助長する懸念もある，② 交付税制度には，交付金が一定基準に基づき一括して地方財源に繰り込まれ使途の指定はなく，算定基準が「必要最低基準」の確保というレベルにとどまり，単位費用の見積りも低いなど，改善すべき課題が残る．

近年の動向　近年，分権改革の一環として義務教育費国庫負担制度改革が行われている．総額裁量制（国庫負担金の総額内で，給与額や教職員配置に関する地方裁量の拡大）の導入（2004年）と国庫負担額の1/2から1/3への変更（2006年）である．弾力的な学級編制や教員配置など，地域の実情に応じた教育の実現が期待されているが，教育に関する地域間格差の拡大が懸念されている．　（田邊・柳林）

(6) 教育財政制度とその問題　*191*

1 文部科学省の予算（平成16年度）

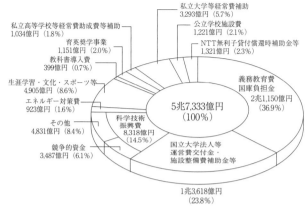

※「義務教育費国庫負担金」は，義務教育無償の原則に基づき，国にが公立義務諸学校の教員の給与費等の1/2を負担しているものである（平成18年度から1/3負担）。
（出典：平成17年度文部科学白書より (http://www.mext.go.jp/b_menu/hakusho/html/hpba200501/021.pdf)）

2 公立小・中学校における国庫負担金・補助金財政負担

施　設　費	設　備　費	そ　の　他
公立文教施設 　校舎・体育館新増設　1/2 　校舎・体育館改築　1/3 学校給食施設設備費　1/2 学校体育施設設備費　1/3 中学校セミナーハウス設備費 　　　　　　　　　　　1/3 へき地集会室・寄宿舎　1/2 へき地教員宿舎　1/2 公立文教施設災害復興　2/3	理科教育等設備整備費 　　　　　　　　　1/2 学校給食設備整備費 　　　　　　　　　1/2 特殊学級設備整備費 　　　　　　　　　1/2	義務教育費国庫負担金 （教職員給与費　1/2 　　　（平成18年度から1/3）） 要・準保護児童生徒就学援助費　1/2 へき地児童生徒援助費　1/2 児童生徒健康増進事業　1/3 教員研修事業費 　初任者研修非常勤講師配置　1/2 　学級運営改善等非常勤講師配置 　　　　　　　　　　　　　1/3

3 財源別・支出項目別地方教育費総額の推移

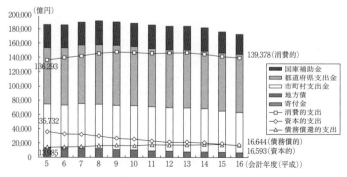

（地方教育費調査（平成5年～17年）をもとに柳林が作成）

（7） 規制緩和と教育行政改革

規制緩和と何か　教育行政における規制緩和とは，公教育におけるさまざまな政府規制を撤廃も含めて緩和し，公教育に新たな活力をとりもどそうとする政策であり，公教育に関わる当事者間の責任と権限の在り方を再検討することにもつながる．端的にいえば，文科省と教委との間では，教委の自主独立性を，文科省・教委と学校との間では，学校の自主・自律＝自由裁量を，教委・学校と親・住民との間では，親の学校選択の自由や住民の学校設置の自由をそれぞれ尊重する方向において公教育の組織化をめぐる責任と権限を再配分しようとすることである．問われているのは，公教育の組織化＝子どもの成長発達と学習の保障には，誰がどんな責任と権限をもつのがよいのかということであり，教育の機会均等と教育水準の維持を志向する，これまでの公教育システム自体の必要性と存続可能性の再検討も含めて，文科省の役割をどうするのか，教委の主体的な政策選択にどこまでゆだねるか，教育サービスのどの部分を学校現場の自己責任にまかせるのか，子どもの教育に関わる親の自己決定をどこまで許容し，教育サービスの民間委託や民営化はどこまで認めるべきか，といった問題が含まれる．

教育特区の取り組み　こうした問題への対応として構造改革特別区域制度の一環である教育特区の取り組みが行われている．教育特区とは構造改革特別区域法に基づいて，自治体のイニシアチブにより提案・申請・認定された，規制の特例措置のもとで新たな教育事業を展開することを許可された区域のことである（☞①，②，③）．規制の中には全国一律で時代の要請する教育の実現を制約しているものや非効率をもたらしているものが多いが，全国一斉に規制を緩和すると問題が生ずることもあるため，地域を限定して実験的に規制緩和を試行し，その効果や弊害を実地に評価した上で，効果があるものや問題のないものについて，規制緩和の全国展開とするわけである．教育特区は，教育行政における「規制緩和の実験場」としての意味を持っている．

第9回認定（平成18年3月）までに129件（幼保関連を含めると171件）の教育特区が認定され，小・中・高一貫教育，学習指導要領によらない教育課程の編成・実施，株式会社やNPOによる学校設置等の事業が展開されている．少人数指導のために特区事業として始められた市町村費負担教職員任用事業は全国展開され，教育特区ではなくなった（☞④）．　　　　　　　　　　　　　　（堀）

1 構造改革特別区域法　第1条

　この法律は，地方公共団体の自発性を最大限に尊重した構造改革特別区域を設定し，当該地域の特性に応じた規制の特例措置の適用を受けて地方公共団体が特定の事業を実施し又はその実施を促進することにより，教育，物流，研究開発，農業，社会福祉その他の分野における経済社会の構造改革を推進するとともに地域の活性化を図り，もって国民生活の向上及び国民経済の発展に寄与することを目的とする

2 構造改革特別区域制度の基本理念

「知恵と工夫の競争による地域の活性化」
- 国があらかじめモデルを示すのではなく，自立した地方が自らのアイデアでお互い競争する
- 「規制は全国一律でなければならない」という考えから「地域の特性に応じた規制を認める」という考えに転換する
- 「自助と自立の精神」の尊重
- 規制の特例措置を導入することにより，構造特区の内外で弊害が発生する可能性がある場合，これを防止するための措置は地方公共団体が自ら講ずる
- 従来型の財政措置は講じない（ただし，既存の予算措置との組み合わせはできる）

3 構造改革特別区域制度の仕組み－提案から認定まで－

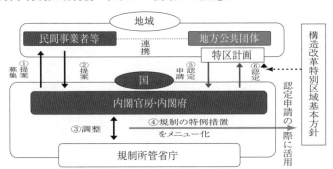

（宮城県地域振興課作成資料／www.pref.miyagi.jp/tisin/saisei_toc/top/02_07.pdf）

4 構造改革特別区域（教育分野）の事例

　小中高一貫教育　　小中一貫教育　東京都品川区，熊本県富合町（3・4・2制）
　小中高一貫教育　　群馬県太田市
　学習指導要領の弾力化　　小学校からの英語・英会話　東京都杉並区，沖縄県宜野湾市，
　　　　　　　　　　　　　　　　　　　　　　　　　　千葉県成田市，埼玉県狭山市
　　　　　　　　　　小学校からの韓国語　長崎県新魚目町
　　　　　　　　　　小学校からの中国語　高知市
　少人数学級　　20人学級　広島県三次市，北海道清水市
　　　　　　　　30人学級　愛知県犬山市，埼玉県北本市，行田市，大阪府箕面市
　　　　　　　　35人学級　京都市
　不登校対応　　不登校児対象の小中一貫校　東京都八王子市
　　　　　　　　地域学習拠点校（サテライト）　京都市
　民間企業・NPOによる学校経営　朝日塾中学校　岡山県岡山市（株式会社立学校）
　　　　　　　　　　　　　　　　　フリースクール　神奈川県（NPO立学校）

（8） 教育行政制度改革の世界的動向

教育改革の世界的潮流　1980年代以降，国際的な経済競争の激化や，情報化，国際化の進展などの，地球規模での社会・経済の急速な変化を背景に，アメリカやヨーロッパ諸国を中心に，経済発展を支える多様で質の高い人材を得るための教育改革の取り組みが次々に起こり，世界的潮流となっている．こうした教育水準向上のための教育改革は，学力向上のために学校の自主的な改善を促すことや，多様な人材を育成するために学校の多様化・個性化を進めることを目的とした，地方分権・規制緩和を原理とする教育行政制度改革につながっている．

中央政府の役割の転換　教育行政制度における地方分権・規制緩和とは，中央政府から地方政府への権限委譲，教育行政機関から学校への権限委譲，学校教育サービスへの民間活力の導入などである．しかしながらこれは，中央政府の役割の縮小を意味するというよりは，中央—地方関係の再編であるといえよう．

フランスでは，1982年の地方分権化基本法の制定から始まる地方分権改革により，これまでの中央集権的教育行政による介入主義への反省から，地方自治体への外的事項に関する権限委譲，各学校が作る「学校教育計画」に基づく自律的な学校運営の推進が進められた．初等中等教育段階の教育課程の基準設定や教員の任免・給与は国民教育省の管轄のままにされたという点からすると，その中央集権的性格は残されるが，国民教育総視学の任務が「監督」から「評価」へ変更されるといった改革からは，中央政府による統制の縮小と，調整者的役割の重視という方向へのシフトも進められていることもまた見てとれる．

また，アメリカやイギリスでは，教育行政の上位機関が，行き過ぎた市場主義によって生じた学校間格差を是正する措置をとったり，各学校が自律的に学校改善を進めていけるだけの権限とリソースの形成を支援するという改革動向が見られる．こうした動きは，アメリカにおいては教育改革の「第三の波」，イギリスにおいては「第三の道」（ブレア政権が提唱）と呼ばれており，自律的学校経営（SBM）政策の導入によって，学校への大幅な権限委譲を行いつつ，他方で「教育スタンダード」の設定や学校の組織能力の構築に教育行政機関が積極的にかかわるという形態をとっている．これはいわば，トップダウンによる改革のメリットとボトムアップによる改革のメリットを組み合わせて改革をすすめる戦略である．

中央政府・地方政府・学校の役割の再定義　こうした一連の取り組みから見えてくることは，中央政府・地方政府・学校の三者間で，権限と責任に関する役割分担の再定義が進行しているという動きである．いわば，各国が抱える特有の状況の中で集権化と分権化のバランスの調整が改革の中心にあるといえよう．

（戸室）

1 諸外国における教育行政制度改革

	アメリカ合衆国	イギリス	フランス
背景	・国際競争力低下への憂慮 ・国際情勢の変化（共産主義の崩壊など）に対する危機感 ・学校の荒廃 ・学力低下	・社会経済の停滞からの脱却 ・国際競争力の創出 ・国民・産業のニーズに対応した教育への展望 ・学力低下	・1970年代半ばより不況・失業問題の深刻化 ・欧州統合の進展 ・基礎学力の不足 ・職業資格未取得での離学
経緯	・1983年「危機に立つ国家」 ・1994年連邦の教育改革法「2000年の目標」制定 ・2002年改正初等中等教育法(No Child left Behind Act of 2001) 制定	・1988年教育改革法制定 ・1997年ブレア労働党政権誕生 ・1998年教育の水準と枠組みに関する法律制定 ・2001年成果の達成，2006年への戦略	・1988年第2次ミッテラン社会党政権，教育を最優先課題に ・1989年新教育基本法（ジョスパン法）制定 ・1994年教育改革指針「学校改革のための新しい契約」
目標	・学力の底上げ ・教育の質の維持・向上	・経済発展に役立つ人材の養成 ・教育水準の向上	・教育水準の向上 ・後期中等教育後の機会の拡大
原則・手法	・教育内容や学力に関する共通の目標・基準の設定 ・アカウンタビリティの設定 ・規制緩和，各学校の裁量の拡大 ・自律的学校経営政策の導入	・教育の内容や学力に関する共通の目標・基準の設定 ・アカウンタビリティの設定 ・自律的学校経営政策の導入 ・民間活力の導入	・学力の多様化に応じた教育の多様化・弾力化 ・地方分権の推進，各学校・地方の裁量権の拡大
初等中等教育	・「教育スタンダード」（教育内容や学力の基準）の導入 ・学力テストの実施と結果の公表 ・学校選択制度の実施 ・チャータースクール	・「全国共通カリキュラム」の導入と全国テストの実施 ・学校別全国成績一覧表の公表 ・親の学校選択の拡大 ・自主的学校運営の推進と学校監査の導入	・子どもの学力の多様化への対応（教育課程の弾力化，個別指導の導入） ・外国語教育の充実 ・普通教育，技術教育，職業教育の各コース間の学力格差の是正

2 諸外国の教育目標

〈アメリカ〉ブッシュ大統領の教育改革指針（2001年1月23日公表）
　○アカウンタビリティと高いスタンダード／毎年の学力評価／官僚的な取扱いの縮減・州や学区の裁量の拡大
　○学力格差の縮小達成への報奨／州にアカウンタビリティ・ボーナス／「一人も落ちこぼれを作らない」賞の学校への授与／州の失敗に対する措置
　○親に対する学校報告書／チャータースクール／革新的な学校選択プログラムとその研究

〈イギリス〉2001年「教育と技能：成果の達成，2006年への戦略」
　○子どもたちに質の高い教育のスタートを与え，将来の学習の基礎を作る
　　2002年：すべての3歳児に無償保育を保障／2002年の目標として掲げた初等教育終了時（11歳）の全国共通テストで達成すべき水準を拡大
　○すべての若者が人生と労働に必要な技能・知識・人格を身に付ける
　　2003年：K3修了時（14歳）においてレベル5を，英語，数学，ICT（情報技術）で75％，理科で70％が達成
　　2004年：2002-2004年でGCSEを「優秀」で5教科以上を取得する割合を4％高める／問題校となる中等学校を減らす
　　2005年：ビーコン・スクールとシティ・アカデミーを増やす／水準を満たす全ての希望者に職業訓練を与える
　　2006年：K3修了時（14歳）において，レベル5以上を英語・数学・ICTで85％，理科で80％が達成

〈フランス〉1989年教育基本法（ジョスパン法）
　○教育課程における学習期ごとに習得すべき基本知識・学習方法の全国的基準の策定
　○小学校，コレージュ，リセにおける学校教育計画の作成
　○国民教育総視学官による，県，大学区，地域圏および全国の評価

（http://www.mext.go.jp/b_menu/shingi/chukyo/chukyo0/gijiroku/001/020301.htm の諸資料をもとに戸室が加筆修正）

義務教育費国庫負担制度

制度の趣旨 義務教育費国庫負担制度とは，義務教育費国庫負担法に基づき，義務教育の無償・教育の機会均等とその水準の維持向上を目的に，公立の義務教育諸学校の教員給与等について，都道府県の実支出額の2分の1（2006年度から1/3）を国が負担するというものである．地域間の教育機会の均等に関する国の責任を明文化した規定としては唯一のものといってよい．

義務教育費国庫負担制度の変遷

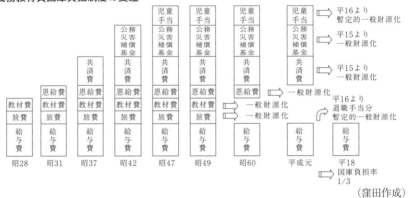

（窪田作成）

義務教育費国庫負担制度改革の概要―総額裁量制の導入（2004年～）

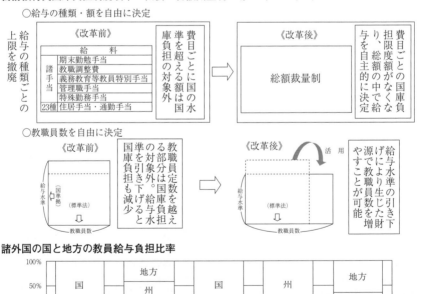

（出典：http://www.mext.go.jp/a_menu/shotou/gimukyoiku/outline/001.htm）

（柳林・戸室）

XII. 学校経営組織

■**本章のねらいと構成**■

　トータル・システムとしての学校は，その教育目標の効果的な達成を目指して組織的な活動を展開している．学校経営は広い意味で，教育活動の条件整備の役割を果たすが，一面，教育のあり方を規制する．本章では，

① 学校経営論の展開を系譜的に整理し，時代の教育思潮と学校経営論との関連を理解する．

② 学校組織の基本構造を，運営組織・教育組織・事務組織の3面からとらえる．

③ 学校経営の中核的機能を果たす校長・教頭・主任，職員会議等の役割を理解し，親や生徒の経営参加の意義を検討する．

④ 学年・学級制を基本とした教授組織の改革の方向を考える．

⑤ 生徒指導組織を中心に，生徒指導に対する学校の取組みを理解する．

(1) 学校経営論の展開

直訳流「学校管理法」から自前の学校管理法へ　「学制」発布以来，翻訳刊行された多くの外国教科書のなかには「学校管理法」と題するものも少なくないが，その内容は，ヘルバルト学派のいう「管理」(Regierung) との混同もあって，かならずしも現在の学校管理法と同じものではなかった．日本人の手による学校管理法も，1882（明15）年の伊沢修二の『学校管理法』以来次第に刊行され始め，明治20年代には積極的に自前の学校管理法を意図するものも現われた．

法令遵奉主義の学校管理　教育法令の整備は，1886（明19）年の学校令以来着実に進行するが，それとともに学校管理とは，すでに制定された法令を解釈し，運用することにあるという理解が一般的になった．当時の有力な師範学校教科書は，学校管理の趣旨を「法令の精神を貫徹せんこと」に置いている．

「学校経営」の盛行と衰退　大正期を迎えると，従来の法令遵奉主義の学校管理から，法令の枠内ではあっても，校長や教師の主体的な教育意志をいま少し生かした自主的な学校経営を図ろうという気運が生じる．併せて学校の諸条件に関する客観的な研究も始められた．法規に基づいた学校運営というニュアンスの強い「学校管理」に対して，学校の主体性に配慮した「学校経営」という用語が盛んに用いられたのも注目に値する．しかし，戦時体制の強化とともに，こうした空気はたちまち払拭され，臣民錬成の学校経営が標榜されるようになる．

「機能的」学校経営論の導入　戦後学校経営について，これを本質的に奉仕的な活動とみなすアメリカ的な考え方が有力になった．学校経営と学校管理の区別が問題になり，個別学校の経営を「学校経営」とし，教育委員会の学校行政を「学校管理」とする用法が次第に定着する．やがて生涯学習論の登場に伴い，社会における教育事象を広く「教育経営」としてとらえる見方も提起された．

　昭和30年代には，企業の経営管理論の導入による「学校経営の近代化」論が関心を集め，いわゆる「単層重層論」をめぐって論議が展開された．この論争を契機として，人間関係論や経営組織論に基づく，新しい学校経営論も展開された．

　1990年代後半，地方分権と規制緩和を促進する行政改革の下，校長の権限拡大と強化を中心とした学校の自主性の拡大を進める行革が行われている．これに対応し，自律的学校経営論が提唱されはじめ，そこでは学校における自律的な経営基盤の確立，学校経営へのアカウンタビリティと自己責任の仕組みの確立が目指されている．（☞ 1）．　　　　　　　　　　　　　　　　　　　　（平田）

(1) 学校経営論の展開　199

1　学校経営論の系譜

① 直訳流「学校管理法」
　▼ウイッケルシャム「学校通論」（箕作麟祥訳）（1873）
　▼ランドン「学校管理法」（外山正一ほか訳）（1885）

② 自前の学校管理法
　▼伊沢修二「学校管理法」（1882）
　▼能勢栄「学校管理術」（1890）

③ 管理概念の明確化
　▼槇山栄次・小山忠雄「新設学校管理法」（1899）
　▼渡辺辰次郎「実験学校管理法精義」（1911）

④ 法令遵奉主義の学校管理
　▼和田豊「小学校管理法」（1901）
　▼小川正行ほか「新撰小学校管理法」（1910）
　▼乙竹岩造「学校管理法（教育科教科書）」（1917）

⑤ 「学校経営」の盛行
　▼沢正「学校経営」（1912）
　▼北沢種一「学校経営原論」（1931）
　▼龍山義亮「学校経営新講」（1936）
　▼小川正行「学校経営学」（1936）

⑥ 臣民錬成の学校経営
　▼野口彰「学校経営論」（1939）
　▼高田師範学校附属国民学校「国防体制の学校経営臣民錬成の教育」（1941）
　▼土方恵治「国防国民学校経営」（1942）

⑦ 「機能的」学校経営論の導入
　▼教師養成研究会「学校管理——民主的教育の組織と運営」（1950）
　▼安藤堯雄「学校管理」（1953）
　▼高野桂一「学校経営の科学」（1961）

⑧ 「学校経営の近代化」論の展開
　▼伊藤和衛「学校経営の近代化入門」（1963）
　▼吉本二郎「学校経営学」（1965）
　▼市川昭午「学校管理運営の組織論」（1966）
　▼高野桂一「学校経営現代化の方法」（1970）

⑨ 教育経営論の登場
　▼河野重男「教育経営」（1966）
　▼日本教育経営学会編「講座日本の教育経営」（全10巻）（1986）
　▼奥田真丈ほか編「学校改善実践全集」（全25巻）（1986）

⑩ 自律的学校経営論
　▼日本教育経営学会編「シリーズ教育の経営2　自律的学校経営と教育経営」（2000）

（2） 学校組織の基本構造

学校の組織と運営　学校経営とは，学校を一つのトータル・システムとみる立場である．トータル・システムとしての学校は，① 物（施設・設備，教材・教具等），② 人（教職員，児童・生徒），③ 組織・運営の各面にかかわる多様なサブ・システムを最も適切に組み合わせ，教育目標の効果的な達成を図らなければならない（☞ 1）．そのために，学校にはさまざまな組織が置かれる．これらの組織は，機能面から，① 運営組織，② 事務組織，③ 教育組織に区分されることが多い．実際には密接に結びついており，明確な区別はむずかしい．学校の運営組織は，学校の種別や規模で異なるが，基本的には校長，教頭を中心に，その諮問に応じ学校の意思決定に参与する審議機関としての職員会議等と，意思決定を受けてその実施にあたる執行機関としての校務分掌組織とに区分できる（☞ 2）．

学校運営組織の実際　学校運営組織の性格については，企業の経営組織論にならってライン組織，ファンクショナル組織（＝職能的組織），ライン・アンド・スタッフ組織といったとらえ方があるが，学校ごとに用意された分掌組織図では，校長・教頭をトップに教務，庶務，渉外等の各部を置き，さらにその下に各係を置く部門別ライン組織の体裁をとるものが多い．校務分掌組織は，小規模校では羅列型をとるものが多かったが，主任制の成立に伴い，各種主任をチーフとする統合型をとるようになった（☞ 3）．しかし，実際には教職員がいくつもの校務を分担するため，命令系統は複雑にからみあっている．その意味で学校には，病院や大学に準じた専門職組織として「教職の分化」を踏まえた別の組織のあり方が積極的に構想されてよい．

学校経営と研修組織　専門職を指向する教員にとって，研修は不可欠の要件であるが，とりわけ校内研修に対する期待は大きい．研修の合理的・能率的な展開を図るには，研修推進のための体制づくりが必要である．校務分掌のうえで，研修部を特設せず，教務部が代行したり，学年会や教科研究部を主体にすることもあるが，研修を重視する意味で，ある程度以上の規模の学校では研修部を置き，研修主任を配置することが望ましい．平成元年度から初任者研修制度が実施され，各学校には指導教員を中心とする初任者研修のための組織が置かれるようになった．初任者研修が校内研修の活性化につながることが期待されている．

（平田）

（2） 学校組織の基本構造　201

1　学校組織の定義

① 学校における教育活動の営みに関連する諸要因を位置づけ，これを機能的に活動させる内的秩序の体系（吉本二郎『学校経営学』国土社，1965，p.76）
② 一定の学校目的を達成するために，複数の人間の活動からなる協働の体系（『教育学大事典』第1巻，p.417　「学校組織」の項，児島邦宏執筆，第一法規，1978）
③ 学校の教育目的の効率的な達成をめざし，教職員と児童・生徒の活動を秩序だてる協働の体系（下村哲夫ほか編著『学校組織実務辞典』文教書院，1980，p.20）

2　学校の組織

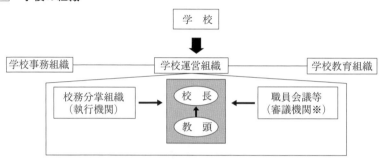

※職員会議の性格については，「議決機関」「諮問機関」「補助機関」とする説があるが，法令上は「校長の職務の円滑な執行に資する」ものとし，「補助機関」として位置づけがなされている（学校教育法施行規則第23条の2）．

3　校務分掌組織

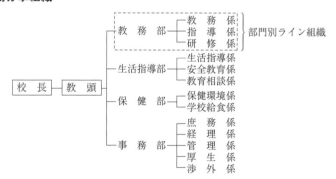

※東京都では，教頭のもとに主幹を配置し，各分掌を所管するとともに，担当する校務について教諭等を指導・監督する役割を与えている．
※第166回国会では，教育改革関連法案が審議され，このうち学校教育法の改正案が可決・成立したため，校長のもとに副校長・主幹教諭・指導教諭を置くことが可能になった．

（3）学校経営組織

校長・教頭　校長は，学校という組織体の長として，学校経営の全般について責任をもつ．教育機関としての学校の意思は，すべて校長を通じて外部に示される建て前である．校長の職務権限は，一般に「校務をつかさどり，所属職員を監督する．」（学校法37④）とされているが，具体的には各種の法令に細かく規定されている（☞①）．

校長は，自分の教育的信念に基づき主体的な学校経営を行うことが求められているが，学校評議員に学校運営について助言を求めることができる．学校評議員は，設置者の定めるところにより置くことができ，校長の推薦により当該学校の設置者が委嘱することになっている．（同法施規49）

教頭（副校長）は，校長の直接の補佐役として，学校において校長に次ぐ地位を占める．教頭の職務権限は，「校長を助け，校務を整理し，及び必要に応じ児童の教育をつかさどる．」（同法37⑦）ことにあるが，「校長に事故があるときはその職務を代理し，校長が欠けたときはその職務を行なう」（同法37⑧）ほかに代決，専決を行なう場合もある．「助け」は事務上の助力だけでなく，校長の職務全般にわたる．同様に「整理」も単なるとりまとめではなく，中間において調整すること，つまり教職員間の意見の対立や食い違いを調停し，その背後にあるものの考え方の調和を図り，学校全体としてのモラールを高めることにある．

学校運営における校長・教頭の職務上の裁量権は拡大される傾向にあり，マネージメント能力がますます求められるようになっている．

職員会議と運営委員会　学校には，構成員である教職員の意向を学校経営に反映するために，これまでも職員会議を置くことが慣例となっていた．2000（平12）の学校法施規改正により，「設置者の定めるところにより，校長の職務の円滑な執行に資するため，職員会議を置くことができる」（同法施規48）と法令上の根拠が示され，同条2項で「職員会議は，校長が主宰する」とされた．校長を助けて校務の円滑な運営を行うために，運営委員会ないし企画委員会を置く学校が多い．

各種主任　学校は，「調和のとれた学校運営が行われるためにふさわしい校務分掌の仕組みを整えるものとする」（同法施規43）とされ，いわゆる省令主任として教務主任，学年主任など各種主任が置かれる．　　　　　（下村・窪田）

(3) 学校経営組織　203

1 校長の主な職務（公立学校）

学校教育の管理	職員会議の主宰／学校評議員の推薦／授業終始の時刻の決定／非常災害時の臨時休業の決定と報告／高校教科用図書使用の特例／教科書を直接児童・生徒に支給／調査統計に関する事務（①学校基本調査関係②学校保健統計調査関係③学校教務統計調査関係④学校設備調査関係）
教職員の管理	校長の職務代理者についての定め／所属職員の進退に関する意見の申出／勤務場所を離れての研修等の承認／労働時間の制限／公務のために臨時の必要がある場合の特例／休憩時間・休日／産前産後の就業制限／育児時間中の使用制限／生理休暇／公民権行使の保障／公立学校共済組合員の異動報告
児童・生徒の管理	児童・生徒の懲戒／児童・生徒の出席状況の明確化／指導要録の作成／出席簿の作成／出席不良者の通知／全課程修了者の市町村教委への通知／中途退学者の退学の通知／盲者等についての通知／就学猶予・免除者の相当学年への編入／卒業証書の授与／高校入学許可／転学・進学の際の指導要録の作成と送付／高校進学書類の送付／高校転学書類の送付と転学の許可／休学・退学の許可／高校の全課程修了の認定／指定技能教育施設における学習の認定／奨学金の貸与を受けるに相応しい者の推薦／就学奨励の経費支出／教育扶助に関する保護金品の交付・支給／年少労働者の証明書／職業安定所業務の一部負担／無料職業紹介事業
学校保健の管理	健康診断と健康相談／伝染病による出席停止／出席停止の指示と報告／健康診断票等の作成と送付／感染症の発生・まん延防止／定期の健康診断の実施／定期の予防接種の実施／健康診断記録の作成，通報・報告
施設・設備の管理	目的外使用の同意／社会教育のための学校施設利用に際しての意見／学校施設利用許可権の校長委任／個人演説会場使用の意見聴取／防火管理者の決定と消防計画の作成および実施等／消防用設備の設置・維持／大そうじの実施

（窪田・小川『平成19年版教育法規便覧』学陽書房，pp.174-176 より）

2 中教審「今後の地方教育行政の在り方について」（平10.9.21）より

第3章　学校の自主性・自律性の確立について　6地域住民の学校運営への参画

　ア　各学校においては，教育目標や教育計画等を年度当初に保護者や地域住民に説明するとともに，その達成状況等に関する自己評価を実施し，保護者や地域住民に説明するように努めること．また，自己評価が適切に行われるよう，その方法等について研究を進めること．

　イ　学校に，設置者の定めるところにより学校評議員を置くことができることとすること．

　ウ　学校評議員は，校長の推薦に基づき教育委員会が委嘱するものとすること．

　エ　学校評議員は，校長の求めに応じて，教育活動の実施，学校と地域社会の連携の進め方など，校長の行う学校運営に関して，意見を述べ，助言を行うものとすること．（以下略）

3 省令主任の種類

学校種別	必置	置かないことができる		置くことができる
		特別の事情	当分の間	
小学校		教務主任・学年主任・保健主事	司書教諭（学級の数が11以下の学校）	その他の主任等　事務主任
中学校	進路指導主事	教務主任・学年主任・保健主事・生徒指導主事	司書教諭（同上）・事務主任	その他の主任等
高等学校	進路指導主事　事務長	教務主任・学年主任・学科主任（二以上の学科を置く場合）・農場長（農業高校）・保健主事・生徒指導主事	司書教諭（同上）	その他の主任等

（窪田・小川『平成19年版教育法規便覧』学陽書房，p.185 より）

（4） 経営参加の理論と実際

経営参加の意味　もともと企業経営における生産性向上の一手法として，経営の計画または意思決定の過程に労働者を参加させて，そのモラールやパートナーシップを高めようとする組織論から生まれた．経営民主化の一環としてとらえられるが，その形態は，① 通知説明方式から，② 意見表明もしくは諮問方式，③ 共同協議方式，そして，④ 共同決定方式へと多様である．今日では，QC（Quality Control）やCS（Customer Satisfaction）といった供給するサービスの質の向上や顧客の満足度を重視する企業の経営理論も背景にある．

学校経営参加の方式　80年代に各国で展開された規制緩和政策において，学校単位での自律的な経営が求められることも多く，保護者や地域住民の参加による経営方式であるSBM（School Based Management），LMS（Local Management of Schools）などが採用されている．また，従来とは異なる公立学校設置方式としてアメリカのチャーター・スクールも注目されている．アジアの諸国においても学校経営参加方式が改革されている．

ただ，イギリスのように生徒の参加枠が法制上は設定されていなかったり，ドイツのように地域住民の中から理事（委員）を選ぶことが想定されていないなど，国により制度形態は多様である．これは，学校の自律性，地域との連携，共同体としての学校の構成員の権利など，背景や理念などの違いが重点の置き方の違いとして反映しているものと考えられる．

どの方式が採られるにしても，人事・財政・カリキュラム編成など学校経営に関わる主要な権限と責任がこれらの組織に委譲され，意思決定を行う審議機関となっている点は共通に見られる．

学校評議員と学校運営協議会　日本では，2000（平12）年の学校法施規改正により学校評議員制度が，校長の行う学校経営に対して助言を行うことを趣旨として導入された．また，2005（平17）年度より，教育委員会が指定する学校に，学校の運営に関して協議する機関としての学校運営協議会制度が導入された（地教行法47の5）．学校運営協議会の委員には地域住民，生徒，保護者等が想定されており，校長は，学校の運営に関して，教育課程の編成等について基本的な方針を作成し，学校運営協議会の承認を得なければならない．また，学校運営協議会は，職員の任用について，任命権者に対して意見を述べることができる．

（下村・窪田）

（4） 経営参加の理論と実際　205

1　ドイツの学校会議の構成（中等教育段階Ⅰ，投票権を持つ者）

構成割合	州	教(職)員代表	保護者代表	生徒代表
三者同数	バイエルン，ベルリン州等	3～26名	3～26名	3～26名
三者同数だが教職員代表に校長が加わる	バーデンビュルテンベルグ州等	3～6+1名	3～6名	3～6名
保護者と生徒代表の合計が教職員代表と同数	ノルトライン・ヴェストファーレン州等	総数の1/2	総数の1/3	総数の1/6
保護者と生徒代表は教職員代表の半数	ブレーメン州等	4～12名	2～6名	2～6名
保護者・生徒は定数があり教職員は全員	ニーダーザクセン州	全員	2～9名	2～9名

（平成12年度科研費報告書『地方分権化における自律的学校経営の構築に関する総合的研究』（河野和清代表）の坂野慎二氏の資料をもとに作成）

2　フランスの学校管理委員会の構成（公立高校および生徒数600人以上の中学校）

管理者代表	（4～5）	計10名	校長＝議長，副校長，事務長，生徒指導専門員，特殊教育科担当責任者または実習作業長
監督者代表	（4）		設置者の代表として，中学校では県，高校では州の代表（1名），当該学校の位置する市町村の代表（3名）
有識者	（1～2）		上記の層を補完する人数で選任
教員と職員の代表		計10名	教員の選出代表（7名） 管理・社会・衛生・労務職員の選出代表（3名）
親および生徒の代表		計10名	中学校では，親の選出代表7名，生徒選出代表3名 高校では，親の選出代表5名，生徒選出代表5名

（平成12年度委嘱研究報告書『保護者・地域住民の学校経営への参画に関する国際比較調査研究』（富岡賢治代表）の小野田正利氏の資料より）

3　イギリスの学校理事会の構成（公立学校）

父母代表理事	構成員の3分の1以上
教職員理事	最低2名，3分の1を超えない
地方教育当局指名理事	構成員の5分の1
コミュニティ理事	構成員の5分の1
（スポンサー理事）	2名まで

※イギリスの地方教育当局指名理事は，議会の議員や大学教員，他の学校の校長等から理事として指名された者，コミュニティ理事は，地域住民の名のから理事会が指名する者，スポンサー理事は，学校の事業の一部を受託している民間企業や学校に寄附をした企業の中から指名される．
　オーストラリアの共同選出とは，民族や性による均衡を保つため，または学校理事会の職務に特に必要とされる能力を有する者を加えることが趣旨．

4　韓国の学校運営委員会の構成

	構成比率
父母	40～50%
教員	30～40%
地域住民	10～30%
校長	1名
計	7～15名

（日本教育経営学会編『諸外国の教育改革と教育経営』玉川大学出版部，2000年，p.109より）

5　オーストラリアの学校理事会の構成

父母代表	3～7名
校長	1名
教職員代表	1名
生徒代表（中等のみ）	1名（任意）
共同選出	父母代表の数を超えない数

（同上書，p.131より）

（5）学 校 評 価

学校の自己点検・自己評価　2002（平14）年3月に小学校設置基準と中学校設置基準が制定され，その中で学校の自己点検・自己評価を努力義務とする規定が設けられた．併せて，既設の他の学校段階の設置基準も同様の規定を加える改正が行われた（☞①）．当年度内に自己点検・評価を実施した公立学校は88.4％（翌年度には94.6％）に達している（☞②）．

学校の自己評価は，学校改善の課題を見出すための取り組みであり，年間の学校経営計画に適切に組み込まれる必要がある（☞③）．

第三者評価　学校の第三者評価とは，学校が自己点検・自己評価を行いこれを公表するに当たり，第三者による検証によってその妥当性を高める一方で，当該の学校の教職員とは異なる視点から評価を行うことによって学校の改善に資することを目的とする取組である．しかし，評価尺度の標準化の是非，学校の序列化への懸念など多くの課題が残されており，学校の教員には必ずしも受け入れられているとはいえない．

中央教育審議会初等中等教育分科会地方教育行政部会は2004（平16）年7月に自己評価の義務化と第三者評価の実施の必要性を強調しており，「経済財政運営と構造改革に関する基本方針（骨太の方針）2004」では，外部評価の拡充が方針に組み込まれ，「骨太の方針2005」では，義務教育について，学校の外部評価の実施と結果の公表のためのガイドラインを策定することとされた．

学校評価をめぐる課題　2006（平18）年3月27日に公表された学校評価のガイドラインでは，学校評価の目的，方法，評価項目，評価指標，結果の公表方法等についての枠組みが示された（☞④）．

政策文書では，いまだ「外部評価」と「第三者評価」の用語法とその定義は確定していないが，保護者や地域住民へのアカウンタビリティを重視した評価をめざすのか，学校教育における児童生徒の学力達成度に視点をおいた専門家による評価をめざすのかで，学校評価のあり方は大きく異なるものとなる．学校運営への保護者や地域住民との連携を促進し，学校の自律性を育てるという視点での学校評価制度の構築が課題となっている．

（窪田）

（5）学 校 評 価

1 小学校・中学校設置基準の内容構成

○自己点検・評価　　○情報提供　　○1学級の児童生徒数　　○学級の編制
○教諭の数等　　○施設設備の一般的基準　　○校舎・運動場の面積等
○校舎に備えるべき施設（教室・図書室・保健室・職員室，特殊学級のための教室，体育館）
○校具・教具　　○他の学校等の施設・設備の使用

2 学校評価の実施状況（公立学校）

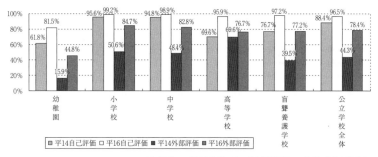

（文科省：学校評価及び情報提供の実施状況調査）

3 学校自己評価のサイクル

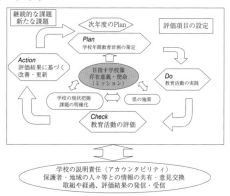

（出典：学校評価システム調査研究報告書より（平17年3月・埼玉県教育委員会））

4 ガイドラインにおける外部評価委員会の枠組み

○各学校ごと又は同一地域内の複数の学校ごとに設置者が設置
○学校評議員や学校運営協議会等の既存の組織を活用することも考えられる
○学校評議員，PTA役員（保護者），地域住民等．外部評価の客観性や専門性を高めるため，大学の研究者や他校の教職員等，学校教育について専門的な知識や経験を持つ者の参加を求めることも考えられる．
○接続する他段階の学校の教職員からの評価．大学との連携による専門的な助言
○学校訪問や外部評価書の作成，守秘義務など，どのような負担等が生じるかを説明

（6）教授組織の改革

学校のたての組織とよこの組織　学校の児童・生徒の編成を説明するのに，垂直的組織（vertical organization），水平的組織（horizontal organization）という用語が用いられることがある．前者は，児童・生徒が入学してから卒業するまで順次進級させていくいわば「たて」の組織であり，学年制や無学年制はこの部類に入る．後者は，児童・生徒を教師に割り当てたり，学習集団に区分したり，教育内容に即して編成したりする，いわば「よこ」の仕組みである．学級担任制，教科担任制，ティーム・ティーチングなどはこの部類である．

学年・学級制とその改革　教授組織は学校組織の中核的な位置を占めるが，わが国では従来，小学校の学級担任制，中学校の教科担任制が建前とされ，教授組織は学年制を前提に一定数の児童・生徒に一人の教員を割り当てるという形で比較的安易に処理されてきた．

しかし，いわゆる「教育の現代化」の進展に伴い，教育内容・方法の改革と同時に教授組織の改革の必要性が指摘され，学年共同経営を基盤に，小学校の教科担任制やティーム・ティーチングなどの協力教授組織が多様な展開を見せている．とりわけティーム・ティーチングは，学習集団の柔軟な編成に特色があり，教育内容に即した多様な学習形態の展開を可能にした．また，オープン・スクールは，「個性を生かす教育」が標榜されて以降，校舎・教室のオープンだけでなく，学級編成や教育目的，教育内容・方法のオープンも課題となり，その特性を生かした個別化・個性化教育の実践が積極的に試みられるようになった（☞ 1）．

学級編成の柔軟化　学校の1学級あたりの児童・生徒数は，設置基準の定めによると，小・中・高校ともに40人以下である．しかし近年，地方分権と規制緩和の動きのなかで，この40人学級の基準もようやく弾力化の傾向が見られるようになってきた．2001（平13）年には8年ぶりに「公立義務教育諸学校の学級編制及び教職員定数の標準に関する法律」が改正された．同法等によると，40人学級という国の「標準」は維持しつつも，地域や学校の実態に応じた学級編成を可能にするため，都道府県レベルでの「基準」が弾力化された（☞ 2）．現在では，ほとんどの都道府県において，小学校の低学年を中心に学級編成の柔軟化が図られている（☞ 3）．わが国ではとくに学級を教育の基本単位とする教育形態を伝統的に採用してきた．今後は，学級による教育効果を維持しつつ，児童・生徒の一人ひとりの教育ニーズに対応する教授組織をいかに編成するかが課題となる．

（藤井）

1 協力教授組織の類型

2 学級に関する法令

小・中学校の学級数（学校教育法施行規則，41，42．準用79）
 小学校では12学級以上18学級以下を標準とする（分校の場合は5学級以下）．中学校にも準用（分校の場合は2学級以下）．

小・中学校の1学級の児童生徒数（小学校設置基準4．中学校設置基準4）
 1学級の児童生徒数は，法令に特別の定めがある場合を除き，40人以下とする．ただし，特別の事情があり，かつ，教育上支障がない場合は，この限りではない．

小・中学校の学級の編制（小学校設置基準5．中学校設置基準5）
 学級は，同学年の児童生徒で編制するものとする．ただし，特別の事情があるときは，数学年の児童生徒を1学級に編制することができる．

公立小・中学校の学級編制の標準（公立義務教育諸学校標準法3）
 各都道府県ごとの，公立小・中学校の1学級の児童生徒数の基準は，次の表に掲げる数を標準として，都道府県教育委員会が定める．ただし，都道府県教育委員会は，当該都道府県における児童生徒の実態を考慮して特に必要があると認める場合には，この数を下回る数を基準として定めることができる．

学校の種類	学級編制の区分	1学級の児童生徒数
小学校	同学年の児童で編制する学級 二の学年で児童を編制する学級（＝複式学級） 特殊学級	40人 16人（1年生を含む学級では8人） 8人
中学校	同学年の生徒で編制する学級 二の学年で生徒を編制する学級（＝複式学級） 特殊学級	40人 8人 8人

高等学校の1学級の児童生徒数（高等学校設置基準7）
 同時に授業を受ける1学級の生徒数は，40人以下とする．ただし，特別の事情があるときは，この数をこえることができる．

高等学校の学級の編制（高等学校設置基準8）
 教育上必要があるときは，同じ学年の学科を異にする生徒，又は学年の異なる生徒を合わせて，授業を行うことができる．

公立高等学校の学校規模（公立高等学校標準法5）
 公立の高等学校における学校規模は，本稿にあっては240人を下らないものとする．

3 学級編制の弾力化の実施状況（2005年度）

学年区分＼編制人員	30人	31〜34人	35人	36〜39人	実態に応じ実施	純計
小学校低学年	10県	3県	20道県	2府県	11府県	41道府県
中学年	−	1県	3県	−	9府県	13府県
高学年	−	1県	2県	1県	8府県	12府県
中学校	2県	3県	10県	3県	12府県	27府県
純計	10県	4県	26道県	4府県	13府県	45道府県

※1．「実態に応じて実施」とは，地域や学校に応じ，児童生徒の実態を考慮して少人数学級を行っているものである．
※2．「純計」は，縦の区分（例えば小学校低学年と高学年）及び横の区分（例えば30人と実態に応じて実施）について複数実施している県数を除いた数である． （出典：文部科学省調査）

（7） 生徒指導と学校組織

生徒指導とは　児童生徒への多様な援助を指す広範な概念であり，定義は諸説ある．戦後の教育改革期には，カウンセリング等を用いた「ガイダンス」，「能力・適性に応ずる教育」とも説明されている．増加する少年非行への対応（☞①），とりわけ70年代の校内暴力に対する学校の管理主義的指導が影響し，「生徒指導」と「教育相談」は別の原理を持つものとして分化が進んだ．生徒指導は非行対策のような消極的受身的指導に偏りやすいが，ほんらい「児童生徒の自己指導能力の育成」（文部省『生徒指導資料　第20集』1988年）を目指すものであり，積極的能動的な取組みが求められている．

生徒指導組織　従来，生徒指導部等の名称で，各学校には生徒指導組織が整備されてきた．1976年には生徒指導主事が法制化され，「校長の監督を受け，生徒指導に関する事項をつかさどり，当該事項について連絡調整及び指導，助言に当たる」との職務内容が明記された．しかし，問題が起きた場合に教職員がばらばらに対応するなど，学校の組織的対応の不十分さが繰り返し指摘されている．不登校児童・生徒数が10万人を超えた1997年以降，「スクールカウンセラー」の配置が急速に進められている（2006年度国庫補助総額約42億円）．2004年には女児同級生殺害（長崎県佐世保市）などの衝撃的事件が相次ぎ，小学校段階での相談や中学校との連携を目的とした「子どもと親の相談員」及び「生徒指導推進協力員」が配置された．法に規定のないこれらの職員や養護教諭を含めた校内組織の整備，関係諸機関（☞②）とのネットワーク構築が目指されている．

非行防止施策の問題点　少年非行対策は厳罰化が進んでいる．2001年に刑事処分可能年齢を16歳から14歳に引き下げた改正少年法は，2007年には12歳程度を下限として触法少年（刑罰法令に触れる行為をした14歳未満の少年）の少年院送致を可能とした．文部科学省は警察庁と連携して非行防止に取り組み，校則違反を繰り返す者には釈明の余地を与えず処分する「ゼロ・トレランス」方式の導入も検討している．生徒指導の目的に鑑みて当然に求められる「児童生徒の意見表明権・参加権」という視点の欠落は，国連子どもの権利委員会も指摘する日本の学校経営の問題点である．

懲戒と体罰禁止　学校教育法第11条は，校長及び教員は，教育上必要があると認めるときは，「学生，生徒及び児童に懲戒を加えることができる．ただし，体罰を加えることはできない」と定めている（☞③）．懲戒には叱責や作業命令などの事実行為と，校長が行う処分としての退学，停学，訓告（公立小・中学校は訓告のみ）がある．義務教育諸学校では停学処分は行えないが，市町村教育委員会が保護者に命ずる出席停止措置がある（同法第35条）．問題行動への対応策として2002年より授業妨害等にも運用が可能となったが，他の児童生徒の教育保障のためにのみ適用される制度である．

（荒川）

1 刑法犯少年の検挙人員，少年人口比の推移（1949-2005年）

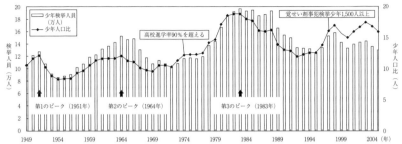

※「刑法犯少年」とは，刑法等に規定する罪を犯した14歳以上20歳未満の犯罪少年をいう（覚せい剤取締法違反等の特別法犯は刑法犯に含まれない）
※「人口比」とは，同年齢層人口1,000人当たりの検挙人員をいう
（グラフは警察庁「警察白書」(2005)・「少年非行等の概要」(2006)をもとに作成）

2 問題行動への対応に関する行動連携（案）

関係機関 問題行動 等の種類	教育関係			保健・医療関係		福祉関係			警察関係			矯正・更生保護関係		少年補導センター	その他
	教育委員会	学校	その他の教育施設（教育相談所・教育センター等）	保健所・保健センター	精神保健福祉センター・病院等医療機関	児童相談所	福祉事務所（家庭児童相談室）	民生児童委員・主任児童委員	警察署	少年サポートセンター	少年警察ボランティア	少年鑑別所	保護司（保護観察所）（相談室）		問題行動等の内容や地域の実情等に応じて、次のような関係機関・関係団体等の職員などが連携することも考えられる。 ○児童自立支援施設 ○児童養護施設 ○青少年育成団体 ○弁護士会 ○交通安全協会 ○防犯協会・連絡所 ○民間企業，事業者等 など
授業妨害等	●	●	○			○			○	○					
いじめ	●	●	○			○			○	○					
暴力行為	●	●	○			○			○	○					
不登校	●	●	○	○	○	○	○	○							
家庭内暴力	○	○	○	○	○	●	●	●	○	○					
児童虐待	○	○	○	○	○	●	●	●	○	○					
性の逸脱行動	●	●	○	○	○	○	○	○	○	●					
薬物乱用 （シンナー等）	○	○	○	○	○	○			●	●					
暴走行為	○	○	○						●	●	○				

（注1）一つの考え方を示したものであり，問題行動等の内容や程度及び児童生徒の置かれた状況等により，実際の関わりや中心的役割は変わってくる。
（注2）表中の○印は，問題行動等への対応に関係する機関等を示し，●印は，その中で中心的役割を担うと考えられるものを示す。
（注3）「性の逸脱行動」とは，青少年の健全育成上支障のある性行動全般を指し，主として犯罪行為や不良行為に該当する行為をいう。
（出典：学校と関係機関との行動連携に関する研究会「学校と関係機関等との行動連携を一層推進するために」(2004年3月)の資料より）

3 「児童懲戒権の限界について」（法務庁法務調査意見長官回答・1948年12月22日）

第1問　学校教育法第11条にいう「体罰」の意義如何．たとえば放課後学童を教室内に残留させることは「体罰」に該当するか．また，それは刑法の監禁罪を構成するか．
回　答
1　学校教育法第11条にいう「体罰」とは，懲戒の内容が身体的性質のものである場合を意味する．すなわち
　(1)　身体に対する傷害を内容とする懲戒―なぐる・けるの類―がこれに該当することはいうまでもないが，さらに
　(2)　被罰者に肉体的苦痛を与えるような懲戒もまたこれに該当する．たとえば端坐・直立等，特定の姿勢を長時間にわたって保持させるというような懲戒は体罰の一種と解せられなければならない．
2　しかし，特定の場合が右の(2)の意味の「体罰」に該当するかどうかは，機械的に制定することはできない．たとえば，同じ時間直立させるにしても，教室内の場合と炎天下または寒風中の場合とでは被罰者の身体に対する影響が全く違うからである．それ故に，当該児童の年齢，健康・場所的および時間的環境等，種々の条件を考え合わせて肉体的苦痛の有無を制定しなければならない．
3　放課後教室に残留させることは，前記1の定義からいって，通常「体罰」には該当しない．ただし，用便のためにも室外に出ることを許さないとか，食事時間を過ぎて長く留めおくとかいうことがあれば，肉体的苦痛を生じさせるから，体罰に該当するであろう．（後略）

（8） 学校環境衛生管理と学校事故への対応

学校事故と危機管理　学校における事故や災害に加え，児童殺傷などの事件への対応を含めた危機管理は，学校の喫緊の課題である．その対象は ① 子どもへの犯罪行為，② 地震などの自然災害，③ 食中毒を含む感染症，④ 授業や課外活動における事故，⑤ 通学中の交通事故など多岐にわたる．いずれの場合にも，十分な未然防止対策と，事後の迅速な対応が必要である（☞ 1）．マスコミなど周囲の対応による精神的苦痛や心的外傷後ストレス障害（PTSD）など，二次被害への対応も求められている．

学校環境衛生管理とは　学校保健安全法第5条が定めるように，学校は児童生徒及び教職員の健康診断，環境衛生検査，安全点検を計画的に実施しなければならない．文部科学省が策定する「学校環境衛生の基準」は，教室の明るさや騒音，換気，水質，給食食品衛生等の管理基準である．病原性大腸菌 O-157 やシックハウス症候群等の新たな健康被害の問題をうけ，2004年に全面改訂が行われた．また，多くの学校施設は地域の防災拠点に指定されているが，7割近くは新耐震基準施行（1981年）以前に建設され，20年以上が経過している．2005年には「学校施設整備指針」も見直され，耐震化やバリアフリー化，地域の交流・防災拠点としての学校施設の整備が進められている．

被害者の救済　学校の教育活動と関わって事故が発生した場合の救済として，日本スポーツ振興センターによる災害共済給付制度がある（☞ 2）．総給付件数は2004年度に200万件を超えた．体育の授業や運動部活動での負傷が目立って多いが，障害も500件以上あり，最長10年の給付では救済に限界もある．給付要件は「学校の管理下」（☞ 3）にあることで，学校が事故事実を確認し，「災害報告書」を提出する必要がある．また，犯罪被害者に対しては，国が行う犯罪被害給付制度がある．

学校の対応と問題点　ルソー（J.-J. Rousseau）が『エミール』（1762年）で指摘するように，「生きること」を教えようとするとき，教育は自ずと危険を孕む行為とならざるをえない．そこで重要なのは，教育を委託する側の理解を得るに足る「学校の説明責任（アカウンタビリティ）」である．いじめや教師による暴力，体罰などの被害をめぐる裁判の多くは，学校の不適切な対応や情報隠蔽に起因しており，親の知る権利を求める声は大きい（☞ 4）．被害者となった場合，① 学校や教育委員会等との示談交渉，② 刑事告訴，③ 学校設置者（国，地方公共団体，学校法人）や加害生徒・保護者・教師に対する損害賠償及び慰謝料請求，④ 教育情報の公開・開示請求等の可能性がある．現実問題として，損害賠償請求訴訟では相手側の不法行為（民法第709条）を立証する必要があるなど，被害者（原告）側の金銭的・時間的・精神的負担は計り知れない．　（荒川）

1 危機管理の2側面

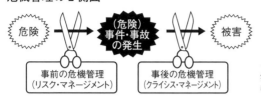

（文部科学省『学校における防犯教室等実践事例集』2006年，総説編「学校における危機管理の意義と重要性」1頁）

2 災害共済給付の種類と災害範囲ごとの給付金額

種類	災害の範囲		給付金額
負傷	学校の管理下の事由によるもので，療養に要する費用の額が5,000円以上のもの		医療費 医療保険並の療養に要する費用の額の4/10（そのうち1/10の分は，療養に伴って要する費用として加算される分）．ただし，高額療養費の対象となる場合は，自己負担額（所得区分により限度額が定められている．）に，「療養に要する費用月額」の1/10を加算した額．入院時食事療養費の標準負担額がある場合はその額を加算
疾病	学校の管理下の事由によるもので，療養に要する費用の額が5,000円以上のものうち，文部科学省令で定めるもの 学校給食等による中毒・ガス等による中毒，熱中症，溺水，異物の嚥下，漆等による皮膚炎，外部衝撃等による疾病，負傷による疾病		
障害	学校の管理下の負傷及び上欄の疾病が治った後に残った障害で，その程度により1級から14級に区分される		障害見舞金 3,770万円～82万円 〔通学中の災害の場合 1,885万円～41万円〕
死亡	学校の管理下の事由による死亡及び上欄の疾病に直接起因する死亡		死亡見舞金 2,800万円〔通学中の場合 1,400万円〕
	突然死	学校の管理下において運動などの行為と関連なしに発生したもの	死亡見舞金 1,400万円〔通学中の場合も同額〕
		学校の管理下において運動などの行為が起因あるいは誘因となって発生したもの	死亡見舞金 2,800万円

3 「学校の管理下」となる場合とその具体例

学校の管理下となる場合	具体例
1．学校が編成した教育課程に基づく授業を受けている場合	各教科，道徳，総合的な学習の時間，特別活動（児童・生徒会活動，学級活動，ホームルーム，クラブ活動，運動会，遠足，修学旅行，大掃除など）
2．学校の教育計画に基づく課外指導を受けている場合	部活動，林間学校，臨海学校，夏休みの水泳指導，生徒指導，進路指導など
3．休憩時間に学校にある場合，その他校長の指示又は承認に基づいて学校にある場合	始業前，業間休み，昼休み，放課後
4．通常の経路及び方法により通学する場合	登校中，下校中
5．学校外で授業等が行われるとき，その場所，集合・解散場所と住居・寄宿舎との間の合理的な経路，方法による往復中	鉄道の駅で集合，解散が行われる場合の駅と住居との間の往復中など
6．学校の寄宿舎にあるとき	

（②，③の表は独立行政法人日本スポーツ振興センター「『災害救済給付制度』のお知らせ」2006年版を基に作成）

4 「わが子のことを知りたい，ただそれだけなのに」（学校の調査報告義務を求める声）

学校に通っているわが子が自殺した．どうも学校でのいじめに悩んでいたらしいということがわかったとき，その事情をより詳しく知りたいと思うのは親として自然の感情である．教員たちは，生徒たちと日々接している．必然的に情報は集まってくる．しかし，それを親に隠した．普通の場合，親は教員の意向に（内心では納得いかなくても）黙って従う．しかしこういう特殊な状況の中で，情報を隠されて黙っておれる親はいない．教員たちは，この親を生意気な奴，不届き者として，一致団結してやっつけろと言うことになった．そして，一般の生徒，親たちも動員して，亡くなった子どもの親をいじめることとなった．（前田 功「わが子のことを知りたい，ただそれだけなのに―当事者として―」，『季刊教育法』臨時増刊号「いじめ裁判」，2000年，エイデル研究所，38頁）

1991年9月1日，中学2年生の前田晶子さんがいじめを苦に線路に身を横たえて自殺した．1995年，学校の調査報告義務を問い，両親が提訴．和解ながら学校に報告義務違反事実を認めさせる実質的な勝訴となった（町田いじめ報告義務訴訟，1999年和解成立）．

学校規模・学級編成の基準の変遷

	初等学校			中等学校		
	学校規模	学級編成の基準		学校規模	学級編成の基準	
		（尋常小学校）	（高等小学校）			
1886年		80人以下	60人以下			
1891年		70人未満	60人未満		（中学校）35人以下（特別の事情50人まで）	
1899年		↓	↓	400人以下（特別の事情600人まで）	↓	
1900年	12学級以下	70人以下（特別の事情80人以下）	60人以下（特別の事情70人以下）			
1901年		↓	↓		50人以下	（高等女学校）50人以下（高等科専攻科）
1902年						40人以下
1941年	24学級以下	（初等科）60人以下	（高等科）50人以下			
		（特別ノ事情アルトキハ…制限ニ依ラザルコトヲ得）				
1947年	12学級以上 18学級以下	（小学校）50人以下を標準（特別の場合…この標準を超えることができる）			（中学校）50人以下を標準	（高等学校）40人以下（当分の間50人以下）
1948年						↓
1958年		（公立小学校）50人以下を標準			（公立中学校）50人以下を標準	
1961年				（公立高校）270人以上		（公立高校）普通科50人 農・水産・工業等40人（55人まで許容）
1963年		（公立小学校）45人以下を標準			（公立中学校）45人以下を標準	
1967年						全日制45人 定時制40人
1980年		（公立小学校）40人以下を標準			（公立中学校）40人以下を標準	
1993年						全日制定時制とも40人
2001年	都道府県教委の判断で国の標準を下回る基準を可能とした．					

（藤井）

XIII. 教員制度

■**本章のねらいと構成**■

　現代公教育は一人ひとりの子どもの個性的・全人格的発達を促すことを基本的な課題としているが，このような教育を推し進めるには，次のことが必要である．
① 　多種類の教職員を多数用意すること．
② 　それぞれの教職員が十分な資質能力をそなえること．とりわけ，専門職としての内実をそなえ，そして絶えざる職能成長を遂げること．
③ 　同時に，教職員がそうした専門職としての身分と待遇を保障され，安定性・恒常性をもって教育に当たれるようにすることである．

　本章では，こうした公教育の直接的な担い手としての教員関係の制度について，その種類と資格，養成と研修，身分保障と勤務条件，労働権と市民的自由等を中心に要説する．

（1） 教職員の種類と資格

「教職員」とは　学校において児童・生徒への教育活動を主たる職務内容とする者を「教員」または「教授職員」といい，教育活動を間接的に支える者を「職員」または「非教授職員」という．これら両者の総称を「教職員」と考えることができる．一般に「教師」という用語も用いられるが，それを公的規律関係の中で把握する場合には「教員」という用語が使用される．

教員の資格　法律に定める学校（大学・高等専門学校を除く）において教員になるためには教員免許状を取得しなければならない．教員になるための資格要件＝教員免許状の基準を定めることで，教員に必要な資質能力の保持が目指されているのである．すべて教員免許状は，教育職員免許法に定められた資格要件（☞ [1]）を満たした者に対して，都道府県教育委員会から授与される．教員免許状には，普通免許状，特別免許状，臨時免許状の3種類がある．普通免許状は，その基礎資格により，専修免許状（修士），一種免許状（学士），二種免許状（短期大学士）に区分され，すべての都道府県で有効である．特別免許状は，教職への社会人登用を目的とし，教育職員検定の合格者に授与され，授与された都道府県のみで通用する．臨時免許状は，普通免許状を有する者を採用できない場合に，教職員検定の合格者に授与されるが効力は3年間とされている．また教員免許状をもたない者が各教科やクラブ活動の一部を担当する特別非常勤講師制度が活用されている．同制度は優れた知識や技術を有する社会人を学校教育に活用することをねらいとしている．

　なお，中央教育審議会は，教員免許状（普通免許状および特別免許状）に一定の有効期限を設ける免許更新制を実施することなどを柱とした答申（『今後の教員養成・免許制度の在り方について』2006年7月11日）を正式決定し，文部科学大臣に提出した．同答申では，教員免許状の有効期限を一律10年とし，更新要件として免許更新講習を受講することなどが示された．

教職員の種類と配置　児童・生徒の教育を円滑に行うために，学校には多様な職種の教職員が適切に配置されなければならない．教職員は，配置義務の観点から，必置のもの，特別の事情で置かないことができるもの，当分の間置かないことができるもの，任意配置のものに分けられる（☞ [2]）．これらの教職員のうち，司書教諭，教務主任や学年主任，そして，事務主任や事務長などは，教諭，事務職員をもって充てる職であり，充当職と呼ばれる．　　　　　（小野瀬）

(1) 教職員の種類と資格　217

1　免許状の取得に必要な専門科目の単位数（免許法別表第1より）

第1欄		第2欄	第3欄		
＜新＞					
免許状の種類	取得資格	基礎資格	大学において修得することを必要とする最低単位数		
			教科に関する科目	教職に関する科目	教科又は教職に関する科目
幼稚園教諭	専修免許状	修士の学位を有すること.	6（16）	35（35）	34（24）
	一種免許状	学士の学位を有すること.	6（16）	35（35）	10（0）
	二種免許状	短期大学士の学位を有すること.	4（8）	27（23）	
小学校教諭	専修免許状	修士の学位を有すること.	8（18）	41（41）	34（24）
	一種免許状	学士の学位を有すること.	8（18）	41（41）	10（0）
	二種免許状	短期大学士の学位を有すること.	4（10）	31（27）	2（0）
中学校教諭	専修免許状	修士の学位を有すること.	20（40）	31（19）	32（24）
	一種免許状	学士の学位を有すること.	20（40）	13（19）	8（0）
	二種免許状	短期大学士の学位を有すること.	10（20）	21（15）	4（0）
高等学校教諭	専修免許状	修士の学位を有すること.	20（40）	23（19）	40（24）
	一種免許状	学士の学位を有すること.	20（40）	23（19）	16（0）

（　）内は旧規定による単位数

2　学校種別と教職員組織

職種	設置の形式						根拠法規
	小学校	中学校	高校	中等教育学校	幼稚園	盲・聾・養護学校	
校　　長	◎	◎	◎	◎	◎	◎	学校法　7，28①，40，50①，51の8①，51の9，81①，76
教　　頭	●	●	◎	◎	●	●	〃　28①，40，50①，51の8①，51の9，81①，76，82
教　　諭	◎	◎	◎	◎	◎	◎	〃　28①，40，50①，51の8①，51の9，81①，76
養護教諭	◎	○	△	◎	△	◎	〃　28①，40，103，50②，51の9，81②，76，82
栄養教諭	△	△		△	△	△	〃　28②，40，51，51の8，51の9，76，82
事務職員	●	●	◎	◎		●	〃　28①，40，50①，76，51の8①，51の9
助教諭	△	△	△	△	△	△	〃　28⑩，40，50④，51の8③，51の9，81⑤，76
養護助教諭	△	△	△	△	△	△	〃　28⑫，40，50②，51の8③，51の9，81②，76
講　　師	△	△	△	△	△	△	〃　28①，40，50④，51の8③，51の9，81⑤，76
実習助手			△	△		△	〃　50②，51の8②，76
技術職員			△	△		△	〃　50②，51の8②，76
学校医	◎	◎	◎	◎	◎	◎	学校保健法　16①
学校歯科医	◎	◎	◎	◎	◎		〃　16①
学校薬剤師	◎	◎	◎	◎	◎		〃　16②
学校栄養職員	△	△		△		△	学校法　28②，40，76（学校給食法5の3）
学校用務員・警備員など	△	△	△	△		△	〃　28②，40，50②，76（地公法57）

（注）
1. ◎必要なもの　●特別の事情により置かないことができるもの　○当分の間，置かないことができるもの　△置くことができるもの
2. この表では，盲・聾・養護学校の寄宿舎指導員（学校法79）等については省略

（下村哲夫・窪田眞二・小川友次『教育法規便覧　平成18年版』学陽書房，2005年，p.21）

（2） 教師教育——養成

教員養成の歴史　教員の計画的養成は19世紀中期の国民普通教育制度の成立とともに始まる．日本では，明治5（1872）年の「学制」発布にあわせて，東京に最初の官立師範学校（明治6（1873）年に東京師範学校と改称）が設立された．その後，明治19（1886）年の師範学校令により，東京師範学校は高等師範学校となり，全国各地に尋常師範学校（明治30（1897）年の師範教育令により師範学校と改称）が整備された．師範学校は小学校教員養成，高等師範学校は中等学校の教員養成をそれぞれ担い，全寮制の下，「順良」「信愛」「威重」を旨として教育が行われた．しかし，このような教員の目的養成は「閉鎖性」の弊害をも含んでいた．第二次世界大戦後，大学における教員養成と教育職員免許法を根拠とする開放制の方針が採られた．教員を目的養成する特別な学校を設けずに，多様な大学での養成教育を認め，幅広い人材を教職に導き入れることが目指されたのである．その後，昭和28（1953）年の教育職員免許法改正により文部大臣（当時）の課程認定を受けた大学・学部においてのみ教員養成が認められることになり，開放制に一定の制限が設けられた．また，優秀な教員を育成するには養成－採用－研修のプロセスにおいて体系的な職能開発を図ることが重要であると考えられ，昭和53（1978）年に現職教員の再教育（研修）の充実を目的のひとつに掲げた新構想教員養成大学・大学院の設置された．なお，平成15（2003）年に従来の大学院制度とは異なる高度専門職業人の養成に特化した「専門職大学院」制度が創設され，教員養成の分野でも中核的，指導的な役割を担う教員（スクールリーダー）の養成などを目的として，教職大学院の整備が目指されている．

教員に求められる資質能力　教員の活動は，子どもの人格形成に大きな影響を及ぼす．そのため教員には，教科に関する専門的な知識に加え，人間の成長・発達についての深い理解と豊かな教養および経験，それらを土台とした具体的な実践力（指導力）が求められる．とくに，何事においても変化の速い時代の学校に勤務し，いじめや不登校など複雑かつ多様な問題に対処しなければならない教員に求められる資質能力は多層的・多角的なものとなる．このような観点から，平成9（1997）年から3次にわたる教育職員養成審議会答申では「いつの時代にも求められる資質能力」や「今後特に教員に求められる具体的資質能力」（☞①），そして「教員の各ライフステージに応じて求められる資質能力」（第3次答申☞②）が示されている．　　　　　　　　　　　　　　　　　（小野瀬）

1 教員に求められる資質能力の例

いつの時代にも求められる資質能力
- 教育者としての使命感
- 人間の成長発達についての深い理解
- 幼児・児童生徒に対する教育的愛情
- 教科書等に関する専門的知識
- 広く豊かな教養

これらに基づく実践的指導力

今後特に求められる資質能力
① 地球的視野に立って行動するための資質能力
・地球，国家，人間等に関する適切な理解
・豊かな人間性
・国際社会で必要とされる基本的な資質能力
② 変化の時代を生きる社会人に求められる資質能力
・課題解決能力
・人間関係に関わる資質能力
・社会の変化に適応するための知識及び技能
③ 教員の職務から必然的に求められる資質能力
・幼児・児童・生徒や教育の在り方についての適切な理解
・教職への愛情，誇り，一体感
・教科指導，生徒指導のための知識，技能及び態度

（文部科学省『魅力ある教員を求めて』より）

2 教員の各ライフステージに応じて求められる資質能力の例

(1) 初任者の段階

　大学の教職課程で取得した基礎的，理論的内容と実践的指導力の基礎等を前提として，採用当初から教科指導，生徒指導等に著しい支障が生じることなく実践できる資質能力が必要であり，さらに，教科指導，生徒指導，学級経営等，教職一般について一通りの職務遂行能力が必要である．養護教諭については，心身の健康観察，救急処置，保健指導等児童・生徒の健康保持増進について，採用当初から実践できる資質能力が必要である．

(2) 中堅教員の段階

　学級担任，教科担任として相当の経験を積んだ時期であるが，特に，学級・学年運営，教科指導，生徒指導等の在り方に関して広い視野に立った力量の向上が必要である．また，学校において，主任等学校運営上重要な役割を担ったり，若手教員への助言・援助など指導的役割が期待されることから，より一層職務に関する専門知識や幅広い教養を身に付けるとともに，学校運営に積極的に参加していくことができるよう企画立案，事務処理等の資質能力が必要である．養護教諭については，保健室経営の在り方，学校保健の推進等に関して広い視野に立った力量の向上が必要である．

(3) 管理職の段階

　地域や子どもの状況を踏まえた創意工夫を凝らした教育活動を展開するため，教育に関する理念や識見を有し，地域や学校の状況・課題を的確に把握しながら，学校の目標を提示し，その目標達成に向けて教職員の意欲を引き出すなどのリーダーシップを発揮するとともに，関係機関等との連携・折衝を適切に行い，組織的，機動的な学校運営を行うことのできる資質を備え，また，学校運営全体を視野に入れた総合的な事務処理を推進するマネジメント能力等の資質能力が必要である．

（教育職員養成審議会第3次答申　1999年より）

(3) 教師教育——研修

研修の必要性　教員は，職責を果たすために日頃から「研究と修養」（研修）に努めることが期待されている（教育基本法第9条第2項，教育公務員特例法第21条）．児童・生徒の教育をつかさどる教員の専門性は養成段階のみで完成するものではなく，教職に就いた後も，継続的に資質・力量を向上させていくことが求められているのである．

研修に関する法規定　教員が研修を受けるために様々な配慮がなされる．その根拠となる法規定の多くは教育公務員特例法にある．まず，教育公務員の任命権者は，教育公務員の研修に要する施設，研修を奨励するための方途その他研修に必要な計画を樹立し，その実施に努めなければならない（教育公務員特例法第21条）．また，市町村立学校に勤務する教員（＝県費負担教職員）に対しては，市町村教育委員会にも研修の計画・実施の義務がある．研修を受けるに際して，教員は，授業に支障がなければ本属長（校長）の承認を受けて勤務場所である学校を離れて研修を行ったり，さらに任命権者の定めに基づいて現職のままで長期にわたる研修を受けたりすることができる．

なお，研修とは異なる大学院修学休業制度がある．同制度により，公立学校の教員は，地方公務員の身分を有したまま，専修免許状の取得を目指し，3年を超えない範囲で大学院（あるいは専攻科）の課程履修を行うことができる（教育公務員特例法第26条など）．

研修の種類・内容　研修の種類は，基本研修，専門的研修およびその他の研修に分類することができる．基本研修には，教職経験に応じた初任者研修（採用の日から一年間の教諭の職務の遂行に必要な事項に関する実践的な研修）や10年経験者研修（在職期間が10年に達した後相当の期間内に，個々の能力，適性等に応じて，教諭等としての資質の向上を図るために必要な事項に関する研修），職能に応じた校長研修，教頭研修などが含まれる．専門研修には，各教科などに関する研修やキャリア教育などの教育課題に関する研修がある．その他の研修とは，校内で行われる研修や教員個人の自主的な研修を指す．これらの研修は，国や都道府県，市町村といった主体により，多様な形態・内容で実施されている（☞ 1）．

また，教育活動に直接的に結びつく研修とは別に，教員長期社会体験研修が実施されている．これは，教員を民間企業などに派遣し，その体験を通して，さまざまな見方・考え方を養い，教員としての使命感を再確認させ，変化の速い時代における学校を担う人材を育成することを目的とする研修である．　（小野瀬）

1 各種研修の体系

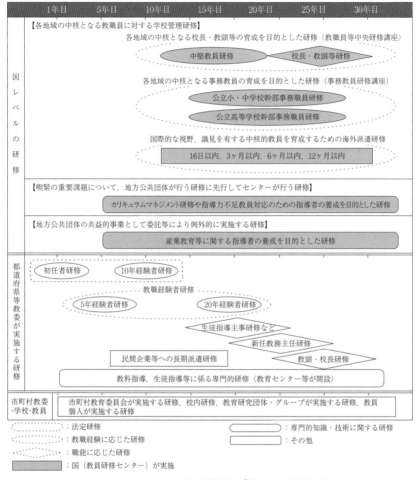

(文部科学省『魅力ある教員を求めて』p.11 より)

（4） 教員の人事

　教員が教育活動に専心できるためには，「その身分は尊重され，待遇の適正が期せられ」（新教基法9）なければならない．この趣旨から，わが国の制度でも，公立学校教員は，地方公務員の身分に重ねて，教育公務員としての身分を有し，その取扱いについて慎重な配慮がなされている．身分の尊重は，公正な人事制度と適切な勤務条件に支えられる．

任用制度　教員となるためには教員免許状の所有者がその職に任命されなければならない．一般に，ある職に人を任命することを任用という．任用には，採用，昇任，転任，降任の4種類がある（人事院規則8－12）．任用を行う者を任命権者という．県費負担教職員（大多数の公立学校教員）の任命権者は，市町村立学校の教員についても，都道府県の教育委員会である．任命権者の行う任用行為に際して，市町村教育委員会の内申と校長の具申が期待されている．教員の採用と昇任は，その特性により，一般公務員が競争試験という方法によるのに対して，選考という方法をとる．一般に任用の原則は，平等取扱いの原則（地公法13），能力実証主義（同15）が原則とされるが，選考の基準と過程をどこまで公開するかがしばしば論争の的となる．同様に転任における職員の同意の位置づけが争われる．外国では，任用基準作成とその運営に教員代表を参加させるなどの制度化が図られている国もある．

分限・懲戒　いったん教員の身分を得たあとには，身分が保障される必要がある．とくに分限と懲戒，これに関して監督の制度が重要である．分限とは身分保障の限界を意味し，降任，免職，休職，降給の方法がある（地公法28）．懲戒とは職務上および服務上の義務（☞1）の不履行に対する制裁をいい，免職，停給，減給，戒告の方法がある（同29）（☞2）．分限と懲戒の原則として，公正であること，法定事由によるのでなければ職員の意に反して処分されないことが法定されている（同27）．

不利益救済制度　任命権者の行う任用，分限，懲戒等について不服のある場合に，職員はその適否を争うことができる．その場合には，まず人事委員会または公平委員会（県費負担教職員については任命権者の属する地方公共団体の）の判定を経なければならない．それでもなお不服の場合には，裁判所に訴えることができる（☞3）．

（林）

(4) 教員の人事

1 職務上および服務上の義務

	内　容	根　拠　法　規
職務上	服務の宣誓 法令等に従う義務 職務専念義務	地公法 31 地公法 32, 地教行法 43 ② 地公法 35
服務上	信用失墜行為の禁止 秘密を守る義務 政治的行為の制限 争議行為等の禁止 営利企業等への従事制限	地公法 33, 29 ① 三 地公法 34 ①, 60 二, 地教行法 47 地公法 36, 教特法 18, 国公法 102 地公法 37, 61 四, 地教行法 47 地公法 38, 教特法 17 ①, 地教行法 47

2 分限処分，懲戒処分の事由（地公法 28 ①，②，29 ①）

	処分の方法	処分の事由
分限	免職または降任	勤務実績が良くない 心身の故障のため職務遂行に支障，又は耐えない その職に必要な適格性を欠く 職制・定数の改廃，予算の減少による廃職，過員
	休職	心身の故障のため長期休養を要する 刑事事件に関し起訴された場合
懲戒	免職・停職 減給・戒告	地公法，教特法，条例，規則，規程に違反 職場上の義務に違反，職務を怠る 全体の奉仕者たるにふさわしくない非行

3 現行の不利益救済制度

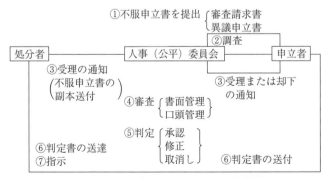

（下村哲夫『教育法規便覧』学陽書房，1988, p.297）

（5） 教員の勤務条件

勤務条件とは　教員の勤務条件とは，教員が勤務を行うについての諸条件をいい，勤務時間，休暇等，給与その他がこれに含まれる．教員の勤務条件は「人たるに値する生活を営むための必要を充たす」（労基法1）だけでなく，教育条件の一つとして「効果的な学習を最もよく促進し，かつ，教員がその職業的任務に専念できる」（ILO・ユネスコ「教員の地位に関する勧告」第8項）ものでなければならない．勤務条件の基本は，法律により定められる（憲法27②，労基法）が，地方公務員である公立学校教員は職員団体（☞p.226）を通じて当局と勤務条件に関する交渉を行うことができる（地公法55）．また国立大学法人法の制定・施行を通じ，国立大学法人（大学・付属学校）の教員は国家公務員法制から外れ労基法・労働組合法制下におかれることとなり，個別大学法人の就業規則や労使協定で，賃金・勤務時間等の勤務条件が決められている．ただし，多くの大学法人は「国家公務員準拠」の方針を取っている．

勤務時間等　労働者の労働時間は，1997（平9）年4月1日より，1日8時間1週40時間以内と定められた（労基法32①）が，教育職員の場合，2002（平14）年3月31日までは，週44時間とされてきた．しかし，完全学校週5日制の実施にともない，この特例は廃止され同年4月1日より週40時間労働制が適用されている．4時間の勤務時間につき15分と定められていた有給の「休息時間」は，2006（平成18）年7月1日に廃止された（人事院規則15－14－15）．勤務時間に算入されず，給与の対象とならない「休憩時間」は勤務時間の途中に一斉に与えられ，職員の自由な利用に任される（労基法34）．公立義務教育諸学校の教員に対しては，一定の業務（☞1）を除き，原則として時間外勤務を命ずることはできない．休日，休業日，臨時休業および休暇（☞2）は，法律・条例等で定められているが，1991（平3）年より，公務員に男女を問わずその子どもが1歳に達する日まで無給の育児休業を認める制度が確立した（育児休業法）ことは特記に値する．

給与等　給与とは勤務による労働力提供への対価をいい，俸給および諸手当（☞3）を含む．公立学校の教員の俸給は給与条例に定める俸給（給与）表による（☞4）．教育職の俸給（給与）表は教員の勤務する学校段階別に作成され，それぞれ等級と号俸からなる．その改訂は，情勢適応の原則により，毎年，人事院や人事（公平）委員会の勧告に基づき，議会で決定される．このような人事院勧告制度は，一般労働者と同じように団体交渉によって給与を決定する制度は公務員にはなじまないとの理由により，これに代わるものとして設けられた．従って，国家・地方財政の確保により勧告の完全実施が図られなければならない．

（林）

(5) 教員の勤務条件

1 時間外勤務を命ずることができる業務（教職員時間外勤務規定）

①生徒の実習に関する業務 ②学校行事に関する業務 ③学生の教育実習の指導に関する業務 ④教職員会議に関する業務 ⑤非常災害等やむを得ない場合に必要な業務

2 休暇の種類

① 有給休暇＝年次休暇，病気休暇（公務傷病，結核療養，私傷病），生理休暇，産前産後休暇，慶弔休暇，特別休暇（伝染病による交通遮断又は隔離，非常災害による交通遮断，天災地変による住居の滅失又は破壊，交通機関の事故等，証人・鑑定人・参考人等としての出頭，公民権の行使，学校運営上の必要にもとづく校務の停止，妊娠障害，妊娠・出産に関する健康診査又は保健指導，一歳未満の子の育児，妊娠中混雑する交通機関を利用して通勤，その他人事委員会が必要と認める場合）

② 無給休暇＝専従休暇

3 手当の種類（法律に基づくもののみ）

① 生活給的なもの──①扶養手当，②期末手当，③通勤手当，④住居手当，⑤初任給調整手当
② 地域給的なもの──①調整手当，②地域手当，③特地勤務手当
③ 職務給的なもの──①俸給の特別調整額（＝管理職手当），②特殊勤務手当，③産業教育手当，④定時制通信制手当，⑤義務教育等教員特別手当
④ 能率給的なもの──①勤勉手当，②超過勤務手当（事務職員に係るもの），③休日給（事務職員に係るもの），④宿日直手当

4 教育職俸給表の構造

俸給表 \ 区分	俸給表の適用される学校	5級の職務	4級の職務	3級の職務	2級の職務	1級の職務
教 育 (1)	大学に準ずる教育施設	教　授	准 教 授	助　教	助　手	教 務 職 員
教 育 (2)	高等専門学校に準ずる教育施設			教育全般についての統括，調整を行う職務	教育を行う職務	教育の補助を行う職務

（1～4いずれも下村哲夫他『教育法規便覧』（平18年版），2005を修正して作成）

（6） 教員の労働権

労働基本権　日本国憲法第28条は，「勤労者の団結する権利及び団体交渉その他の団体行動をする権利は，これを保障する」と定めている．ここにある，団結権，団体交渉権，団体行動権は，「労働基本権」「労働三権」とも呼ばれる．

団結権は，労働組合等を結成し，団結する権利であり，団体交渉権は，使用者と対等の立場で労働協約の締結等に関して交渉する権利であり，団体行動権は，労働条件等の改善についての要求が不当に受け入れられない場合において，争議行為に訴える権利を指す（労組法1）．

現行制度　これらの労働基本権は，従事する職務の種類や地位，公共の福祉への影響という視点から，争議行為等の禁止等，その保障が公務員に対しては制限される場合がある（☞①）．このため，公務員には団結権（国公法108の2，地公法52）以外の労働基本権は制限的に適用される（この点については，1966年に出されたILO＝ユネスコ「教員の地位に関する勧告」84項を参照，☞②）．この規定に基づき，公務員は，職員団体を組織することができる．

ただし，管理職以外の職員は，重要な行政上の決定を行う職員等，人事委員会規則等で定められた管理職員等と同一の職員団体を組織することが禁じられている（地公法52）．なお，私立学校の教職員団体の場合には，労働基本権が基本的に保障される．

現在，日本における教職員が組織する主要な教職員団体として，日本教職員組合（日教組），全日本教職員組合（全教），日本高等学校教職員組合（日高教右派），全日本教職員連盟（全日教連），全国教育管理職員団体協議会（全管協）の5団体を挙げることができる．このうち日教組は，教職員団体としては最も規模が大きく，各都道府県の教組等から構成される全国的な組織である（組織人員は，2005年時点で約30万人）．

これら教職員団体全体の組織率，加入者数はともに年々低下してきており（☞③），非加入者の割合が高くなっている．たとえば，日教組への新規採用教職員の加入率は，都道府県によって大きな開きがあるものの，全国平均では20％以下である（☞④）．

労働者性と専門職性　一般に職員団体は，労働者性と専門職性の二面的な性格を併せ持つ．労働者性は，働く者としての権利や労働条件の改善要求を提示し，専門職性は，職能集団としての専門的資質の向上を目指すものである．ふたつの性格をいかに統一できるかが，教職員団体においても大きな課題である．

（藤澤）

1 公務員に対する労働基本権の制限

権利項目	適用あるいは制限の内容	法的根拠
団結権	職員団体を結成し，加入できる	地公法 52
団体交渉権	法令に抵触しない限り，交渉と書面による協定ができる	地公法 55
団体行動権	禁止	地公法 37

2 ILO＝ユネスコ「教員の地位に関する勧告」84項（1966年）

雇用条件等から生じる教員と使用者の間の争議の解決にあたるため，適切な合同の機構が設置されなければならない．もしこの目的のために設けられた手段と手続きが使い尽くされ，あるいは当事者間の交渉が行きづまった場合，教員団体は，他の団体がその正当な利益を保護するため普通もっているような他の手段をとる権利をもたなければならない．

3 日教組の組織率の推移

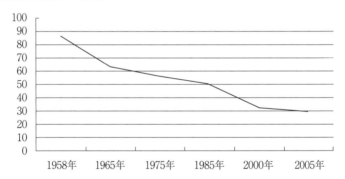

（文部科学省「教職員の組織する教職員団体に関する調査結果の概要について」2005年10月）

4 日教組への新採加入率の推移

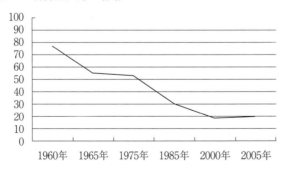

（文部科学省「教職員の組織する教職員団体に関する調査結果の概要について」2005年10月）

（7） 教員の市民的自由

市民的自由　市民的自由は，一般に国家権力による制約や強要，禁止などを受けることのない自由権として保障される．具体的には，憲法による以下の諸規定がある．思想及び良心の自由（第19条），信教の自由（第20条），集会，結社及び言論，出版，表現の自由（第21条），学問の自由（第23条）など．

歴史的経緯　大日本帝国憲法は，天皇大権の施行を妨げない範囲で，信教の自由（第28条），言論・集会・結社の自由（第29条）といった一定の市民的自由を形式的に規定していた（☞1）．しかし，勅令主義にもとづいていた戦前の教育体制では，教員の市民的自由は大きな制約を受けていた．たとえば，文部省が示した「小学校教員心得」（1881年）（☞2）や「箍口令」（1893年）（☞3）は，教員に対して政治的，宗教的な言論の抑制あるいは禁止を定めるものであった．

戦後の教育改革は，こうした考え方を見直し，教員の市民的自由の理念を提示した．第一次米国教育使節団報告書（1946年）は，教員の市民的自由が保障されるべきことを勧告した（☞4）．また，1966年，ILO（国際労働機関）＝UNESCO（国際連合教育科学文化機関）で作成された「教員の地位に関する勧告」（☞5）は，教員の生活や労働条件の改善，地位の向上とともに，教員が学問の自由や市民的自由を享受すべきことを定めた．同勧告を発展させるため，1996年には「教員の役割と地位に関するユネスコ勧告」（ユネスコ第45回国際教育会議宣言）が提出された．

現行制度　現行の法制度では，公務員に対する労働基本権の部分適用にあるように，公務員の市民的自由には一定の制限がある（地公法37）．ただし，教育公務員への制限は，公務員一般と同一ではない．とくに政治的行為については，県費負担教職員であっても，国家公務員と同様の制限を受ける（新教基法14②，教特法18，人事院規則14－7）．非公務員である私立学校教員に対しては，これらの法制度は直接適用されないが，各学校法人の定める諸規則によって実質的に同様の制限を受ける．他方，公務員一般については職務専念義務が課せられ，営利企業などへの従事が原則として禁じられているが（地公法35，38），教育公務員については任命権者の許可を得れば，教育にかかわる兼職が認められるといった特徴もある（教特法17）．

（藤澤）

1 大日本帝国憲法 (1889 年)

日本臣民ハ安寧秩序ヲ妨ケス及臣民タルノ義務ニ背カサル限ニ於テ信教ノ自由ヲ有ス（第28条）

日本臣民ハ法律ノ範囲内ニ於テ言論著作印行集会及結社ノ自由ヲ有ス（第29条）

2 小学校教員心得 (1881 年)

生徒若シ党派ヲ生シ争論ヲ発スル等ノ事アラハ之ヲ処置スル極メテ穏当詳密ニシテ偏頗ノ弊ナク苛刻ノ失ナカランヲ要ス故ニ教員タル者ハ常ニ寛厚ノ量ヲ養ヒ中正ノ見ヲ持シ就中政治及宗教上ニ渉リ執拗矯激ノ言論ヲナス等ノコトアルヘカラス．

3 箝口令 (1893 年)

教育会ノ名称ニ於ケル団体ニシテ純粋ナル教育事項ノ範囲ノ外ニ出テ教育上又ハ其他ノ行政ニ渉リ時事ヲ論議シ政事上ノ新聞雑誌ヲ発行スルハ一種ノ政論ヲ為ス者ト認メサルヲ得ス因テハ其ノ団体ハ法律上ノ手続ヲ履ミ相当ナル政論ノ自由アルト否トニ拘ラス学校教員タル者ノ職務上ノ義務ハ此等団体ノ会員タルヲ許ササル者トス．

4 第一次米国教育使節団報告書 (1946 年)

教師には他の公民のもつ一切の特権と機会とを与へるべきである．任務を立派に果すには，教師は，思想と言論と行動の自由をもたなくてはならぬ．

5 ILO = UNESCO「教員の地位に関する勧告」(1966 年)

教職員は職業上の任務の遂行にあたって学問上の自由を享受すべきである．教員は生徒に最も適した教材および方法を判断するために格別に資格をあたえられたものであるから，承認された課程の大綱の範囲で教材の選択と採用，教育方法の採用などについて重要な役割を与えられるべきである．(59項)

教員は市民が一般に享受する一切の市民的権利を行使する自由をもち，かつ，公職につく権利をもつべきである．(78項)

教員の年齢構成の推移

I　教員の年齢構成（公立小学校）

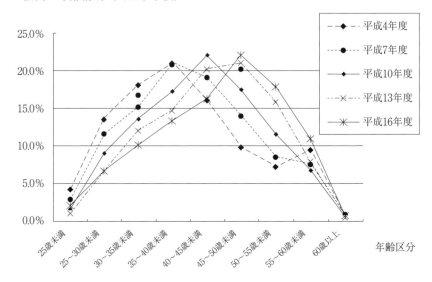

II　教員の年齢構成（公立中学校）

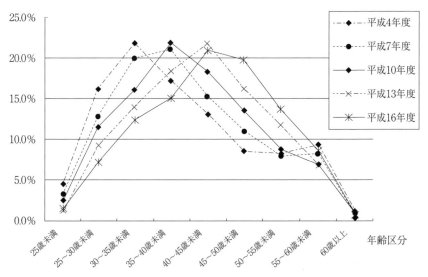

（文部科学省『学校教員の統計調査』より小野瀬善行作成）

XIV. 社会変化と教育制度改革

■**本章のねらいと構成**■

　現代は「全般的かつ恒常的な教育改革の時代」といわれる．教育制度についても，その各領域において，絶えず改革が模索されていることは，これまでの各章が示すとおりである．本章では，社会の変化との関わりで「教育制度改革」を正面から取り上げ，その基本的方向を考察することとした．第1節では，現代の教育制度改革とその特質をまとめ，第2節で教育の公共性と市場化を考察し，それに続く各節で，社会の情報化，国際化，学校から職業への移行問題や少子化問題に応じる教育制度改革の諸相を考察した．

（1） 現代教育制度改革とその特質

教育制度改革とは　教育制度改革とは，教育改革のうち教育制度に関するものをいう．一般に教育改革とは，新しい教育理念をもって教育を変えようとする過程をいう（☞ 1）．ところで「教育改革は，現実の教育に見られる何らかの欠陥を認識し，それを是正しようとする働きであるから，当然，改革の指針として新しい教育理念をもたねばならない」（沖原豊）とする指摘は重要である．ここには，教育問題の解決策の提示が教育改革の中核であること，教育問題の発見とそれを克服する解決策の構想には新しい教育理念の確定が前提とされること，逆に，教育問題の解決に至らない教育改革，正当な教育理念をもたない教育改革はその名に値しないことが示唆されている．教育制度改革とは，この教育理念に合わない現実（教育問題）の発生原因が現行教育制度にあるとき（教育制度問題），この解決を目指す教育理念に合った新しい教育制度の構想と実施をいう．

学習者からの改革と社会からの改革　教育制度改革の第1要件は正当な教育理念に基づく教育制度原則の確定である．教育理念は，学習者の側からと学習者が生存する社会の側から迫ることができる．両者は盾の表裏をなすが，実際には相反することが多い．近世公教育制度（臣民形成）と近代公教育（生活技術者形成）は後者の側からの教育理念が優先し，現代公教育制度は前者の教育理念の実現を目指す（生存権，学習権の自覚）ものとみてよい．前者から出発し，後者をも含み込む教育理念を確定しうるか否かが現代教育制度改革の鍵となる．

教育制度改革の特質　戦後教育制度改革は，洋の東西を問わず，教育の民主化，近代化，人間化というほぼ共通のプロセスを経ながら展開されてきた．先進国では，とくに中等教育のユニバーサル化や高等教育の大衆化が進められ，他方，途上国においては国民教育制度の創設や拡充が重要な課題とされた．しかし，いずれの場合も，教育機会の拡大に伴う過度の競争や学習と生活の分離あるいは経済優先といった問題を抱え，教育の人間化あるいは教育の個性化がますます重要な改革原理となっている．

　およそ1980年代から始まる教育の自由化の動きも各国でみられ，それとともに国の公教育システムの再構築が模索されている．わが国の義務教育制度の改革も同様で，そこでは国民の学習する権利と国家の役割との関係が問われているが，忘れてならないのは改革のしっかりした基本理念である（☞ 2）．

（桑原・清水）

（1） 現代教育制度改革とその特質　　*233*

1　教育事典にみる「教育改革」の定義と課題

1）『教育経営事典2』（ぎょうせい，1973，pp.19-22，沖原豊執筆）

〔概念〕……教育改革は，現実の教育に見られる何らかの欠陥を認識し，それを是正しようとする働きであるから，当然，改革の指針として新しい教育理念をもたねばならない．たとえば，戦後のわが国の教育改革においては，教育の民主化ということが大きく取り上げられ，また1959年のフランスのベルトワン教育改革においては，ランジュヴァン教育改革案の中に示された正義の原則の実現がはかられている．……最後に，教育改革は，単に新しい教育理念を掲げるだけでなく，それを実際に実現し，教育制度や教育内容の面に何らかの量的発展および質的変革をもたらすものでなくてはならない．教育改革は，単なる青写真の段階に終わるべきものではなく，教育の現実を変革する働きをそのうちに含むものである．

〔各国の教育改革の動向〕①教育の大衆化，②教育の多様化，③教育の現代化，④教育の生涯化

2）『教育学大事典2』（第一法規，1978，pp.77-84，成田克也執筆）

〔意義〕教育の目的・形態・内容および方法等に関する制度や在り方の全体またはそのある部分を，政策上の意図をもってつくり変えることをいう．

3）『増補改訂 世界教育事典』（ぎょうせい，1980，pp.120-121，平塚益徳執筆）

〔概念〕……多様な教育的営みに対して……反省・吟味がなされ，その改善が図られ……この努力が……専門的，組織的，かつ学的裏づけをもって行われる場合を，一般に教育革新と呼ぶ．……教育改革は，これらのうち，主として教育制度面に主軸をおくものをいい，特に基礎的，学的，長期的な展望の上に立つことが理想とされ，したがってその前提条件として，周到な教育計画と教育の実験，調査，研究に基づくことが強く要請されている．

〔現下教育改革の主要因〕①ナショナリズム，②インターナショナリズム，③デモクラシー，④生涯教育，⑤教育工学の新しい発達，⑥人口の激増，⑦環境教育

2　中央教育審議会答申「新しい時代の義務教育を創造する」

（平成17年10月26日）より

（1）　義務教育の目的・理念

変革の時代であり，混迷の時代であり，国際競争の時代である．

このような時代だからこそ，一人一人の国民の人格形成と国家・社会の形成者の育成を担う義務教育の役割は重い．

国は，その責務として，義務教育の根幹（①機会均等，②水準確保，③無償制）を保障し，国家・社会の存立基盤がいささかも揺らぐことのないようにしなければならない．

（2）　新しい義務教育の姿

学ぶ意欲や生活習慣の未確立，後を絶たない問題行動など義務教育をめぐる状況には深刻なものがある．公立学校に対する不満も少なくない．

我々の願いは，子どもたちがよく学びよく遊び，心身ともに健やかに育つことである．

そのために，質の高い教師が教える学校，生き生きと活気あふれる学校を実現したい．

学校の教育力，すなわち「学校力」を強化し，「教師力」を強化し，それを通じて，子どもたちの「人間力」を豊かに育てることが改革の目標である．

（2） 教育の公共性と市場化

教育の公共性　今日においては，組織的継続的な教育を受けることは誰にとっても（「個別性」「共通性」）必須なこと（「権利」）であるけれども，社会における多様な差別や格差ゆえに市民たちの自由な自発的な努力だけでそれを「平等」に「普遍的」に実現すること（市民的公共性）はできない．それゆえ，公権力の「規制」や「助成」さらには「実施」の作用によってこの教育を「均等」に「開放」することが図られなければならない（国家的公共性）．

規制緩和　今日の教育政策の基本的な動向は，自由化，個性化，分権化をキーワードとした規制緩和の方向である．福祉国家における国家的公共性の追求が国家財源や行政機構を増大・硬直させてしまったことへの批判に支えられている．

① 教育の供給側における多様化―学校の設置や財源確保，教育内容の編成，教員の資格などに関する規制を緩和して教育を提供する側の自由や裁量を拡大することによって，多様な教育サービスを競争的な状況の下で提供できるようにする．

② 教育の需要側における選択―これまで教育は一方的・画一的に与えられてきたが，通学する学校や教育内容を選択したり，学校の経営に住民が参加したりできるように改める．親は多様な教育サービスの中から選択したり，逆に注文を出したりする．

③ 地方分権―従来の中央集権的な教育行政を改めて文部科学省の管轄する権限や財源を地方自治体へ移管することによって，政策決定における自治体の選択や裁量（地方自治）を拡大し，教育制度における硬直性や画一性が打破できる．

市場原理の導入　規制緩和の改革を統合するのが市場原理である．教育制度は公的な規制や助成のあまりにも強い「官製市場」であったので，積極的に企業家精神や市場原理を導入することによって，「生活者・消費者本位の経済システム」へと転換させなければならない．教育市場において質の高い多様な教育サービスが提供され，親たちはその中から能力，適性あるいは好みに合致した教育サービスを選択する．教師たちは「選択してもらえる競争」をする．そして，サービスの品質保証のためには情報公開，学校評価，教員評価が導入される．社会的公共性を重視しようとするのであるが，上述の「普遍的な，均等な開放」がどう達成できるかは市場原理のもとでも大きな困難であり続ける．　　　（江幡）

（2）教育の公共性と市場化　235

1　規制改革・民間開放推進3か年計画（再改訂）
　　　　　　　　　　　　　　（2006（平成18）年3月31日閣議決定）

…「Ⅲ措置事項」の「8教育・研究関係」の中から「教育主体等」「初等・中等教育」について主要な項目だけを以下に紹介する．

ア　教育主体等
　a）学校法人の要件緩和…構造改革特区での状況を踏まえながら全国的な緩和を進める．
　b）株式会社，NPO等による学校経営の解禁
　c）学校に関する「公設民営方式」の解禁…「公私協力学校法人」方式の導入．
　d）経営形態の異なる学校間の競争条件の同一化…教育バウチャー制度の研究・検討．

イ　初等・中等教育
　a）構成員，運営を含む私立学校審議会の見直し…私立学校行政の規制を緩和する．
　b）年齢の取り扱いも含めた学校教育制度の弾力化…異学年のクラス編成，学校制度における年齢の取り扱いの弾力化．
　c）高校卒業レベルの学力認定制度
　d）学校の自己点検評価の促進…自己評価の実施・公表の義務化，外部評価の検討
　e）コミュニティ・スクールの法制化…学校経営への学校，保護者，地域の独自性を反映させる経営主体としての「地域学校協議会」．
　f）加配教員制度の改善等…都道府県の判断で弾力的に活用できるように．
　g）教科書採択地区の町村単位の設定の容認…学校単位の採択を視野に入れた採択地区の小規模化．
　h）在留外国人児童生徒に対応した教育の充実…教員の配置，母語の指導協力者．
　i）幼稚園・保育所の一元化
　j）保育士資格を有する者への幼稚園教諭二種免許の付与…一定期間の在職経験者に幼稚園教員資格認定試験を実施．
　k）免許状を有しない者の採用選考の拡大
　l）特別免許状の活用の促進
　m）任期付採用制度の活用…資質の高い教員の確保．
　n）教員採用における公正性の確保…人物重視の選考のもとでの透明性・客観性・公正性の確保
　o）児童生徒・保護者の意向を反映した教員評価制度・学校評価制度の確立
　p）校長評価制度の確立…管理能力などを客観的に評価する仕組みを確立．
　q）条件付採用期間の厳格な制度運用…教員評価との連結．
　r）指導力不足教員を教壇から退出させる仕組みの確立…分限処分の判定基準や仕組みの策定．
　s）学校の質の向上を促す学校選択の普及促進…市町村教委での積極的な検討を．
　t）学校に関する情報公開の徹底…その情報項目を別紙で例示．
　u）全国的な学力調査の実施…小学校6年，中学校3年の全員を対象に．
　v）教頭の資格要件の緩和…教育経験のない者の登用を可能に．

（3） 情報化の進展と教育制度改革

情報社会の進展と生涯学習　情報社会とは，情報通信技術（Information and Communications Technology）の革新的な進展に伴い，情報が不断に蓄積・処理・伝達されている社会のことを指す．近年の高度情報社会の中では，ICTを活用した生涯学習の可能性の拡大や生涯学習により情報リテラシーを身につける機会の拡大の重要性が指摘されてきている．ここでいう情報リテラシーとは，日常生活の中でコンピュータリテラシーなどを活用し，データを探索・収集・加工処理し，各人が必要な情報を創造し，それらを意思決定に反映させたり，また発信することができる能力を指している．よって，すべての人が生涯のいつでも，どこでもユビキタスネット社会のなかで情報リテラシーを身につけ，それを活用できる環境整備が教育制度改革に求められている．

情報教育の進展　わが国における教育の情報化への対応は，臨時教育審議会第1次答申（1985年6月）以降，急速に展開されてきた．1997年10月には情報化の進展に対応した初等中等教育における情報教育の推進等に関する調査研究協力者会議が，情報教育の目標を「情報活用の実践力」，「情報の科学的な理解」，「情報社会に参画する態度」の三つの観点にまとめ，情報活用能力の見直しについて整理した（☞ ①）．新学習指導要領では，各教科や総合的な学習の時間などでコンピュータや情報通信ネットワークの積極的な活用を図ることとするとともに，中学校・高等学校段階において，情報に関する教科・内容を必修とするなど，情報教育の充実が図られた（☞ ②）．2001年には内閣に「高度情報通信ネットワーク社会推進戦略本部（IT戦略本部）」が設置され，「e-Japan重点計画」のもと環境整備が行われ，現在ではそれらを基盤としてICT利活用を促進している．

情報教育の今後の課題　情報社会の進展に伴い，個人の孤立化や人間関係の希薄化，ネットワーク上の規範や規則の問題など「影」の部分への対応が生涯学習における情報化に関して取り組む課題として指摘されている（生涯学習審議会答申「新しい情報技術を活用した生涯学習の推進方策について」2000年11月）．他に，情報リテラシーを有する者とそうでない者との間に社会間格差（デジタル・デバイド）が生ずることについて，個人間だけではなく，地域間，国家間の問題としても危惧されている．情報教育においては，子ども達が興味・関心を持って主体的に参加できる授業実践の研究を進めるとともに，こうした諸課題に対し，学校・家庭・地域の密接な連携のもとで取り組んでいく姿勢が期待されている．

（半田）

(3) 情報化の進展と教育制度改革　237

1　情報活用能力の見直し

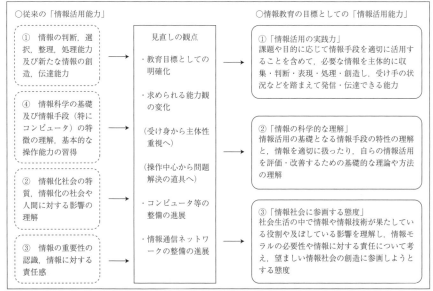

情報化の進展に対応した初等中等教育における情報教育の推進等に関する調査研究協力者会議第1次報告「体系的な情報教育の実施に向けて」（1997年10月）を踏まえ、「情報教育の実践と学校の情報化 ―新『情報教育に関する手引き』」（2002年6月）で整理された。

2　情報教育の改善内容

	旧学習指導要領	新学習指導要領
	（小・中・高：平成元年3月告示） （盲・聾・養護：平成元年12月告示）	（小・中：平成10年12月告示） （高・盲・聾・養護：平成11年3月告示）
小学校	・各教科等において教育機器の適切な活用	・各教科や総合的な学習の時間などでコンピュータや情報通信ネットワークを活用
中学校	・技術・家庭科「情報基礎」（選択） ・理科，数学でコンピュータについて学ぶ	・技術・家庭科「情報とコンピュータ」を必修（発展的な内容は生徒の興味・関心に応じて選択的に履修） ・各教科や総合的な学習の時間などでコンピュータや情報通信ネットワークを活用
高等学校	・設置者の判断で情報に関する教科・科目の設置が可能 ・専門学科では情報に関する基礎科目が原則履修科目	・普通教科「情報」を新設し必修（「情報A」「情報B」「情報C」（各2単位）から1科目を選択必修） ・各教科や総合的な学習の時間などでコンピュータや情報通信ネットワークを活用 ・専門教科「情報」を新設し、11科目で構成 （専門学科では、引き続き、情報に関する基礎科目を設置）
盲・聾・養護学校	・小・中・高等学校に準じる	・小・中・高等学校に準じるとともに、障害の状態に応じてコンピュータ等の情報機器を活用

（出典：「情報教育の実践と学校の情報化―新『情報教育に関する手引き』」（2001年6月）より）

（4） 国際化社会と教育制度改革　1

日本社会の多国籍・多文化化の進展　外国人登録者数は増加を続け 2005 年末現在で過去最高の 201 万人（総人口の 1.6％）である．国籍（出身地）数は 186 か国にのぼるが，韓国・朝鮮，中国，ブラジル，フィリピンで 80％を占める．最多人数の韓国・朝鮮は 1976 年末には構成比 86.4％と圧倒的多数を占めていたが，特別永住者の減少や帰化等により 29.8％へと減少した（☞①）．ブラジルが急増した背景に 1989 年改訂の「出入国管理及び難民認定法」による日系人の受入れ政策があった．他方，日本国民の民族的・文化的背景の多様化も進んでおり，国際結婚の子ども，長期にわたる海外生活経験者，帰化者などが増加している．こうした変化に対応した教育制度の改革が求められている．

外国籍の子どもの学習権保障　教育は基本的人権であり，国籍などにかかわらず保障される権利である．1979 年に日本が批准した国際人権規約第 13 条は「この条約の締約国は，教育についてのすべての者の権利を認める」と述べている．日本では外国籍の子どもは就学義務の対象としておらず，公立義務教育諸学校への入学を希望する場合は日本国民と同様に受入れが保障される制度になっている．しかしいずれの学校にも就学していない外国籍の子どもが相当数存在する実態がある．総務省「行政評価・監視結果報告書」（2003 年 8 月）は公立義務教育諸学校への受入れ推進を中心として，① 就学の案内の徹底，② 就学援助制度の周知の的確化，③ 日本語指導体制が整備された学校への受入れ推進について措置をとるよう文部科学省に通知した（☞②）．外国人学校（朝鮮学校やブラジル人学校など）やインタナショナル・スクールは，学校教育法第 1 条に規定する正規の学校として位置づけられず依然として各種学校の扱いであり多くの問題がある．

海外で学ぶ子どもの教育　日本の場合この教育制度は企業の海外活動の展開につれて整備されてきた．義務教育段階の子ども数は 70 年代，80 年代と上昇し，90 年代は 5 万人前後でほぼ横這い状態，2000 年代に入りアジア地域（主として中国）の増加などにより上昇に転じ，2006 年現在 5 万 8,304 人である．就学形態別内訳は日本人学校 32％，補習授業校 28％，現地校やインタナショナル・スクールのみに就学及び不就学 40％であり，地域別に特徴がある（☞③）．2006 年 4 月現在，日本人学校は 50 か国・地域に 85 校，補習授業校は 54 か国に 187 校設置されている．

（嶺井）

1 国籍（出身地）別外国人登録者数の推移

(各年末現在)

年＼国籍	昭和63年 (1988)	平成2年 (1990)	平成4年 (1992)	平成8年 (1996)	平成12年 (2000)	平成14年 (2002)	平成16年 (2004)	平成17年 (2005)
総数（人）	941,005	1,075,317	1,281,644	1,415,136	1,686,444	1,851,758	1,973,747	2,011,555
韓国・朝鮮	677,140	687,940	688,144	657,159	635,269	625,422	607,419	598,687
構成比%	72.0%	64.0%	53.7%	46.4%	37.7%	33.8%	30.8%	29.8%
中国	129,269	150,339	195,334	234,264	335,575	424,282	487,570	519,561
構成比%	13.7%	14.0%	15.2%	16.6%	19.9%	22.9%	24.7%	25.8%
ブラジル	4,159	56,429	147,803	201,795	254,394	268,332	286,557	302,080
構成比%	0.4%	5.2%	11.5%	14.3%	15.1%	14.5%	14.5%	15.0%
フィリピン	32,185	49,092	62,218	84,509	144,871	169,359	199,394	187,261
構成比%	3.4%	4.6%	4.9%	6.0%	8.6%	9.1%	10.1%	9.3%
米国	32,766	38,364	42,482	44,168	44,856	47,970	48,844	49,390
構成比%	3.5%	3.6%	3.3%	3.1%	2.6%	2.6%	2.5%	2.5%
ペルー	864	10,279	31,051	37,099	46,171	51,772	55,750	57,728
構成比%	0.1%	0.9%	2.4%	2.6%	2.7%	2.8%	2.8%	2.9%
その他	64,622	82,874	114,612	156,142	225,308	264,621	288,213	296,848
構成比%	6.9%	7.7%	9.0%	11.0%	13.4%	14.3%	14.6%	14.8%

法務省入国管理局

2 公立学校に在籍する「日本語指導が必要な」外国籍・日本国籍児童生徒

	小学校		中学校		高等学校		中等教育学校		盲・聾・養護学校		合計	
	児童数	学校数	生徒数	学校数	生徒数	学校数	生徒数	学校数	児童生徒数	学校数	児童生徒数	学校数
日本語指導が必要な外国人児童生徒数：①	(13,307)	(3,215)	(5,097)	(1,783)	(1,204)	(308)	(15)	(1)	(55)	(39)	(19,678)	(5,346)
	14,281	3,235	5,076	1,697	1,242	305	23	2	70	42	20,692	5,281
うち，日本語指導を受けている児童生徒数：②	(11,460)	(2,630)	(4,117)	(1,448)	(906)	(213)	(15)	(1)	(31)	(23)	(16,529)	(4,315)
	12,389	2,698	4,225	1,377	935	197	19	1	23	18	17,591	4,291
構成比 （②／①×100）(%)	(86.1)	(81.8)	(80.3)	(81.2)	(75.2)	(69.2)	(100.0)	(100.0)	(56.4)	(59.0)	(84.0)	(80.7)
	86.8	83.4	83.2	81.1	75.3	64.6	82.6	50.0	32.9	42.9	85.0	81.3
日本国籍を有する日本語指導が必要な児童生徒数	(2,277)	(943)	(663)	(332)	(186)	(80)	(5)	(1)	(6)	(4)	(3,137)	(1,360)
	2,388	948	646	300	163	77	5	1	12	7	3,214	1,333

※（ ）内の数値は，平成16年9月1日現在である。
文部科学省「日本語指導が必要な外国人児童生徒の受入れ状況等に関する調査」（平成17年度）

3 海外の子ども（義務教育段階）の地域別就学状況（平成18年4月現在）

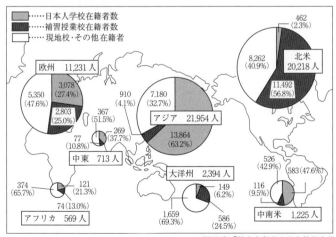

(外務省「管内在留邦人子女数調査」)

（出典：文部科学省「海外子女教育の概要」http://www.mext.go.jp/a_menu/shotou/clarinet/004/001/001/001.pdf）

(2007年3月現在)

（5） 国際化社会と教育制度改革　2

留学生の受入れ　1954年に国費留学生の受入れが始まった戦後の日本の留学生受入れは，1978年には約6千人足らずであった．1983年には「留学生受入れ10万人計画」が策定され，この年の留学生数は約1万人であったのが，10年後の1993年には約5万人と5倍程の伸びを示した（☞ 1）．しかし，その後1990年代後半にはアジア諸国における各国での大学収容人口の増加や通貨危機の影響もあり，受入留学生数の停滞を経験しながらも，日本での18歳人口の減少に応じて，学部レベルの留学生ならびに中国人留学生が急増したこともあり（☞ 2，3），2003年には目標の「10万人」を超え約11万人となり，その後も増加を続けている．

そこで，「10万人」の目標を達成した2003年12月には，中央教育審議会大学分科会留学生部会は，新たな留学生政策の基本的方針として答申を取りまとめ，①各大学等がより主体的な役割を果たしての留学生の受入れ・派遣の両面での一層の交流の推進，②留学生の質の確保及び受入れ体制の充実，③日本学生支援機構を中核とした留学生への奨学金の支給・留学生宿舎での国際交流事業等の留学生支援施策の総合的実施が提言された．

日本語教育　2003年度に国際交流基金が行った海外日本語教育機関調査では，世界127の国及び地域の12,222の機関で，2,356,745人の学習者が日本語を学習している．その内訳としては，機関数で60.8％，学習者数においては64.8％が初等・中等教育機関で占められている．これは例えば韓国やオーストラリアのように（☞ 4），政府の言語政策において，初等・中等教育機関における外国語教育が重視されている場合，日本語が外国語の科目として履修されているからであり，1990年代以降海外においては日本語学習者の若年化が著しい．例えば国際交流基金は，「インターネット日本語しけん・すしテスト」の開発・運営等を通じて，このような学習者の低年齢化に対応している．

一方，2004年度の文化庁の調査によると，国内では1,816の機関・施設に128,500人の日本語学習者数が在籍している（☞ 5）．近年の学習者数の増加や学習目的の多様化が進む中，情報通信技術を活用した日本語の学習方法や，ボランティアが中心となって多文化共生社会の実現を目指した地域日本語学習への支援の充実が，現在の国内の日本語教育における課題となっている．

（古川）

1 在学段階別留学生数の推移

(各年5月1日現在)

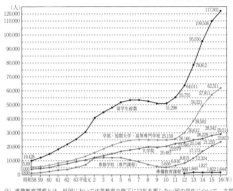

注）準備教育課程とは、外国において中等教育の修了に12年を要しない国の学生について、文部科学大臣が指定した当該課程を修了した場合に、大学入学資格を与えることができる課程をいう

2 出身国・地域別留学生数

(2004年5月1日現在)

国・地域名	留学生数（人）
中国	77,713 (1,810)
韓国	15,533 (1,021)
台湾	4,096 (—)
マレーシア	2,010 (255)
タイ	1,665 (622)
ベトナム	1,570 (530)
アメリカ合衆国	1,456 (132)
インドネシア	1,451 (600)
バングラデシュ	1,126 (440)
モンゴル	806 (240)
その他	9,876 (4,154)

( )内は国費外国人留学生数で内数

日本の大学等で学ぶ留学生は，平成16年5月1日現在117,302人で，平成15年に比べ7,794人(7.1％)増加した．これを出身国・地域別に見ると，アジア地域からの留学生が全体の約9割を占めており，その上位三国は，中国（66.3％），韓国（13.2％），台湾（3.5％）となっている．

3 国公私立別・在学段階別留学生数

(平成16年5月1日現在, ( )内は15年5月1日現在)
(人)

区分	学部	大学院	短大	高専	専修	準備教育課程	計
国立	9,084 (8,344)	19,518 (19,618)	12 (18)	422 (368)	0 (2)	0 (0)	29,036 (28,350)
公立	1,406 (1,348)	1,302 (1,262)	51 (57)	0 (0)	35 (40)	0 (0)	2,794 (2,707)
私立	47,834 (43,289)	8,694 (7,662)	3,418 (4,404)	84 (83)	23,798 (21,191)	1,644 (1,822)	85,472 (78,451)
計	58,324 (52,981)	29,514 (28,542)	3,481 (4,479)	506 (451)	23,833 (21,233)	1,644 (1,822)	117,302 (109,508)

4 海外における日本語学習者の国別構成

注）〈台湾〉は国際交流基金の事業対象外，（財）交流協会提供．

[資料] 国際交流基金調査（2003年度）

5 国内における日本語教育機関数・教員数・学習者数

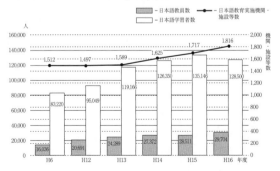

[資料] 文化庁調査（2004年度）

(6) 国際化社会と教育制度改革　3

グローバル化時代の教育制度　現代国家にみられる教育制度，その礎となる教育政策・理念は，グローバル化した政治・経済・社会関係において存立している．一国内における「国民」教育の論理やローカルに「固有」に存在するとされる価値・規範もまた，国家間，あるいはEUのような広域圏，国際機関，NGO，さらには「ヘゲモニー（覇権）国家」といった超国家的諸力との諸関係のうちに形成される．

国際教育協力・援助　国際教育協力・援助とは，そうした「諸関係」の一制度的表現である．先進国政府や世界銀行・ユネスコ・ユニセフ・UNDPといった国際機関，NGOが中心となって，発展途上国・地域の学校教育，社会教育，職業訓練からグラス・ルーツに至る教育拡充のために資金協力，技術協力を行うものである．領域は教育政策・行財政から教育インフラ，カリキュラム改善，教員養成・訓練，学校経営，人材育成，地球的課題への取り組み等に及ぶ．協力・援助の重点分野・地域は，いわゆる不均等発展の歪み，教育格差が最も著しく現れる部分が強調され，近年では，基礎教育および女子教育，サブサハラ・アフリカおよび西南アジアがその対象となっている．国際教育協力・援助のプロセスにおいては，トップダウンではなく，協力・援助側スタッフと受ける側の合意形成，コミュニケーションによる相互理解が志向されている．一国における教育制度は，いわばグローバルレヴェルに存在する「教育制度」と重層的関係を有することを示唆するものである．

　国際教育協力・援助を嚮導する理念は，狭隘なナショナリズムやエスノセントリズムとは対峙するものとならざるをえない．基調となるのはグローバル化する資本の活動を根底において支える自由主義である．しかし，とりわけ冷戦構造の崩壊以降はそれを後景化させつつ，ベーシック・ヒューマン・ニーズ（BHN）の延長線上に人間中心・人間開発の視点を加え，協力・援助理念の普遍的価値としての装いを整えるに至っている．理念形成の場もグローバルレヴェルに設定されることになる．すべての子どもたちに対する基礎教育の重要性が確認された「万人のための教育世界会議」（1990年・タイ・ジョムティエン）はその象徴であり，この流れは「世界教育フォーラム」（2000年・セネガル・ダカール）で採択された「ダカール行動枠組み」に引き継がれている．日本の国際教育協力・援助もまたこうした国際的思潮と協働するなかで進められているのである（☞①）．

(大和田)

(6) 国際化社会と教育制度改革　3

1　日本の国際教育協力・援助に係る基本的動向（1989年以降のODA分野中心）

1989.	12	ODA実績，DAC諸国で初の第1位となる　＊1
1990.	3	万人のための教育世界会議（Education for all）（於：タイ・ジョムティエン）　＊2
	7	世銀からの借款を全額返済
1991.	4	ODA4指針決定
1992.	6	政府開発援助大綱（ODA大綱）閣議決定　＊3
1993.	10	アフリカ開発会議「東京宣言」（日本共催）（於：東京）
1994.	3	JICA『開発と教育　分野別援助研究会報告書』
1995.	3	社会開発サミット（於：コペンハーゲン）　＊4
	5	緊急無償・民主化支援開始
	9	「開発と女性（WID）イニシアティブ」発表（第4回世界女性会議）
	5	「新開発戦略」採択（於：DAC上級会合）　＊5
1998.	1	「21世紀に向けてのODA改革懇談会」（外務省）が「最終報告」を発表
	10	第二回アフリカ開発会議「東京行動計画」を採択　＊7
1999.	6	ケルン・サミット，ケルン教育憲章（於：ケルン）
	10	国際協力銀行設立
2000.	4	世界教育フォーラム，「ダカール行動枠組み」を採択（於：ダカール）＊8
	9	国連ミレニアムサミット（於：ニューヨーク）　＊9
2002.	6	成長のための基礎教育イニシアティブ（BEGIN）発表
2003.	8	新ODA大綱閣議決定　＊10
	9	第三回アフリカ開発会議「10周年宣言」
2005.	2	新ODA中期政策
	3	「ジェンダーと開発（GAD）イニシアティブ」発表（於：第49回国連婦人の地位委員会）
2006.	8	国際教育協力懇談会（文部科学省）報告『大学発　知のODA 一知的国際貢献に向けて一』

＊1　これ以降，実績総額は1990年を除いて2000年まで首位を保ったが，2001年以降はアメリカに首位を譲っている．対GNP費では，DAC（OECD開発援助委員会）加盟国のなかで下位に位置する．総額の約1割が教育協力・援助分野への支出となる．

＊2　世界銀行，ユネスコ，ユニセフ，国連開発計画（UNDP）による共同開催．150カ国代表，研究者，NGOが参加し，基礎教育の重要性を再確認した．

＊3　人道的配慮，国際社会の相互依存性の認識，環境の保全，途上国の自助努力支援の4つを基本理念として，日本のODAの基本政策を策定した．

＊4　貧困，失業，そこから派生する社会的統合の解体という3つが主要課題として扱われ，経済成長優先の開発路線が見直された．「宣言」における，新しい開発戦略の中心には人間開発，社会開発が据えられた．

＊5　このとりまとめには，日本が主導的役割を果たしたと言われている．「貧困層の貧窮化の進行を阻止し，人間開発に関する現実的な目標に向けて前進する必要がある」として，教育に関し，次の二点が目標に掲げられた．
・2015年までにすべての国において初等教育を普及させること．
・2005年までに初等・中等教育における男女格差を解消し，それによって，男女平等と女性の地位の強化（エンパワメント）に向けて大きな前進を図ること．

＊6　財政危機のなかにおけるODAのゆくえが模索されている．「貧困対策と社会開発分野」，「開発途上国の女性支援」，「開発途上国の人造り（人材育成）」，「知的支援」等が重要分野とされた．

＊7　日本は教育・保健医療・水資源の分野に対し，向こう5年間で，約900億円の無償資金協力をめざすことを発表した．

＊8　「万人のための教育世界会議」で決議された教育目標の進捗状況評価が行われた．今後の指針として「就学前教育の拡大・改善」，「2015年までにすべての子どもの無償初等教育への機会確保」，「2015年までに成人識字率の50％改善と成人の基礎教育への機会の平等の確保」，「2005年までの初等中等教育における男女格差の解消」等が掲げられた．

＊9　ミレニアム開発目標（MDGs）を定めた．8項目からなり，うち教育関連は2項目．内容については「新開発戦略」のものを踏襲している（前掲＊5を参照）．

＊10　ODAの目的を「国際社会の平和と発展に貢献し，これを通じて我が国の安全と反映の確保に資すること」とした．こうした基本的枠組みのなかで，教育協力がどのように位置づけられていくのかを注視していく必要がある．

（上記資料を作成するにあたり，外務省編『政府開発援助』各年度版を参照した）

（7）学校から職業への移行の困難化と教育制度改革

学校から職業への移行の現実 2006（平成 18）年現在の日本では，フリーター（34歳以下のパート・アルバイト就労者）が187万人，ニート（若年無業者：15歳から34歳で家事・就学・就労のいずれもしておらず求職活動もしてない者）は62万人に上っている（☞ ① ・ ②）．このような状況は，いわゆるバブル経済の崩壊後急速に悪化し，近年の景気の復調に伴ってわずかに好転しつつも，顕著な改善が見られないまま今日に至っている．また，2003年度の新卒者のうち，3年以内に離職した者は，中卒者70.4％，高卒者49.8％，大卒者35.7％となり，低学歴層ほど離職率が高い「七五三現象」の固定化が確認される．

文部科学省の対応 1999（平成11）年に中央教育審議会答申「初等中等教育と高等教育との接続の改善について」が，「学校と社会及び学校間の円滑な接続を図るためのキャリア教育を小学校段階から発達段階に応じて実施する必要がある」と指摘したことを受け，文部科学省では2001（平成13）年に「キャリア教育の推進に関する総合的調査研究協力者会議」を設置した．2004（平成16）年1月に同会議がまとめた報告書においては，「キャリア教育」を「児童生徒一人一人のキャリア発達を支援し，それぞれにふさわしいキャリアを形成していくために必要な意欲・態度や能力を育てる教育」，端的には，「児童生徒一人一人の勤労観，職業観を育てる教育」と定義した上で，すべての教育活動を通したキャリア教育の推進を求めている．また，2003(平成15)年6月には，文部科学省を含む関連省庁の連携による「若者自立・挑戦プラン」が策定され，キャリア教育の推進はその主要な方策の一つとしても位置づけられた．

これらの動向を踏まえ，文部科学省では2004年度より「キャリア教育総合計画」の策定と実施に踏み切り，2005年度には中学校を中心とした職場体験等の5日間以上の実施（＝キャリア・スタート・ウィーク）を中核とした「キャリア教育実践プロジェクト」を開始している（☞ ③）．

実践支援制度の整備と基礎研究拡充の必要性 このように国を挙げて推進されるキャリア教育ではあるが，学校現場においては教員の加重負担が懸念されている．例えば，職場体験を実施するための協力事業所の確保や，体験前後の体系的ガイダンスプログラムの策定などのすべてが，教員一人ひとりの善意と熱意に依存する方策によって推進される傾向が顕著に見られる．また，社会・経済的格差と無業化する若者との関係の解明など，基礎研究分野の課題も多い（☞ ④）．

〔藤田（晃）〕

(7) 学校から職業への移行の困難化と教育制度改革

① ニート（若年無業者）数の推移（万人）

② フリーター数の推移（万人）

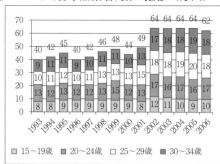
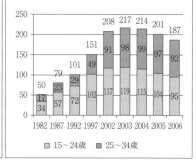

厚生労働省『平成19年版労働経済の分析』第1-(1)-27図，第1-(1)-24図より作成

③ 省庁連携によるキャリア教育の推進概念図（文部科学省作成・2007年）

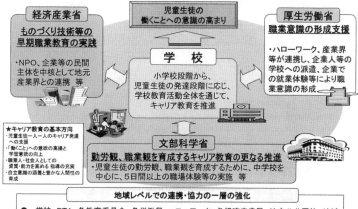

文部科学省ウェブサイト（http://www.mext.go.jp/a_menu/shotou/career/05010502/022.pdf）

④ 若年無業者と若年一般労働者の学歴構成（15〜34歳・2002年・%）

	大卒	高専・短大卒	高卒	中卒
若年無業者（男女・15〜34歳）	11.2	9.5	51.2	28.1
一般労働者（男・19歳以下）	—	—	93.0	7.0
一般労働者（女・19歳以下）	—	—	98.6	1.4
一般労働者（男・20〜24歳）	25.5	17.4	53.6	3.5
一般労働者（女・20〜24歳）	18.8	43.7	36.8	0.7
一般労働者（男・25〜29歳）	39.6	14.4	43.2	2.8
一般労働者（女・25〜29歳）	24.4	41.4	33.5	0.7
一般労働者（男・30〜34歳）	38.3	13.4	45.3	3.0
一般労働者（女・30〜34歳）	17.8	37.9	43.0	1.3

出典：若年無業者データ：労働政策研究・研修機構『若者就業支援の現状と課題—イギリスにおける支援の展開と日本の若者の実態分析から—』2005，図表Ⅱ-1-13，一般労働者データ：厚生労働省「平成14年賃金構造基本統計調査（全国結果）の概況」2003，付表8

（8） 少子化問題と教育制度改革

少子化の進展と子育て支援　一人の女性が生涯平均して何人の子どもを生むかを示す合計特殊出生率は，1947年当時は4.54であったが，2005年には1.26にまで下がった．また，合計特殊出生率の数字よりも，1970年代初頭の第二次ベビーブーム当時の出生数の約半数しか現在では生まれていないという，実際の出生数の減少こそが日本の将来には問題であるという指摘もある．日本はすでに2005年から，出生数よりも死亡数の方が多い人口減少社会に移行している．（☞①）

少子化の背景には，日本社会全体の晩婚化・未婚化傾向があるが，同時に子育て・教育の社会的・経済的負担が重く，子育てがしづらいという要因も大きい．このような状況に対し，政府は1996年の「今後の子育て支援のための施策の基本的方向について」（通称エンゼルプラン）をはじめとする，子育て支援策に取り組み始め，2003年には少子化社会対策基本法を制定，同法に基づき翌年少子化社会対策大綱が閣議決定された．同大綱の特徴は，従来の「仕事と子育ての両立支援策」を踏まえながらも，将来の親となる若者の自立支援，生命の大切さ・家庭の役割等についての理解を深めるなど，より広範な4つの重点課題を打ち出していることにある．（☞②）

少子化に対応した教育制度改革　2000年の中教審「少子化と教育について」は，教育面から少子化に対応するための具体的方策として，幼小・幼保の連携などの「幼児教育振興プログラム」の策定，「子育て理解教育」という視点をもった社会科や保健体育科学習，高校生の保育体験学習などが求められ，さらに児童・生徒数の減少に伴い，異学年交流・学校間交流の推進や生徒の多様な選択を可能としていくことが求められると提言している．（☞③）

これから一層進むであろう少子化に対応するための教育制度改革には，一つは少子化に少しでも歯止めをかけるための改革，一つは少子化に現実的に対応するための改革がある．前者としては，大人になるまでの教育費負担の軽減（奨学金制度の充実など），保育サービスの充実，安心して子育てができる教育環境の整備などがある．後者としては，小中高の学校統廃合・大学全入時代に伴う大学・短大の閉鎖という目に見える問題のみならず，選択制の個別化したカリキュラムをいかに用意するか，より細かな児童・生徒理解をいかに実現するか，地域や異学年間の交流をどのように用意するかなどの改革課題がある．　　　　（牛尾）

（8） 少子化問題と教育制度改革　　247

1　戦後日本の出生数と合計特殊出生率の変化

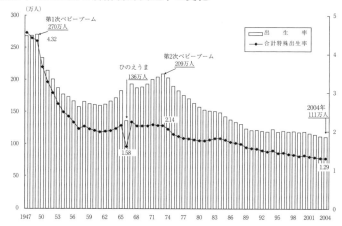

2　少子化対策に関する年表

1994 年	エンゼルプラン
1997 年	人口問題審議会「少子化に関する基本的考え方について」
1998 年	少子化への対応を考える有識者会議提言
1999 年 〃	少子化対策推進関係閣僚会議→「少子化対策基本方針」 新エンゼルプラン
2000 年	中央教育審議会「少子化と教育」
2002 年	少子化対策プラスワン
2003 年 〃 〃	厚生労働省次世代育成支援元年 次世代育成支援対策推進法 少子化社会対策基本法
2004 年 〃	少子化社会対策大綱 国民的な広がりのある新たな取組の推進について
2005 年	子ども・子育て応援プラン（新々エンゼルプラン）
2006 年	少子化社会対策会議「新しい少子化対策について」

3　2000 年 4 月中央教育審議会報告「少子化と教育について」より

第 2 章　少子化が教育に及ぼす影響（抄）

少子化が教育に及ぼす影響としては，①子ども同士の切磋琢磨の機会が減少すること，②親の子どもに対する過保護・過干渉を招きやすくなること，③子育てについての経験や知恵の伝承・共有が困難になること，④学校や地域において一定規模の集団を前提とした教育活動やその他の活動（学校行事や部活動，地域における伝統行事等）が成立しにくくなること，⑤良い意味での競争心が希薄になることなどが考えられる．

第 3 章　少子化に対応するための政策的視点（抄）

このような対応を進めるに当たっては，①安心して子育てができる教育環境を実現する，②子育てや家庭の大切さについて若い世代の理解を深める，③子育てをしながら働き学ぶことができる環境を整備する，④教育に伴う経済的負担の軽減を図る，⑤地域で子育てを支援する環境を整備する，⑥子育て後のキャリア開発等を支援するといった視点が重要である．

付　録

収録法令等一覧

- 日本国憲法（抄）
- 教育基本法
- 旧教育基本法
- 児童憲章
- 世界人権宣言
- 学習権宣言（抄）
- 児童の権利に関する条約（抄）
- 学校教育法（抄）
- 学校教育法施行令（抄）
- 学校教育法施行規則（抄）
- 地方教育行政の組織及び運営に関する法律（抄）
- 発達障害者支援法（抄）
- 社会教育法（抄）
- 生涯学習の振興のための施策の推進体制等の整備に関する法律（抄）
- 教育公務員特例法（抄）
- 保育所保育指針・総則
- 幼稚園教育要領・総則
- 小学校学習指導要領・総則
- 中学校学習指導要領・総則
- 高等学校学習指導要領・総則
- 学校教育法等の一部を改正する法律案要綱
- 地方教育行政の組織及び運営に関する法律の一部を改正する法律案要綱
- 教育職員免許法及び教育公務員特例法の一部を改正する法律案要綱

2007年5月現在

〈日本の国内法令については，一律，項番号②，③…，号番号1，2…として表記した〉

●日本国憲法（抄）

第11条 国民は，すべての基本的人権の享有を妨げられない．この憲法が国民に保障する基本的人権は，侵すことのできない永久の権利として，現在及び将来の国民に与へられる．

第12条 この憲法が国民に保障する自由及び権利は，国民の不断の努力によつて，これを保持しなければならない．又，国民は，これを濫用してはならないのであつて，常に公共の福祉のためにこれを利用する責任を負ふ．

第13条 すべて国民は，個人として尊重される．生命，自由及び幸福追求に対する国民の権利については，公共の福祉に反しない限り，立法その他の国政の上で，最大の尊重を必要とする．

第14条 すべて国民は，法の下に平等であつて，人種，信条，性別，社会的身分又は門地により，政治的，経済的又は社会的関係において，差別されない．（以下略）

第15条 公務員を選定し，及びこれを罷免することは，国民固有の権利である．
すべて公務員は，全体の奉仕者であつて，一部の奉仕者ではない．（以下略）

第19条 思想及び良心の自由は，これを侵してはならない．

第20条 信教の自由は，何人に対してもこれを保障する．いかなる宗教団体も，国から特権を受け，又は政治上の権力を行使してはならない．

② 何人も，宗教上の行為，祝典，儀式又は行事に参加することを強制されない．
③ 国及びその機関は，宗教教育その他いかなる宗教的活動もしてはならない．
第21条　集会，結社及び言論，出版その他一切の表現の自由は，これを保障する．
② 検閲は，これをしてはならない．通信の秘密は，これを侵してはならない．
第22条　何人も，公共の福祉に反しない限り，居住，移転及び職業選択の自由を有する．
② 何人も，外国に移住し，又は国籍を離脱する自由を侵されない．
第23条　学問の自由は，これを保障する．
第25条　すべて国民は，健康で文化的な最低限度の生活を営む権利を有する．
② 国は，すべての生活部面について，社会福祉，社会保障及び公衆衛生の向上及び増進に努めなければならない．
第26条　すべて国民は，法律の定めるところにより，その能力に応じて，ひとしく教育を受ける権利を有する．
② すべて国民は，法律の定めるところにより，その保護する子女に普通教育を受けさせる義務を負ふ．義務教育は，これを無償とする．
第27条　すべて国民は，勤労の権利を有し，義務を負ふ．
② 賃金，就業時間，休息その他の勤労条件に関する基準は，法律でこれを定める．
③ 児童は，これを酷使してはならない．
第28条　勤労者の団結する権利及び団体交渉その他の団体行動をする権利は，これを保障する．
第89条　公金その他の公の財産は，宗教上の組織若しくは団体の使用，便益若しくは維持のため，又は公の支配に属しない慈善，教育若しくは博愛の事業に対し，これを支出し，又はその利用に供してはならない．
第97条　この憲法が日本国民に保障する基本的人権は，人類の多年にわたる自由獲得の努力の成果であつて，これらの権利は，過去幾多の試練に堪へ，現在及び将来の国民に対し，侵すことのできない永久の権利として信託されたものである．
第98条　この憲法は，国の最高法規であつて，その条規に反する法律，命令，詔勅及び国務に関するその他の行為の全部又は一部は，その効力を有しない．（以下略）
第99条　天皇又は摂政及び国務大臣，国会議員，裁判官その他の公務員は，この憲法を尊重し擁護する義務を負ふ．

●教育基本法

（平 18. 12. 22　法120）

我々日本国民は，たゆまぬ努力によって築いてきた民主的で文化的な国家を更に発展させるとともに，世界の平和と人類の福祉の向上に貢献することを願うものである．

我々は，この理想を実現するため，個人の尊厳を重んじ，真理と正義を希求し，公共の精神を尊び，豊かな人間性と創造性を備えた人間の育成を期するとともに，伝統を継承し，新しい文化の創造を目指す教育を推進する．

ここに，我々は，日本国憲法の精神にのっとり，我が国の未来を切り拓く教育の基本を確立し，その振興を図るため，この法律を制定する．

第1章　教育の目的及び理念

（教育の目的）
第1条　教育は，人格の完成を目指し，平和で民主的な国家及び社会の形成者として必要な資質を備えた心身ともに健康な国民の育成を期して行われなければならない．
（教育の目標）
第2条　教育は，その目的を実現するため，学問の自由を尊重しつつ，次に掲げる目標を達成するよう行われるものとする．
一　幅広い知識と教養を身に付け，真理を求める態度を養い，豊かな情操と道徳心を培うとともに，健やかな身体を養うこと．
二　個人の価値を尊重して，その能力を伸ばし，創造性を培い，自主及び自律の精神を養うとともに，職業及び生活との関連を重視し，勤労を重んずる態度を養うこと．
三　正義と責任，男女の平等，自他の敬愛と協力を重んずるとともに，公共の精神に基づき，主体的に社会の形成に参画し，その発展に寄与する態度を養うこと．
四　生命を尊び，自然を大切にし，環境の保全に寄与する態度を養うこと．
五　伝統と文化を尊重し，それらをはぐくんできた我が国と郷土を愛するとともに，他国を尊重し，国際社会の平和と発展に寄与する態度を養うこと．
（生涯学習の理念）
第3条　国民一人一人が，自己の人格を磨き，豊かな人生を送ることができるよう，その生涯にわたって，あらゆる機会に，あらゆる場所において学習することができ，その成果を適切に生かすことのできる社会の実現が図られなけれ

ばならない．
（教育の機会均等）
第 4 条 すべて国民は，ひとしく，その能力に応じた教育を受ける機会を与えられなければならず，人種，信条，性別，社会的身分，経済的地位又は門地によって，教育上差別されない．

② 国及び地方公共団体は，障害のある者が，その障害の状態に応じ，十分な教育を受けられるよう，教育上必要な支援を講じなければならない．

③ 国及び地方公共団体は，能力があるにもかかわらず，経済的理由によって修学が困難な者に対して，奨学の措置を講じなければならない．

第 2 章　教育の実施に関する基本

（義務教育）
第 5 条 国民は，その保護する子に，別に法律で定めるところにより，普通教育を受けさせる義務を負う．

② 義務教育として行われる普通教育は，各個人の有する能力を伸ばしつつ社会において自立的に生きる基礎を培い，また，国家及び社会の形成者として必要とされる基本的な資質を養うことを目的として行われるものとする．

③ 国及び地方公共団体は，義務教育の機会を保障し，その水準を確保するため，適切な役割分担及び相互の協力の下，その実施に責任を負う．

④ 国又は地方公共団体の設置する学校における義務教育については，授業料を徴収しない．

（学校教育）
第 6 条 法律に定める学校は，公の性質を有するものであって，国，地方公共団体及び法律に定める法人のみが，これを設置することができる．

② 前項の学校においては，教育の目標が達成されるよう，教育を受ける者の心身の発達に応じて，体系的な教育が組織的に行われなければならない．この場合において，教育を受ける者が，学校生活を営む上で必要な規律を重んずるとともに，自ら進んで学習に取り組む意欲を高めることを重視して行われなければならない．

（大学）
第 7 条 大学は，学術の中心として，高い教養と専門的能力を培うとともに，深く真理を探究して新たな知見を創造し，これらの成果を広く社会に提供することにより，社会の発展に寄与するものとする．

② 大学については，自主性，自律性その他の大学における教育及び研究の特性が尊重されなければならない．

（私立学校）
第 8 条 私立学校の有する公の性質及び学校教育において果たす重要な役割にかんがみ，国及び地方公共団体は，その自主性を尊重しつつ，助成その他の適当な方法によって私立学校教育の振興に努めなければならない．

（教員）
第 9 条 法律に定める学校の教員は，自己の崇高な使命を深く自覚し，絶えず研究と修養に励み，その職責の遂行に努めなければならない．

② 前項の教員については，その使命と職責の重要性にかんがみ，その身分は尊重され，待遇の適正が期せられるとともに，養成と研修の充実が図られなければならない．

（家庭教育）
第 10 条 父母その他の保護者は，子の教育について第一義的責任を有するものであって，生活のために必要な習慣を身に付けさせるとともに，自立心を育成し，心身の調和のとれた発達を図るよう努めるものとする．

② 国及び地方公共団体は，家庭教育の自主性を尊重しつつ，保護者に対する学習の機会及び情報の提供その他の家庭教育を支援するために必要な施策を講ずるよう努めなければならない．

（幼児期の教育）
第 11 条 幼児期の教育は，生涯にわたる人格形成の基礎を培う重要なものであることにかんがみ，国及び地方公共団体は，幼児の健やかな成長に資する良好な環境の整備その他適当な方法によって，その振興に努めなければならない．

（社会教育）
第 12 条 個人の要望や社会の要請にこたえ，社会において行われる教育は，国及び地方公共団体によって奨励されなければならない．

② 国及び地方公共団体は，図書館，博物館，公民館その他の社会教育施設の設置，学校の施設の利用，学習の機会及び情報の提供その他の適当な方法によって社会教育の振興に努めなければならない．

（学校，家庭及び地域住民等の相互の連携協力）
第 13 条 学校，家庭及び地域住民その他の関係者は，教育におけるそれぞれの役割と責任を自覚するとともに，相互の連携及び協力に努めるものとする．

（政治教育）
第 14 条 良識ある公民として必要な政治的教養は，教育上尊重されなければならない．

② 法律に定める学校は，特定の政党を支持し，又はこれに反対するための政治教育その他政治的活動をしてはならない．

（宗教教育）
第15条 宗教に関する寛容の態度，宗教に関する一般的な教養及び宗教の社会生活における地位は，教育上尊重されなければならない．
② 国及び地方公共団体が設置する学校は，特定の宗教のための宗教教育その他宗教的活動をしてはならない．

第3章　教育行政

（教育行政）
第16条 教育は，不当な支配に服することなく，この法律及び他の法律の定めるところにより行われるべきものであり，教育行政は，国と地方公共団体との適切な役割分担及び相互の協力の下，公正かつ適正に行われなければならない．
② 国は，全国的な教育の機会均等と教育水準の維持向上を図るため，教育に関する施策を総合的に策定し，実施しなければならない．
③ 地方公共団体は，その地域における教育の振興を図るため，その実情に応じた教育に関する施策を策定し，実施しなければならない．
④ 国及び地方公共団体は，教育が円滑かつ継続的に実施されるよう，必要な財政上の措置を講じなければならない．

（教育振興基本計画）
第17条 政府は，教育の振興に関する施策の総合的かつ計画的な推進を図るため，教育の振興に関する施策についての基本的な方針及び講ずべき施策その他必要な事項について，基本的な計画を定め，これを国会に報告するとともに，公表しなければならない．
② 地方公共団体は，前項の計画を参酌し，その地域の実情に応じ，当該地方公共団体における教育の振興のための施策に関する基本的な計画を定めるよう努めなければならない．

第4章　法令の制定

第18条 この法律に規定する諸事項を実施するため，必要な法令が制定されなければならない．
附則
（施行期日）
この法律は，公布の日から施行する．

●旧教育基本法

（昭22．3．31　法25）

われらは，さきに，日本国憲法を確定し，民主的で文化的な国家を建設して，世界の平和と人類の福祉に貢献しようとする決意を示した．この理想の実現は，根本において教育の力にまつべきものである．
われらは，個人の尊厳を重んじ，真理と平和を希求する人間の育成を期するとともに，普遍的にしてしかも個性ゆたかな文化の創造をめざす教育を普及徹底しなければならない．ここに，日本国憲法の精神に則り，教育の目的を明示して，新しい日本の教育の基本を確立するため，この法律を制定する．

第1条 （教育の目的）　教育は，人格の完成をめざし，平和的な国家及び社会の形成者として，真理と正義を愛し，個人の価値をたつとび，勤労と責任を重んじ，自主的精神に充ちた心身ともに健康な国民の育成を期して行われなければならない．

第2条 （教育の方針）　教育の目的は，あらゆる機会に，あらゆる場所において実現されなければならない．この目的を達成するためには，学問の自由を尊重し，実際生活に即し，自発的精神を養い，自他の敬愛と協力によって，文化の創造と発展に貢献するように努めなければならない．

第3条 （教育の機会均等）　すべて国民は，ひとしく，その能力に応ずる教育を受ける機会を与えられなければならないものであって，人種，信条，性別，社会的身分，経済的地位又は門地によって，教育上差別されない．
② 国及び地方公共団体は，能力があるにもかかわらず，経済的理由によって就学困難な者に対して，奨学の方法を講じなければならない．

第4条 （義務教育）　国民は，その保護する子女に，九年の普通教育を受けさせる義務を負う．
② 国又は地方公共団体の設置する学校における義務教育については，授業料は，これを徴収しない．

第5条 （男女共学）　男女は，互いに敬重し，協力しあわなければならないものであって，教育上男女の共学は，認められなければならない．

第6条 （学校教育）　法律に定める学校は，公の性質をもつものであつて，国又は地方公共団体の外，法律に定める法人のみが，これを設置することができる．
② 法律に定める学校の教員は，全体の奉仕者であって，自己の使命を自覚し，その職責の遂行に努めなければならない．このためには，教員の身分は，尊重され，その待遇の適正が，期せられなければならない．

第7条 （社会教育）　家庭教育及び勤労の場所その他社会において行われる教育は，国及び地方公共団体によって奨励されなければならない．

② 国及び地方公共団体は，図書館，博物館，公民館等の施設の設置，学校の施設の利用その他適当な方法によって教育の目的の実現に努めなければならない。

第8条（政治教育）　良識ある公民たるに必要な政治的教養は，教育上これを尊重しなければならない。

② 法律に定める学校は，特定の政党を支持し，又はこれに反対するための政治教育その他政治的活動をしてはならない。

第9条（宗教教育）　宗教に関する寛容の態度及び宗教の社会生活における地位は，教育上これを尊重しなければならない。

② 国及び地方公共団体が設置する学校は，特定の宗教のための宗教教育その他宗教的活動をしてはならない。

第10条（教育行政）　教育は，不当な支配に服することなく，国民全体に対し直接に責任を負って行われるべきものである。

② 教育行政は，この自覚のもとに，教育の目的を遂行するに必要な諸条件の整備確立を目標として行われなければならない。

第11条（補則）　この法律に掲げる諸条項を実施するために必要がある場合には，適当な法令が制定されなければならない。

　　　　附　則
この法律は，公布の日から，これを施行する。

●児童憲章

（昭26.5.5　制定）

われらは日本国憲法の精神にしたがい，児童に対する正しい観念を確立し，すべての児童の幸福をはかるために，この憲章を定める。

児童は，人として尊ばれる。
児童は，社会の一員として重んぜられる。
児童は，よい環境のなかで育てられる。

1. すべての児童は，心身ともに健やかにうまれ，育てられ，その生活を保障される。
2. すべての児童は，家庭で，正しい愛情と知識と技術をもつて育てられ，家庭に恵まれない児童には，これにかわる環境が与えられる。
3. すべての児童は，適当な栄養と住居と被服が与えられ，また，疾病と災害からまもられる。
4. すべての児童は，個性と能力に応じて教育され，社会の一員としての責任を自主的に果すように，みちびかれる。
5. すべての児童は，自然を愛し，科学と芸術を尊ぶように，みちびかれ，また，道徳的心情がつちかわれる。
6. すべての児童は，就学のみちを確保され，また，十分整つた教育の施設を用意せられる。
7. すべての児童は，職業指導を受ける機会が与えられる。
8. すべての児童は，その労働において，心身の発育が阻害されず，教育をうける機会が失われず，また，児童としての生活がさまたげられないように，十分に保護される。
9. すべての児童は，よい遊び場と文化財を用意され，わるい環境からまもられる。
10. すべての児童は，虐待・酷使・放任その他不当な取扱いからまもられる。
    あやまちをおかした児童は，適切に保護指導される。
11. すべての児童は，身体の不自由な場合，または，精神の機能が不十分な場合に，適切な治療と教育と保護が与えられる。
12. すべての児童は，愛とまことによつて結ばれ，よい国民として人類の平和と文化に貢献するように，みちびかれる。

●世界人権宣言

（1948.12.10　国連総会採択　外務省仮訳）

前文

人類社会のすべての構成員の固有の尊厳と平等で譲ることのできない権利とを承認することは，世界における自由，正義及び平和の基礎であるので，

人権の無視及び軽侮が，人類の良心を踏みにじった野蛮行為をもたらし，言論及び信仰の自由が受けられ，恐怖及び欠乏のない世界の到来が，一般の人々の最高の願望として宣言されたので，

人間が専制と圧迫とに対する最後の手段として反逆に訴えることがないようにするためには，法の支配によって人権保護することが肝要であるので，

諸国間の友好関係の発展を促進することが，肝要であるので，

国際連合の諸国民は，国際連合憲章において，基本的人権，人間の尊厳及び価値並びに男女の同権についての信念を再確認し，かつ，一層大きな自由のうちで社会的進歩と生活水準の向上とを促進することを決意したので，

加盟国は，国際連合と協力して，人権及び基本的自由の普遍的な尊重及び尊守の促進を達成することを誓約したので，

これらの権利及び自由に対する共通の理解は，

この誓約を完全にするためにもっとも重要であるので，
　よって，ここに，国際連合総会は，
　社会の各個人及び各機関が，この世界人権宣言を常に念頭に置きながら，加盟国自身の人民の間にも，また，加盟国の管轄下にある地域の人民の間にも，これらの権利と自由との尊重を指導及び教育によって促進すること並びにそれらの普遍的かつ効果的な承認と尊守とを国内的及び国際的な漸新的措置によって確保することに努力するように，すべての人民とすべての国とが達成すべき共通の基準として，この世界人権宣言を公布する．
第1条　すべての人間は，生れながらにして自由であり，かつ，尊厳と権利とについて平等である．人間は，理性と良心とを授けられており，互いに同胞の精神をもって行動しなければならない．
第2条　すべて人は，人種，皮膚の色，性，言語，宗教，政治上その他の意見，国民的若しくは社会的出身，財産，門地その他の地位又はこれに類するいかなる事由による差別をも受けることなく，この宣言に掲げるすべての権利と自由とを享有することができる．
②　さらに，個人の属する国又は地域が独立国であると，信託統治地域であると，非自治地域であると，又は他のなんらかの主権制限の下にあるとを問わず，その国又は地域の政治上，管轄上又は国際上の地位に基づくいかなる差別もしてはならない．
第3条　すべて人は，生命，自由及び身体の安全に対する権利を有する．
第4条　何人も，奴隷にされ，又は苦役に服することはない．奴隷制度及び奴隷売買は，いかなる形においても禁止する．
第5条　何人も，拷問又は残虐な，非人道的な苦しみは屈辱的な取扱若しくは刑罰を受けることはない．
第6条　すべて人は，いかなる場合においても，法の下において，人として認められる権利を有する．
第7条　すべての人は，法の下において平等であり，また，いかなる差別もなしに法の平等な保護を受ける権利を有する．すべての人は，この宣言に違反するいかなる差別に対しても，また，そのような差別をそそのかすいかなる行為に対しても，平等な保護を受ける権利を有する．
第8条　すべて人は，憲法又は法律によって与えられた基本的権利を侵害する行為に対し，権限を有する国内裁判所による効果的な救済を受ける権利を有する．
第9条　何人も，ほしいままに逮捕，拘禁，又は追放されることはない．
第10条　すべて人は，事故の権利及び義務並びに自己に対する刑事責任が決定されるに当っては，独立の公平な裁判所による公正な公開の審理を受けることについては完全に平等の権利を有する．
第11条　犯罪の訴追を受けた者は，すべて，自己の弁護に必要なすべての保障を与えられた公開の裁判において法律に従って有罪の立証があるまでは，無罪と推定される権利を有する．
②　何人も，実行の時に国内法又は国際法により犯罪を構成しなかった作為又は不作為のために有罪とされることはない．また，犯罪が行われた時に適用される刑罰より重い刑罰を課せられない．
第12条　何人も，自己の私事，家族，家庭若しくは通信に対して，ほしいままに干渉され，又は名誉及び信用に対して攻撃を受けることはない．人はすべて，このような干渉または攻撃に対して法の保護を受ける権利を有する．
第13条　すべて人は，各国の境界内において自由に移転及び居住する権利を有する．
②　すべて人は，自国その他いずれの国をも立ち去り，及び自国に帰る権利を有する．

●学習権宣言（抄）

（1985．3．29　第4回ユネスコ国際成人教育会議採択）

（平原春好訳『平成19年版教育小六法』学陽書房，2007年）

　学習権を承認することは，今や，以前にもまして重大な人類の課題である．
　学習権とは，
　　読み，書きできる権利であり，
　　疑問をもち，じっくりと考える権利であり，
　　想像し，創造する権利であり，
　　自分自身の世界を知り，歴史を書き綴る権利であり，
　　教育の諸条件を利用する権利であり，
　　個人および集団の技能を発達させる権利である．
　成人教育パリ会議は，この権利の重要性を再確認する．
　学習権は，将来のためにたくわえておく文化的贅沢品ではない．
　学習権は，生き残るという問題が解決されたの

ちにはじめて必要になる権利ではない。
　学習権は，基礎的欲求が満たされたのちに行使される第二段階の権利ではない。
　学習権は，人類が生き残るために不可欠な手段である。
　もし，世界の人びとが，食糧生産およびその他の欠くことのできない人間的欲求を自分で満たすことを望むならば，彼等は学習権をもたなければならない。
　もし，女性も男性も，より健康な生活を享受すべきであるとするならば，彼等は学習権をもたなければならない。
　もし，われわれが戦争を防止すべきであるとするならば，われわれは平和に生き，相互に理解しあうことを学ばなければならない。
　「学習」が鍵になる語 (the key word) である。
　学習権がなければ，人間の発達はあり得ない。
　学習権がなければ，農業や工業の躍進も，地域保健の進歩も，さらには学習条件の変化もないであろう。
　この権利がなければ，都市や農村で働く人びとの生活水準の改善もないであろう。
　要約すれば，学習権の承認は，今日の人類にとって非常に重要な問題を解決するために，われわれがなしうる最善の寄与なのである。
　しかし，学習権は，経済発展の手段であるだけではない。それは，基本権の一つとして認められなければならない。学習するという行為は，すべての教育活動の中心に位置し，人間を成り行きに身をまかせるままの客体から自分自身の歴史を創造する主体に変えるものである。
　学習権は，基本的人権の一つであり，その正当性は普遍的に認められている。学習権は，人類の一部だけに限定されることはできない。それは，男性だけの，あるいは工業国だけの，あるいは富裕な階層だけの，あるいは学校教育を受けることのできる幸福な若者だけの，排他的な特権であつてはならない。パリ会議は，すべての国にたいし，必要なあらゆる人的・物的資源を利用できるようにし，かつ，教育制度をよりいつそう公正にする方向で再考し，さらにさまざまの地域で開発に成功した諸方策を活用することによつて，この権利を実現し，すべての者がこの権利を有効に行使するのに必要な条件をつくり出すことを要求する。
　　　　　　　　　　　　　　　　　（以下略）

●児童の権利に関する条約（抄）

1989. 11. 20　国際連合総会採択
日本国内公布：1994.5.16（条約第２号）／
発効：1994.5.22
内容現在：平15.6.12　施行期日：平15.6.12

前文　［略］
第１部
第１条　（児童の定義）
　この条約の適用上，児童とは，18歳未満のすべての者をいう。ただし，当該児童で，その者に適用される法律によりより早く成年に達したものを除く。
第２条　（差別の禁止）
1. 締約国は，その管轄の下にある児童に対し，児童又はその父母若しくは法定保護者の人種，皮膚の色，性，言語，宗教，政治的意見その他の意見，国民的，種族的若しくは社会的出身，財産，心身障害，出生又は他の地位にかかわらず，いかなる差別もなしにこの条約に定める権利を尊重し，及び確保する。
2. 締約国は，児童がその父母，法定保護者又は家族の構成員の地位，活動，表明した意見又は信念によるあらゆる形態の差別又は処罰から保護されることを確保するためのすべての適当な措置をとる。

第３条　（児童の最善の利益の考慮）
1. 児童に関するすべての措置をとるに当たっては，公的若しくは私的な社会福祉施設，裁判所，行政当局又は立法機関のいずれによって行われるものであっても，児童の最善の利益が主として考慮されるものとする。
2. 締約国は，児童の父母，法定保護者又は児童について法的に責任を有する他の者の権利及び義務を考慮に入れて，児童の福祉に必要な保護及び養護を確保することを約束し，このため，すべての適当な立法上及び行政上の措置をとる。
3. 締約国は，児童の養護又は保護のための施設，役務の提供及び設備が，特に安全及び健康の分野に関し並びにこれらの職員の数及び適格性並びに適正な監督に関し権限のある当局の設定した基準に適合することを確保する。

第４条　（立法・行政その他の措置）　［略］
第５条　（親その他の者の指導の尊重）
　締約国は，児童がこの条約において認められる権利を行使するに当たり，父母若しくは場合により地方の慣習により定められている大家族若しくは共同体の構成員，法定保護者又は児童について法的に責任を有する他の者がその児童

の発達しつつある能力に適合する方法で適当な指示及び指導を与える責任，権利及び義務を尊重する．

第6条　（生命への権利，生存・発達の確保）
1. 締約国は，すべての児童が生命に対する固有の権利を有することを認める．
2. 締約国は，児童の生存及び発達を可能な最大限の範囲において確保する．

第7条　（名前・国籍をもつ権利）
1. 児童は，出生の後直ちに登録される．児童は，出生の時から氏名を有する権利及び国籍を取得する権利を有するものとし，また，できる限りその父母を知りかつその父母によって養育される権利を有する．
2. 締約国は，特に児童が無国籍となる場合を含めて，国内法及びこの分野における関連する国際文書に基づく自国の義務に従い，1の権利の実現を確保する．

第8条　（身元の保全）
1. 締約国は，児童が法律によって認められた国籍，氏名及び家族関係を含むその身元関係事項について不法に干渉されることなく保持する権利を尊重することを約束する．
2. 締約国は，児童がその身元関係事項の一部又は全部を不法に奪われた場合には，その身元関係事項を速やかに回復するため，適当な援助及び保護を与える．

第9条　（親からの分離の禁止及びその例外）
1. 締約国は，児童がその父母の意思に反してその父母から分離されないことを確保する．ただし，権限のある当局が司法の審査に従うことを条件として適用のある法律及び手続に従いその分離が児童の最善の利益のために必要であると決定する場合は，この限りでない．このような決定は，父母が児童を虐待し若しくは放置する場合又は父母が別居しており児童の居住地を決定しなければならない場合のような特定の場合において必要となることがある．
2. すべての関係当事者は，1の規定に基づくいかなる手続においても，その手続に参加しかつ自己の意見を述べる機会を有する．
3. 締約国は，児童の最善の利益に反する場合を除くほか，父母の一方又は双方から分離されている児童が定期的に父母のいずれとも人的な関係及び直接の接触を維持する権利を尊重する．
4. 3の分離が，締約国がとった父母の一方若しくは双方又は児童の抑留，拘禁，追放，退去強制，死亡（その者が当該締約国により身体を拘束されている間に何らかの理由により生じた死亡を含む．）等のいずれかの措置に基づく場合には，当該締約国は，要請に応じ，父母，児童又は適当な場合には家族の他の構成員に対し，家族のうち不在となっている者の所在に関する重要な情報を提供する．ただし，その情報の提供が児童の福祉を害する場合は，この限りでない．

締約国は，更に，その要請の提出自体が関係者に悪影響を及ぼさないことを確保する．

第10条　（家族の再会）［略］
第11条　（国外不法移送・不返還の禁止）［略］
第12条　（意見表明権）
1. 締約国は，自己の意見を形成する能力のある児童がその児童に影響を及ぼすすべての事項について自由に自己の意見を表明する権利を確保する．この場合において，児童の意見は，その児童の年齢及び成熟度に従って相応に考慮されるものとする．
2. このため，児童は，特に，自己に影響を及ぼすあらゆる司法上及び行政上の手続において，国内法の手続規則に合致する方法により直接に又は代理人若しくは適当な団体を通じて聴取される機会を与えられる．

第13条　（表現・情報の自由）
1. 児童は，表現の自由についての権利を有する．この権利には口頭，手書き若しくは印刷，芸術の形態又は自ら選択する他の方法により，国境とのかかわりなく，あらゆる種類の情報及び考えを求め，受け及び伝える自由を含む．
2. 1の権利の行使については，一定の制限を課することができる．ただし，その制限は，法律によって定められ，かつ，次の目的のために必要とされるものに限る．
　（a）　他の者の権利又は信用の尊重
　（b）　国の安全，公の秩序又は公衆の健康若しくは道徳の保護

第14条　（思想・良心・宗教の自由）
1. 締約国は，思想，良心及び宗教の自由についての児童の権利を尊重する．
2. 締約国は，児童が1の権利を行使するに当たり，父母及び場合により法定保護者が児童に対しその発達しつつある能力に適合する方法で指示を与える権利及び義務を尊重する．
3. 宗教又は信念を表明する自由については，法律で定める制限であって公共の安全，公の秩序，公衆の健康若しくは道徳又は他の者の基本的な権利及び自由を保護するために必要なもののみを課することができる．

第15条　（結社・集会の自由）
1. 締約国は，結社の自由及び平和的な集会の自由についての児童の権利を認める．

2. 1の権利の行使については，法律で定める制限であって国の安全若しくは公共の安全，公の秩序，公衆の健康若しくは道徳の保護又は他の者の権利及び自由の保護のため民主的社会において必要なもの以外のいかなる制限も課することができない．

第16条（プライバシー・通信・名誉の保護）
1. いかなる児童も，その私生活，家族，住居若しくは通信に対して恣意的に若しくは不法に干渉され又は名誉及び信用を不法に攻撃されない．
2. 児童は，1の干渉又は攻撃に対する法律の保護を受ける権利を有する．

第17条（マスメディアへのアクセス）
　締約国は，大衆媒体（マス・メディア）の果たす重要な機能を認め，児童が国の内外の多様な情報源からの情報及び資料，特に児童の社会面，精神面及び道徳面の福祉並びに心身の健康の促進を目的とした情報及び資料を利用することができることを確保する．このため，締約国は，
(a) 児童にとって社会面及び文化面において有益であり，かつ，第29条の精神に沿う情報及び資料を大衆媒体（マス・メディア）が普及させるよう奨励する．
(b) 国の内外の多様な情報源（文化的にも多様な情報源を含む．）からの情報及び資料の作成，交換及び普及における国際協力を奨励する．
(c) 児童用書籍の作成及び普及を奨励する．
(d) 少数集団に属し又は原住民である児童の言語上の必要性について大衆媒体（マス・メディア）が特に考慮するよう奨励する．
(e) 第13条及び次条の規定に留意して，児童の福祉に有害な情報及び資料から児童を保護するための適当な指針を発展させることを奨励する．

第18条（親の第一次的養育責任に対する援助）
1. 締約国は，児童の養育及び発達について父母が共同の責任を有するという原則についての認識を確保するために最善の努力を払う．父母又は場合により法定保護者は，児童の養育及び発達についての第一義的な責任を有する．児童の最善の利益は，これらの者の基本的な関心事項となるものとする．
2. 締約国は，この条約に定める権利を保障し及び促進するため，父母及び法定保護者が児童の養育についての責任を遂行するに当たりこれらの者に対して適当な援助を与えるものとし，また，児童の養護のための施設，設備及び役務の提供の発展を確保する．
3. 締約国は，父母が働いている児童が利用する資格を有する児童の養護のための役務の提供及び設備からその児童が便益を受ける権利を有することを確保するためのすべての適当な措置をとる．

第19条（親などによる虐待・放任・搾取からの保護）
1. 締約国は，児童が父母，法定保護者又は児童を監護する他の者による監護を受けている間において，あらゆる形態の身体的若しくは精神的な暴力，傷害若しくは虐待，放置若しくは怠慢な取扱い又は搾取（性的虐待を含む．）からその児童を保護するためすべての適当な立法上，行政上，社会上及び教育上の措置をとる．
2. 1の保護措置には，適当な場合には，児童及び児童を監護する者のために必要な援助を与える社会的計画の作成その他の形態による防止のための効果的な手続並びに1に定める児童の不当な取扱いの事件の発見，報告，付託，調査，処置及び事後措置並びに適当な場合には司法の関与に関する効果的な手続を含むものとする．

第20条（家庭環境を奪われた児童の養育）
1. 一時的若しくは恒久的にその家庭環境を奪われた児童又は児童自身の最善の利益にかんがみその家庭環境にとどまることが認められない児童は，国が与える特別の保護及び援助を受ける権利を有する．
2. 締約国は，自国の国内法に従い，1の児童のための代替的な監護を確保する．
3. 2の監護には，特に，里親委託，イスラム法のカファーラ，養子縁組又は必要な場合には児童の監護のための適当な施設への収容を含むことができる．解決策の検討に当たっては，児童の養育において継続性が望ましいこと並びに児童の種族的，宗教的，文化的及び言語的な背景について，十分な考慮を払うものとする．

第21条（養子縁組）［略］
第22条（難民の児童の保護・援助）［略］
第23条（障害児の権利）
1. 締約国は，精神的又は身体的な障害を有する児童が，その尊厳を確保し，自立を促進し及び社会への積極的な参加を容易にする条件の下で十分かつ相応な生活を享受すべきであることを認める．
2. 締約国は，障害を有する児童が特別の養護についての権利を有することを認めるものとし，利用可能な手段の下で，申込みに応じた，かつ，当該児童の状況及び父母又は当該児童を養護している他の者の事情に適した援助を，これを受ける資格を有する児童及びこのような児童の養

護について責任を有する者に与えることを奨励し，かつ，確保する．
3. 障害を有する児童の特別な必要を認めて，2の規定に従って与えられる援助は，父母又は当該児童を養護している他の者の資力を考慮して可能な限り無償で与えられるものとし，かつ，障害を有する児童が可能な限り社会への統合及び個人の発達（文化的及び精神的な発達を含む．）を達成することに資する方法で当該児童が教育，訓練，保健サービス，リハビリテーション・サービス，雇用のための準備及びレクリエーションの機会を実質的に利用し及び享受することができるように行われるものとする．
4. 締約国は，国際協力の精神により，予防的な保健並びに障害を有する児童の医学的，心理学的及び機能的治療の分野における適当な情報の交換（リハビリテーション，教育及び職業サービスの方法に関する情報の普及及び利用を含む．）であってこれらの分野における自国の能力及び技術を向上させ並びに自国の経験を広げることができるようにすることを目的とするものを促進する．これに関しては，特に，開発途上国の必要を考慮する．

第24条 （健康医療への権利）〔略〕
第25条 （措置された児童の定期的審査）〔略〕
第26条 （社会保障への権利）〔略〕
第27条 （生活水準への権利）
1. 締約国は，児童の身体的，精神的，道徳的及び社会的な発達のための相当な生活水準についてのすべての児童の権利を認める．
2. 父母又は児童について責任を有する他の者は，自己の能力及び資力の範囲内で，児童の発達に必要な生活条件を確保することについての第一義的な責任を有する．
3. 締約国は，国内事情に従い，かつ，その能力の範囲内で，1の権利の実現のため，父母及び児童について責任を有する他の者を援助するための適当な措置をとるものとし，また，必要な場合には，特に栄養，衣類及び住居に関して，物的援助及び支援計画を提供する．
4. 締約国は，父母又は児童について金銭上の責任を有する他の者から，児童の扶養料を自国内で及び外国から，回収することを確保するためのすべての適当な措置をとる．特に，児童について金銭上の責任を有する者が児童と異なる国に居住している場合には，締約国は，国際協定への加入又は国際協定の締結及び他の適当な取決めの作成を促進する．

第28条 （教育への権利）
1. 締約国は，教育についての児童の権利を認めるものとし，この権利を漸進的にかつ機会の平等を基礎として達成するため，特に，
(a) 初等教育を義務的なものとし，すべての者に対して無償のものとする．
(b) 種々の形態の中等教育（一般教育及び職業教育を含む．）の発展を奨励し，すべての児童に対し，これらの中等教育が利用可能であり，かつ，これらを利用する機会が与えられるものとし，例えば，無償教育の導入，必要な場合における財政的援助の提供のような適当な措置をとる．
(c) すべての適当な方法により，能力に応じ，すべての者に対して高等教育を利用する機会が与えられるものとする．
(d) すべての児童に対し，教育及び職業に関する情報及び指導が利用可能であり，かつ，これらを利用する機会が与えられるものとする．
(e) 定期的な登校及び中途退学率の減少を奨励するための措置をする．
2. 締約国は，学校の規律が児童の人間の尊厳に適合する方法で及びこの条約に従って運用されることを確保するためのすべての適当な措置をとる．
3. 締約国は，特に全世界における無知及び非識字の廃絶に寄与し並びに科学上及び技術上の知識並びに最新の教育方法の利用を容易にするため，教育に関する事項についての国際協力を促進し，及び奨励する．これに関しては，特に，開発途上国の必要を考慮する．

第29条 （教育の目的）
1. 締約国は，児童の教育が次のことを指向すべきことに同意する．
(a) 児童の人格，才能並びに精神的及び身体的な能力をその可能な最大限度まで発達させること．
(b) 人権及び基本的自由並びに国際連合憲章にうたう原則の尊重を育成すること．
(c) 児童の父母，児童の文化的同一性，言語及び価値観，児童の居住国及び出身国の国民的価値観並びに自己の文明と異なる文明に対する尊重を育成すること．
(d) すべての人民の間の，種族的，国民的及び宗教的集団の間の並びに原住民である者の間の理解，平和，寛容，両性の平等及び友好の精神に従い，自由な社会における責任ある生活のために児童に準備させること．
(e) 自然環境の尊重を育成すること．
2. この条又は前条のいかなる規定も，個人及び団体が教育機関を設置し及び管理する自由を妨げるものと解してはならない．ただし，常に，

1に定める原則が遵守されること及び当該教育機関において行われる教育が国によって定められる最低限度の基準に適合することを条件とする。

第30条　(少数・先住民の児童の権利)
　種族的，宗教的若しくは言語的少数民族又は原住民である者が存在する国において，当該少数民族に属し又は原住民である児童は，その集団の他の構成員とともに自己の文化を享有し，自己の宗教を信仰しかつ実践し又は自己の言語を使用する権利を否定されない。

第31条　(休息・余暇・遊び・文化的・芸術的生活への参加)
1. 締約国は，休息及び余暇についての児童の権利並びに児童がその年齢に適した遊び及びレクリエーションの活動を行い並びに文化的な生活及び芸術に自由に参加する権利を認める。
2. 締約国は，児童が文化的及び芸術的な生活に十分に参加する権利を尊重しかつ促進するものとし，文化的及び芸術的な活動並びにレクリエーション及び余暇の活動のための適当かつ平等な機会の提供を奨励する。

第32条　(経済的搾取・有害労働からの保護)
1. 締約国は，児童が経済的な搾取から保護され及び危険となり若しくは児童の教育の妨げとなり又は児童の健康若しくは身体的，精神的，道徳的若しくは社会的な発達に有害となるおそれのある労働への従事から保護される権利を認める。
2. 締約国は，この条の規定の実施を確保するための立法上，行政上，社会上及び教育上の措置をとる。このため，締約国は，他の国際文書の関連規定を考慮して，特に，
   (a) 雇用が認められるための1又は2以上の最低年齢を定める。
   (b) 労働時間及び労働条件についての適当な規則を定める。
   (c) この条の規定の効果的な実施を確保するための適当な罰則その他の制裁を定める。

第33条　(麻薬・向精神薬からの保護)
　締約国は，関連する国際条約に定義された麻薬及び向精神薬の不正な使用から児童を保護し並びにこれらの物質の不正な生産及び取引における児童の使用を防止するための立法上，行政上，社会上及び教育上の措置を含むすべての適当な措置をとる。

第34条　(性的搾取からの保護)
　締約国は，あらゆる形態の性的搾取及び性的虐待から児童を保護することを約束する。このため，締約国は，特に，次のことを防止するためのすべての適当な国内，2国間及び多数国間の措置をとる。
   (a) 不法な性的な行為を行うことを児童に対して勧誘し又は強制すること。
   (b) 売春又は他の不法な性的な業務において児童を搾取的に使用すること。
   (c) わいせつな演技及び物において児童を搾取的に使用すること。

第35条　(誘拐・売買・取引の防止)
　締約国は，あらゆる目的のための又はあらゆる形態の児童の誘拐，売買又は取引を防止するためのすべての適当な国内，2国間及び多数国間の措置をとる。

第36条　(他のあらゆる形態の搾取からの保護)
　締約国は，いずれかの面において児童の福祉を害する他のすべての形態の搾取から児童を保護する。

第37条　(自由を奪われた児童の適正な取り扱い)[略]

第38条　(武力紛争における児童の保護)[略]

第39条　(犠牲になった児童の心身の回復と社会復帰)[略]

第40条　(少年司法)
1. 締約国は，刑法を犯したと申し立てられ，訴追され又は認定されたすべての児童が尊厳及び価値についての当該児童の意識を促進させるような方法であって，当該児童が他の者の人権及び基本的自由を尊重することを強化し，かつ，当該児童の年齢を考慮し，更に，当該児童が社会に復帰し及び社会において建設的な役割を担うことがなるべく促進されることを配慮した方法により取り扱われる権利を認める。
2. このため，締約国は，国際文書の関連する規定を考慮して，特に次のことを確保する。
   (a) いかなる児童も，実行の時に国内法又は国際法により禁じられていなかった作為又は不作為を理由として刑法を犯したと申し立てられ，訴追され又は認定されないこと。
   (b) 刑法を犯したと申し立てられ又は訴追されたすべての児童は，少なくとも次の保障を受けること。
      (I) 法律に基づいて有罪とされるまでは無罪と推定されること。
      (II) 速やかにかつ直接に，また，適当な場合には当該児童の父母又は法定保護者を通じてその罪を告げられること並びに防御の準備及び申立てにおいて弁護人その他適当な援助を行う者を持つこと。
      (III) 事案が権限のある，独立の，かつ，公平な当局又は司法機関により法律に基づく公

正な審理において，弁護人その他適当な援助を行う者の立会い及び，特に当該児童の年齢又は境遇を考慮して児童の最善の利益にならないと認められる場合を除くほか，当該児童の父母又は法定保護者の立会いの下に遅滞なく決定されること．
　(Ⅳ) 供述又は有罪の自白を強要されないこと．不利な証人を尋問し又はこれに対し尋問させること並びに対等の条件で自己のための証人の出席及びこれに対する尋問を求めること．
　(Ⅴ) 刑法を犯したと認められた場合には，その認定及びその結果科せられた措置について，法律に基づき，上級の，権限のある，独立の，かつ，公平な当局又は司法機関によって再審理されること．
　(Ⅵ) 使用される言語を理解すること又は話すことができない場合には，無料で通訳の援助を受けること．
　(Ⅶ) 手続のすべての段階において当該児童の私生活が十分に尊重されること．
3. 締約国は，刑法を犯したと申し立てられ，訴追され又は認定された児童に特別に適用される法律及び手続の制定並びに当局及び施設の設置を促進するよう努めるものとし，特に，次のことを行う．
　(a) その年齢未満の児童は刑法を犯す能力を有しないと推定される最低年齢を設定すること．
　(b) 適当なかつ望ましい場合には，人権及び法的保護が十分に尊重されていることを条件として，司法上の手続に訴えることなく当該児童を取り扱う措置をとること．
4. 児童がその福祉に適し，かつ，その事情及び犯罪の双方に応じた方法で取り扱われることを確保するため，保護，指導及び監督命令，カウンセリング，保護観察，里親委託，教育及び職業訓練計画，施設における養護に代わる他の措置等の種々の処置が利用し得るものとする．

第41条　（既存の権利の確保）
この条約のいかなる規定も，次のものに含まれる規定であって児童の権利の実現に一層貢献するものに影響を及ぼすものではない．
（a）締約国の法律
（b）締約国について効力を有する国際法

第2部　［略］

第3部　［略］

●学校教育法（抄）

(昭22. 3.31法26)
(最終改正：平19. 6.27法98)

第1章　総則

第1条　この法律で，学校とは，幼稚園，小学校，中学校，高等学校，中等教育学校，特別支援学校，大学及び高等専門学校とする．

第2条　学校は，国（国立大学法人法（平成15年法律第112号）第2条第1項に規定する国立大学法人及び独立行政法人国立高等専門学校機構を含む．以下同じ．），地方公共団体（地方独立行政法人法（平成15年法律第118号）第68条第1項に規定する公立大学法人を含む．次項において同じ．）及び私立学校法第3条に規定する学校法人（以下学校法人と称する．）のみが，これを設置することができる．

② この法律で，国立学校とは，国の設置する学校を，公立学校とは，地方公共団体の設置する学校を，私立学校とは，学校法人の設置する学校をいう．

第3条　学校を設置しようとする者は，学校の種類に応じ，文部科学大臣の定める設備，編制その他に関する設置基準に従い，これを設置しなければならない．

第4条　国立学校，この法律によって設置義務を負う者の設置する学校及び都道府県の設置する学校（大学及び高等専門学校を除く．）のほか，学校（高等学校（中等教育学校の後期課程を含む．）の通常の課程（以下「全日制の課程」という．），夜間その他特別の時間又は時期において授業を行う課程（以下「定時制の課程」という．）及び通信による教育を行う課程（以下「通信制の課程」という．），大学の学部，大学院及び大学院の研究科並びに第108条第2項の大学の学科についても同様とする．）の設置廃止，設置者の変更その他政令で定める事項は，次の各号に掲げる学校の区分に応じ，それぞれ当該各号に定める者の認可を受けなければならない．

　1　公立又は私立の大学及び高等専門学校　文部科学大臣
　2　市町村の設置する幼稚園，高等学校，中等教育学校及び特別支援学校　都道府県の教育委員会
　3　私立の幼稚園，小学校，中学校，高等学校，中等教育学校及び特別支援学校　都道府県知事

② 前項の規定にかかわらず，同項第1号に掲げ

る学校を設置する者は，次に掲げる事項を行うときは，同項の認可を受けることを要しない．この場合において，当該学校を設置する者は，文部科学大臣の定めるところにより，あらかじめ，文部科学大臣に届け出なければならない．
1　大学の学部若しくは大学院の研究科又は第108条第2項の大学の学科の設置であつて，当該大学が授与する学位の種類及び分野の変更を伴わないもの
2　大学の学部若しくは大学院の研究科又は第108条第2項の大学の学科の廃止
3　前2号に掲げるもののほか，政令で定める事項
③　文部科学大臣は，前項の届出があつた場合において，その届出に係る事項が，設備，授業その他の事項に関する法令の規定に適合しないと認めるときは，その届出をした者に対し，必要な措置をとるべきことを命ずることができる．
④　地方自治法（昭和22年法律第67号）第252条の19第1項の指定都市の設置する幼稚園については，第1項の規定は，適用しない．この場合において，当該幼稚園を設置する者は，同項に規定する事項を行おうとするときは，あらかじめ，都道府県の教育委員会に届け出なければならない．
⑤　第2項第1号の学位の種類及び分野の変更に関する基準は，文部科学大臣が，これを定める．
第5条　学校の設置者は，その設置する学校を管理し，法令に特別の定のある場合を除いては，その学校の経費を負担する．
第6条　学校においては，授業料を徴収することができる．ただし，国立又は公立の小学校及び中学校，中等教育学校の前期課程又は特別支援学校の小学部及び中学部における義務教育については，これを徴収することができない．
第7条　学校には，校長及び相当数の教員を置かなければならない．
第8条　校長及び教員（教育職員免許法（昭和24年法律第147号）の適用を受ける者を除く．）の資格に関する事項は，別に法律で定めるもののほか，文部科学大臣がこれを定める．
第9条　次の各号のいずれかに該当する者は，校長又は教員となることができない．
1　成年被後見人又は被保佐人
2　禁錮以上の刑に処せられた者
3　教育職員免許法第10条第1項第2号又は第3号に該当することにより免許状がその効力を失い，当該失効の日から3年を経過しない者
4　教育職員免許法第11条第1項から第3項までの規定により免許状取上げの処分を受け，3年を経過しない者
5　日本国憲法施行の日以後において，日本国憲法又はその下に成立した政府を暴力で破壊することを主張する政党その他の団体を結成し，又はこれに加入した者
第10条　私立学校は，校長を定め，大学及び高等専門学校にあつては文部科学大臣に，大学及び高等専門学校以外の学校にあつては都道府県知事に届け出なければならない．
第11条　校長及び教員は，教育上必要があると認めるときは，文部科学大臣の定めるところにより，児童，生徒及び学生に懲戒を加えることができる．ただし，体罰を加えることはできない．
第12条　学校においては，別に法律で定めるところにより，幼児，児童，生徒及び学生並びに職員の健康の保持増進を図るため，健康診断を行い，その他その保健に必要な措置を講じなければならない．
第13条　第4条第1項各号に掲げる学校が次の各号のいずれかに該当する場合においては，それぞれ同項各号に定める者は，当該学校の閉鎖を命ずることができる．
1　法令の規定に故意に違反したとき
2　法令の規定によりその者がした命令に違反したとき
3　6箇月以上授業を行わなかつたとき
第14条　大学及び高等専門学校以外の市町村の設置する学校については都道府県の教育委員会，大学及び高等専門学校以外の私立学校については都道府県知事は，当該学校が，設備，授業その他の事項について，法令の規定又は都道府県の教育委員会若しくは都道府県知事の定める規程に違反したときは，その変更を命ずることができる．
第15条　文部科学大臣は，公立又は私立の大学及び高等専門学校が，設備，授業その他の事項について，法令の規定に違反していると認めるときは，当該学校に対し，必要な措置をとるべきことを勧告することができる．
②　文部科学大臣は，前項の規定による勧告によつてもなお当該勧告に係る事項（次項において「勧告事項」という．）が改善されない場合には，当該学校に対し，その変更を命ずることができる．
③　文部科学大臣は，前項の規定による命令によつてもなお勧告事項が改善されない場合には，当該学校に対し，当該勧告事項に係る組織の廃止を命ずることができる．

④　文部科学大臣は，第1項の規定による勧告又は第2項若しくは前項の規定による命令を行うために必要があると認めるときは，当該学校に対し，報告又は資料の提出を求めることができる．

第2章　義務教育

第16条　保護者（子に対して親権を行う者（親権を行う者のないときは，未成年後見人）をいう．以下同じ．）は，次条に定めるところにより，子に9年の普通教育を受けさせる義務を負う．

第17条　保護者は，子の満6歳に達した日の翌日以後における最初の学年の初めから，満12歳に達した日の属する学年の終わりまで，これを小学校又は特別支援学校の小学部に就学させる義務を負う．ただし，子が，満12歳に達した日の属する学年の終わりまでに小学校又は特別支援学校の小学部の課程を修了しないときは，満15歳に達した日の属する学年の終わり（それまでの間において当該課程を修了したときは，その修了した日の属する学年の終わり）までとする．

②　保護者は，子が小学校又は特別支援学校の小学部の課程を修了した日の翌日以後における最初の学年の初めから，満15歳に達した日の属する学年の終わりまで，これを中学校，中等教育学校の前期課程又は特別支援学校の中学部に就学させる義務を負う．

③　前2項の義務の履行の督促その他これらの義務の履行に関し必要な事項は，政令で定める．

第18条　前条第1項又は第2項の規定によって，保護者が就学させなければならない子（以下それぞれ「学齢児童」又は「学齢生徒」という．）で，病弱，発育不完全その他やむを得ない事由のため，就学困難と認められる者の保護者に対しては，市町村の教育委員会は，文部科学大臣の定めるところにより，同条第1項又は第2項の義務を猶予又は免除することができる．

第19条　経済的理由によって，就学困難と認められる学齢児童又は学齢生徒の保護者に対しては，市町村は，必要な援助を与えなければならない．

第20条　学齢児童又は学齢生徒を使用する者は，その使用によつて，当該学齢児童又は学齢生徒が，義務教育を受けることを妨げてはならない．

第21条　義務教育として行われる普通教育は，教育基本法（平成18年法律第120号）第5条第2項に規定する目的を実現するため，次に掲げる目標を達成するよう行われるものとする．

1　学校内外における社会的活動を促進し，自主，自律及び協同の精神，規範意識，公正な判断力並びに公共の精神に基づき主体的に社会の形成に参画し，その発展に寄与する態度を養うこと．

2　学校内外における自然体験活動を促進し，生命及び自然を尊重する精神並びに環境の保全に寄与する態度を養うこと．

3　我が国と郷土の現状と歴史について，正しい理解に導き，伝統と文化を尊重し，それらをはぐくんできた我が国と郷土を愛する態度を養うとともに，進んで外国の文化の理解を通じて，他国を尊重し，国際社会の平和と発展に寄与する態度を養うこと．

4　家族と家庭の役割，生活に必要な衣，食，住，情報，産業その他の事項について基礎的な理解と技能を養うこと．

5　読書に親しませ，生活に必要な国語を正しく理解し，使用する基礎的な能力を養うこと．

6　生活に必要な数量的な関係を正しく理解し，処理する基礎的な能力を養うこと．

7　生活にかかわる自然現象について，観察及び実験を通じて，科学的に理解し，処理する基礎的な能力を養うこと．

8　健康，安全で幸福な生活のために必要な習慣を養うとともに，運動を通じて体力を養い，心身の調和的発達を図ること．

9　生活を明るく豊かにする音楽，美術，文芸その他の芸術について基礎的な理解と技能を養うこと．

10　職業についての基礎的な知識と技能，勤労を重んずる態度及び個性に応じて将来の進路を選択する能力を養うこと．

第3章　幼稚園

第22条　幼稚園は，義務教育及びその後の教育の基礎を培うものとして，幼児を保育し，幼児の健やかな成長のために適当な環境を与えて，その心身の発達を助長することを目的とする．

第23条　幼稚園における教育は，前条に規定する目的を実現するため，次に掲げる目標を達成するよう行われるものとする．

1　健康，安全で幸福な生活のために必要な基本的な習慣を養い，身体諸機能の調和的発達を図ること．

2　集団生活を通じて，喜んでこれに参加する態度を養うとともに家族や身近な人への信頼感を深め，自主，自律及び協同の精神並びに規範意識の芽生えを養うこと．

3　身近な社会生活，生命及び自然に対する興

味を養い，それらに対する正しい理解と態度及び思考力の芽生えを養うこと．
4 日常の会話や，絵本，童話等に親しむことを通じて，言葉の使い方を正しく導くとともに，相手の話を理解しようとする態度を養うこと．
5 音楽，身体による表現，造形等に親しむことを通じて，豊かな感性と表現力の芽生えを養うこと．

第24条 幼稚園においては，第22条に規定する目的を実現するための教育を行うほか，幼児期の教育に関する各般の問題につき，保護者及び地域住民その他の関係者からの相談に応じ，必要な情報の提供及び助言を行うなど，家庭及び地域における幼児期の教育の支援に努めるものとする．

第25条 幼稚園の教育課程その他の保育内容に関する事項は，第22条及び第23条の規定に従い，文部科学大臣が定める．

第26条 幼稚園に入園することのできる者は，満3歳から，小学校就学の始期に達するまでの幼児とする．

第27条 幼稚園には，園長，教頭及び教諭を置かなければならない．
② 幼稚園には，前項に規定するもののほか，副園長，主幹教諭，指導教諭，養護教諭，栄養教諭，事務職員，養護助教諭その他必要な職員を置くことができる．
③ 第1項の規定にかかわらず，副園長を置くときその他特別の事情のあるときは，教頭を置かないことができる．
④ 園長は，園務をつかさどり，所属職員を監督する．
⑤ 副園長は，園長を助け，命を受けて園務をつかさどる．
⑥ 教頭は，園長（副園長を置く幼稚園にあつては，園長及び副園長）を助け，園務を整理し，及び必要に応じ幼児の保育をつかさどる．
⑦ 主幹教諭は，園長（副園長を置く幼稚園にあつては，園長及び副園長）及び教頭を助け，命を受けて園務の一部を整理し，並びに幼児の保育をつかさどる．
⑧ 指導教諭は，幼児の保育をつかさどり，並びに教諭その他の職員に対して，保育の改善及び充実のために必要な指導及び助言を行う．
⑨ 教諭は，幼児の保育をつかさどる．
⑩ 特別の事情のあるときは，第1項の規定にかかわらず，教諭に代えて助教諭又は講師を置くことができる．
⑪ 学校の実情に照らし必要があると認めるときは，第7項の規定にかかわらず，園長（副園長を置く幼稚園にあつては，園長及び副園長）及び教頭を助け，命を受けて園務の一部を整理し，並びに幼児の養護又は栄養の指導及び管理をつかさどる主幹教諭を置くことができる．

第28条 第37条第6項，第8項及び第12項から第17項まで並びに第42条から第44条までの規定は，幼稚園に準用する．

第4章 小学校

第29条 小学校は，心身の発達に応じて，義務教育として行われる普通教育のうち基礎的なものを施すことを目的とする．

第30条 小学校における教育は，前条に規定する目的を実現するために必要な程度において第21条各号に掲げる目標を達成するよう行われるものとする．
② 前項の場合においては，生涯にわたり学習する基盤が培われるよう，基礎的な知識及び技能を習得させるとともに，これらを活用して課題を解決するために必要な思考力，判断力，表現力その他の能力をはぐくみ，主体的に学習に取り組む態度を養うことに，特に意を用いなければならない．

第31条 小学校においては，前条第1項の規定による目標の達成に資するよう，教育指導を行うに当たり，児童の体験的な学習活動，特にボランティア活動など社会奉仕体験活動，自然体験活動その他の体験活動の充実に努めるものとする．この場合において，社会教育関係団体その他の関係団体及び関係機関との連携に十分配慮しなければならない．

第32条 小学校の修業年限は，6年とする．

第33条 小学校の教育課程に関する事項は，第29条及び第30条の規定に従い，文部科学大臣が定める．

第34条 小学校においては，文部科学大臣の検定を経た教科用図書又は文部科学省が著作の名義を有する教科用図書を使用しなければならない．
② 前項の教科用図書以外の図書その他の教材で，有益適切なものは，これを使用することができる．
③ 第1項の検定の申請に係る教科用図書に関し調査審議させるための審議会等（国家行政組織法（昭和23年法律第120号）第8条に規定する機関をいう．以下同じ．）については，政令で定める．

第35条 市町村の教育委員会は，次に掲げる行為の1又は2以上を繰り返し行う等性行不良で

あつて他の児童の教育に妨げがあると認める児童があるときは，その保護者に対して，児童の出席停止を命ずることができる．
  1 他の児童に傷害，心身の苦痛又は財産上の損失を与える行為
  2 職員に傷害又は心身の苦痛を与える行為
  3 施設又は設備を損壊する行為
  4 授業その他の教育活動の実施を妨げる行為
② 市町村の教育委員会は，前項の規定により出席停止を命ずる場合には，あらかじめ保護者の意見を聴取するとともに，理由及び期間を記載した文書を交付しなければならない．
③ 前項に規定するもののほか，出席停止の命令の手続に関し必要な事項は，教育委員会規則で定めるものとする．
④ 市町村の教育委員会は，出席停止の命令に係る児童の出席停止の期間における学習に対する支援その他の教育上必要な措置を講ずるものとする．

第36条 学齢に達しない子は，小学校に入学させることができない．

第37条 小学校には，校長，教頭，教諭，養護教諭及び事務職員を置かなければならない．
② 小学校には，前項に規定するもののほか，副校長，主幹教諭，指導教諭，栄養教諭その他必要な職員を置くことができる．
③ 第1項の規定にかかわらず，副校長を置くときその他特別の事情のあるときは教頭を，養護をつかさどる主幹教諭を置くときは養護教諭を，特別の事情のあるときは事務職員を，それぞれ置かないことができる．
④ 校長は，校務をつかさどり，所属職員を監督する．
⑤ 副校長は，校長を助け，命を受けて校務をつかさどる．
⑥ 副校長は，校長に事故があるときはその職務を代理し，校長が欠けたときはその職務を行う．この場合において，副校長が2人以上あるときは，あらかじめ校長が定めた順序で，その職務を代理し，又は行う．
⑦ 教頭は，校長（副校長を置く小学校にあつては，校長及び副校長）を助け，校務を整理し，及び必要に応じ児童の教育をつかさどる．
⑧ 教頭は，校長（副校長を置く小学校にあつては，校長及び副校長）に事故があるときは校長の職務を代理し，校長（副校長を置く小学校にあつては，校長及び副校長）が欠けたときは校長の職務を行う．この場合において，教頭が2人以上あるときは，あらかじめ校長が定めた順序で，校長の職務を代理し，又は行う．
⑨ 主幹教諭は，校長（副校長を置く小学校にあつては，校長及び副校長）及び教頭を助け，命を受けて校務の一部を整理し，並びに児童の教育をつかさどる．
⑩ 指導教諭は，児童の教育をつかさどり，並びに教諭その他の職員に対して，教育指導の改善及び充実のために必要な指導及び助言を行う．
⑪ 教諭は，児童の教育をつかさどる．
⑫ 養護教諭は，児童の養護をつかさどる．
⑬ 栄養教諭は，児童の栄養の指導及び管理をつかさどる．
⑭ 事務職員は，事務に従事する．
⑮ 助教諭は，教諭の職務を助ける．
⑯ 講師は，教諭又は助教諭に準ずる職務に従事する．
⑰ 養護助教諭は，養護教諭の職務を助ける．
⑱ 特別の事情のあるときは，第1項の規定にかかわらず，教諭に代えて助教諭又は講師を，養護教諭に代えて養護助教諭を置くことができる．
⑲ 学校の実情に照らし必要があると認めるときは，第9項の規定にかかわらず，校長（副校長を置く小学校にあつては，校長及び副校長）及び教頭を助け，命を受けて校務の一部を整理し，並びに児童の養護又は栄養の指導及び管理をつかさどる主幹教諭を置くことができる．

第38条 市町村は，その区域内にある学齢児童を就学させるに必要な小学校を設置しなければならない．

第39条 市町村は，適当と認めるときは，前条の規定による事務の全部又は一部を処理するため，市町村の組合を設けることができる．

第40条 市町村は，前2条の規定によることを不可能又は不適当と認めるときは，小学校の設置に代え，学齢児童の全部又は一部の教育事務を，他の市町村又は前条の市町村の組合に委託することができる．
② 前項の場合においては，地方自治法第252条の14第3項において準用する同法第252条の2第2項中「都道府県知事」とあるのは，「都道府県知事及び都道府県の教育委員会」と読み替えるものとする．

第41条 町村が，前2条の規定による負担に堪えないと都道府県の教育委員会が認めるときは，都道府県は，その町村に対して，必要な補助を与えなければならない．

第42条 小学校は，文部科学大臣の定めるところにより当該小学校の教育活動その他の学校運営の状況について評価を行い，その結果に基づき学校運営の改善を図るため必要な措置を講ずることにより，その教育水準の向上に努めなけ

ればならない．

第43条 小学校は，当該小学校に関する保護者及び地域住民その他の関係者の理解を深めるとともに，これらの者との連携及び協力の推進に資するため，当該小学校の教育活動その他の学校運営の状況に関する情報を積極的に提供するものとする．

第44条 私立の小学校は，都道府県知事の所管に属する．

第5章 中学校

第45条 中学校は，小学校における教育の基礎の上に，心身の発達に応じて，義務教育として行われる普通教育を施すことを目的とする．

第46条 中学校における教育は，前条に規定する目的を実現するため，第21条各号に掲げる目標を達成するよう行われるものとする．

第47条 中学校の修業年限は，3年とする．

第48条 中学校の教育課程に関する事項は，第45条及び第46条の規定並びに次条において読み替えて準用する第30条第2項の規定に従い，文部科学大臣が定める．

第49条 第30条第2項，第31条，第34条，第35条及び第37条から第44条までの規定は，中学校に準用する．この場合において，第30条第2項中「前項」とあるのは「第46条」と，第31条中「前条第1項」とあるのは「第46条」と読み替えるものとする．

第6章 高等学校

第50条 高等学校は，中学校における教育の基礎の上に，心身の発達及び進路に応じて，高度な普通教育及び専門教育を施すことを目的とする．

第51条 高等学校における教育は，前条に規定する目的を実現するため，次に掲げる目標を達成するよう行われるものとする．
1 義務教育として行われる普通教育の成果を更に発展拡充させて，豊かな人間性，創造性及び健やかな身体を養い，国家及び社会の形成者として必要な資質を養うこと．
2 社会において果たさなければならない使命の自覚に基づき，個性に応じて将来の進路を決定させ，一般的な教養を高め，専門的な知識，技術及び技能を習得させること．
3 個性の確立に努めるとともに，社会について，広く深い理解と健全な批判力を養い，社会の発展に寄与する態度を養うこと．

第52条 高等学校の学科及び教育課程に関する事項は，前2条の規定及び第62条において読み替えて準用する第30条第2項の規定に従い，文部科学大臣が定める．

第53条 高等学校には，全日制の課程のほか，定時制の課程を置くことができる．
② 高等学校には，定時制の課程のみを置くことができる．

第54条 高等学校には，全日制の課程又は定時制の課程のほか，通信制の課程を置くことができる．
② 高等学校には，通信制の課程のみを置くことができる．
③ 市町村の設置する高等学校については都道府県の教育委員会，私立の高等学校については都道府県知事は，高等学校の通信制の課程のうち，当該高等学校の所在する都道府県の区域内に住所を有する者のほか，全国的に他の都道府県の区域内に住所を有する者を併せて生徒とするものその他政令で定めるもの（以下この項において「広域の通信制の課程」という．）に係る第4条第1項に規定する認可（政令で定める事項に係るものに限る．）を行うときは，あらかじめ，文部科学大臣に届け出なければならない．都道府県の設置する高等学校の広域の通信制の課程について，当該都道府県の教育委員会がこの項前段の政令で定める事項を行うときも，同様とする．
④ 通信制の課程に関し必要な事項は，文部科学大臣が，これを定める．

第55条 高等学校の定時制の課程又は通信制の課程に在学する生徒が，技能教育のための施設で当該施設の所在地の都道府県の教育委員会の指定するものにおいて教育を受けているときは，校長は，文部科学大臣の定めるところにより，当該施設における学習を当該高等学校における教科の一部の履修とみなすことができる．
② 前項の施設の指定に関し必要な事項は，政令で，これを定める．

第56条 高等学校の修業年限は，全日制の課程については，3年とし，定時制の課程及び通信制の課程については，3年以上とする．

第57条 高等学校に入学することのできる者は，中学校若しくはこれに準ずる学校を卒業した者若しくは中等教育学校の前期課程を修了した者又は文部科学大臣の定めるところにより，これと同等以上の学力があると認められた者とする．

第58条 高等学校には，専攻科及び別科を置くことができる．
② 高等学校の専攻科は，高等学校若しくはこれに準ずる学校若しくは中等教育学校を卒業した者又は文部科学大臣の定めるところにより，こ

れと同等以上の学力があると認められた者に対して，精深な程度において，特別の事項を教授し，その研究を指導することを目的とし，その修業年限は，1年以上とする。
③　高等学校の別科は，前条に規定する入学資格を有する者に対して，簡易な程度において，特別の技能教育を施すことを目的とし，その修業年限は，1年以上とする。

第59条　高等学校に関する入学，退学，転学その他必要な事項は，文部科学大臣が，これを定める。

第60条　高等学校には，校長，教頭，教諭及び事務職員を置かなければならない。
②　高等学校には，前項に規定するもののほか，副校長，主幹教諭，指導教諭，養護教諭，栄養教諭，養護助教諭，実習助手，技術職員その他必要な職員を置くことができる。
③　第1項の規定にかかわらず，副校長を置くときは，教頭を置かないことができる。
④　実習助手は，実験又は実習について，教諭の職務を助ける。
⑤　特別の事情のあるときは，第1項の規定にかかわらず，教諭に代えて助教諭又は講師を置くことができる。
⑥　技術職員は，技術に従事する。

第61条　高等学校に，全日制の課程，定時制の課程又は通信制の課程のうち2以上の課程を置くときは，それぞれの課程に関する校務を分担して整理する教頭を置かなければならない。ただし，命を受けて当該課程に関する校務をつかさどる副校長が置かれる1の課程については，この限りでない。

第62条　第30条第2項，第31条，第34条，第37条第4項から第17項まで及び第19項並びに第42条から第44条までの規定は，高等学校に準用する。この場合において，第30条第2項中「前項」とあるのは「第51条」と，第31条中「前条第1項」とあるのは「第51条」と読み替えるものとする。

第7章　中等教育学校

第63条　中等教育学校は，小学校における教育の基礎の上に，心身の発達及び進路に応じて，義務教育として行われる普通教育並びに高度な普通教育及び専門教育を一貫して施すことを目的とする。

第64条　中等教育学校における教育は，前条に規定する目的を実現するため，次に掲げる目標を達成するよう行われるものとする。
　1　豊かな人間性，創造性及び健やかな身体を養い，国家及び社会の形成者として必要な資質を養うこと。
　2　社会において果たさなければならない使命の自覚に基づき，個性に応じて将来の進路を決定させ，一般的な教養を高め，専門的な知識，技術及び技能を習得させること。
　3　個性の確立に努めるとともに，社会について，広く深い理解と健全な批判力を養い，社会の発展に寄与する態度を養うこと。

第65条　中等教育学校の修業年限は，6年とする。

第66条　中等教育学校の課程は，これを前期3年の前期課程及び後期3年の後期課程に区分する。

第67条　中等教育学校の前期課程における教育は，第63条に規定する目的のうち，小学校における教育の基礎の上に，心身の発達に応じて，義務教育として行われる普通教育を施すことを実現するため，第21条各号に掲げる目標を達成するよう行われるものとする。
②　中等教育学校の後期課程における教育は，第63条に規定する目的のうち，心身の発達及び進路に応じて，高度な普通教育及び専門教育を施すことを実現するため，第64条各号に掲げる目標を達成するよう行われるものとする。

第68条　中等教育学校の前期課程の教育課程に関する事項並びに後期課程の学科及び教育課程に関する事項は，第63条，第64条及び前条の規定並びに第70条第1項において読み替えて準用する第30条第2項の規定に従い，文部科学大臣が定める。

第69条　中等教育学校には，校長，教頭，教諭，養護教諭及び事務職員を置かなければならない。
②　中等教育学校には，前項に規定するもののほか，副校長，主幹教諭，指導教諭，栄養教諭，実習助手，技術職員その他必要な職員を置くことができる。
③　第1項の規定にかかわらず，副校長を置くときは教頭を，養護をつかさどる主幹教諭を置くときは養護教諭を，それぞれ置かないことができる。
④　特別の事情のあるときは，第1項の規定にかかわらず，教諭に代えて助教諭又は講師を，養護教諭に代えて養護助教諭を置くことができる。

第70条　第30条第2項，第31条，第34条，第37条第4項から第17項まで及び第19項，第42条から第44条まで，第59条並びに第60条第4項及び第6項の規定は中等教育学校に，第53条から第55条まで，第58条及び第61条の規定は中等教育学校の後期課程に，それぞれ準用する。この場

合において，第30条第2項中「前項」とあるのは「第64条」と，第31条中「前条第1項」とあるのは「第64条」と読み替えるものとする．
② 前項において準用する第53条又は第54条の規定により後期課程に定時制の課程又は通信制の課程を置く中等教育学校については，第65条の規定にかかわらず，当該定時制の課程又は通信制の課程に係る修業年限は，6年以上とする．この場合において，第66条中「後期3年の後期課程」とあるのは，「後期3年以上の後期課程」とする．

第71条 同一の設置者が設置する中学校及び高等学校においては，文部科学大臣の定めるところにより，中等教育学校に準じて，中学校における教育と高等学校における教育を一貫して施すことができる．

第8章 特別支援教育

第72条 特別支援学校は，視覚障害者，聴覚障害者，知的障害者，肢体不自由者又は病弱者（身体虚弱者を含む．以下同じ．）に対して，幼稚園，小学校，中学校又は高等学校に準ずる教育を施すとともに，障害による学習上又は生活上の困難を克服し自立を図るために必要な知識技能を授けることを目的とする．

第73条 特別支援学校においては，文部科学大臣の定めるところにより，前条に規定する者に対する教育のうち当該学校が行うものを明らかにするものとする．

第74条 特別支援学校においては，第72条に規定する目的を実現するための教育を行うほか，幼稚園，小学校，中学校，高等学校又は中等教育学校の要請に応じて，第81条第1項に規定する幼児，児童又は生徒の教育に関し必要な助言又は援助を行うよう努めるものとする．

第75条 第72条に規定する視覚障害者，聴覚障害者，知的障害者，肢体不自由者又は病弱者の障害の程度は，政令で定める．

第76条 特別支援学校には，小学部及び中学部を置かなければならない．ただし，特別の必要のある場合においては，そのいずれかのみを置くことができる．
② 特別支援学校には，小学部及び中学部のほか，幼稚部又は高等部を置くことができ，また，特別の必要のある場合においては，前項の規定にかかわらず，小学部及び中学部を置かないで幼稚部又は高等部のみを置くことができる．

第77条 特別支援学校の幼稚部の教育課程その他の保育内容，小学部及び中学部の教育課程又は高等部の学科及び教育課程に関する事項は，幼稚園，小学校，中学校又は高等学校に準じて，文部科学大臣が定める．

第78条 特別支援学校には，寄宿舎を設けなければならない．ただし，特別の事情のあるときは，これを設けないことができる．

第79条 寄宿舎を設ける特別支援学校には，寄宿舎指導員を置かなければならない．
② 寄宿舎指導員は，寄宿舎における幼児，児童又は生徒の日常生活上の世話及び生活指導に従事する．

第80条 都道府県は，その区域内にある学齢児童及び学齢生徒のうち，視覚障害者，聴覚障害者，知的障害者，肢体不自由者又は病弱者で，その障害が第75条の政令で定める程度のものを就学させるに必要な特別支援学校を設置しなければならない．

第81条 幼稚園，小学校，中学校，高等学校及び中等教育学校においては，次項各号のいずれかに該当する幼児，児童及び生徒その他教育上特別の支援を必要とする幼児，児童及び生徒に対し，文部科学大臣の定めるところにより，障害による学習上又は生活上の困難を克服するための教育を行うものとする．
② 小学校，中学校，高等学校及び中等教育学校には，次の各号のいずれかに該当する児童及び生徒のために，特別支援学級を置くことができる．
 1 知的障害者
 2 肢体不自由者
 3 身体虚弱者
 4 弱視者
 5 難聴者
 6 その他障害のある者で，特別支援学級において教育を行うことが適当なもの
③ 前項に規定する学校においては，疾病により療養中の児童及び生徒に対して，特別支援学級を設け，又は教員を派遣して，教育を行うことができる．

第82条 第26条，第27条，第31条（第49条及び第62条において読み替えて準用する場合を含む．），第32条，第34条（第49条及び第62条において準用する場合を含む．），第36条，第37条（第28条，第49条及び第62条において準用する場合を含む．），第42条から第44条まで，第47条及び第56条から第60条までの規定は特別支援学校に，第84条の規定は特別支援学校の高等部に，それぞれ準用する．

第9章 大学

第83条 大学は，学術の中心として，広く知識

を授けるとともに，深く専門の学芸を教授研究し，知的，道徳的及び応用的能力を展開させることを目的とする．

② 大学は，その目的を実現するための教育研究を行い，その成果を広く社会に提供することにより，社会の発展に寄与するものとする．

第84条　大学は，通信による教育を行うことができる．

第85条　大学には，学部を置くことを常例とする．ただし，当該大学の教育研究上の目的を達成するため有益かつ適切である場合においては，学部以外の教育研究上の基本となる組織を置くことができる．

第86条　大学には，夜間において授業を行う学部又は通信による教育を行う学部を置くことができる．

第87条　大学の修業年限は，4年とする．ただし，特別の専門事項を教授研究する学部及び前条の夜間において授業を行う学部については，その修業年限は，4年を超えるものとすることができる．

② 医学を履修する課程，歯学を履修する課程，薬学を履修する課程のうち臨床に係る実践的な能力を培うことを主たる目的とするもの又は獣医学を履修する課程については，前項本文の規定にかかわらず，その修業年限は，6年とする．

第88条　大学の学生以外の者として一の大学において一定の単位を修得した者が当該大学に入学する場合において，当該単位の修得により当該大学の教育課程の一部を履修したと認められるときは，文部科学大臣の定めるところにより，修得した単位数その他の事項を勘案して大学が定める期間を修業年限に通算することができる．ただし，その期間は，当該大学の修業年限の2分の1を超えてはならない．

第89条　大学は，文部科学大臣の定めるところにより，当該大学の学生（第87条第2項に規定する課程に在学するものを除く．）で当該大学に3年（同条第1項ただし書の規定により修業年限を4年を超えるものとする学部の学生にあつては，3年以上で文部科学大臣の定める期間）以上在学したもの（これに準ずるものとして文部科学大臣の定める者を含む．）が，卒業の要件として当該大学の定める単位を優秀な成績で修得したと認める場合には，同項の規定にかかわらず，その卒業を認めることができる．

第90条　大学に入学することのできる者は，高等学校若しくは中等教育学校を卒業した者若しくは通常の課程による12年の学校教育を修了した者（通常の課程以外の課程によりこれに相当する学校教育を修了した者を含む．）又は文部科学大臣の定めるところにより，これと同等以上の学力があると認められた者とする．

② 前項の規定にかかわらず，次の各号に該当する大学は，文部科学大臣の定めるところにより，高等学校に文部科学大臣の定める年数以上在学した者（これに準ずる者として文部科学大臣が定める者を含む．）であつて，当該大学の定める分野において特に優れた資質を有すると認めるものを，当該大学に入学させることができる．

1　当該分野に関する教育研究が行われている大学院が置かれていること．
2　当該分野における特に優れた資質を有する者の育成を図るのにふさわしい教育研究上の実績及び指導体制を有すること．

第91条　大学には，専攻科及び別科を置くことができる．

② 大学の専攻科は，大学を卒業した者又は文部科学大臣の定めるところにより，これと同等以上の学力があると認められた者に対して，精深な程度において，特別の事項を教授し，その研究を指導することを目的とし，その修業年限は，1年以上とする．

③ 大学の別科は，前条第1項に規定する入学資格を有する者に対して，簡易な程度において，特別の技能教育を施すことを目的とし，その修業年限は，1年以上とする．

第92条　大学には学長，教授，准教授，助教，助手及び事務職員を置かなければならない．ただし，教育研究上の組織編制として適切と認められる場合には，准教授，助教又は助手を置かないことができる．

② 大学には，前項のほか，副学長，学部長，講師，技術職員その他必要な職員を置くことができる．

③ 学長は，校務をつかさどり，所属職員を統督する．

④ 副学長は，学長の職務を助ける．

⑤ 学部長は，学部に関する校務をつかさどる．

⑥ 教授は，専攻分野について，教育上，研究上又は実務上の特に優れた知識，能力及び実績を有する者であつて，学生を教授し，その研究を指導し，又は研究に従事する．

⑦ 准教授は，専攻分野について，教育上，研究上又は実務上の優れた知識，能力及び実績を有する者であつて，学生を教授し，その研究を指導し，又は研究に従事する．

⑧ 助教は，専攻分野について，教育上，研究上又は実務上の知識及び能力を有する者であつて，学生を教授し，その研究を指導し，又は研究に

従事する.
⑨ 助手は，その所属する組織における教育研究の円滑な実施に必要な業務に従事する.
⑩ 講師は，教授又は准教授に準ずる職務に従事する.

第93条 大学には，重要な事項を審議するため，教授会を置かなければならない.
② 教授会の組織には，准教授その他の職員を加えることができる.

第94条 大学について第3条に規定する設置基準を定める及び第4条第5項に規定する基準を定める場合には，文部科学大臣は，審議会等で政令で定めるものに諮問しなければならない.

第95条 大学の設置の認可を行う場合及び大学に対し第4条第3項若しくは第15条第2項若しくは第3項の規定による命令又は同条第1項の規定による勧告を行う場合には，文部科学大臣は，審議会等で政令で定めるものに諮問しなければならない.

第96条 大学には，研究所その他の研究施設を附置することができる.

第97条 大学には，大学院を置くことができる.

第98条 公立又は私立の大学は，文部科学大臣の所轄とする.

第99条 大学院は，学術の理論及び応用を教授研究し，その深奥をきわめ，又は高度の専門性が求められる職業を担うための深い学識及び卓越した能力を培い，文化の進展に寄与することを目的とする.
② 大学院のうち，学術の理論及び応用を教授研究し，高度の専門性が求められる職業を担うための深い学識及び卓越した能力を培うことを目的とするものは，専門職大学院とする.

第100条 大学院を置く大学には，研究科を置くことを常例とする．ただし，当該大学の教育研究上の目的を達成するため有益かつ適切である場合においては，文部科学大臣の定めるところにより，研究科以外の教育研究上の基本となる組織を置くことができる.

第101条 大学院を置く大学には，夜間において授業を行う研究科又は通信による教育を行う研究科を置くことができる.

第102条 大学院に入学することのできる者は，第83条の大学を卒業した者又は文部科学大臣の定めるところにより，これと同等以上の学力があると認められた者とする．ただし，研究科の教育研究上必要がある場合においては，当該研究科に係る入学資格を，修士の学位若しくは第104条第1項に規定する文部科学大臣の定める学位を有する者又は文部科学大臣の定めるところにより，これと同等以上の学力があると認められた者とすることができる.
② 前項本文の規定にかかわらず，大学院を置く大学は，文部科学大臣の定めるところにより，第83条の大学に文部科学大臣の定める年数以上在学した者（これに準ずる者として文部科学大臣が定める者を含む.）であつて，当該大学院を置く大学の定める単位を優秀な成績で修得したと認めるものを，当該大学院に入学させることができる.

第103条 教育研究上特別の必要がある場合においては，第85条の規定にかかわらず，学部を置くことなく大学院を置くものを大学とすることができる.

第104条 大学（第108条第2項の大学（以下この条において「短期大学」という．）を除く．以下この条において同じ．）は，文部科学大臣の定めるところにより，大学を卒業した者に対し学士の学位を，大学院（専門職大学院を除く．）の課程を修了した者に対し修士又は博士の学位を，専門職大学院の課程を修了した者に対し文部科学大臣の定める学位を授与するものとする.
② 大学は，文部科学大臣の定めるところにより，前項の規定により博士の学位を授与された者と同等以上の学力があると認める者に対し，博士の学位を授与することができる.
③ 短期大学は，文部科学大臣の定めるところにより，短期大学を卒業した者に対し短期大学士の学位を授与するものとする.
④ 独立行政法人大学評価・学位授与機構は，文部科学大臣の定めるところにより，次の各号に掲げる者に対し，当該各号に定める学位を授与するものとする.
 1 短期大学若しくは高等専門学校を卒業した者又はこれに準ずる者で，大学における一定の単位の修得又はこれに相当するものとして文部科学大臣の定める学習を行い，大学を卒業した者と同等以上の学力を有すると認める者　学士
 2 学校以外の教育施設で学校教育に類する教育を行うもののうち当該教育を行うにつき他の法律に特別の規定があるものに置かれる課程で，大学又は大学院に相当する教育を行うと認めるものを修了した者　学士，修士又は博士
⑤ 学位に関する事項を定めるについては，文部科学大臣は，第94条の政令で定める審議会等に諮問しなければならない.

第105条　大学は，文部科学大臣の定めるところにより，当該大学の学生以外の者を対象とした特別の課程を編成し，これを修了した者に対し，修了の事実を証する証明書を交付することができる．

第106条　大学は，当該大学に学長，副学長，学部長，教授，准教授又は講師として勤務した者であつて，教育上又は学術上特に功績のあつた者に対し，当該大学の定めるところにより，名誉教授の称号を授与することができる．

第107条　大学においては，公開講座の施設を設けることができる．
②　公開講座に関し必要な事項は，文部科学大臣が，これを定める．

第108条　大学は，第83条第1項に規定する目的に代えて，深く専門の学芸を教授研究し，職業又は実際生活に必要な能力を育成することを主な目的とすることができる．
②　前項に規定する目的をその目的とする大学は，第87条第1項の規定にかかわらず，その修業年限を2年又は3年とする．
③　前項の大学は，短期大学と称する．
④　第2項の大学には，第85条及び第86条の規定にかかわらず，学部を置かないものとする．
⑤　第2項の大学には，学科を置く．
⑥　第2項の大学には，夜間において授業を行う学科又は通信による教育を行う学科を置くことができる．
⑦　第2項の大学を卒業した者は，文部科学大臣の定めるところにより，第83条の大学に編入学することができる．
⑧　第97条の規定は，第2項の大学については適用しない．

第109条　大学は，その教育研究水準の向上に資するため，文部科学大臣の定めるところにより，当該大学の教育及び研究，組織及び運営並びに施設及び設備（次項において「教育研究等」という．）の状況について自ら点検及び評価を行い，その結果を公表するものとする．
②　大学は，前項の措置に加え，当該大学の教育研究等の総合的な状況について，政令で定める期間ごとに，文部科学大臣の認証を受けた者（以下「認証評価機関」という．）による評価（以下「認証評価」という．）を受けるものとする．ただし，認証評価機関が存在しない場合その他特別の事由がある場合であつて，文部科学大臣の定める措置を講じているときは，この限りでない．
③　専門職大学院を置く大学にあつては，前項に規定するもののほか，当該専門職大学院の設置の目的に照らし，当該専門職大学院の教育課程，教員組織その他教育研究活動の状況について，政令で定める期間ごとに，認証評価を受けるものとする．ただし，当該専門職大学院の課程に係る分野について認証評価を行う認証評価機関が存在しない場合その他特別の事由がある場合であつて，文部科学大臣の定める措置を講じているときは，この限りでない．
④　前2項の認証評価は，大学からの求めにより，大学評価基準（前2項の認証評価を行うために認証評価機関が定める基準をいう．次条において同じ．）に従つて行うものとする．

第110条　認証評価機関になろうとする者は，文部科学大臣の定めるところにより，申請により，文部科学大臣の認証を受けることができる．
②　文部科学大臣は，前項の規定による認証の申請が次の各号のいずれにも適合すると認めるときは，その認証をするものとする．
　1　大学評価基準及び評価方法が認証評価を適確に行うに足りるものであること．
　2　認証評価の公正かつ適確な実施を確保するために必要な体制が整備されていること．
　3　第4項に規定する措置（同項に規定する通知を除く．）の前に認証評価の結果に係る大学からの意見の申立ての機会を付与していること．
　4　認証評価を適確かつ円滑に行うに必要な経理的基礎を有する法人（人格のない社団又は財団で代表者又は管理人の定めのあるものを含む．次号において同じ．）であること．
　5　次条第2項の規定により認証を取り消され，その取消しの日から2年を経過しない法人でないこと．
　6　その他認証評価の公正かつ適確な実施に支障を及ぼすおそれがないこと．
③　前項に規定する基準を適用するに際して必要な細目は，文部科学大臣が，これを定める．
④　認証評価機関は，認証評価を行つたときは，遅滞なく，その結果を大学に通知するとともに，文部科学大臣の定めるところにより，これを公表し，かつ，文部科学大臣に報告しなければならない．
⑤　認証評価機関は，大学評価基準，評価方法その他文部科学大臣の定める事項を変更しようとするとき，又は認証評価の業務の全部若しくは一部を休止若しくは廃止しようとするときは，あらかじめ，文部科学大臣に届け出なければならない．
⑥　文部科学大臣は，認証評価機関の認証をしたとき，又は前項の規定による届出があつたとき

は，その旨を官報で公示しなければならない．
第111条 文部科学大臣は，認証評価の公正かつ適切な実施が確保されないおそれがあると認めるときは，認証評価機関に対し，必要な報告又は資料の提出を求めることができる．
② 文部科学大臣は，認証評価機関が前項の求めに応じず，若しくは虚偽の報告若しくは資料の提出をしたとき，又は前条第2項及び第3項の規定に適合しなくなつたと認めるときその他認証評価の公正かつ適切な実施に著しく支障を及ぼす事由があると認めるときは，当該認証評価機関に対してこれを改善すべきことを求め，及びその求めによつてもなお改善されないときは，その認証を取り消すことができる．
③ 文部科学大臣は，前項の規定により認証評価機関の認証を取り消したときは，その旨を官報で公示しなければならない．
第112条 文部科学大臣は，次に掲げる場合には，第94条の政令で定める審議会等に諮問しなければならない．
 1 認証評価機関の認証をするとき．
 2 第110条第3項の細目を定めるとき．
 3 認証評価機関の認証を取り消すとき．
第113条 大学は，教育研究の成果の普及及び活用の促進に資するため，その教育研究活動の状況を公表するものとする．
第114条 第37条第14項及び第60条第6項の規定は，大学に準用する．

第10章 高等専門学校

第115条 高等専門学校は，深く専門の学芸を教授し，職業に必要な能力を育成することを目的とする．
② 高等専門学校は，その目的を実現するための教育を行い，その成果を広く社会に提供することにより，社会の発展に寄与するものとする．
第116条 高等専門学校には，学科を置く．
② 前項の学科に関し必要な事項は，文部科学大臣が，これを定める．
第117条 高等専門学校の修業年限は，5年とする．ただし，商船に関する学科については，5年6月とする．
第118条 高等専門学校に入学することのできる者は，第57条に規定する者とする．
第119条 高等専門学校には，専攻科を置くことができる．
② 高等専門学校の専攻科は，高等専門学校を卒業した者又は文部科学大臣の定めるところにより，これと同等以上の学力があると認められた者に対して，精深な程度において，特別の事項を教授し，その研究を指導することを目的とし，その修業年限は，1年以上とする．
第120条 高等専門学校には，校長，教授，准教授，助教，助手及び事務職員を置かなければならない．ただし，教育上の組織編制として適切と認められる場合には，准教授，助教又は助手を置かないことができる．
② 高等専門学校には，前項のほか，講師，技術職員その他必要な職員を置くことができる．
③ 校長は，校務を掌り，所属職員を監督する．
④ 教授は，専攻分野について，教育上又は実務上の特に優れた知識，能力及び実績を有する者であつて，学生を教授する．
⑤ 准教授は，専攻分野について，教育上又は実務上の優れた知識，能力及び実績を有する者であつて，学生を教授する．
⑥ 助教は，専攻分野について，教育上又は実務上の知識及び能力を有する者であつて，学生を教授する．
⑦ 助手は，その所属する組織における教育の円滑な実施に必要な業務に従事する．
⑧ 講師は，教授又は准教授に準ずる職務に従事する．
第121条 高等専門学校を卒業した者は，準学士と称することができる．
第122条 高等専門学校を卒業した者は，文部科学大臣の定めるところにより，大学に編入学することができる．
第123条 第37条第14項，第59条，第60条第6項，第94条（設置基準に係る部分に限る．），第95条，第98条，第105条から第107条まで，第109条（第3項を除く．）及び第110条から第113条までの規定は，高等専門学校に準用する．

第11章 専修学校

第124条 第1条に掲げるもの以外の教育施設で，職業若しくは実際生活に必要な能力を育成し，又は教養の向上を図ることを目的として次の各号に該当する組織的な教育を行うもの（当該教育を行うにつき他の法律に特別の規定があるもの及び我が国に居住する外国人を専ら対象とするものを除く．）は，専修学校とする．
 1 修業年限が1年以上であること．
 2 授業時数が文部科学大臣の定める授業時数以上であること．
 3 教育を受ける者が常時40人以上であること．
第125条 専修学校には，高等課程，専門課程又は一般課程を置く．
② 専修学校の高等課程においては，中学校若しくはこれに準ずる学校を卒業した者若しくは中

等教育学校の前期課程を修了した者又は文部科学大臣の定めるところによりこれと同等以上の学力があると認められた者に対して，中学校における教育の基礎の上に，心身の発達に応じて前条の教育を行うものとする．
③　専修学校の専門課程においては，高等学校若しくはこれに準ずる学校若しくは中等教育学校を卒業した者又は文部科学大臣の定めるところによりこれに準ずる学力があると認められた者に対して，高等学校における教育の基礎の上に，前条の教育を行うものとする．
④　専修学校の一般課程においては，高等課程又は専門課程の教育以外の前条の教育を行うものとする．

第126条　高等課程を置く専修学校は，高等専修学校と称することができる．
②　専門課程を置く専修学校は，専門学校と称することができる．

第127条　専修学校は，国及び地方公共団体のほか，次に該当する者でなければ，設置することができない．
　1　専修学校を経営するために必要な経済的基礎を有すること．
　2　設置者（設置者が法人である場合にあつては，その経営を担当する当該法人の役員とする．次号において同じ．）が専修学校を経営するために必要な知識又は経験を有すること．
　3　設置者が社会的信望を有すること．

第128条　専修学校は，次に掲げる事項について文部科学大臣の定める基準に適合していなければならない．
　1　目的，生徒の数又は課程の種類に応じて置かなければならない教員の数
　2　目的，生徒の数又は課程の種類に応じて有しなければならない校地及び校舎の面積並びにその位置及び環境
　3　目的，生徒の数又は課程の種類に応じて有しなければならない設備
　4　目的又は課程の種類に応じた教育課程及び編制の大綱

第129条　専修学校には，校長及び相当数の教員を置かなければならない．
②　専修学校の校長は，教育に関する識見を有し，かつ，教育，学術又は文化に関する業務に従事した者でなければならない．
③　専修学校の教員は，その担当する教育に関する専門的な知識又は技能に関し，文部科学大臣の定める資格を有する者でなければならない．

第130条　国又は都道府県が設置する専修学校を除くほか，専修学校の設置廃止（高等課程，専門課程又は一般課程の設置廃止を含む．），設置者の変更及び目的の変更は，市町村の設置する専修学校にあつては都道府県の教育委員会，私立の専修学校にあつては都道府県知事の認可を受けなければならない．
②　都道府県の教育委員会又は都道府県知事は，専修学校の設置（高等課程，専門課程又は一般課程の設置を含む．）の認可の申請があつたときは，申請の内容が第124条，第125条及び前3条の基準に適合するかどうかを審査した上で，認可に関する処分をしなければならない．
③　前項の規定は，専修学校の設置者の変更及び目的の変更の認可の申請があつた場合について準用する．
④　都道府県の教育委員会又は都道府県知事は，第1項の認可をしない処分をするときは，理由を付した書面をもつて申請者にその旨を通知しなければならない．

第131条　国又は都道府県が設置する専修学校を除くほか，専修学校の設置者は，その設置する専修学校の名称，位置又は学則を変更しようとするときその他政令で定める場合に該当するときは，市町村の設置する専修学校にあつては都道府県の教育委員会に，私立の専修学校にあつては都道府県知事に届け出なければならない．

第132条　専修学校の専門課程（修業年限が2年以上であることその他の文部科学大臣の定める基準を満たすものに限る．）を修了した者（第90条第1項に規定する者に限る．）は，文部科学大臣の定めるところにより，大学に編入学することができる．

第133条　第5条，第6条，第9条から第14条まで及び第42条から第44条までの規定は専修学校に，第105条の規定は専門課程を置く専修学校に準用する．この場合において，第10条中「大学及び高等専門学校にあつては文部科学大臣に，大学及び高等専門学校以外の学校にあつては都道府県知事に」とあるのは「都道府県知事に」と，第13条中「第4条第1項各号に掲げる学校」とあるのは「市町村の設置する専修学校又は私立の専修学校」と，「同項各号に定める者」とあるのは「都道府県の教育委員会又は都道府県知事」と，同条第2号中「その者」とあるのは「当該都道府県の教育委員会又は都道府県知事」と，第14条中「大学及び高等専門学校以外の市町村の設置する学校にあつては都道府県の教育委員会，大学及び高等専門学校以外の私立学校については都道府県知事」とあるのは「市町村の設置する専修学校については都道府県の教育委員会，私立の専修学校については都

道府県知事」と読み替えるものとする.
② 都道府県の教育委員会又は都道府県知事は, 前項において準用する第13条の規定による処分をするときは, 理由を付した書面をもつて当該専修学校の設置者にその旨を通知しなければならない.

第12章 雑則

第134条 第1条に掲げるもの以外のもので, 学校教育に類する教育を行うもの (当該教育を行うにつき他の法律に特別の規定があるもの及び第124条に規定する専修学校の教育を行うものを除く.) は, 各種学校とする.
② 第4条第1項, 第5条から第7条まで, 第9条から第11条まで, 第13条, 第14条及び第42条から第44条までの規定は, 各種学校に準用する. この場合において, 第4条第1項中「次の各号に掲げる学校の区分に応じ, それぞれ当該各号に定める者」とあるのは「市町村の設置する各種学校にあつては都道府県の教育委員会, 私立の各種学校にあつては都道府県知事」と, 第10条中「大学及び高等専門学校にあつては文部科学大臣に, 大学及び高等専門学校以外の学校にあつては都道府県知事に」とあるのは「都道府県知事に」と, 第13条中「第4条第1項各号に掲げる学校」とあるのは「市町村の設置する各種学校又は私立の各種学校」と, 「同項各号に定める者」とあるのは「当該都道府県の教育委員会又は都道府県知事」と, 同条第2号中「その者」とあるのは「当該都道府県の教育委員会又は都道府県知事」と, 第14条中「大学及び高等専門学校以外の市町村の設置する学校については都道府県の教育委員会, 大学及び高等専門学校以外の私立学校については都道府県知事」とあるのは「市町村の設置する各種学校については都道府県の教育委員会, 私立の各種学校については都道府県知事」と読み替えるものとする.
③ 前項のほか, 各種学校に関し必要な事項は, 文部科学大臣が, これを定める.

第135条 専修学校, 各種学校その他第1条に掲げるもの以外の教育施設は, 同条に掲げる学校の名称又は大学院の名称を用いてはならない.
② 高等課程を置く専修学校以外の教育施設は高等専門学校の名称を, 専門課程を置く専修学校以外の教育施設は専門学校の名称を, 専修学校以外の教育施設は専修学校の名称を用いてはならない.

第136条 都道府県の教育委員会 (私人の経営に係るものにあつては, 都道府県知事) は, 学校以外のもの又は専修学校若しくは各種学校以外のものが専修学校又は各種学校の教育を行うものと認める場合においては, 関係者に対して, 一定の期間内に専修学校設置又は各種学校設置の認可を申請すべき旨を勧告することができる. ただし, その期間は, 1箇月を下ることができない.
② 都道府県の教育委員会 (私人の経営に係るものにあつては, 都道府県知事) は, 前項に規定する関係者が, 同項の規定による勧告に従わず引き続き専修学校若しくは各種学校の教育を行つているとき, 又は専修学校設置若しくは各種学校設置の認可を申請したがその認可が得られなかつた場合において引き続き専修学校若しくは各種学校の教育を行つているときは, 当該関係者に対して, 当該教育をやめるべき旨を命ずることができる.
③ 都道府県知事は, 前項の規定による命令をなす場合においては, あらかじめ私立学校審議会の意見を聞かなければならない.

第137条 学校教育上支障のない限り, 学校には, 社会教育に関する施設を附置し, 又は学校の施設を社会教育その他公共のために, 利用させることができる.

第138条 第17条第3項の政令で定める事項のうち同条第1項又は第2項の義務の履行に関する処分に該当するもので政令で定めるものについては, 行政手続法 (平成5年法律第88号) 第3章の規定は, 適用しない.

第139条 文部科学大臣がした大学又は高等専門学校の設置の認可に関する処分については, 行政不服審査法 (昭和37年法律第160号) による不服申立てをすることができない.

第140条 この法律における市には, 東京都の区を含むものとする.

第141条 この法律 (第85条及び第100条を除く.) 及び他の法令 (教育公務員特例法 (昭和24年法律第1号) 及び当該法令に特別の定めのあるものを除く.) において, 大学の学部には第85条ただし書に規定する組織を含み, 大学の大学院の研究科には第100条ただし書に規定する組織を含むものとする.

第142条 この法律に規定するもののほか, この法律施行のため必要な事項で, 地方公共団体の機関が処理しなければならないものについては政令で, その他のものについては文部科学大臣が, これを定める.

第13章 罰則

第143条 第13条の規定 (第133条第1項及び第134条第2項において準用する場合を含む.) に

よる閉鎖命令又は第136条第2項の規定による命令に違反した者は，6月以下の懲役若しくは禁錮又は20万円以下の罰金に処する。

第144条　第17条第1項又は第2項の義務の履行の督促を受け，なお履行しない者は，10万円以下の罰金に処する。

第145条　第20条の規定に違反した者は，10万円以下の罰金に処する。

第146条　第135条の規定に違反した者は，10万円以下の罰金に処する。

附則　[以下略]

●学校教育法施行令（抄）

（昭28.10.31政340　　　　　　　　　　　　　　　　　　　　　　　　　　　　　　　　　　　　最終改正：平19.12.12政363）

内閣は，学校教育法（昭和22年法律第26号）第4条，第22条第2項，第40条，第83条第3項及び第88条の規定に基き，この政令を制定する。

第1章　就学義務

第1節　学齢簿

(学齢簿の編製)

第1条　市（特別区を含む。以下同じ。）町村の教育委員会は，当該市町村の区域内に住所を有する学齢児童及び学齢生徒（それぞれ学校教育法（以下「法」という。）第18条に規定する学齢児童及び学齢生徒をいう。以下同じ。）について，学齢簿を編製しなければならない。

② 前項の規定による学齢簿の編製は，当該市町村の住民基本台帳に基づいて行なうものとする。

③ 市町村の教育委員会は，文部科学省令で定めるところにより，第1項の学齢簿を磁気ディスク（これに準ずる方法により一定の事項を確実に記録しておくことができる物を含む。以下同じ。）をもつて調製することができる。

④ 第1項の学齢簿に記載（前項の規定により磁気ディスクをもつて調製する学齢簿にあつては，記録。以下同じ。）をすべき事項は，文部科学省令で定める。

第2条　市町村の教育委員会は，毎学年の初めから5月前までに，文部科学省令で定める日現在において，当該市町村に住所を有する者で前学年の初めから終わりまでの間に満6歳に達する者について，あらかじめ，前条第1項の学齢簿を作成しなければならない。この場合において，同条第2項から第4項までの規定を準用する。

第3条　市町村の教育委員会は，新たに学齢簿に記載をすべき事項を生じたとき，学齢簿に記載をした事項に変更を生じたとき，又は学齢簿の記載に錯誤若しくは遺漏があるときは，必要な加除訂正を行わなければならない。

(児童生徒等の住所変更に関する届出の通知)

第4条　第2条に規定する者，学齢児童又は学齢生徒（以下「児童生徒等」と総称する。）について，住民基本台帳法（昭和42年法律第81号）第22条又は第23条の規定による届出（第2条に規定する者にあつては，同条の規定により文部科学省令で定める日の翌日以後の住所地の変更に係るこれらの規定による届出に限る。）があつたときは，市町村長（特別区にあつては区長とし，地方自治法（昭和22年法律第67号）第252条の19第1項の指定都市（第23条第9号及び第26条第3項において「指定都市」という。）にあつてはその区の区長とする。）は速やかにその旨を当該市町村の教育委員会に通知しなければならない。

第2節　小学校，中学校及び中等教育学校

(入学期日等の通知，学校の指定)

第5条　市町村の教育委員会は，就学予定者（法第17条第1項又は第2項の規定により，翌学年の初めから小学校，中学校，中等教育学校又は特別支援学校に就学させるべき者をいう。以下同じ。）で次に掲げる者について，その保護者に対し，翌学年の初めから2月前までに，小学校又は中学校の入学期日を通知しなければならない。

1　就学予定者のうち，視覚障害者，聴覚障害者，知的障害者，肢体不自由者又は病弱者（身体虚弱者を含む。）で，その障害が，第22条の3の表に規定する程度のもの（以下「視覚障害者等」という。）以外の者

2　視覚障害者等のうち，市町村の教育委員会が，その者の障害の状態に照らして，当該市町村の設置する小学校又は中学校において適切な教育を受けることができる特別の事情があると認める者（以下「認定就学者」という。）

② 市町村の教育委員会は，当該市町村の設置する小学校又は中学校（法第71条の規定により高等学校における教育と一貫した教育を施すもの（以下「併設型中学校」という。）を除く。以下この項，次条第7号，第6条の3，第6条の4，第7条，第8条，第11条の2，第12条第3項及び第12条の2において同じ。）が2校以上ある場合においては，前項の通知において当該就学

予定者の就学すべき小学校又は中学校を指定しなければならない．
③　前2項の規定は，第9条第1項の届出のあつた就学予定者については，適用しない．
第6条　前条の規定は，次に掲げる者について準用する．この場合において，同条第1項中「翌学年の初めから2月前までに」とあるのは，「速やかに」と読み替えるものとする．
　1　就学予定者で前条第1項に規定する通知の期限の翌日以後に当該市町村の教育委員会が作成した学齢簿に新たに記載されたもの又は学齢児童若しくは学齢生徒でその住所地の変更により当該学齢簿に新たに記載されたもの（視覚障害者等（認定就学者を除く．）及び当該市町村の設置する小学校又は中学校に在学する者を除く．）
　2　次条第2項の通知を受けた学齢児童又は学齢生徒
　3　第6条の3第2項の通知を受けた学齢児童又は学齢生徒のうち認定就学者の認定をしたもの
　4　第10条の通知を受けた学齢児童又は学齢生徒
　5　第12条第1項の通知を受けた学齢児童又は学齢生徒のうち認定就学者の認定をしたもの（同条第3項の通知に係る学齢児童及び学齢生徒を除く．）
　6　第12条の2第1項の通知を受けた学齢児童又は学齢生徒のうち認定就学者の認定をしたもの（同条第3項の通知に係る学齢児童及び学齢生徒を除く．）
　7　小学校又は中学校の新設，廃止等によりその就学させるべき小学校又は中学校を変更する必要を生じた児童生徒等
第6条の2　特別支援学校に在学する学齢児童又は学齢生徒で視覚障害者等でなくなつたものがあるときは，当該学齢児童又は学齢生徒の在学する特別支援学校の校長は，速やかに，当該学齢児童又は学齢生徒の住所の存する都道府県の教育委員会に対し，その旨を通知しなければならない．
②　都道府県の教育委員会は，前項の通知を受けた学齢児童又は学齢生徒について，当該学齢児童又は学齢生徒の住所の存する市町村の教育委員会に対し，速やかに，その氏名及び視覚障害者等でなくなつた旨を通知しなければならない．
第6条の3　特別支援学校に在学する学齢児童又は学齢生徒でその障害の状態の変化により認定就学者として小学校又は中学校に就学することが適当であると思料するものがあるときは，当該学齢児童又は学齢生徒の在学する特別支援学校の校長は，速やかに，当該学齢児童又は学齢生徒の住所の存する都道府県の教育委員会に対し，その旨を通知しなければならない．
②　都道府県の教育委員会は，前項の通知を受けた学齢児童又は学齢生徒について，当該学齢児童又は学齢生徒の住所の存する市町村の教育委員会に対し，速やかに，その氏名及び同項の通知があつた旨を通知しなければならない．
③　市町村の教育委員会は，前項の通知を受けた学齢児童又は学齢生徒について，認定就学者として小学校又は中学校に就学させることが適当でないと認めたときは，都道府県の教育委員会に対し，速やかに，その旨を通知しなければならない．
④　都道府県の教育委員会は，前項の通知を受けたときは，第1項の校長に対し，速やかに，その旨を通知しなければならない．
第6条の4　学齢児童及び学齢生徒のうち視覚障害者等で認定就学者として小学校又は中学校に在学するもののうち視覚障害者等でなくなつたものがあるときは，その在学する小学校又は中学校の校長は，速やかに，当該学齢児童又は学齢生徒の住所の存する市町村の教育委員会に対し，その旨を通知しなければならない．
第7条　市町村の教育委員会は，第5条第1項（第6条において準用する場合を含む．）の通知と同時に，当該児童生徒等を就学させるべき小学校又は中学校の校長に対し，当該学齢児童生徒等の氏名及び入学期日を通知しなければならない．
第8条　市町村の教育委員会は，第5条第2項（第6条において準用する場合を含む．）の場合において，相当と認めるときは，保護者の申立により，その指定した小学校又は中学校を変更することができる．この場合においては，すみやかに，その保護者及び前条の通知をした小学校又は中学校の校長に対し，その旨を通知するとともに，新たに指定した小学校又は中学校の校長に対し，同条の通知をしなければならない．
（区域外就学等）
第9条　児童生徒等のうち視覚障害者等以外の者をその住所の存する市町村の設置する小学校又は中学校（併設型中学校を除く．）以外の小学校，中学校又は中等教育学校に就学させようとする場合には，その保護者は，就学させようとする小学校，中学校又は中等教育学校が市町村又は都道府県の設置するものであるときは当該市町村又は都道府県の教育委員会の，その他のものであるときは当該小学校，中学校又は中等教育学校における就学を承諾する権限を有す

る者の承諾を証する書面を添え，その旨をその児童生徒等の住所の存する市町村の教育委員会に届け出なければならない．
② 市町村の教育委員会は，前項の承諾（当該市町村の設置する小学校又は中学校（併設型中学校を除く．）への就学に係るものに限る．）を与えようとする場合には，あらかじめ，児童生徒等の住所の存する市町村の教育委員会に協議するものとする．

第10条 学齢児童及び学齢生徒のうち視覚障害者等以外の者でその住所の存する市町村の設置する小学校又は中学校（併設型中学校を除く．）以外の小学校若しくは中学校又は中等教育学校に在学するものが，小学校若しくは中学校又は中等教育学校の前期課程の全課程を修了する前に退学したときは，当該小学校若しくは中学校又は中等教育学校の校長は，速やかに，その旨を当該学齢児童又は学齢生徒の住所の存する市町村の教育委員会に通知しなければならない．

第3節 特別支援学校
（特別支援学校への就学についての通知）

第11条 市町村の教育委員会は，第2条に規定する者のうち視覚障害者等について，都道府県の教育委員会に対し，翌学年の初めから3月前までに，その氏名及び特別支援学校に就学させるべき旨を通知しなければならない．ただし，認定就学者については，この限りでない．
② 市町村の教育委員会は，前項の通知をするときは，都道府県の教育委員会に対し，同項の通知に係る者の学齢簿の謄本（第1条第3項の規定により磁気ディスクをもつて学齢簿を調製している市町村の教育委員会にあつては，その者の学齢簿に記録されている事項を記載した書類）を送付しなければならない．

第11条の2 前条の規定は，小学校に認定就学者として在学する学齢児童で翌学年の初めから中学校又は特別支援学校の中学部に就学させるべきものについて準用する．

第11条の3 第11条の規定は，第2条の規定により文部科学省令で定める日の翌日以後の住所地の変更により当該市町村の教育委員会が作成した学齢簿に新たに記載された児童生徒等のうち視覚障害者等について準用する．この場合において，第11条第1項中「翌学年の初めから3月前までに」とあるのは，「翌学年の初めから3月前までに（翌学年の初日から3月前の応当する日以後に当該学齢簿に新たに記載された場合にあつては，速やかに）」と読み替えるものとする．

第12条 小学校，中学校又は中等教育学校に在学する学齢児童又は学齢生徒で視覚障害者等になつたものがあるときは，当該学齢児童又は学齢生徒の在学する小学校，中学校又は中等教育学校の校長は，速やかに，当該学齢児童又は学齢生徒の住所の存する市町村の教育委員会に対し，その旨を通知しなければならない．
② 第11条の規定は，前項の通知を受けた学齢児童又は学齢生徒について準用する．この場合において，同条中「翌学年の初めから3月前までに」とあるのは，「速やかに」と読み替えるものとする．
③ 第1項の規定による通知を受けた市町村の教育委員会は，前項において準用する第11条ただし書の規定により認定就学者として小学校又は中学校に就学させることが適当であると認めるものについて現に在学する小学校又は中学校に引き続き就学させるときは，第1項の校長に対し，その旨を通知しなければならない．

第12条の2 学齢児童及び学齢生徒のうち視覚障害者等で認定就学者として小学校又は中学校に在学するもののうち障害の状態の変化によりこれらの小学校又は中学校に就学させることが適当でなくなつたと思料するものがあるときは，当該学齢児童又は学齢生徒の在学する小学校又は中学校の校長は，当該学齢児童又は学齢生徒の住所の存する市町村の教育委員会に対し，速やかに，その旨を通知しなければならない．
② 第11条の規定は，前項の通知を受けた学齢児童又は学齢生徒について準用する．この場合において，同条第1項中「翌学年の初めから3月前までに」とあるのは，「速やかに」と読み替えるものとする．
③ 第1項の規定による通知を受けた市町村の教育委員会は，前項において準用する第11条ただし書の規定により認定就学者として小学校又は中学校に就学させることが適当であると認めるものについて現に在学する小学校又は中学校に引き続き就学させるときは，第1項の校長に対し，その旨を通知しなければならない．

（学齢簿の加除訂正の通知）

第13条 市町村の教育委員会は，第11条第1項（第11条の2，第11条の3，第12条第2項及び前条第2項において準用する場合を含む．）の通知に係る児童生徒等について第3条の規定による加除訂正をしたときは，速やかに，都道府県の教育委員会に対し，その旨を通知しなければならない．

（特別支援学校の入学期日等の通知，学校の指定）

第14条 都道府県の教育委員会は，第11条第1項（第11条の2，第11条の3，第12条第2項及び

び第12条の2第2項において準用する場合を含む．）の通知を受けた児童生徒等，第18条の通知を受けた学齢児童及び学齢生徒並びに特別支援学校の新設，廃止等によりその就学させるべき特別支援学校を変更する必要を生じた児童生徒等について，その保護者に対し，第11条第1項（第11条の2において準用する場合を含む．）の通知を受けた児童生徒等にあつては翌学年の初めから2月前までに，その他の児童生徒等にあつては速やかに特別支援学校の入学期日を通知しなければならない．

② 都道府県の教育委員会は，当該都道府県の設置する特別支援学校が2校以上ある場合においては，前項の通知において当該児童生徒等を就学させるべき特別支援学校を指定しなければならない．

③ 前2項の規定は，第17条の届出のあつた児童生徒等については，適用しない．

第15条 都道府県の教育委員会は，前条第1項の通知と同時に，当該児童生徒等を就学させるべき特別支援学校の校長及び当該児童生徒等の住所の存する市町村の教育委員会に対し，当該児童生徒等の氏名及び入学期日を通知しなければならない．

② 都道府県の教育委員会は，前条第2項の規定により当該児童生徒等を就学させるべき特別支援学校を指定したときは，前項の市町村の教育委員会に対し，同項に規定する事項のほか，その指定した特別支援学校を通知しなければならない．

第16条 都道府県の教育委員会は，第14条第2項の場合において，相当と認めるときは，保護者の申立により，その指定した特別支援学校を変更することができる．この場合においては，速やかに，その保護者並びに前条の通知をした特別支援学校の校長及び市町村の教育委員会に対し，その旨を通知するとともに，新たに指定した特別支援学校の校長に対し，同条第1項の通知をしなければならない．

（区域外就学等）

第17条 児童生徒等のうち視覚障害者等をその住所の存する都道府県の設置する特別支援学校以外の特別支援学校に就学させようとする場合には，その保護者は，就学させようとする特別支援学校が他の都道府県の設置するものであるときは当該都道府県の教育委員会の，その他のものであるときは当該特別支援学校における就学を承諾する権限を有する者の就学を承諾する書面を添え，その旨を，その児童生徒等の住所の存する市町村の教育委員会を経由して，その住所の存する都道府県の教育委員会に届け出なければならない．

第18条 学齢児童及び学齢生徒のうち視覚障害者等でその住所の存する都道府県の設置する特別支援学校以外の特別支援学校に在学するものが，特別支援学校の小学部又は中学部の全課程を修了する前に退学したときは，当該特別支援学校の校長は，速やかに，その旨を，当該学齢児童又は学齢生徒の住所の存する市町村の教育委員会を経由して，その住所の存する都道府県の教育委員会に通知しなければならない．

第3節の2　保護者及び視覚障害者等の就学に関する専門的知識を有する者の意見聴取

第18条の2 市町村の教育委員会は，翌学年の初めから認定就学者として小学校に就学させるべき者又は特別支援学校の小学部に就学させるべき者について，第5条（第6条第1号において準用する場合を含む．）又は第11条第1項（第11条の3において準用する場合を含む．）の通知をしようとするときは，その保護者及び教育学，医学，心理学その他の障害のある児童生徒等の就学に関する専門的知識を有する者の意見を聴くものとする．

第4節　督促等

（校長の義務）

第19条 小学校，中学校，中等教育学校及び特別支援学校の校長は，常に，その学校に在学する学齢児童又は学齢生徒の出席状況を明らかにしておかなければならない．

第20条 小学校，中学校，中等教育学校及び特別支援学校の校長は，当該学校に在学する学齢児童又は学齢生徒が，休業日を除き引き続き7日間出席せず，その他その出席状況が良好でない場合において，その出席させないことについて保護者に正当な事由がないと認められるときは，速やかに，その旨を当該学齢児童又は学齢生徒の住所の存する市町村の教育委員会に通知しなければならない．

（教育委員会の行う出席の督促等）

第21条 市町村の教育委員会は，前条の通知を受けたときその他当該市町村に住所を有する学齢児童又は学齢生徒の保護者が法第17条第1項又は第2項に規定する義務を怠っていると認められるときは，その保護者に対して，当該学齢児童又は学齢生徒の出席を督促しなければならない．

第5節　就学義務の終了　［以下略］

●学校教育法施行規則（抄）

（昭和22. 5.23文部令11
最終改正：平22. 7.15文科令17）

第1章　総則
第1節　設置廃止等

第1条　学校には，その学校の目的を実現するために必要な校地，校舎，校具，運動場，図書館又は図書室，保健室その他の設備を設けなければならない．

② 学校の位置は，教育上適切な環境に，これを定めなければならない．

第2条　私立の学校の設置者は，その設置する大学又は高等専門学校について次に掲げる事由があるときは，その旨を文部科学大臣に届け出なければならない．

1　目的，名称，位置又は学則（収容定員に係るものを除く．）を変更しようとするとき．
2　分校を設置し，又は廃止しようとするとき．
3　大学の学部，大学院の研究科，短期大学の学科その他の組織の位置を，我が国から外国に，外国から我が国に，又は一の外国から他の外国に変更するとき．
4　大学における通信教育に関する規程を変更しようとするとき．
5　経費の見積り及び維持方法を変更しようとするとき．
6　校地，校舎その他直接教育の用に供する土地及び建物に関する権利を取得し，若しくは処分しようとするとき，又は用途の変更，改築等によりこれらの土地及び建物の現状に重要な変更を加えようとするとき．

第3条　学校の設置についての認可の申請又は届出は，それぞれ認可申請書又は届出書に，次の事項（市（特別区を含む．以下同じ．）町村立の小学校及び中学校については，第4号及び第5号の事項を除く．）を記載した書類及び校地，校舎その他直接保育又は教育の用に供する土地及び建物（以下「校地校舎等」という．）の図面を添えてしなければならない．

1　目的
2　名称
3　位置
4　学則
5　経費の見積り及び維持方法
6　開設の時期

第4条　前条の学則中には，少くとも，次の事項を記載しなければならない．

1　修業年限，学年，学期及び授業を行わない日（以下「休業日」という．）に関する事項
2　部科及び課程の組織に関する事項
3　教育課程及び授業日時数に関する事項
4　学習の評価及び課程修了の認定に関する事項
5　収容定員及び職員組織に関する事項
6　入学，退学，転学，休学及び卒業に関する事項
7　授業料，入学料その他の費用徴収に関する事項
8　賞罰に関する事項
9　寄宿舎に関する事項

② 前項各号に掲げる事項のほか，通信制の課程を置く高等学校（中等教育学校の後期課程を含む．以下この項において同じ．）については，前条の学則中に，次の事項を記載しなければならない．

1　通信教育を行う区域に関する事項
2　通信教育について協力する高等学校に関する事項

③ 第1項各号に掲げる事項のほか，特別支援学校については，前条の学則中に，学校教育法（昭和22年法律第26号）第72条に規定する者に対する教育のうち当該特別支援学校が行うものに関する事項を記載しなければならない．

第5条　学則の変更は，前条第1項各号，第2項第1号及び第2号並びに第3項に掲げる事項に係る学則の変更とする．

② 学校の目的，名称，位置，学則又は経費の見積り及び維持方法の変更についての認可の申請又は届出は，それぞれ認可申請書又は届出書に，変更の事由及び時期を記載した書類を添えてしなければならない．

③ 私立学校の収容定員に係る学則の変更についての認可の申請又は届出は，それぞれ認可申請書又は届出書に，前項の書類のほか，経費の見積り及び維持方法を記載した書類並びに当該変更後の収容定員に必要な校地校舎等の図面を添えてしなければならない．

第6条　学校の校地校舎等に関する権利を取得し，若しくは処分し，又は用途の変更，改築等によりこれらの現状に重要な変更を加えることについての届出は，届出書に，その事由及び時期を記載した書類並びに当該校地校舎等の図面を添えてしなければならない．

第7条　分校（私立学校の分校を含む．第15条において同じ．）の設置についての認可の申請又は届出は，それぞれ認可申請書又は届出書に，次の事項（市町村立の小学校及び中学校については，第4号及び第5号の事項を除く．）を記

載した書類及び校地校舎等の図面を添えてしなければならない．
1　事由
2　名称
3　位置
4　学則の変更事項
5　経費の見積り及び維持方法
6　開設の時期

第8条　第2条第3号に掲げる事由に係る届出は，届出書に，次の事項を記載した書類及び校地校舎等の図面を添えてしなければならない．
1　事由
2　名称
3　位置
4　学則の変更事項
5　経費の見積り及び維持方法
6　変更の時期

第9条　2部授業を行うことについての届出は，届出書に，その事由，期間及び実施方法を記載した書類を添えてしなければならない．

第10条　学級の編制についての認可の申請は，認可申請書に，各学年ごとの各学級別の生徒の数（数学年の生徒を1学級に編制する場合にあつては，各学級ごとの各学年別の生徒の数とする．本条中以下同じ．）を記載した書類を添えてしなければならない．

② 　学級の編制の変更についての認可の申請は，認可申請書に，変更の事由及び時期並びに変更前及び変更後の各学年ごとの各学級別の生徒の数を記載した書類を添えてしなければならない．

第11条　高等学校（中等教育学校の後期課程を含む．）の全日制の課程，定時制の課程，通信制の課程，学科，専攻科若しくは別科，特別支援学校の高等部の学科，専攻科若しくは別科，大学の学部，学部の学科，大学院，大学院の研究科若しくは研究科の専攻，短期大学の学科若しくは高等専門学校の学科の設置又は大学院の研究科の専攻に係る課程の変更についての認可の申請又は届出は，それぞれ認可申請書又は届出書に，第7条各号の事項を記載した書類及びその使用に係る部分の校地校舎等の図面を添えてしなければならない．

第12条～第19条　［略］

第2節　校長，副校長及び教頭の資格

第20条　校長（学長及び高等専門学校の校長を除く．）の資格は，次の各号のいずれかに該当するものとする．
1　教育職員免許法（昭和24年法律第147号）による教諭の専修免許状又は一種免許（高等学校及び中等教育学校の校長にあつては，専修免許状）を有し，かつ，次に掲げる職（以下「教育に関する職」という．）に5年以上あつたこと
イ　学校教育法第1条に規定する学校及び同法第124条に規定する専修学校の校長の職
ロ　学校教育法第1条に規定する学校の教授，准教授，助教，副校長，教頭，主幹教諭，指導教諭，教諭，助教諭，養護教諭，養護助教諭，栄養教諭，講師（常時勤務の者に限る．）及び同法第124条に規定する専修学校の教員（以下本条中「教員」という．）の職
ハ　学校教育法第1条に規定する学校の事務職員（単純な労務に雇用される者を除く．本条中以下同じ．），実習助手，寄宿舎指導員及び学校栄養職員（学校給食法（昭和29年法律第160号）第7条に規定する職員のうち栄養教諭以外の者をいい，同法第六条に規定する施設の当該職員を含む．）の職
ニ　学校教育法等の一部を改正する法律（平成19年法律第96号）第1条の規定による改正前の学校教育法第94条の規定により廃止された従前の法令の規定による学校及び旧教員養成諸学校官制（昭和21年勅令第208号）第1条の規定による教員養成諸学校の長の職
ホ　ニに掲げる学校及び教員養成諸学校における教員及び事務職員に相当する者の職
ヘ　海外に在留する邦人の子女のための在外教育施設（以下「在外教育施設」という．）で，文部科学大臣が小学校，中学校又は高等学校の課程と同等の課程を有するものとして認定したものにおけるイからハまでに掲げる者に準ずるものの職
ト　ヘに規定する職のほか，外国の学校におけるイからハまでに掲げる者に準ずるものの職
チ　少年院法（昭和23年法律第169号）による少年院又は児童福祉法（昭和22年法律第164号）による児童自立支援施設（児童福祉法等の一部を改正する法律（平成9年法律第74号）附則第7条第1項の規定により証明書を発行することができるもので，同条第2項の規定によりその例によることとされた同法による改正前の児童福祉法第48条第4項ただし書の規定による指定を受けたものを除く．）において教育を担当する者の職
リ　イからチまでに掲げるもののほか，国又は地方公共団体において教育事務又は教育

を担当する国家公務員又は地方公務員（単純な労務に雇用される者を除く。）の職
ヌ　外国の官公庁におけるリに準ずる者の職
2　教育に関する職に10年以上あつたこと

第21条　私立学校の設置者は、前条の規定により難い特別の事情のあるときは、5年以上教育に関する職又は教育、学術に関する業務に従事し、かつ、教育に関し高い識見を有する者を校長として採用することができる。

第22条　国立若しくは公立の学校の校長の任命権者又は私立学校の設置者は、学校の運営上特に必要がある場合には、前2条に規定するもののほか、第20条各号に掲げる資格を有する者と同等の資質を有すると認める者を校長として任命し又は採用することができる。

第23条　前3条の規定は、副校長及び教頭の資格について準用する。

第3節　管理

第24条　校長は、その学校に在学する児童等の指導要録（学校教育法施行令第31条に規定する児童等の学習及び健康の状況を記録した書類の原本をいう。以下同じ。）を作成しなければならない。
②　校長は、児童等が進学した場合においては、その作成に係る当該児童等の指導要録の抄本又は写しを作成し、これを進学先の校長に送付しなければならない。
③　校長は、児童等が転学した場合においては、その作成に係る当該児童等の指導要録の写しを作成し、その写し（転学してきた児童等については転学により送付を受けた指導要録の写しを含む。）及び前項の抄本又は写しを転学先の校長に送付しなければならない。

第25条　校長（学長を除く。）は、当該学校に在学する児童等について出席簿を作成しなければならない。

第26条　校長及び教員が児童等に懲戒を加えるに当つては、児童等の心身の発達に応ずる等教育上必要な配慮をしなければならない。
②　懲戒のうち、退学、停学及び訓告の処分は、校長（大学にあつては、学長の委任を受けた学部長を含む。）が行う。
③　前項の退学は、公立の小学校、中学校（学校教育法第71条の規定により高等学校における教育と一貫した教育を施すもの（以下「併設型中学校」という。）を除く。）又は特別支援学校に在学する学齢児童又は学齢生徒を除き、次の各号のいずれかに該当する児童等に対して行うことができる。
1　性行不良で改善の見込がないと認められる者
2　学力劣等で成業の見込がないと認められる者
3　正当の理由がなくて出席常でない者
4　学校の秩序を乱し、その他学生又は生徒としての本分に反した者
④　第2項の停学は、学齢児童又は学齢生徒に対しては、行うことができない。

第27条　私立学校が、校長を定め、大学及び高等専門学校にあつては文部科学大臣、大学及び高等専門学校以外の学校にあつては都道府県知事に届け出るに当たつては、その履歴書を添えなければならない。

第28条　学校において備えなければならない表簿は、概ね次のとおりとする。
1　学校に関係のある法令
2　学則、日課表、教科用図書配当表、学校医執務記録簿、学校歯科医執務記録簿、学校薬剤師執務記録簿及び学校日誌
3　職員の名簿、履歴書、出勤簿並びに担任学級、担任の教科又は科目及び時間表
4　指導要録、その写し及び抄本並びに出席簿及び健康診断に関する表簿
5　入学者の選抜及び成績考査に関する表簿
6　資産原簿、出納簿及び経費の予算決算についての帳簿並びに図書機械器具、標本、模型等の教具の目録
7　往復文書処理簿
②　前項の表簿（第24条第2項の抄本又は写しを除く。）は、別に定めるもののほか、5年間保存しなければならない。ただし、指導要録及びその写しのうち入学、卒業等の学籍に関する記録については、その保存期間は、20年間とする。
③　学校教育法施行令第31条の規定により指導要録及びその写しを保存しなければならない期間は、前項のこれらの書類の保存期間から当該学校においてこれらの書類を保存していた期間を控除した期間とする。

第2章　義務教育

第29条　市町村の教育委員会は、学校教育法施行令第1条第3項（同令第2条において準用する場合を含む。）の規定により学齢簿を磁気ディスク（これに準ずる方法により一定の事項を確実に記録しておくことができる物を含む。以下同じ。）をもつて調製する場合には、電子計算機（電子計算機による方法に準ずる方法により一定の事項を確実に記録しておくことができる機器を含む。以下同じ。）の操作によるものとする。

② 市町村の教育委員会は，前項に規定する場合においては，当該学齢簿に記録されている事項が当該市町村の学齢児童又は学齢生徒に関する事務に従事している者以外の者に同項の電子計算機に接続された電気通信回線を通じて知られること及び当該学齢簿が滅失又はき損することを防止するために必要な措置を講じなければならない。

第30条　学校教育法施行令第1条第1項の学齢簿に記載（同条第3項の規定により磁気ディスクをもつて調製する学齢簿にあつては，記録。以下同じ。）をすべき事項は，次の各号に掲げる区分に応じ，当該各号に掲げる事項とする。
1　学齢児童又は学齢生徒に関する事項　氏名，現住所，生年月日及び性別
2　保護者に関する事項　氏名，現住所及び保護者と学齢児童又は学齢生徒との関係
3　就学する学校に関する事項
　　イ　当該市町村の設置する小学校又は中学校（併設型中学校を除く。）に就学する者について，当該学校の名称並びに当該学校に係る入学，転学及び卒業の年月日
　　ロ　学校教育法施行令第九条に定める手続きにより当該市町村の設置する小学校又は中学校（併設型中学校を除く。）以外の小学校，中学校又は中等教育学校に就学する者について，当該学校及びその設置者の名称並びに当該学校に係る入学，転学，退学及び卒業の年月日
　　ハ　特別支援学校の小学部又は中学部に就学する者について，当該学校及び部並びに当該学校の設置者の名称並びに当該部に係る入学，転学，退学及び卒業の年月日
4　就学の督促等に関する事項　学校教育法施行令第20条又は第21条の規定に基づき就学状況が良好でない者等について，校長から通知を受けたとき，又は就学義務の履行を督促したときは，その旨及び通知を受け，又は督促した年月日
5　就学義務の猶予又は免除に関する事項　学校教育法第18条の規定により保護者が就学させる義務を猶予又は免除された者について，猶予の年月日，事由及び期間又は免除の年月日及び事由並びに猶予又は免除された者のうち復学した者については，その年月日
6　その他必要な事項　市町村の教育委員会が学齢児童又は学齢生徒の就学に関し必要と認める事項

② 学校教育法施行令第2条に規定する者について作成する学齢簿に記載をすべき事項については，前項第1号，第2号及び第6号の規定を準用する。

第31条　学校教育法施行令第2条の規定による学齢簿の作成は，10月1日現在において行うものとする。

第32条　市町村の教育委員会は，学校教育法施行令第5条第2項（同令第6条において準用する場合を含む。次項において同じ。）の規定により就学予定者の就学すべき小学校又は中学校（次項において「就学校」という。）を指定する場合には，あらかじめ，その保護者の意見を聴取することができる。この場合においては，意見の聴取の手続に関し必要な事項を定め，公表するものとする。

② 市町村の教育委員会は，学校教育法施行令第5条第2項の規定による就学校の指定に係る通知において，その指定の変更についての同令第8条に規定する保護者の申立ができる旨を示すものとする。

第33条　市町村の教育委員会は，学校教育法施行令第八条の規定により，その指定した小学校又は中学校を変更することができる場合の要件及び手続に関し必要な事項を定め，公表するものとする。

第34条　学齢児童又は学齢生徒で，学校教育法第18条に掲げる事由があるときは，その保護者は，就学義務の猶予又は免除を市町村の教育委員会に願い出なければならない。この場合においては，当該市町村の教育委員会の指定する医師その他の者の証明書等その事由を証するに足る書類を添えなければならない。

第35条　学校教育法第18条の規定により保護者が就学させる義務を猶予又は免除された子について，当該猶予の期間が経過し，又は当該猶予若しくは免除が取り消されたときは，校長は，当該子を，その年齢及び心身の発達状況を考慮して，相当の学年に編入することができる。

第3章　幼稚園

第36条　幼稚園の設備，編制その他設置に関する事項は，この章に定めるもののほか，幼稚園設置基準（昭和31年文部省令第32号）の定めるところによる。

第37条　幼稚園の毎学年の教育週数は，特別の事情のある場合を除き，39週を下つてはならない。

第38条　幼稚園の教育課程その他の保育内容については，この章に定めるもののほか，教育課程その他の保育内容の基準として文部科学大臣が別に公示する幼稚園教育要領によるものとす

第39条　第48条，第49条，第54条，第59条から第68条までの規定は，幼稚園に準用する．

第4章　小学校
第1節　設備編制

第40条　小学校の設備，編制その他設置に関する事項は，この節に定めるもののほか，小学校設置基準（平成14年文部科学省令第14号）の定めるところによる．

第41条　小学校の学級数は，12学級以上18学級以下を標準とする．ただし，地域の実態その他により特別の事情のあるときは，この限りでない．

第42条　小学校の分校の学級数は，特別の事情のある場合を除き，5学級以下とし，前条の学級数に算入しないものとする．

第43条　小学校においては，調和のとれた学校運営が行われるためにふさわしい校務分掌の仕組みを整えるものとする．

第44条　小学校には，教務主任及び学年主任を置くものとする．

② 前項の規定にかかわらず，第4項に規定する教務主任の担当する校務を整理する主幹教諭を置くときその他特別の事情のあるときは教務主任を，第5項に規定する学年主任の担当する校務を整理する主幹教諭を置くときその他特別の事情のあるときは学年主任を，それぞれ置かないことができる．

③ 教務主任及び学年主任は，指導教諭又は教諭をもつて，これに充てる．

④ 教務主任は，校長の監督を受け，教育計画の立案その他の教務に関する事項について連絡調整及び指導，助言に当たる．

⑤ 学年主任は，校長の監督を受け，当該学年の教育活動に関する事項について連絡調整及び指導，助言に当たる．

第45条　小学校においては，保健主事を置くものとする．

② 前項の規定にかかわらず，第4項に規定する保健主事の担当する校務を整理する主幹教諭を置くときその他特別の事情のあるときは，保健主事を置かないことができる．

③ 保健主事は，指導教諭，教諭又は養護教諭をもつて，これに充てる．

④ 保健主事は，校長の監督を受け，小学校における保健に関する事項の管理に当たる．

第46条　小学校には，事務長又は事務主任を置くことができる．

② 事務長及び事務主任は，事務職員をもつて，これに充てる．

③ 事務長は，校長の監督を受け，事務職員その他の職員が行う事務を総括し，その他事務をつかさどる．

④ 事務主任は，校長の監督を受け，事務をつかさどる．

第47条　小学校においては，前3条に規定する教務主任，学年主任，保健主事及び事務主任のほか，必要に応じ，校務を分担する主任等を置くことができる．

第48条　小学校には，設置者の定めるところにより，校長の職務の円滑な執行に資するため，職員会議を置くことができる．

② 職員会議は，校長が主宰する．

第49条　小学校には，設置者の定めるところにより，学校評議員を置くことができる．

② 学校評議員は，校長の求めに応じ，学校運営に関し意見を述べることができる．

③ 学校評議員は，当該小学校の職員以外の者で教育に関する理解及び識見を有するもののうちから，校長の推薦により，当該小学校の設置者が委嘱する．

第2節　教育課程

第50条　小学校の教育課程は，国語，社会，算数，理科，生活，音楽，図画工作，家庭及び体育の各教科（以下この節において「各教科」という．），道徳，特別活動並びに総合的な学習の時間によつて編成するものとする．

② 私立の小学校の教育課程を編成する場合は，前項の規定にかかわらず，宗教を加えることができる．この場合においては，宗教をもつて前項の道徳に代えることができる．

第51条　小学校の各学年における各教科，道徳，特別活動及び総合的な学習の時間のそれぞれの授業時数並びに各学年におけるこれらの総授業時数は，別表第1に定める授業時数を標準とする．

第52条　小学校の教育課程については，この節に定めるもののほか，教育課程の基準として文部科学大臣が別に公示する小学校学習指導要領によるものとする．

第53条　小学校においては，必要がある場合には，一部の各教科について，これらを合わせて授業を行うことができる．

第54条　児童が心身の状況によつて履修することが困難な各教科は，その児童の心身の状況に適合するように課さなければならない．

第55条　小学校の教育課程に関し，その改善に資する研究を行うため特に必要があり，かつ，児童の教育上適切な配慮がなされていると文部

科学大臣が認める場合においては，文部科学大臣が別に定めるところにより，第50条第1項，第51条又は第52条の規定によらないことができる．

第55条の2　文部科学大臣が，小学校において，当該小学校又は当該小学校が設置されている地域の実態に照らし，より効果的な教育を実施するため，当該小学校又は当該地域の特色を生かした特別の教育課程を編成して教育を実施する必要があり，かつ，当該特別の教育課程について，教育基本法（平成18年法律第120号）及び学校教育法第30条第1項の規定等に照らして適切であり，児童の教育上適切な配慮がなされているものとして文部科学大臣が定める基準を満たしていると認める場合においては，文部科学大臣が別に定めるところにより，第50条第1項，第51条又は第52条の規定の全部又は一部によらないことができる．

第56条　小学校において，学校生活への適応が困難であるため相当の期間小学校を欠席していると認められる児童を対象として，その実態に配慮した特別の教育課程を編成して教育を実施する必要があると文部科学大臣が認める場合においては，文部科学大臣が別に定めるところにより，第50条第1項，第51条又は第52条の規定によらないことができる．

第57条　小学校において，各学年の課程の修了又は卒業を認めるに当たつては，児童の平素の成績を評価して，これを定めなければならない．

第58条　校長は，小学校の全課程を修了したと認めた者には，卒業証書を授与しなければならない．

第3節　学年及び授業日

第59条　小学校の学年は，4月1日に始まり，翌年3月31日に終わる．

第60条　授業終始の時刻は，校長が定める．

第61条　公立小学校における休業日は，次のとおりとする．ただし，第3号に掲げる日を除き，特別の必要がある場合は，この限りでない．
1　国民の祝日に関する法律（昭和23年法律第178号）に規定する日
2　日曜日及び土曜日
3　学校教育法施行令第29条の規定により教育委員会が定める日

第62条　私立小学校における学期及び休業日は，当該学校の学則で定める．

第63条　非常変災その他急迫の事情があるときは，校長は，臨時に授業を行わないことができる．この場合において，公立小学校については，この旨を教育委員会に報告しなければならない．

第4節　職員

第64条　講師は，常時勤務に服しないことができる．

第65条　学校用務員は，学校の環境の整備その他の用務に従事する．

第5節　学校評価

第66条　小学校は，当該小学校の教育活動その他の学校運営の状況について，自ら評価を行い，その結果を公表するものとする．

② 前項の評価を行うに当たつては，小学校は，その実情に応じ，適切な項目を設定して行うものとする．

第67条　小学校は，前条第1項の規定による評価の結果を踏まえた当該小学校の児童の保護者その他の当該小学校の関係者（当該小学校の職員を除く．）による評価を行い，その結果を公表するよう努めるものとする．

第68条　小学校は，第66条第1項の規定による評価の結果及び前条の規定により評価を行つた場合はその結果を，当該小学校の設置者に報告するものとする．

第5章　中学校

第69条　中学校の設備，編制その他設置に関する事項は，この章に定めるもののほか，中学校設置基準（平成14年文部科学省令第15号）の定めるところによる．

第70条　中学校には，生徒指導主事を置くものとする．

② 前項の規定にかかわらず，第4項に規定する生徒指導主事の担当する校務を整理する主幹教諭を置くときその他特別の事情のあるときは，生徒指導主事を置かないことができる．

③ 生徒指導主事は，指導教諭又は教諭をもつて，これに充てる．

④ 生徒指導主事は，校長の監督を受け，生徒指導に関する事項をつかさどり，当該事項について連絡調整及び指導，助言に当たる．

第71条　中学校には，進路指導主事を置くものとする．

② 前項の規定にかかわらず，第3項に規定する進路指導主事の担当する校務を整理する主幹教諭を置くときは，進路指導主事を置かないことができる．

③ 進路指導主事は，指導教諭又は教諭をもつて，これに充てる．校長の監督を受け，生徒の職業選択の指導その他の進路の指導に関する事項をつかさどり，当該事項について連絡調整及び指導，助言に当たる．

第72条　中学校の教育課程は，必修教科，選択教科，道徳，特別活動及び総合的な学習の時間

によつて編成するものとする．

② 必修教科は，国語，社会，数学，理科，音楽，美術，保健体育，技術・家庭及び外国語（以下この条において「国語等」という．）の各教科とする．

③ 選択教科は，国語等の各教科及び第74条に規定する中学校学習指導要領で定めるその他特に必要な教科とし，これらのうちから，地域及び学校の実態並びに生徒の特性その他の事情を考慮して設けるものとする．

第73条 中学校（併設型中学校及び第75条第2項に規定する連携型中学校を除く．）の各学年における必修教科，道徳，特別活動及び総合的な学習の時間のそれぞれの授業時数，各学年における選択教科等に充てる授業時数並びに各学年におけるこれらの総授業時数は，別表第2に定める授業時数を標準とする．

第74条 中学校の教育課程については，この章に定めるもののほか，教育課程の基準として文部科学大臣が別に公示する中学校学習指導要領によるものとする．

第75条 中学校（併設型中学校を除く．）においては，高等学校における教育との一貫性に配慮した教育を施すため，当該中学校の設置者が当該高等学校の設置者との協議に基づき定めるところにより，教育課程を編成することができる．

② 前項の規定により教育課程を編成する中学校（以下「連携型中学校」という．）は，第87条第1項の規定により教育課程を編成する高等学校と連携し，その教育課程を実施するものとする．

第76条 連携型中学校の各学年における必修教科，道徳，特別活動及び総合的な学習の時間のそれぞれの授業時数，各学年における選択教科等に充てる授業時数並びに各学年におけるこれらの総授業時数は，別表第4に定める授業時数を標準とする．

第77条 連携型中学校の教育課程については，この章に定めるもののほか，教育課程の基準の特例として文部科学大臣が別に定めるところによるものとする．

第78条 校長は，中学校卒業後，高等学校，高等専門学校その他の学校に進学しようとする生徒のある場合には，調査書その他必要な書類をその生徒の進学しようとする学校の校長に送付しなければならない．ただし，第90条第3項（第135条第5項において準用する場合を含む．）及び同条第4項の規定に基づき，調査書を入学者の選抜のための資料としない場合は，調査書の送付を要しない．

第79条 第41条から第49条まで，第50条第2項，第54条から第68条までの規定は，中学校に準用する．この場合において，第42条中「5学級」とあるのは「2学級」と，第55条から第56条までの規定中「第50条第1項，第51条又は第52条」とあるのは「第72条，第73条（併設型中学校にあつては第117条において準用する第107条，連携型中学校にあつては第76条）又は第74条」と，第55条の2中「第30条第1項」とあるのは「第46条」と読み替えるものとする．

第6章 高等学校

第1節 設備，編制，学科及び教育課程

第80条 高等学校の設備，編制，学科の種類その他設置に関する事項は，この節に定めるもののほか，高等学校設置基準（平成16年文部科学省令第20号）の定めるところによる．

第81条 2以上の学科を置く高等学校には，専門教育を主とする学科ごとに学科主任を置き，農業に関する専門教育を主とする学科を置く高等学校には，農場長を置くものとする．

② 前項の規定にかかわらず，第4項に規定する学科主任の担当する校務を整理する主幹教諭を置くときその他特別の事情のあるときは学科主任を，第5項に規定する農場長の担当する校務を整理する主幹教諭を置くときその他特別の事情のあるときは農場長を，それぞれ置かないことができる．

③ 学科主任及び農場長は，指導教諭又は教諭をもつて，これに充てる．

④ 学科主任は，校長の監督を受け，当該学科の教育活動に関する事項について連絡調整及び指導，助言に当たる．

⑤ 農場長は，校長の監督を受け，農業に関する実習地及び実習施設の運営に関する事項をつかさどる．

第82条 高等学校には，事務長を置くものとする．

② 事務長は，事務職員をもつて，これに充てる．

③ 事務長は，校長の監督を受け，事務職員その他の職員が行う事務を総括し，その他事務をつかさどる．

第83条 高等学校の教育課程は，別表第3に定める各教科に属する科目，特別活動及び総合的な学習の時間によつて編成するものとする．

第84条 高等学校の教育課程については，この章に定めるもののほか，教育課程の基準として文部科学大臣が別に公示する高等学校学習指導要領によるものとする．

第85条 高等学校の教育課程に関し，その改善に資する研究を行うため特に必要があり，かつ，

生徒の教育上適切な配慮がなされていると文部科学大臣が認める場合においては，文部科学大臣が別に定めるところにより，前2条の規定によらないことができる．

第85条の2 文部科学大臣が，高等学校において，当該高等学校又は当該高等学校が設置されている地域の実態に照らし，より効果的な教育を実施するため，当該高等学校又は当該地域の特色を生かした特別の教育課程を編成して教育を実施する必要があり，かつ，当該特別の教育課程について，教育基本法及び学校教育法第51条の規定等に照らして適切であり，生徒の教育上適切な配慮がなされているものとして文部科学大臣が定める基準を満たしていると認める場合においては，文部科学大臣が別に定めるところにより，第83条又は第84条の規定の全部又は一部によらないことができる．

第86条 高等学校において，学校生活への適応が困難であるため，相当の期間高等学校を欠席していると認められる生徒，高等学校を退学し，その後高等学校に入学していないと認められる者又は学校教育法第57条に規定する高等学校の入学資格を有するが，高等学校に入学していないと認められる者を対象として，その実態に配慮した特別の教育課程を編成して教育を実施する必要があると文部科学大臣が認める場合においては，文部科学大臣が別に定めるところにより，第83条又は第84条の規定によらないことができる．

第87条 高等学校（学校教育法第71条の規定により中学校における教育と一貫した教育を施すもの（以下「併設型高等学校」という．）を除く．）においては，中学校における教育との一貫性に配慮した教育を施すため，当該高等学校の設置者が当該中学校の設置者との協議に基づき定めるところにより，教育課程を編成することができる．

② 前項の規定により教育課程を編成する高等学校（以下「連携型高等学校」という．）は，連携型中学校と連携し，その教育課程を実施するものとする．

第88条 連携型高等学校の教育課程については，この章に定めるもののほか，教育課程の基準の特例として文部科学大臣が別に定めるところによるものとする．

第89条 高等学校においては，文部科学大臣の検定を経た教科用図書又は文部科学省が著作の名義を有する教科用図書のない場合には，当該高等学校の設置者の定めるところにより，他の適切な教科用図書を使用することができる．

第2節　入学，退学，転学，留学，休学及び卒業等

第90条 高等学校の入学は，第78条の規定により送付された調査書その他必要な書類，選抜のための学力検査（以下この条において「学力検査」という．）の成績等を資料として行う入学者の選抜に基づいて，校長が許可する．

② 学力検査は，特別の事情のあるときは，行わないことができる．

③ 調査書は，特別の事情のあるときは，入学者の選抜のための資料としないことができる．

④ 連携型高等学校における入学者の選抜は，第75条第1項の規定により編成する教育課程に係る連携型中学校の生徒については，調査書及び学力検査の成績以外の資料により行うことができる．

⑤ 公立の高等学校に係る学力検査は，当該高等学校を設置する都道府県又は市町村の教育委員会が行う．

第91条 第1学年の途中又は第2学年以上に入学を許可される者は，相当年齢に達し，当該学年に在学する者と同等以上の学力があると認められた者とする．

第92条 他の高等学校に転学を志望する生徒のあるときは，校長は，その事由を具し，生徒の在学証明書その他必要な書類を転学先の校長に送付しなければならない．転学先の校長は，教育上支障がない場合には，転学を許可することができる．

② 全日制の課程，定時制の課程及び通信制の課程相互の間の転学又は転籍については，修得した単位に応じて，相当学年に転入することができる．

第93条 校長は，教育上有益と認めるときは，生徒が外国の高等学校に留学することを許可することができる．

② 校長は，前項の規定により留学することを許可された生徒について，外国の高等学校における履修を高等学校における履修とみなし，36単位を超えない範囲で単位の修得を認定することができる．

③ 校長は，前項の規定により単位の修得を認定された生徒について，第104条第1項において準用する第59条又は第104条第2項に規定する学年の途中においても，各学年の課程の修了又は卒業を認めることができる．

第94条 生徒が，休学又は退学をしようとするときは，校長の許可を受けなければならない．

第95条 学校教育法第57条の規定により，高等学校入学に関し，中学校を卒業した者と同等以

上の学力があると認められる者は，次の各号のいずれかに該当する者とする．
1　外国において，学校教育における9年の課程を修了した者
2　文部科学大臣が中学校の課程と同等の課程を有するものとして認定した在外教育施設の当該課程を修了した者
3　文部科学大臣の指定した者
4　就学義務猶予免除者等の中学校卒業程度認定規則（昭和41年文部省令第36号）により，中学校を卒業した者と同等以上の学力があると認定された者
5　その他高等学校において，中学校を卒業した者と同等以上の学力があると認めた者

第96条　校長は，生徒の高等学校の全課程の修了を認めるに当たつては，高等学校学習指導要領の定めるところにより，74単位以上を修得した者について行わなければならない．ただし，第85条，第85条の2又は第86条の規定により，高等学校の教育課程に関し第83条又は第84条の規定によらない場合においては，文部科学大臣が別に定めるところにより行うものとする．

第97条　校長は，教育上有益と認めるときは，生徒が当該校長の定めるところにより他の高等学校又は中等教育学校の後期課程において一部の科目の単位を修得したときは，当該修得した単位数を当該生徒の在学する高等学校が定めた全課程の修了を認めるに必要な単位数のうちに加えることができる．
②　前項の規定により，生徒が他の高等学校又は中等教育学校の後期課程において一部の科目の単位を修得する場合において，当該他の高等学校又は中等教育学校の校長は，当該生徒について一部の科目の履修を許可することができる．
③　同一の高等学校に置かれている全日制の課程，定時制の課程及び通信制の課程相互の間の併修については，前2項の規定を準用する．

第98条　校長は，教育上有益と認めるときは，当該校長の定めるところにより，生徒が行う次に掲げる学修を当該生徒の在学する高等学校における科目の履修とみなし，当該科目の単位を与えることができる．
1　大学，高等専門学校又は専修学校の高等課程若しくは専門課程における学修その他の教育施設等における学修で文部科学大臣が別に定めるもの
2　知識及び技能に関する審査で文部科学大臣が別に定めるものに係る学修
3　ボランティア活動その他の継続的に行われる活動（当該生徒の在学する高等学校の教育活動として行われるものを除く．）に係る学修で文部科学大臣が別に定めるもの

第99条　第97条の規定に基づき加えることのできる単位数及び前条の規定に基づき与えることのできる単位数の合計数は36を超えないものとする．

第100条　校長は，教育上有益と認めるときは，当該校長の定めるところにより，生徒が行う次に掲げる学修（当該生徒が入学する前に行つたものを含む．）を当該生徒の在学する高等学校における科目の履修とみなし，当該科目の単位を与えることができる．
1　高等学校卒業程度認定試験規則（平成17年文部科学省令第1号）の定めるところにより合格点を得た試験科目（同令附則第2条の規定による廃止前の大学入学資格検定規程（昭和26年文部省令第13号．以下「旧規程」という．）の定めるところにより合格点を得た受検科目を含む．）に係る学修
2　高等学校の別科における学修で第84条の規定に基づき文部科学大臣が公示する高等学校学習指導要領の定めるところに準じて修得した科目に係る学修

第3節　定時制の課程及び通信制の課程並びに学年による教育課程の区分を設けない場合その他

第101条　通信制の課程の設備，編制その他に関し必要な事項は，この章に定めるもののほか，高等学校通信教育規程（昭和37年文部省令第32号）の定めるところによる．
②　第80条（施設，設備及び編制に係るものに限る．）並びに第104条において準用する第59条及び第61条から第63条までの規定は，通信制の課程に適用しない．

第102条　高等学校の定時制の課程又は通信制の課程の修業年限を定めるに当たつては，勤労青年の教育上適切な配慮をするよう努めるものとする．

第103条　高等学校においては，第104条第1項において準用する第57条（各学年の課程の修了に係る部分に限る．）の規定にかかわらず，学年による教育課程の区分を設けないことができる．
②　前項の規定により学年による教育課程の区分を設けない場合における入学等に関する特例その他必要な事項は，単位制高等学校教育規程（昭和63年文部省令第6号）の定めるところによる．

第104条　第43条から第49条まで（第46条を除く．），第54条，第57条から第71条まで（第69条

を除く。）の規定は，高等学校に準用する。
② 前項の規定において準用する第59条の規定にかかわらず，修業年限が3年を超える定時制の課程を置く場合は，その最終の学年は，4月1日に始まり，9月30日に終わるものとすることができる。
③ 校長は，特別の必要があり，かつ，教育上支障がないときは，第1項において準用する第59条に規定する学年の途中においても，学期の区分に従い，入学（第91条に規定する入学を除く。）を許可し並びに各学年の課程の修了及び卒業を認めることができる。

第7章 中等教育学校並びに併設型中学校及び併設型高等学校

第1節 中等教育学校

第105条 中等教育学校の設置基準は，この章に定めるもののほか，別に定める。

第106条 中等教育学校の前期課程の設備，編制その他設置に関する事項については，中学校設置基準の規定を準用する。
② 中等教育学校の後期課程の設備，編制，学科の種類その他設置に関する事項については，高等学校設置基準の規定を準用する。

第107条 次条第1項において準用する第72条に規定する中等教育学校の前期課程の各学年における必修教科，道徳，特別活動及び総合的な学習の時間のそれぞれの授業時数，各学年における選択教科等に充てる授業時数並びに各学年におけるこれらの総授業時数は，別表第4に定める授業時数を標準とする。

第108条 中等教育学校の前期課程の教育課程については，第50条第2項，第55条から第56条まで及び第72条の規定並びに第74条の規定に基づき文部科学大臣が公示する中学校学習指導要領の規定を準用する。この場合において，第55条から第56条までの規定中「第50条第1項，第51条又は第52条」とあるのは，「第107条又は第108条第1項において準用する第72条若しくは第74条の規定に基づき文部科学大臣が公示する中学校学習指導要領」と，第55条の2中「第30条第1項」とあるのは「第67条第1項」と読み替えるものとする。
② 中等教育学校の後期課程の教育課程については，第83条及び第85条から第86条までの規定並びに第84条の規定に基づき文部科学大臣が公示する高等学校学習指導要領の規定を準用する。この場合において，第85条中「前2条」とあり，並びに第85条の2及び第86条中「第83条又は第84条」とあるのは，「第108条第2項において準用する第83条又は第84条の規定に基づき文部科学大臣が公示する高等学校学習指導要領」と，第85条の2中「第51条」とあるのは「第67条第2項」と読み替えるものとする。

第109条 中等教育学校の教育課程については，この章に定めるもののほか，教育課程の基準の特例として文部科学大臣が別に定めるところによるものとする。

第110条 中等教育学校の入学は，設置者の定めるところにより，校長が許可する。
② 前項の場合において，公立の中等教育学校については，学力検査を行わないものとする。

第111条 中等教育学校の後期課程の通信制の課程の設備，編制その他に関し必要な事項は，この章に定めるもののほか，高等学校通信教育規程の規定を準用する。

第112条 次条第3項において準用する第103条第1項の規定により学年による教育課程の区分を設けない場合における入学等に関する特例その他必要な事項は，単位制高等学校教育規程の規定を準用する。

第113条 第43条から第49条まで（第46条を除く。），第54条，第57条，第58条，第59条から第71条まで（第69条を除く。），第82条，第91条及び第94条の規定は，中等教育学校に準用する。
② 第78条の規定は，中等教育学校の前期課程に準用する。
③ 第81条，第89条，第92条，第93条，第96条から第100条まで，第101条第2項，第102条，第103条第1項及び第104条第2項の規定は，中等教育学校の後期課程に準用する。この場合において，第96条中「第85条，第85条の2又は第86条」とあるのは「第108条第2項において読み替えて準用する第85条，第85条の2又は第86条」と，「第83条又は第84条」とあるのは「第108条第2項において準用する第83条又は第84条の規定に基づき文部科学大臣が公示する高等学校学習指導要領」と読み替えるものとする。

第2節 併設型中学校及び併設型高等学校の教育課程及び入学

第114条 併設型中学校の教育課程については，第5章に定めるもののほか，教育課程の基準の特例として文部科学大臣が別に定めるところによるものとする。
② 併設型高等学校の教育課程については，第六章に定めるもののほか，教育課程の基準の特例として文部科学大臣が別に定めるところによるものとする。

第115条 併設型中学校及び併設型高等学校においては，中学校における教育と高等学校におけ

る教育を一貫して施すため，設置者の定めるところにより，教育課程を編成するものとする。

第116条 第90条第1項の規定にかかわらず，併設型高等学校においては，当該高等学校に係る併設型中学校の生徒については入学者の選抜は行わないものとする。

第117条 第107条及び第110条の規定は，併設型中学校に準用する。

第8章 特別支援教育

第118条 特別支援学校の設置基準及び特別支援学級の設備編制は，この章に規定するもののほか，別に定める。

第119条 特別支援学校においては，学校教育法第72条に規定する者に対する教育のうち当該特別支援学校が行うものを学則その他の設置者の定める規則（次項において「学則等」という。）で定めるとともに，これについて保護者等に対して積極的に情報を提供するものとする。

② 前項の学則等を定めるに当たつては，当該特別支援学校の施設及び設備等の状況並びに当該特別支援学校の所在する地域における障害のある児童等の状況について考慮しなければならない。

第120条 特別支援学校の幼稚部において，主幹教諭，指導教諭又は教諭（以下「教諭等」という。）1人の保育する幼児数は，8人以下を標準とする。

② 特別支援学校の小学部又は中学部の1学級の児童又は生徒の数は，法令に特別の定めのある場合を除き，視覚障害者又は聴覚障害者である児童又は生徒に対する教育を行う学級にあつては10人以下を，知的障害者，肢体不自由者又は病弱者（身体虚弱者を含む。以下同じ。）である児童又は生徒に対する教育を行う学級にあつては15人以下を標準とし，高等部の同時に授業を受ける1学級の生徒数は，15人以下を標準とする。

第121条 特別支援学校の小学部，中学部又は高等部の学級は，同学年の児童又は生徒で編制するものとする。ただし，特別の事情がある場合においては，数学年の児童又は生徒を1学級に編制することができる。

② 特別支援学校の幼稚部における保育は，特別の事情のある場合を除いては，視覚障害者，聴覚障害者，知的障害者，肢体不自由者及び病弱者の別ごとに行うものとする。

③ 特別支援学校の小学部，中学部又は高等部の学級は，特別の事情のある場合を除いては，視覚障害者，聴覚障害者，知的障害者，肢体不自由者又は病弱者の別ごとに編制するものとする。

第122条 特別支援学校の幼稚部においては，同時に保育される幼児数8人につき教諭等を1人置くことを基準とする。

② 特別支援学校の小学部においては，校長のほか，1学級当たり教諭等を1人以上置かなければならない。

③ 特別支援学校の中学部においては，1学級当たり教諭等を2人置くことを基準とする。

④ 視覚障害者である生徒及び聴覚障害者である生徒に対する教育を行う特別支援学校の高等部においては，自立教科（理療，理学療法，理容その他の職業についての知識技能の修得に関する教科をいう。）を担任するため，必要な数の教員を置かなければならない。

⑤ 前4項の場合において，特別の事情があり，かつ，教育上支障がないときは，校長，副校長若しくは教頭が教諭等を兼ね，又は助教諭若しくは講師をもつて教諭等に代えることができる。

第123条 寄宿舎指導員の数は，寄宿舎に寄宿する児童等の数を六で除して得た数以上を標準とする。

第124条 寄宿舎を設ける特別支援学校には，寮務主任及び舎監を置かなければならない。

② 前項の規定にかかわらず，第4項に規定する寮務主任の担当する寮務を整理する主幹教諭を置くときその他特別の事情のあるときは寮務主任を，第5項に規定する舎監の担当する寮務を整理する主幹教諭を置くときは舎監を，それぞれ置かないことができる。

③ 寮務主任及び舎監は，指導教諭又は教諭をもつて，これに充てる。

④ 寮務主任は，校長の監督を受け，寮務に関する事項について連絡調整及び指導，助言に当たる。

⑤ 舎監は，校長の監督を受け，寄宿舎の管理及び寄宿舎における児童等の教育に当たる。

第125条 特別支援学校には，各部に主事を置くことができる。

② 主事は，その部に属する教諭等をもつて，これに充てる。校長の監督を受け，部に関する校務をつかさどる。

第126条 特別支援学校の小学部の教育課程は，国語，社会，算数，理科，生活，音楽，図画工作，家庭及び体育の各教科（知的障害者である児童を教育する場合は生活，国語，算数，音楽，図画工作及び体育の各教科とする。），道徳，特別活動，自立活動並びに総合的な学習の時間（知的障害者である児童を教育する場合を除く。）によつて編成するものとする。

第127条　特別支援学校の中学部の教育課程は，必修教科，選択教科，道徳，特別活動，自立活動及び総合的な学習の時間によって編成するものとする。
② 必修教科は，国語，社会，数学，理科，音楽，美術，保健体育，技術・家庭及び外国語（次項において「国語等」という。）の各教科（知的障害者である生徒を教育する場合は国語，社会，数学，理科，音楽，美術，保健体育及び職業・家庭の各教科とする。）とする。
③ 選択教科は，国語等の各教科（知的障害者である生徒を教育する場合は外国語とする。）及び第129条に規定する特別支援学校小学部・中学部学習指導要領で定めるその他特に必要な教科とし，これらのうちから，地域及び学校の実態並びに生徒の特性その他の事情を考慮して設けるものとする。

第128条　特別支援学校の高等部の教育課程は，別表第3及び別表第5に定める各教科に属する科目（知的障害者である生徒を教育する場合は国語，社会，数学，理科，音楽，美術，保健体育，職業，家庭，外国語，情報，家政，農業，工業及び流通・サービスの各教科並びに第129条に規定する特別支援学校高等部学習指導要領で定めるこれら以外の教科とする。），特別活動（知的障害者である生徒を教育する場合は，道徳及び特別活動とする。），自立活動及び総合的な学習の時間によって編成するものとする。

第129条　特別支援学校の幼稚部の教育課程その他の保育内容並びに小学部，中学部及び高等部の教育課程については，この章に定めるもののほか，教育課程その他の保育内容又は教育課程の基準として文部科学大臣が別に公示する特別支援学校幼稚部教育要領，特別支援学校小学部・中学部学習指導要領及び特別支援学校高等部学習指導要領によるものとする。

第130条　特別支援学校の小学部，中学部又は高等部においては，特に必要がある場合は，第126条から第128条までに規定する各教科（次項において「各教科」という。）又は別表第3及び別表第5に定める各教科に属する科目の全部又は一部について，合わせて授業を行うことができる。
② 特別支援学校の小学部，中学部又は高等部においては，知的障害者である児童若しくは生徒又は複数の種類の障害を併せ有する児童若しくは生徒を教育する場合において特に必要があるときは，各教科，道徳，特別活動及び自立活動の全部又は一部について，合わせて授業を行うことができる。

第131条　特別支援学校の小学部，中学部又は高等部において，複数の種類の障害を併せ有する児童若しくは生徒を教育する場合又は教員を派遣して教育を行う場合において，特に必要があるときは，第126条から第129条までの規定にかかわらず，特別の教育課程によることができる。
② 前項の規定により特別の教育課程による場合において，文部科学大臣の検定を経た教科用図書又は文部科学省が著作の名義を有する教科用図書を使用することが適当でないときは，当該学校の設置者の定めるところにより，他の適切な教科用図書を使用することができる。

第132条　特別支援学校の小学部，中学部又は高等部の教育課程に関し，その改善に資する研究を行うため特に必要があり，かつ，児童又は生徒の教育上適切な配慮がなされていると文部科学大臣が認める場合においては，文部科学大臣が別に定めるところにより，第126条から第129条までの規定によらないことができる。

第132条の2　文部科学大臣が，特別支援学校の小学部，中学部又は高等部において，当該特別支援学校又は当該特別支援学校が設置されている地域の実態に照らし，より効果的な教育を実施するため，当該特別支援学校又は当該地域の特色を生かした特別の教育課程を編成して教育を実施する必要があり，かつ，当該特別の教育課程について，教育基本法及び学校教育法第72条の規定等に照らして適切であり，児童又は生徒の教育上適切な配慮がなされているものとして文部科学大臣が定める基準を満たしていると認める場合においては，文部科学大臣が別に定めるところにより，第126条から第129条までの規定の一部又は全部によらないことができる。

第133条　校長は，生徒の特別支援学校の高等部の全課程の修了を認めるに当たつては，特別支援学校高等部学習指導要領に定めるところにより行うものとする。ただし，前2条の規定により，特別支援学校の高等部の教育課程に関し第128条及び第129条の規定によらない場合においては，文部科学大臣が別に定めるところにより行うものとする。

第134条　特別支援学校の高等部における通信教育に関する事項は，別に定める。

第135条　第43条から第49条まで（第46条を除く。），第54条，第59条から第63条まで，第65条から第68条まで及び第82条の規定は，特別支援学校に準用する。
② 第57条，第58条，第64条及び第89条の規定は，特別支援学校の小学部，中学部及び高等部に準用する。

③　第35条，第50条第2項及び第53条の規定は，特別支援学校の小学部に準用する．

④　第35条，第50条第2項，第70条，第71条及び第78条の規定は，特別支援学校の中学部に準用する．

⑤　第70条，第71条，第81条，第90条第1項から第3項まで，第91条から第95条まで，第97条第1項及び第2項，第98条から第100条まで並びに第104条第3項の規定は，特別支援学校の高等部に準用する．この場合において，第97条第1項及び第2項中「他の高等学校又は中等教育学校の後期課程」とあるのは「他の特別支援学校の高等部，高等学校又は中等教育学校の後期課程」と，同条第2項中「当該他の高等学校又は中等教育学校」とあるのは「当該他の特別支援学校，高等学校又は中等教育学校」と読み替えるものとする．

第136条　小学校若しくは中学校又は中等教育学校の前期課程における特別支援学級の1学級の児童又は生徒の数は，法令に特別の定めのある場合を除き，15人以下を標準とする．

第137条　特別支援学級は，特別の事情のある場合を除いては，学校教育法第81条第2項各号に掲げる区分に従つて置くものとする．

第138条　小学校若しくは中学校又は中等教育学校の前期課程における特別支援学級に係る教育課程については，特に必要がある場合は，第50条第1項，第51条及び第52条の規定並びに第52条から第74条までの規定にかかわらず，特別の教育課程によることができる．

第139条　前条の規定により特別の教育課程による特別支援学級においては，文部科学大臣の検定を経た教科用図書を使用することが適当でない場合には，当該特別支援学級を置く学校の設置者の定めるところにより，他の適切な教科用図書を使用することができる．

第140条　小学校若しくは中学校又は中等教育学校の前期課程において，次の各号のいずれかに該当する児童又は生徒（特別支援学級の児童及び生徒を除く．）のうち当該障害に応じた特別の指導を行う必要があるものを教育する場合には，文部科学大臣が別に定めるところにより，第50条第1項，第51条及び第52条の規定並びに第72条から第74条までの規定にかかわらず，特別の教育課程によることができる．
1　言語障害者
2　自閉症者
3　情緒障害者
4　弱視者
5　難聴者
6　学習障害者
7　注意欠陥多動性障害者
8　その他障害のある者で，この条の規定により特別の教育課程による教育を行うことが適当なもの

第141条　前条の規定により特別の教育課程による場合においては，校長は，児童又は生徒が，当該小学校，中学校又は中等教育学校の設置者の定めるところにより他の小学校，中学校，中等教育学校の前期課程又は特別支援学校の小学部若しくは中学部において受けた授業を，当該小学校若しくは中学校又は中等教育学校の前期課程において受けた当該特別の教育課程に係る授業とみなすことができる．

第9章　大学

第1節　設備，編制，学部及び学科

第142条　大学（大学院を含み，短期大学を除く．以下この項において同じ．）の設備，編制，学部及び学科に関する事項，教員の資格に関する事項，通信教育に関する事項その他大学の設置に関する事項は，大学設置基準（昭和31年文部省令第28号），大学通信教育設置基準（昭和56年文部省令第33号），大学院設置基準（昭和49年文部省令第28号）及び専門職大学院設置基準（平成15年文部科学省令第16号）の定めるところによる．

②　短期大学の設備，編制，学科，教員の資格，通信教育に関する事項その他短期大学の設置に関する事項は，短期大学設置基準（昭和50年文部省令第21号）及び短期大学通信教育設置基準（昭和57年文部省令第3号）の定めるところによる．

第143条　教授会は，その定めるところにより，教授会に属する職員のうちの一部の者をもって構成される代議員会，専門委員会等（次項において「代議員会等」という．）を置くことができる．

②　教授会は，その定めるところにより，代議員会等の議決をもって，教授会の議決とすることができる．

第143条の2　大学における教育に係る施設は，教育上支障がないと認められるときは，他の大学の利用に供することができる．

②　前項の施設を他の大学の利用に供する場合において，当該施設が大学教育の充実に特に資するときは，教育関係共同利用拠点として文部科学大臣の認定を受けることができる．

第143条の3　大学には，学校教育法第96条の規定により大学に附置される研究施設として，大

学の教員その他の者で当該研究施設の目的たる研究と同一の分野の研究に従事する者に利用させるものを置くことができる．
② 前項の研究施設のうち学術研究の発展に特に資するものは，共同利用・共同研究拠点として文部科学大臣の認定を受けることができる．

第2節　入学，退学，転学，留学，休学及び卒業等

第144条　学生の入学，退学，転学，留学，休学及び卒業は，教授会の議を経て，学長が定める．

第145条　学位に関する事項は，学位規則（昭和28年文部省令第9号）の定めるところによる．

第146条　学校教育法第88条に規定する修業年限の通算は，大学の定めるところにより，大学設置基準第31条第1項又は短期大学設置基準第17条第1項に規定する科目等履修生（大学の学生以外の者に限る．）として一の大学において一定の単位（同法第90条の規定により入学資格を有した後，修得したものに限る．）を修得した者に対し，大学設置基準第30条第1項又は短期大学設置基準第16条第1項の規定により当該大学に入学した後に修得したものとみなすことのできる当該単位数，その修得に要した期間その他大学が必要と認める事項を勘案して行うものとする．

第147条　学校教育法第89条に規定する卒業の認定は，次の各号に掲げる要件のすべてに該当する場合（学生が授業科目の構成等の特別の事情を考慮して文部科学大臣が別に定める課程に在学する場合を除く．）に限り行うことができる．
1　大学が，学修の成果に係る評価の基準その他の学校教育法第89条に規定する卒業の認定の基準を定め，それを公表していること．
2　大学が，大学設置基準第27条の2に規定する履修科目として登録することができる単位数の上限を定め，適切に運用していること．
3　学校教育法第87条第1項に定める学部の課程を履修する学生が，卒業の要件として修得すべき単位を修得し，かつ，当該単位を優秀な成績をもって修得したと認められること．
4　学生が，学校教育法第89条に規定する卒業を希望していること．

第148条　学校教育法第87条第1項ただし書の規定により修業年限を4年を超えるものとする学部に在学する学生にあつては，同法第89条の規定により在学すべき期間は，4年とする．

第149条　学校教育法第89条の規定により，一の大学（短期大学を除く．以下この条において同じ．）に3年以上在学したものに準ずる者を，次の各号のいずれかに該当する者であつて，在学期間が通算して3年以上となつたものと定める．
1　第147条第1号及び第2号の要件を満たす一の大学から他の当該各号の要件を満たす大学へ転学した者
2　第147条第1号及び第2号の要件を満たす大学を退学した者であつて，当該大学における在学期間以下の期間を別の当該各号の要件を満たす大学の修業年限に通算されたもの
3　第147条第1号及び第2号の要件を満たす大学を卒業した者であつて，当該大学における修業年限以下の期間を別の当該各号の要件を満たす大学の修業年限に通算されたもの

第150条　学校教育法第90条第1項の規定により，大学入学に関し，高等学校を卒業した者と同等以上の学力があると認められる者は，次の各号のいずれかに該当する者とする．
1　外国において学校教育における12年の課程を修了した者又はこれに準ずる者で文部科学大臣の指定したもの
2　文部科学大臣が高等学校の課程と同等の課程を有するものとして認定した在外教育施設の当該課程を修了した者
3　専修学校の高等課程（修業年限が3年以上であることその他の文部科学大臣が定める基準を満たすものに限る．）で文部科学大臣が別に指定するものを文部科学大臣が定める日以後に修了した者
4　文部科学大臣の指定した者
5　高等学校卒業程度認定試験規則による高等学校卒業程度認定試験に合格した者（旧規程による大学入学資格検定（以下「旧検定」という．）に合格した者を含む．）
6　学校教育法第90条第2項の規定により大学に入学した者であつて，当該者をその後に入学させる大学において，大学における教育を受けるにふさわしい学力があると認めたもの
7　大学において，個別の入学資格審査により，高等学校を卒業した者と同等以上の学力があると認めた者で，18歳に達したもの

第151条　学校教育法第90条第2項の規定により学生を入学させる大学は，特に優れた資質を有すると認めるに当たつては，入学しようとする者の在学する学校の校長の推薦を求める等により，同項の入学に関する制度が適切に運用されるよう工夫を行うものとする．

第152条　学校教育法第90条第2項の規定により学生を入学させる大学は，同項の入学に関する制度の運用の状況について，同法第109条第1項に規定する点検及び評価を行い，その結果を

公表しなければならない．

第153条 学校教育法第90条第2項に規定する文部科学大臣の定める年数は，2年とする．

第154条 学校教育法第90条第2項の規定により，高等学校に文部科学大臣が定める年数以上在学した者に準ずる者を，次の各号のいずれかに該当する者と定める．
1 中等教育学校の後期課程，特別支援学校の高等部又は高等専門学校に2年以上在学した者
2 外国において，学校教育における九年の課程に引き続く学校教育の課程に2年以上在学した者
3 文部科学大臣が高等学校の課程と同等の課程を有するものとして認定した在外教育施設（高等学校の課程に相当する課程を有するものとして指定したものを含む．）の当該課程に2年以上在学した者
4 第150条第3号の規定により文部科学大臣が別に指定する専修学校の高等課程に同号に規定する文部科学大臣が定める日以後において2年以上在学した者
5 文部科学大臣が指定した者
6 高等学校卒業程度認定試験規則第四条に定める試験科目の全部（試験の免除を受けた試験科目を除く．）について合格点を得た者（旧規程第4条に規定する受検科目の全部（旧検定の一部免除を受けた者については，その免除を受けた科目を除く．）について合格点を得た者を含む．）で，17歳に達したもの

第155条 学校教育法第91条第2項又は第102条第1項本文の規定により，大学（短期大学を除く．以下この項において同じ．）の専攻科又は大学院への入学に関し大学を卒業した者と同等以上の学力があると認められる者は，次の各号のいずれかに該当する者とする．ただし，第7号及び第8号については，大学院への入学に係るものに限る．
1 学校教育法第104条第4項の規定により学士の学位を授与された者
2 外国において，学校教育における16年（医学を履修する博士課程，歯学を履修する博士課程，薬学を履修する博士課程（当該課程に係る研究科の基礎となる学部の修業年限が6年であるものに限る．以下同じ．）又は獣医学を履修する博士課程への入学については，18年）の課程を修了した者
3 外国の学校が行う通信教育における授業科目を我が国において履修することにより当該外国の学校教育における16年（医学を履修する博士課程，歯学を履修する博士課程，薬学を履修する博士課程又は獣医学を履修する博士課程への入学については，18年）の課程を修了した者
4 我が国において，外国の大学の課程（その修了者が当該外国の学校教育における16年（医学を履修する博士課程，歯学を履修する博士課程，薬学を履修する博士課程又は獣医学を履修する博士課程への入学については，18年）の課程を修了したとされるものに限る．）を有するものとして当該外国の学校教育制度において位置付けられた教育施設であつて，文部科学大臣が別に指定するものの当該課程を修了した者
5 専修学校の専門課程（修業年限が4年以上であることその他の文部科学大臣が定める基準を満たすものに限る．）で文部科学大臣が別に指定するものを文部科学大臣が定める日以後に修了した者
6 文部科学大臣の指定した者
7 学校教育法第102条第2項の規定により大学院に入学した者であつて，当該者をその後に入学させる大学院において，大学院における教育を受けるにふさわしい学力があると認めたもの
8 大学院において，個別の入学資格審査により，大学を卒業した者と同等以上の学力があると認めた者で，22歳（医学を履修する博士課程，歯学を履修する博士課程，薬学を履修する博士課程又は獣医学を履修する博士課程への入学については，24歳）に達したもの

② 学校教育法第91条第2項の規定により，短期大学の専攻科への入学に関し短期大学を卒業した者と同等以上の学力があると認められる者は，次の各号のいずれかに該当する者とする．
1 高等専門学校を卒業した者（修業年限を2年とする短期大学の専攻科への入学に限る．）
2 専修学校の専門課程を修了した者のうち学校教育法第132条の規定により大学に編入学することができるもの（修業年限を3年とする短期大学の専攻科への入学については，修業年限を3年以上とする専修学校の専門課程を修了した者に限る．）
3 外国において，学校教育における14年（修業年限を3年とする短期大学の専攻科への入学については，15年）の課程を修了した者
4 外国の学校が行う通信教育における授業科目を我が国において履修することにより当該外国の学校教育における14年（修業年限を3

年とする短期大学の専攻科への入学については，15年）の課程を修了した者
5　我が国において，外国の短期大学の課程（その修了者が当該外国の学校教育における14年（修業年限を3年とする短期大学の専攻科への入学については，15年）の課程を修了したとされるものに限る．）を有するものとして当該外国の学校教育制度において位置付けられた教育施設であつて，文部科学大臣が別に指定するものの当該課程を修了した者
6　その他短期大学の専攻科において，短期大学を卒業した者と同等以上の学力があると認めた者

第156条　学校教育法第102条第1項ただし書の規定により，大学院への入学に関し修士の学位又は同法第104条第1項に規定する文部科学大臣の定める学位を有する者と同等以上の学力があると認められる者は，次の各号のいずれかに該当する者とする．
1　外国において修士の学位又は専門職学位（学校教育法第104条第1項の規定に基づき学位規則第5条の2に規定する専門職学位をいう．以下この条において同じ．）に相当する学位を授与された者
2　外国の学校が行う通信教育における授業科目を我が国において履修し，修士の学位又は専門職学位に相当する学位を授与された者
3　我が国において，外国の大学院の課程を有するものとして当該外国の学校教育制度において位置付けられた教育施設であつて，文部科学大臣が別に指定するものの当該課程を修了し，修士の学位又は専門職学位に相当する学位を授与された者
4　国際連合大学本部に関する国際連合と日本国との間の協定の実施に伴う特別措置法（昭和51年法律第72号）第1条第2項に規定する1972年12月11日の国際連合総会決議に基づき設立された国際連合大学（第162条において「国際連合大学」という．）の課程を修了し，修士の学位に相当する学位を授与された者
5　文部科学大臣の指定した者
6　大学院において，個別の入学資格審査により，修士の学位又は専門職学位を有する者と同等以上の学力があると認めた者で，24歳に達したもの

第157条　学校教育法第102条第2項の規定により学生を入学させる大学は，同項に規定する大学の定める単位その他必要な事項をあらかじめ公表するなど，同項の入学に関する制度が適切に運用されるよう配慮するものとする．

第158条　学校教育法第102条第2項の規定により学生を入学させる大学は，同項の入学に関する制度の運用の状況について，同法第109条第1項に規定する点検及び評価を行い，その結果を公表しなければならない．

第159条　学校教育法第102条第2項に規定する文部科学大臣の定める年数は，3年（医学を履修する博士課程，歯学を履修する博士課程，薬学を履修する博士課程又は獣医学を履修する博士課程への入学については，医学を履修する課程，歯学を履修する課程，薬学を履修する課程のうち臨床に係る実践的な能力を培うことを主たる目的とするもの又は獣医学を履修する課程にあっては4年）とする．

第160条　学校教育法第102条第2項の規定により，大学に文部科学大臣の定める年数以上在学した者に準ずる者を，次の各号のいずれかに該当するものと定める．
1　外国において学校教育における15年（医学を履修する博士課程，歯学を履修する博士課程，薬学を履修する博士課程又は獣医学を履修する博士課程への入学については，16年）の課程を修了した者
2　外国の学校が行う通信教育における授業科目を我が国において履修することにより当該外国の学校教育における15年（医学を履修する博士課程，歯学を履修する博士課程，薬学を履修する博士課程又は獣医学を履修する博士課程への入学については，16年）の課程を修了した者
3　我が国において，外国の大学の課程（その修了者が当該外国の学校教育における15年（医学を履修する博士課程，歯学を履修する博士課程，薬学を履修する博士課程又は獣医学を履修する博士課程への入学については，16年）の課程を修了したとされるものに限る．）を有するものとして当該外国の学校教育制度において位置付けられた教育施設であつて，文部科学大臣が別に指定するものの当該課程を修了した者

第161条　短期大学を卒業した者は，編入学しようとする大学（短期大学を除く．）の定めるところにより，当該大学の修業年限から，卒業した短期大学における修業年限に相当する年数以下の期間を控除した期間を在学すべき期間として，当該大学に編入学することができる．
②　前項の規定は，外国の短期大学を卒業した者及び外国の短期大学の課程を有するものとして当該外国の学校教育制度において位置付けられた教育施設であつて，文部科学大臣が別に指定

するものの当該課程を我が国において修了した者（学校教育法第90条第1項に規定する者に限る。）について準用する。

第162条　我が国において，外国の大学，大学院又は短期大学の課程を有するものとして当該外国の学校教育制度において位置付けられた教育施設であつて，文部科学大臣が別に指定するものの当該課程に在学した者（大学及び短期大学にあつては学校教育法第90条第1項に規定する者に，大学院にあつては同法第102条第1項に規定する者に限る。）及び国際連合大学の課程に在学した者は，転学しようとする大学，大学院又は短期大学の定めるところにより，それぞれ当該大学，大学院又は短期大学に転学することができる。

第163条　大学の学年の始期及び終期は，学長が定める。
② 大学は，前項に規定する学年の途中においても，学期の区分に従い，学生を入学させ及び卒業させることができる。

第3節　履修証明書が交付される特別の課程

第164条　大学（大学院及び短期大学を含む。以下この条において同じ。）は，学校教育法第105条に規定する特別の課程（以下この条において「特別の課程」という。）の編成に当たつては，当該大学の開設する講習若しくは授業科目又はこれらの一部により体系的に編成するものとする。
② 特別の課程の総時間数は，120時間以上とする。
③ 特別の課程の履修資格は，大学において定めるものとする。ただし，当該資格を有する者は，学校教育法第90条第1項の規定により大学に入学することができる者でなければならない。
④ 特別の課程における講習又は授業の方法は，大学設置基準，大学通信教育設置基準，大学院設置基準，専門職大学院設置基準，短期大学設置基準及び短期大学通信教育設置基準の定めるところによる。
⑤ 大学は，特別の課程の編成に当たつては，当該特別の課程の名称，目的，総時間数，履修資格，定員，内容，講習又は授業の方法，修了要件その他当該大学が必要と認める事項をあらかじめ公表するものとする。
⑥ 大学は，学校教育法第百五条に規定する証明書（次項において「履修証明書」という。）に，特別の課程の名称，内容の概要，総時間数その他当該大学が必要と認める事項を記載するものとする。
⑦ 大学は，特別の課程の編成及び当該特別の課程の実施状況の評価並びに履修証明書の交付を行うために必要な体制を整備しなければならない。

第4節　認証評価その他

第165条　公開講座に関する事項は，別にこれを定める。
第166条　大学は，学校教育法第109条第1項に規定する点検及び評価を行うに当たつては，同項の趣旨に即し適切な項目を設定するとともに，適当な体制を整えて行うものとする。
第167条　学校教育法第109条第3項ただし書に規定する文部科学大臣の定める措置は，次の各号に掲げるいずれかの措置とする。
1　専門職大学院を置く大学が，外国に主たる事務所を有する法人その他の団体であつて，当該専門職大学院の課程に係る分野について評価を行うもののうち，適正な評価を行うと国際的に認められたものとして文部科学大臣が指定した団体から，当該専門職大学院の教育課程，教員組織その他教育研究活動の状況について定期的に評価を受け，その結果を公表するとともに，文部科学大臣に報告すること。
2　専門職大学院を置く大学が，学校教育法第百九条第一項に規定する点検及び評価の結果のうち，当該専門職大学院に関するものについて，当該大学の職員以外の者による検証を定期的に行い，その結果を公表するとともに，文部科学大臣に報告すること。

第168条　学校教育法第109条第2項の認証評価に係る同法第110条第1項の申請は，大学又は短期大学の学校の種類に応じ，それぞれ行うものとする。
② 学校教育法第109条第3項の認証評価に係る同法第110条第1項の申請は，専門職大学院の課程に係る分野ごとに行うものとする。

第169条　学校教育法第110条第1項の申請は，次に掲げる事項を記載した申請書を文部科学大臣に提出して行うものとする。
1　名称及び事務所の所在地
2　役員（申請者が人格のない社団又は財団で代表者又は管理人の定めのあるものである場合においては，当該代表者又は管理人）の氏名
3　評価の対象
4　大学評価基準及び評価方法
5　評価の実施体制
6　評価の結果の公表の方法
7　評価の周期
8　評価に係る手数料の額

9　その他評価の実施に関し参考となる事項
② 前項の申請書には，次に掲げる書類を添付するものとする．
　1　定款若しくは寄附行為及び登記事項証明書又はこれらに準ずるもの
　2　申請の日の属する事業年度の前事業年度における財産目録及び貸借対照表（申請の日の属する事業年度に設立された法人（申請者が人格のない社団又は財団で代表者又は管理人の定めのあるものを含む．）にあつては，その設立時における財産目録）
　3　申請の日の属する事業年度の前事業年度における大学の教育研究活動等の状況についての評価の業務の実施状況（当該評価の業務を実施していない場合にあつては，申請の日の属する事業年度及びその翌事業年度における認証評価の業務に係る実施計画）を記載した書面
　4　認証評価の業務以外の業務を行つている場合には，その業務の種類及び概要を記載した書面

第170条　学校教育法第110条第3項に規定する細目は，同法同条第2項に規定する基準を適用するに際して必要な細目を定める省令（平成16年文部科学省令第7号）の定めるところによる．

第171条　学校教育法第110条第4項に規定する公表は，刊行物への掲載，インターネットの利用その他広く周知を図ることができる方法によつて行うものとする．

第172条　学校教育法第110条第5項に規定する文部科学大臣の定める事項は，第169条第1項第1号から第3号まで及び第5号から第8号までに掲げる事項とする．

第173条　第58条の規定は，大学に準用する．

第10章　高等専門学校

第174条　高等専門学校の設備，編制，学科，教育課程，教員の資格に関する事項その他高等専門学校の設置に関する事項については，高等専門学校設置基準（昭和36年文部省令第23号）の定めるところによる．

第175条　高等専門学校には，教務主事及び学生主事を置くものとする．
② 高等専門学校には，寮務主事を置くことができる．
③ 教務主事は，校長の命を受け，教育計画の立案その他教務に関することを掌理する．
④ 学生主事は，校長の命を受け，学生の厚生補導に関すること（寮務主事を置く高等専門学校にあつては，寮務主事の所掌に属するものを除く．）を掌理する．
⑤ 寮務主事は，校長の命を受け，寄宿舎における学生の厚生補導に関することを掌理する．

第176条　校長は，教育上有益と認めるときは，学生が外国の高等学校又は大学に留学することを許可することができる．
② 校長は，前項の規定により留学することを許可された学生について，高等専門学校設置基準第20条第3項により準用する同条第1項の規定により単位の修得を認定した場合においては，当該学生について，第179条において準用する第59条に規定する学年の途中においても，各学年の課程の修了又は卒業を認めることができる．

第177条　学校教育法第119条第2項の規定により，高等専門学校の専攻科への入学に関し高等専門学校を卒業した者と同等以上の学力があると認められる者は，次の各号のいずれかに該当する者とする．
　1　短期大学を卒業した者
　2　専修学校の専門課程を修了した者のうち学校教育法第132条の規定により大学に編入学することができるもの
　3　外国において，学校教育における14年の課程を修了した者
　4　外国の学校が行う通信教育における授業科目を我が国において履修することにより当該外国の学校教育における14年の課程を修了した者
　5　我が国において，外国の短期大学の課程（その修了者が当該外国の学校教育における14年の課程を修了したとされるものに限る．）を有するものとして当該外国の学校教育制度において位置付けられた教育施設であつて，文部科学大臣が別に指定するものの当該課程を修了した者
　6　その他高等専門学校の専攻科において，高等専門学校を卒業した者と同等以上の学力があると認めた者

第178条　高等専門学校を卒業した者は，編入学しようとする大学の定めるところにより，当該大学の修業年限から，2年以下の期間を控除した期間を在学すべき期間として，当該大学に編入学することができる．

第179条　第57条から第62条まで，第90条第1項及び第2項，第91条，第92条第1項，第94条，第95条，第104条第3項，第164条から第166条まで並びに第169条から第172条までの規定は，高等専門学校に準用する．この場合において，第61条第3号中「教育委員会」とあるのは「教育委員会（公立大学法人の設置する高等専門学

校にあつては，当該公立大学法人の理事長）」と，第164条第1項中「第105条」とあるのは「第123条において準用する第105条」と，同条第3項中「第90条第1項の規定により大学」とあるのは「第118条の規定により高等専門学校」と，同条第4項中「大学設置基準，大学通信教育設置基準，大学院設置基準，専門職大学院設置基準，短期大学設置基準及び短期大学通信教育設置基準」とあるのは「高等専門学校設置基準」と，同条第6項中「第105条」とあるのは「第123条において準用する第105条」と読み替えるものとする。

第11章 専修学校

第180条　専修学校の設備，編制，授業，教員の資格その他専修学校の設置に関する事項は，専修学校設置基準（昭和51年文部省令第2号）の定めるところによる。

第181条　専修学校の生徒の入学，退学，休学等については，校長が定める。

第182条　学校教育法第125条第2項に規定する専修学校の高等課程の入学に関し中学校を卒業した者と同等以上の学力があると認められる者は，第95条各号のいずれかに該当する者とする。この場合において，同条第5号中「高等学校」とあるのは「専修学校」とする。

第183条　学校教育法第125条第3項に規定する専修学校の専門課程の入学に関し高等学校を卒業した者と同等以上の学力があると認められる者は，同法第90条第1項に規定する通常の課程による12年の学校教育を修了した者（通常の課程以外の課程によりこれに相当する学校教育を修了した者を含む。）若しくは第150条第1号，第2号，第4号若しくは第5号に該当する者又は次の各号のいずれかに該当する者とする。
1　修業年限が3年以上の専修学校の高等課程を修了した者
2　学校教育法第90条第2項の規定により大学に入学した者であつて，当該者をその後に入学させる専修学校において，高等学校を卒業した者に準ずる学力があると認めたもの
3　専修学校において，個別の入学資格審査により，高等学校を卒業した者に準ずる学力があると認めた者で，18歳に達したもの

第184条　専修学校の学年の始期及び終期は，校長が定める。

第185条　専修学校には，校長及び教員のほか，助手，事務職員その他の必要な職員を置くことができる。

第186条　学校教育法第132条に規定する文部科学大臣の定める基準は，次のとおりとする。
1　修業年限が2年以上であること。
2　課程の修了に必要な総授業時数が別に定める授業時数以上であること。
②　前項の基準を満たす専修学校の専門課程を修了した者は，編入学しようとする大学の定めるところにより，当該大学の修業年限から，修了した専修学校の専門課程における修業年限に相当する年数以下の期間を控除した期間を在学すべき期間として，当該大学に編入学することができる。ただし，在学すべき期間は，1年を下つてはならない。

第187条　第3条及び第4条の規定は，専修学校の設置（高等課程，専門課程又は一般課程の設置を含む。）の認可の申請について準用する。

第188条　第15条の規定は，専修学校の廃止（高等課程，専門課程又は一般課程の廃止を含む。）の認可の申請，専修学校の分校の廃止の届出及び専修学校の学科の廃止に係る学則の変更の届出について準用する。

第189条　第5条の規定は専修学校の名称，位置又は学則の変更の届出について，第11条の規定は専修学校の目的の変更の認可の申請及び専修学校の学科の設置に係る学則の変更の届出について，第6条，第7条，第14条，第19条，第25条から第28条まで，第57条，第58条，第60条及び第66条から第68条までの規定は専修学校について，第164条の規定は専門課程を置く専修学校について，それぞれ準用する。この場合において，第19条中「公立又は私立の大学及び高等専門学校に係るものにあつては文部科学大臣，大学及び高等専門学校以外の市町村の設置する学校に係るものにあつては都道府県の教育委員会，大学及び高等専門学校以外の私立学校に係るものにあつては都道府県知事」とあるのは「市町村の設置する専修学校に係るものにあつては都道府県の教育委員会，私立の専修学校に係るものにあつては都道府県知事」と，第27条中「大学及び高等専門学校にあつては文部科学大臣，大学及び高等専門学校以外の学校にあつては都道府県知事」とあるのは「都道府県知事」と，第164条第1項中「第105条」とあるのは「第133条第1項において準用する第105条」と，同条第3項中「第90条第1項の規定により大学」とあるのは「第125条第3項に規定する専修学校の専門課程」と，同条第四項中「大学設置基準，大学通信教育設置基準，大学院設置基準，専門職大学院設置基準，短期大学設置基準及び短期大学通信教育設置基準」とあるのは「専修学校設置基準」と，同条第6項中「第105

条」とあるのは「第133条第1項において準用する第105条」と読み替えるものとする.

第12章 雑則 ［以下略］

● 地方教育行政の組織及び運営に関する法律（抄）

（昭31．6.30法162
最終改正：平19．6.27法98）

第1章 総則

（この法律の趣旨）
第1条 この法律は，教育委員会の設置，学校その他の教育機関の職員の身分取扱その他地方公共団体における教育行政の組織及び運営の基本を定めることを目的とする．
（基本理念）
② 地方公共団体における教育行政は，教育基本法（平成18年法律第120号）の趣旨にのっとり，教育の機会均等，教育水準の維持向上及び地域の実情に応じた教育の振興が図られるよう，国との適切な役割分担及び相互の協力の下，公正かつ適正に行われなければならない．

第2章 教育委員会の設置及び組織

第1節 教育委員会の設置，委員及び会議
（設置）
第2条 都道府県，市（特別区を含む．以下同じ．）町村及び第23条に規定する事務の全部又は一部を処理する地方公共団体の組合に教育委員会を置く．
（組織）
第3条 教育委員会は，5人の委員をもつて組織する．ただし，条例で定めるところにより，都道府県若しくは市又は地方公共団体の組合のうち都道府県若しくは市が加入するものの教育委員会にあつては6人以上の委員，町村又は地方公共団体の組合のうち町村のみが加入するものの教育委員会にあつては3人以上の委員をもつて組織することができる．
（任命）
第4条 委員は，当該地方公共団体の長の被選挙権を有する者で，人格が高潔で，教育，学術及び文化（以下単に「教育」という．）に関し識見を有するもののうちから，地方公共団体の長が，議会の同意を得て，任命する．
② 次の各号のいずれかに該当する者は，委員となることができない．
  1 破産者で復権を得ない者

  2 禁錮以上の刑に処せられた者
③ 委員の任命については，そのうち委員の定数の2分の1以上の者が同一の政党に所属することとなつてはならない．
④ 地方公共団体の長は，第1項の規定による委員の任命に当たつては，委員の年齢，性別，職業等に著しい偏りが生じないように配慮するとともに，委員のうちに保護者（親権を行う者及び未成年後見人をいう．第47条の5第2項において同じ．）である者が含まれるようにしなければならない．
（任期）
第5条 委員の任期は，4年とする．ただし，補欠の委員の任期は，前任者の残任期間とする．
② 委員は，再任されることができる．
（兼職禁止）
第6条 委員は，地方公共団体の議会の議員若しくは長，地方公共団体に執行機関として置かれる委員会の委員若しくは委員又は地方公共団体の常勤の職員若しくは地方公務員法（昭和25年法律第261号）第28条の5第1項に規定する短時間勤務の職を占める職員と兼ねることができない．
（罷免）
第7条 地方公共団体の長は，委員が心身の故障のため職務の遂行に堪えないと認める場合又は職務上の義務違反その他委員たるに適しない非行があると認める場合においては，当該地方公共団体の議会の同意を得て，これを罷免することができる．
② 地方公共団体の長は，委員のうちその定数の2分の1から1を減じた数（その数に1人未満の端数があるときは，これを切り上げて得た数）の者が既に所属している政党に新たに所属するに至つた委員があるときは，その委員を直ちに罷免するものとする．
③ 地方公共団体の長は，委員のうちその定数の2分の1以上の者が同一の政党に所属することとなつた場合（前項の規定に該当する場合を除く．）には，同一の政党に所属する委員の数が委員の定数の2分の1から1を減じた数（その数に1人未満の端数があるときは，これを切り上げて得た数）になるように，当該地方公共団体の議会の同意を得て，委員を罷免するものとする．ただし，政党所属関係について異動のなかつた委員を罷免することはできない．
④ 委員は，前3項の場合を除き，その意に反して罷免されることがない．
（解職請求）
第8条 地方公共団体の長の選挙権を有する者

は，政令で定めるところにより，その総数の3分の1（その総数が40万を超える場合にあつては，その超える数に6分の1を乗じて得た数と40万に3分の1を乗じて得た数とを合算して得た数）以上の者の連署をもつて，その代表者から，当該地方公共団体の長に対し，委員の解職を請求することができる．

② 地方自治法（昭和22年法律第67号）第86条第2項から第4項まで，第87条及び第88条第2項の規定は，前項の規定による委員の解職の請求について準用する．この場合において，同法第87条第1項中「前条第1項に掲げる職に在る者」とあるのは「教育委員会の委員」と，同法第88条第2項中「第86条第1項の規定による選挙管理委員若しくは監査委員又は公安委員会の委員の解職の請求」とあるのは「地方教育行政の組織及び運営に関する法律（昭和31年法律第162号）第8条第1項の規定による教育委員会の委員の解職の請求」と読み替えるものとする．

（失職）

第9条 委員は，前条第2項において準用する地方自治法第87条の規定によりその職を失う場合のほか，次の各号の1に該当する場合においては，その職を失う．
　1　第4条第2項各号の1に該当するに至つた場合
　2　前号に掲げる場合のほか，当該地方公共団体の長の被選挙権を有する者でなくなつた場合

② 地方自治法第143条第1項後段及び第2項の規定は，前項第2号に掲げる場合における地方公共団体の長の被選挙権の有無の決定及びその決定に関する争訟について準用する．

（辞職）

第10条 委員は，当該地方公共団体の長及び教育委員会の同意を得て，辞職することができる．

（服務等）

第11条 委員は，職務上知ることができた秘密を漏らしてはならない．その職を退いた後も，また，同様とする．

② 委員又は委員であつた者が法令による証人，鑑定人等となり，職務上の秘密に属する事項を発表する場合においては，教育委員会の許可を受けなければならない．

③ 前項の許可は，法律に特別の定がある場合を除き，これを拒むことができない．

④ 委員は，非常勤とする．

⑤ 委員は，政党その他の政治的団体の役員となり，又は積極的に政治運動をしてはならない．

⑥ 委員は，その職務の遂行に当たつては，自らが当該地方公共団体の教育行政の運営について負う重要な責任を自覚するとともに，第1条の2に規定する基本理念に則して当該地方公共団体の教育行政の運営が行われるよう意を用いなければならない．

（委員長）

第12条 教育委員会は，委員（第16条第2項の規定により教育長に任命された委員を除く．）のうちから，委員長を選挙しなければならない．

② 委員長の任期は，1年とする．ただし，再選されることができる．

③ 委員長は，教育委員会の会議を主宰し，教育委員会を代表する．

④ 委員長に事故があるとき，又は委員長が欠けたときは，あらかじめ教育委員会の指定する委員がその職務を行う．

（会議）

第13条 教育委員会の会議は，委員長が招集する．

② 教育委員会は，委員長及び在任委員の過半数が出席しなければ，会議を開き，議決をすることができない．ただし，第5項の規定による除斥のため過半数に達しないとき，又は同一の事件につき再度招集しても，なお過半数に達しないときは，この限りでない．

③ 教育委員会の会議の議事は，第6項ただし書の発議に係るものを除き，出席委員の過半数で決し，可否同数のときは，委員長の決するところによる．

④ 前2項の規定による会議若しくは議事又は第6項ただし書の発議に係る議事の定足数については，委員長は，委員として計算するものとする．

⑤ 教育委員会の委員は，自己，配偶者若しくは3親等以内の親族の一身上に関する事件又は自己若しくはこれらの者の従事する業務に直接の利害関係のある事件については，その議事に参与することができない．ただし，教育委員会の同意があるときは，会議に出席し，発言することができる．

⑥ 教育委員会の会議は，公開する．ただし，人事に関する事件その他の事件について，委員長又は委員の発議により，出席委員の3分の2以上の多数で議決したときは，これを公開しないことができる．

⑦ 前項ただし書の委員長又は委員の発議は，討論を行わないでその可否を決しなければならない．

（教育委員会規則の制定等）

第14条 教育委員会は，法令又は条例に違反しない限りにおいて，その権限に属する事務に関

し，教育委員会規則を制定することができる．
② 教育委員会規則その他教育委員会の定める規程で公表を要するものの公布に関し必要な事項は，教育委員会規則で定める．

(教育委員会の議事運営)
第15条 この法律に定めるもののほか，教育委員会の会議その他教育委員会の議事の運営に関し必要な事項は，教育委員会規則で定める．

第2節 教育長及び事務局

(教育長)
第16条 教育委員会に，教育長を置く．
② 教育長は，第6条の規定にかかわらず，当該教育委員会の委員（委員長を除く．）である者のうちから，教育委員会が任命する．
③ 教育長は，委員としての任期中在任するものとする．ただし，地方公務員法第27条，第28条及び第29条の規定の適用を妨げない．
④ 教育長は，委員の職を辞し，失い，又は罷免された場合においては，当然に，その職を失うものとする．

(教育長の職務)
第17条 教育長は，教育委員会の指揮監督の下に，教育委員会の権限に属するすべての事務をつかさどる．
② 教育長は，教育委員会のすべての会議に出席し，議事について助言する．
③ 教育長は，自己，配偶者若しくは3親等以内の親族の一身上に関する事件又は自己若しくはこれらの者の従事する業務に直接の利害関係のある事件についての議事が行われる場合においては，前項の規定にかかわらず，教育委員会の会議に出席することができない．ただし，委員として第13条第5項ただし書の規定の適用があるものとする．

(事務局)
第18条 教育委員会の権限に属する事務を処理させるため，教育委員会に事務局を置く．
② 教育委員会の事務局の内部組織は，教育委員会規則で定める．

(指導主事その他の職員)
第19条 都道府県に置かれる教育委員会（以下「都道府県委員会」という．）の事務局に，指導主事，事務職員及び技術職員を置くほか，所要の職員を置く．
② 市町村に置かれる教育委員会（以下「市町村委員会」という．）の事務局に，前項の規定に準じて指導主事その他の職員を置く．
③ 指導主事は，上司の命を受け，学校（学校教育法（昭和22年法律第26号）第1条に規定する学校をいう．以下同じ．）における教育課程，学習指導その他学校教育に関する専門的事項の指導に関する事務に従事する．
④ 指導主事は，教育に関し識見を有し，かつ，学校における教育課程，学習指導その他学校教育に関する専門的事項について教養と経験がある者でなければならない．指導主事は，大学以外の公立学校（地方公共団体が設置する学校をいう．以下同じ．）の教員（教育公務員特例法（昭和24年法律第1号）第2条第2項に規定する教員をいう．以下同じ．）をもつて充てることができる．
⑤ 事務職員は，上司の命を受け，事務に従事する．
⑥ 技術職員は，上司の命を受け，技術に従事する．
⑦ 第1項及び第2項の職員は，教育長の推薦により，教育委員会が任命する．
⑧ 教育委員会は，事務局の職員のうち所掌事務に係る教育行政に関する相談に関する事務を行う職員を指定し，これを公表するものとする．
⑨ 前各項に定めるもののほか，教育委員会の事務局に置かれる職員に関し必要な事項は，政令で定める．

第20条 （教育長の事務局の統括等）［略］
第21条 （事務局職員の定数）［略］
第22条 （教育長及び事務局職員の身分取扱）［略］

第3章 教育委員会及び地方公共団体の長の職務権限

(教育委員会の職務権限)
第23条 教育委員会は，当該地方公共団体が処理する教育に関する事務で，次に掲げるものを管理し，及び執行する．
1 教育委員会の所管に属する第30条に規定する学校その他の教育機関（以下「学校その他の教育機関」という．）の設置，管理及び廃止に関すること．
2 学校その他の教育機関の用に供する財産（以下「教育財産」という．）の管理に関すること．
3 教育委員会及び学校その他の教育機関の職員の任免その他の人事に関すること．
4 学齢生徒及び学齢児童の就学並びに生徒，児童及び幼児の入学，転学及び退学に関すること．
5 学校の組織編制，教育課程，学習指導，生徒指導及び職業指導に関すること．
6 教科書その他の教材の取扱いに関すること．
7 校舎その他の施設及び教具その他の設備の

整備に関すること．
 8　校長，教員その他の教育関係職員の研修に関すること．
 9　校長，教員その他の教育関係職員並びに生徒，児童及び幼児の保健，安全，厚生及び福利に関すること．
10　学校その他の教育機関の環境衛生に関すること．
11　学校給食に関すること．
12　青少年教育，女性教育及び公民館の事業その他社会教育に関すること．
13　スポーツに関すること．
14　文化財の保護に関すること．
15　ユネスコ活動に関すること．
16　教育に関する法人に関すること．
17　教育に係る調査及び基幹統計その他の統計に関すること．
18　所掌事務に係る広報及び所掌事務に係る教育行政に関する相談に関すること．
19　前各号に掲げるもののほか，当該地方公共団体の区域内における教育に関する事務に関すること．
（長の職務権限）
第24条　地方公共団体の長は，次の各号に掲げる教育に関する事務を管理し，及び執行する．
 1　大学に関すること．
 2　私立学校に関すること．
 3　教育財産を取得し，及び処分すること．
 4　教育委員会の所掌に係る事項に関する契約を結ぶこと．
 5　前号に掲げるもののほか，教育委員会の所掌に係る事項に関する予算を執行すること．
（職務権限の特例）
第24条の2　前2条の規定にかかわらず，地方公共団体は，前条各号に掲げるもののほか，条例の定めるところにより，当該地方公共団体の長が，次の各号に掲げる教育に関する事務のいずれか又はすべてを管理し，及び執行することとすることができる．
 1　スポーツに関すること（学校における体育に関することを除く．）．
 2　文化に関すること（文化財の保護に関することを除く．）．
② 地方公共団体の議会は，前項の条例の制定又は改廃の議決をする前に，当該地方公共団体の教育委員会の意見を聴かなければならない．
（事務処理の法令準拠）
第25条　教育委員会及び地方公共団体の長は，それぞれ前3条の事務を管理し，及び執行するに当たつては，法令，条例，地方公共団体の規則並びに地方公共団体の機関の定める規則及び規程に基づかなければならない．
（事務の委任等）
第26条　教育委員会は，教育委員会規則で定めるところにより，その権限に属する事務の一部を教育長に委任し，又は教育長をして臨時に代理させることができる．
② 前項の規定にかかわらず，次に掲げる事務は，教育長に委任することができない．
 1　教育に関する事務の管理及び執行の基本的な方針に関すること．
 2　教育委員会規則その他教育委員会の定める規程の制定又は改廃に関すること．
 3　教育委員会の所管に属する学校その他の教育機関の設置及び廃止に関すること．
 4　教育委員会及び教育委員会の所管に属する学校その他の教育機関の職員の任免その他の人事に関すること．
 5　次条の規定による点検及び評価に関すること．
 6　第29条に規定する意見の申出に関すること．
③ 教育長は，第1項の規定により委任された事務その他その権限に属する事務の一部を事務局の職員若しくは教育委員会の所管に属する学校その他の教育機関の職員（以下この項及び次条第1項において「事務局職員等」という．）に委任し，又は事務局職員等をして臨時に代理させることができる．
（教育に関する事務の管理及び執行の状況の点検及び評価等）
第27条　教育委員会は，毎年，その権限に属する事務（前条第1項の規定により教育長に委任された事務その他教育長の権限に属する事務（同条第3項の規定により事務局職員等に委任された事務を含む．）を含む．）の管理及び執行の状況について点検及び評価を行い，その結果に関する報告書を作成し，これを議会に提出するとともに，公表しなければならない．
② 教育委員会は，前項の点検及び評価を行うに当たつては，教育に関し学識経験を有する者の知見の活用を図るものとする．
（都道府県知事に対する都道府県委員会の助言又は援助）
第27条の2　都道府県知事は，第24条第2号に掲げる私立学校に関する事務を管理し，及び執行するに当たり，必要と認めるときは，当該都道府県委員会に対し，学校教育に関する専門的事項について助言又は援助を求めることができる．
（教育財産の管理等）

第28条　教育財産は，地方公共団体の長の総括の下に，教育委員会が管理するものとする．
②　地方公共団体の長は，教育委員会の申出をまつて，教育財産の取得を行うものとする．
③　地方公共団体の長は，教育財産を取得したときは，すみやかに教育委員会に引き継がなければならない．
(教育委員会の意見聴取)
第29条　地方公共団体の長は，歳入歳出予算のうち教育に関する事務に係る部分その他特に教育に関する事務について定める議会の議決を経るべき事件の議案を作成する場合においては，教育委員会の意見をきかなければならない．

第4章　教育機関
第1節　通則
(教育機関の設置)
第30条　地方公共団体は，法律で定めるところにより，学校，図書館，博物館，公民館その他の教育機関を設置するほか，条例で，教育に関する専門的，技術的事項の研究又は教育関係職員の研修，保健若しくは福利厚生に関する施設その他の必要な教育機関を設置することができる．
(教育機関の職員)
第31条　前条に規定する学校に，法律で定めるところにより，学長，校長，園長，教員，事務職員，技術職員その他の所要の職員を置く．
②　前条に規定する学校以外の教育機関に，法律又は条例で定めるところにより，事務職員，技術職員その他の所要の職員を置く．
③　前2項に規定する職員の定数は，この法律に特別の定がある場合を除き，当該地方公共団体の条例で定めなければならない．ただし，臨時又は非常勤の職員については，この限りでない．
(教育機関の所管)
第32条　学校その他の教育機関のうち，大学は地方公共団体の長が，その他のものは教育委員会が所管する．ただし，第24条の2第1項の条例の定めるところにより地方公共団体の長が管理し，及び執行することとされた事務のみに係る教育機関は，地方公共団体の長が所管する．
(学校等の管理)
第33条　教育委員会は，法令又は条例に違反しない限度において，その所管に属する学校その他の教育機関の施設，設備，組織編制，教育課程，教材の取扱その他学校その他の教育機関の管理運営の基本的事項について，必要な教育委員会規則を定めるものとする．この場合において，当該教育委員会規則で定めようとする事項のうち，その実施のためには新たに予算を伴うこととなるものについては，教育委員会は，あらかじめ当該地方公共団体の長に協議しなければならない．
②　前項の場合において，教育委員会は，学校における教科書以外の教材の使用について，あらかじめ，教育委員会に届け出させ，又は教育委員会の承認を受けさせることとする定を設けるものとする．
(教育機関の職員の任命)
第34条　教育委員会の所管に属する学校その他の教育機関の校長，園長，教員，事務職員，技術職員その他の職員は，この法律に特別の定がある場合を除き，教育長の推薦により，教育委員会が任命する．
(職員の身分取扱)
第35条　第31条第1項又は第2項に規定する職員の任免，給与，懲戒，服務その他の身分取扱に関する事項は，この法律及び他の法律に特別の定がある場合を除き，地方公務員法の定めるところによる．
(所属職員の進退に関する意見の申出)
第36条　学校その他の教育機関の長は，この法律及び教育公務員特例法に特別の定がある場合を除き，その所属の職員の任免その他の進退に関する意見を任命権者に対して申し出ることができる．この場合において，大学附置の学校の校長にあつては，学長を経由するものとする．

第2節　市町村立学校の教職員
(任命権者)
第37条　市町村立学校職員給与負担法(昭和23年法律第135号)第1条及び第2条に規定する職員(以下「県費負担教職員」という.)の任命権は，都道府県委員会に属する．
②　前項の都道府県委員会の権限に属する事務に係る第26条第2項の規定の適用については，同項第4号中「職員」とあるのは，「職員並びに第37条第1項に規定する県費負担教職員」とする．
(市町村委員会の内申)
第38条　都道府県委員会は，市町村委員会の内申をまつて，県費負担教職員の任免その他の進退を行うものとする．
②　前項の規定にかかわらず，都道府県委員会は，同項の内申が県費負担教職員の転任(地方自治法第252条の7第1項の規定により教育委員会を共同設置する一の市町村の県費負担教職員を免職し，引き続いて当該教育委員会を共同設置する他の市町村の県費負担教職員に採用する場合を含む．以下この項において同じ．)に係る

ものであるときは，当該内申に基づき，その転任を行うものとする．ただし，次の各号のいずれかに該当するときは，この限りでない．
1　都道府県内の教職員の適正な配置と円滑な交流の観点から，一の市町村（地方自治法第252条の7第1項の規定により教育委員会を共同設置する場合における当該教育委員会を共同設置する他の市町村を含む．以下この号において同じ．）における県費負担教職員の標準的な在職期間その他の都道府県委員会が定める県費負担教職員の任用に関する基準に従い，一の市町村の県費負担教職員を免職し，引き続いて当該都道府県内の他の市町村の県費負担教職員に採用する必要がある場合
2　前号に掲げる場合のほか，やむを得ない事情により当該内申に係る転任を行うことが困難である場合
③　市町村委員会は，教育長の助言により，前2項の内申を行うものとする．
④　市町村委員会は，次条の規定による校長の意見の申出があつた県費負担教職員について第1項又は第2項の内申を行うときは，当該校長の意見を付するものとする．
（校長の所属教職員の進退に関する意見の申出）
第39条　市町村立学校職員給与負担法第1条及び第2条に規定する学校の校長は，所属の県費負担教職員の任免その他の進退に関する意見を市町村委員会に申し出ることができる．
（県費負担教職員の任用等）
第40条　第37条の場合において，都道府県委員会（この条に掲げる一の市町村に係る県費負担教職員の免職に関する事務を行う者及びこの条に掲げる他の市町村に係る県費負担教職員の採用に関する事務を行う者の一方又は双方が第55条第1項，第58条第1項又は第61条第1項の規定により当該事務を行うこととされた市町村委員会である場合にあつては，当該一の市町村に係る県費負担教職員の免職に関する事務を行う教育委員会及び当該他の市町村に係る県費負担教職員の採用に関する事務を行う教育委員会）は，地方公務員法第27条第2項及び第28条第1項の規定にかかわらず，一の市町村の県費負担教職員（非常勤の講師（同法第28条の5第1項に規定する短時間勤務の職を占める者を除く．以下同じ．）を除く．以下この条，第42条，第43条第3項，第44条，第45条第1項，第46条，第47条，第58条第2項，第59条及び第61条第2項において同じ．）を免職し，引き続いて当該都道府県内の他の市町村の県費負担教職員に採用することができるものとする．この場合にお

いて，当該県費負担教職員が当該免職された市町村において同法第22条第1項（教育公務員特例法第12条第1項の規定において読み替えて適用する場合を含む．）の規定により正式任用になつていた者であるときは，当該県費負担教職員の当該他の市町村における採用については，地方公務員法第22条第1項の規定は，適用しない．
（県費負担教職員の定数）
第41条　県費負担教職員の定数は，都道府県の条例で定める．ただし，臨時又は非常勤の職員については，この限りでない．
②　県費負担教職員の市町村別の学校の種類ごとの定数は，前項の規定により定められた定数の範囲内で，都道府県委員会が市町村委員会の意見をきいて定める．
（県費負担教職員の給与，勤務時間その他の勤務条件）
第42条　県費負担教職員の給与，勤務時間その他の勤務条件については，地方公務員法第24条第6項の規定により条例で定めるものとされている事項は，都道府県の条例で定める．
（服務の監督）
第43条　市町村委員会は，県費負担教職員の服務を監督する．
②　県費負担教職員は，その職務を遂行するに当つて，法令，当該市町村の条例及び規則並びに当該市町村委員会の定める教育委員会規則及び規程（前条又は次項の規定によつて都道府県が制定する条例を含む．）に従い，かつ，市町村委員会その他職務上の上司の職務上の命令に忠実に従わなければならない．
③　県費負担教職員の任免，分限又は懲戒に関して，地方公務員法の規定により条例で定めるものとされている事項は，都道府県の条例で定める．
④　都道府県委員会は，県費負担教職員の任免その他の進退を適切に行うため，市町村委員会の行う県費負担教職員の服務の監督又は前条，前項若しくは第47条の3第1項の規定により都道府県が制定する条例若しくは同条第2項の都道府県の定めの実施について，技術的な基準を設けることができる．
（職階制）
第44条　県費負担教職員の職階制は，地方公務員法第23条第1項の規定にかかわらず，都道府県内の県費負担教職員を通じて都道府県が採用するものとし，職階制に関する計画は，都道府県の条例で定める．
（研修）

第45条　県費負担教職員の研修は，地方公務員法第39条第2項の規定にかかわらず，市町村委員会も行うことができる．
② 市町村委員会は，都道府県委員会が行う県費負担教職員の研修に協力しなければならない．
（勤務成績の評定）
第46条　県費負担教職員の勤務成績の評定は，地方公務員法第40条第1項の規定にかかわらず，都道府県委員会の計画の下に，市町村委員会が行うものとする．
（地方公務員法の適用の特例）
第47条　この法律に特別の定めがあるもののほか，県費負担教職員に対して地方公務員法を適用する場合においては，同法中次の表の上欄に掲げる規定の中欄に掲げる字句は，それぞれ同表の下欄に掲げる字句に読み替えるものとする．
② 前項に定めるもののほか，県費負担教職員に対して地方公務員法の規定を適用する場合における技術的読替は，政令で定める．
（県費負担教職員の免職及び都道府県の職への採用）
第47条の2　都道府県委員会は，地方公務員法第27条第2項及び第28条第1項の規定にかかわらず，その任命に係る市町村の県費負担教職員（教諭，養護教諭，栄養教諭，助教諭及び養護助教諭（同法第28条の4第1項又は第28条の5第1項の規定により採用された者（以下この項において「再任用職員」という．）を除く．）並びに講師（再任用職員及び非常勤の講師を除く．）に限る．）で次の各号のいずれにも該当するもの（同法第28条第1項各号又は第2項各号のいずれかに該当する者を除く．）を免職し，引き続いて当該都道府県の常時勤務を要する職（指導主事並びに校長，園長及び教員の職を除く．）に採用することができる．
1　児童又は生徒に対する指導が不適切である

規定	読み替えられる字句	読み替える字句
第16条各号列記以外の部分	職員	職員（第3号の場合にあつては，都道府県教育委員会又は地方教育行政の組織及び運営に関する法律第55条第1項，第58条第1項若しくは第61条第1項の規定により同法第37条第1項に規定する県費負担教職員の任用に関する事務を行うこととされた市町村教育委員会の任命に係る職員及び懲戒免職の処分を受けた当時属していた地方公共団体の職員）
第16条第3号	当該地方公共団体において	都道府県教育委員会（地方教育行政の組織及び運営に関する法律第55条第1項，第58条第1項又は第61条第1項の規定により同法第37条第1項に規定する県費負担教職員の懲戒に関する事務を行うこととされた市町村教育委員会を含む．）により
第26条の2第1項及び第26条の3第1項	任命権者	市町村教育委員会
第28条の4第1項	当該地方公共団体	市町村
	常時勤務を要する職	当該市町村を包括する都道府県の区域内の市町村の常時勤務を要する職
第28条の5第1項	当該地方公共団体	市町村
	短時間勤務の職（	当該市町村を包括する都道府県の区域内の市町村の短時間勤務の職（
第29条第1項第1号	この法律若しくは第57条に規定する特例を定めた法律	この法律，第57条に規定する特例を定めた法律若しくは地方教育行政の組織及び運営に関する法律
第34条第2項	任命権者	市町村教育委員会
第37条	地方公共団体	都道府県及び市町村
第38条	任命権者	市町村教育委員会

こと．
2 研修等必要な措置が講じられたとしてもなお児童又は生徒に対する指導を適切に行うことができないと認められること．
② 事実の確認の方法その他前項の県費負担教職員が同項各号に該当するかどうかを判断するための手続に関し必要な事項は，都道府県の教育委員会規則で定めるものとする．
③ 都道府県委員会は，第1項の規定による採用に当たつては，公務の能率的な運営を確保する見地から，同項の県費負担教職員の適性，知識等について十分に考慮するものとする．
④ 第40条後段の規定は，第1項の場合について準用する．この場合において，同条後段中「当該他の市町村」とあるのは，「当該都道府県」と読み替えるものとする．

（県費負担教職員のうち非常勤講師の報酬等及び身分取扱い）
第47条の3 県費負担教職員のうち非常勤の講師の報酬及び職務を行うために要する費用の弁償の額並びにその支給方法については，都道府県の条例で定める．
② この章に規定するもののほか，県費負担教職員のうち非常勤の講師の身分取扱いについては，都道府県の定めの適用があるものとする．

（初任者研修に係る非常勤講師の派遣）
第47条の4 市（地方自治法第252条の19第1項の指定都市（以下「指定都市」という．）を除く．以下この条において同じ．）町村の教育委員会は，都道府県委員会が教育公務員特例法第23条第1項の初任者研修を実施する場合において，市町村の設置する小学校，中学校，高等学校，中等教育学校（後期課程に定時制の課程（学校教育法第4条第1項に規定する定時制の課程をいう．以下同じ．）のみを置くものに限る．）又は特別支援学校に非常勤の講師（高等学校にあつては，定時制の課程の授業を担任する非常勤の講師に限る．）を勤務させる必要があると認めるときは，都道府県委員会に対し，当該都道府県委員会の事務局の非常勤の職員の派遣を求めることができる．
② 前項の規定による求めに応じて派遣される職員（第4項において「派遣職員」という．）は，派遣を受けた市町村の職員の身分を併せ有することとなるものとし，その報酬及び職務を行うために要する費用の弁償は，派遣職員の派遣をした都道府県の負担とする．
③ 市町村の教育委員会は，第1項の規定に基づき派遣された非常勤の講師の服務を監督する．
④ 前項に規定するもののほか，派遣職員の身分取扱いに関しては，当該職員の派遣をした都道府県の非常勤の講師に関する定めの適用があるものとする．

第3節 学校運営協議会

第47条の5 教育委員会は，教育委員会規則で定めるところにより，その所管に属する学校のうちその指定する学校（以下この条において「指定学校」という．）の運営に関して協議する機関として，当該指定学校ごとに，学校運営協議会を置くことができる．
② 学校運営協議会の委員は，当該指定学校の所在する地域の住民，当該指定学校に在籍する生徒，児童又は幼児の保護者その他教育委員会が必要と認める者について，教育委員会が任命する．
③ 指定学校の校長は，当該指定学校の運営に関して，教育課程の編成その他教育委員会規則で定める事項について基本的な方針を作成し，当該指定学校の学校運営協議会の承認を得なければならない．
④ 学校運営協議会は，当該指定学校の運営に関する事項（次項に規定する事項を除く．）について，教育委員会又は校長に対して，意見を述べることができる．
⑤ 学校運営協議会は，当該指定学校の職員の採用その他の任用に関する事項について，当該職員の任命権者に対して意見を述べることができる．この場合において，当該職員が県費負担教職員（第55条第1項，第58条第1項又は第61条第1項の規定により市町村委員会がその任用に関する事務を行う職員を除く．第9項において同じ．）であるときは，市町村委員会を経由するものとする．
⑥ 指定学校の職員の任命権者は，当該職員の任用に当たつては，前項の規定により述べられた意見を尊重するものとする．
⑦ 教育委員会は，学校運営協議会の運営が著しく適正を欠くことにより，当該指定学校の運営に現に著しい支障が生じ，又は生ずるおそれがあると認められる場合においては，その指定を取り消さなければならない．
⑧ 指定学校の指定及び指定の取消しの手続，指定の期間，学校運営協議会の委員の任免の手続及び任期，学校運営協議会の議事の手続その他学校運営協議会の運営に関し必要な事項については，教育委員会規則で定める．
⑨ 市町村委員会は，その所管に属する学校（その職員のうちに県費負担教職員である者を含むものに限る．）について第1項の指定を行おうとするときは，あらかじめ，都道府県委員会に

協議しなければならない．

第5章　文部科学大臣及び教育委員会相互間の関係等

(文部科学大臣又は都道府県委員会の指導，助言及び援助)

第48条　地方自治法第245条の4第1項の規定によるほか，文部科学大臣は都道府県又は市町村に対し，都道府県委員会は市町村に対し，都道府県又は市町村の教育に関する事務の適正な処理を図るため，必要な指導，助言又は援助を行うことができる．

② 前項の指導，助言又は援助を例示すると，おおむね次のとおりである．

　1　学校その他の教育機関の設置及び管理並びに整備に関し，指導及び助言を与えること．
　2　学校の組織編制，教育課程，学習指導，生徒指導，職業指導，教科書その他の教材の取扱いその他学校運営に関し，指導及び助言を与えること．
　3　学校における保健及び安全並びに学校給食に関し，指導及び助言を与えること．
　4　教育委員会の委員及び校長，教員その他の教育関係職員の研究集会，講習会その他研修に関し，指導及び助言を与え，又はこれらを主催すること．
　5　生徒及び児童の就学に関する事務に関し，指導及び助言を与えること．
　6　青少年教育，女性教育及び公民館の事業その他社会教育の振興並びに芸術の普及及び向上に関し，指導及び助言を与えること．
　7　スポーツの振興に関し，指導及び助言を与えること．
　8　指導主事，社会教育主事その他の職員を派遣すること．
　9　教育及び教育行政に関する資料，手引書等を作成し，利用に供すること．
　10　教育に係る調査及び統計並びに広報及び教育行政に関する相談に関し，指導及び助言を与えること．
　11　教育委員会の組織及び運営に関し，指導及び助言を与えること．

③ 文部科学大臣は，都道府県委員会に対し，第1項の規定による市町村に対する指導，助言又は援助に関し，必要な指示をすることができる．

④ 地方自治法第245条の4第3項の規定によるほか，都道府県知事又は都道府県委員会は文部科学大臣に対し，市町村長又は市町村委員会は文部科学大臣又は都道府県委員会に対し，教育に関する事務の処理について必要な指導，助言又は援助を求めることができる．

(是正の要求の方式)

第49条　文部科学大臣は，都道府県委員会又は市町村委員会の教育に関する事務の管理及び執行が法令の規定に違反するものがある場合又は当該事務の管理及び執行を怠るものがある場合において，児童，生徒等の教育を受ける機会が妨げられていることその他の教育を受ける権利が侵害されていることが明らかであるとして地方自治法第245条の5第1項若しくは第4項の規定による求め又は同条第2項の指示を行うときは，当該教育委員会が講ずべき措置の内容を示して行うものとする．

(文部科学大臣の指示)

第50条　文部科学大臣は，都道府県委員会又は市町村委員会の教育に関する事務の管理及び執行が法令の規定に違反するものがある場合又は当該事務の管理及び執行を怠るものがある場合において，児童，生徒等の生命又は身体の保護のため，緊急の必要があるときは，当該教育委員会に対し，当該違反を是正し，又は当該怠る事務の管理及び執行を改めるべきことを指示することができる．ただし，他の措置によっては，その是正を図ることが困難である場合に限る．

(文部科学大臣の通知)

第50条の2　文部科学大臣は，第49条に規定する求め若しくは指示又は前条の規定による指示を行つたときは，遅滞なく，当該地方公共団体(第49条に規定する指示を行つたときにあつては，当該指示に係る市町村)の長及び議会に対して，その旨を通知するものとする．

(文部科学大臣及び教育委員会相互間の関係)

第51条　文部科学大臣は都道府県委員会又は市町村委員会相互の間の，都道府県委員会は市町村委員会相互の間の連絡調整を図り，並びに教育委員会は，相互の間の連絡を密にし，及び文部科学大臣又は他の教育委員会と協力し，教職員の適正な配置と円滑な交流及び教職員の勤務能率の増進を図り，もつてそれぞれその所掌する教育に関する事務の適正な執行と管理に努めなければならない．

第52条　削除
第53条　(調査)　[略]
第54条　(資料及び報告)　[略]
第55条　(条例による事務処理の特例)　[略]

第6章　雑則　[以下略]

●発達障害者支援法（抄）

（平16.12.10法167
最終改正：平20.12.26法96）

第1章　総則

（目的）

第1条　この法律は，発達障害者の心理機能の適正な発達及び円滑な社会生活の促進のために発達障害の症状の発現後できるだけ早期に発達支援を行うことが特に重要であることにかんがみ，発達障害を早期に発見し，発達支援を行うことに関する国及び地方公共団体の責務を明らかにするとともに，学校教育における発達障害者への支援，発達障害者の就労の支援，発達障害者支援センターの指定等について定めることにより，発達障害者の自立及び社会参加に資するようその生活全般にわたる支援を図り，もってその福祉の増進に寄与することを目的とする．

（定義）

第2条　この法律において「発達障害」とは，自閉症，アスペルガー症候群その他の広汎性発達障害，学習障害，注意欠陥多動性障害その他これに類する脳機能の障害であってその症状が通常低年齢において発現するものとして政令で定めるものをいう．

② この法律において「発達障害者」とは，発達障害を有するために日常生活又は社会生活に制限を受ける者をいい，「発達障害児」とは，発達障害者のうち十八歳未満のものをいう．

③ この法律において「発達支援」とは，発達障害者に対し，その心理機能の適正な発達を支援し，及び円滑な社会生活を促進するため行う発達障害の特性に対応した医療的，福祉的及び教育的援助をいう．

（国及び地方公共団体の責務）

第3条　国及び地方公共団体は，発達障害者の心理機能の適正な発達及び円滑な社会生活の促進のために発達障害の症状の発現後できるだけ早期に発達支援を行うことが特に重要であることにかんがみ，発達障害の早期発見のため必要な措置を講じるものとする．

② 国及び地方公共団体は，発達障害児に対し，発達障害の症状の発現後できるだけ早期に，その者の状況に応じて適切に，就学前の発達支援，学校における発達支援その他の発達支援が行われるよう，発達障害者に対する就労，地域における生活等に関する支援及び発達障害者の家族に対する支援が行われるよう，必要な措置を講じるものとする．

③ 発達障害者の支援等の施策が講じられるに当たっては，発達障害者及び発達障害児の保護者（親権を行う者，未成年後見人その他の者で，児童を現に監護するものをいう．以下同じ．）の意思ができる限り尊重されなければならないものとする．

④ 国及び地方公共団体は，発達障害者の支援等の施策を講じるに当たっては，医療，保健，福祉，教育及び労働に関する業務を担当する部局の相互の緊密な連携を確保するとともに，犯罪等から発達障害者が被害を受けること等を防止するため，これらの部局と消費生活に関する業務を担当する部局その他の関係機関との必要な協力体制の整備を行うものとする．

（国民の責務）

第4条　国民は，発達障害者の福祉について理解を深めるとともに，社会連帯の理念に基づき，発達障害者が社会経済活動に参加しようとする努力に対し，協力するように努めなければならない．

第2章　児童の発達障害の早期発見及び発達障害者の支援のための施策

（児童の発達障害の早期発見等）

第5条　市町村は，母子保健法（昭和40年法律第141号）第12条及び第13条に規定する健康診査を行うに当たり，発達障害の早期発見に十分留意しなければならない．

② 市町村の教育委員会は，学校保健安全法（昭和33年法律第56号）第11条に規定する健康診断を行うに当たり，発達障害の早期発見に十分留意しなければならない．

③ 市町村は，児童に発達障害の疑いがある場合には，適切に支援を行うため，当該児童についての継続的な相談を行うよう努めるとともに，必要に応じ，当該児童が早期に医学的又は心理学的判定を受けることができるよう，当該児童の保護者に対し，第14条第１項の発達障害者支援センター，第19条の規定により都道府県が確保した医療機関その他の機関（次条第一項において「センター等」という．）を紹介し，又は助言を行うものとする．

④ 市町村は，前3項の措置を講じるに当たっては，当該措置の対象となる児童及び保護者の意思を尊重するとともに，必要な配慮をしなければならない．

⑤ 都道府県は，市町村の求めに応じ，児童の発達障害の早期発見に関する技術的事項についての指導，助言その他の市町村に対する必要な技術的援助を行うものとする．

（早期の発達支援）
第6条　市町村は，発達障害児が早期の発達支援を受けることができるよう，発達障害児の保護者に対し，その相談に応じ，センター等を紹介し，又は助言を行い，その他適切な措置を講じるものとする．
② 前条第四項の規定は，前項の措置を講じる場合について準用する．
③ 都道府県は，発達障害児の早期の発達支援のために必要な体制の整備を行うとともに，発達障害児に対して行われる発達支援の専門性を確保するため必要な措置を講じるものとする．

（保育）
第7条　市町村は，保育の実施に当たっては，発達障害児の健全な発達が他の児童と共に生活することを通じて図られるよう適切な配慮をするものとする．

（教育）
第8条　国及び地方公共団体は，発達障害児（18歳以上の発達障害者であって高等学校，中等教育学校及び特別支援学校に在学する者を含む．）がその障害の状態に応じ，十分な教育を受けられるようにするため，適切な教育的支援，支援体制の整備その他必要な措置を講じるものとする．
② 大学及び高等専門学校は，発達障害者の障害の状態に応じ，適切な教育上の配慮をするものとする．

第9条　（放課後児童健全育成事業の利用）　［略］
第10条　（就労の支援）　［略］
第11条　（地域での生活支援）　［略］

（権利擁護）
第12条　国及び地方公共団体は，発達障害者が，その発達障害のために差別されること等権利利益を害されることがないようにするため，権利擁護のために必要な支援を行うものとする．

（発達障害者の家族への支援）
第13条　都道府県及び市町村は，発達障害児の保護者が適切な監護をすることができるようにすること等を通じて発達障害者の福祉の増進に寄与するため，児童相談所等関係機関と連携を図りつつ，発達障害者の家族に対し，相談及び助言その他の支援を適切に行うよう努めなければならない．

第3章　発達障害者支援センター等

（発達障害者支援センター等）
第14条　都道府県知事は，次に掲げる業務を，社会福祉法人その他の政令で定める法人であって当該業務を適正かつ確実に行うことができると認めて指定した者（以下「発達障害者支援センター」という．）に行わせ，又は自ら行うことができる．
1　発達障害の早期発見，早期の発達支援等に資するよう，発達障害者及びその家族に対し，専門的に，その相談に応じ，又は助言を行うこと．
2　発達障害者に対し，専門的な発達支援及び就労の支援を行うこと．
3　医療，保健，福祉，教育等に関する業務（次号において「医療等の業務」という．）を行う関係機関及び民間団体並びにこれに従事する者に対し発達障害についての情報提供及び研修を行うこと．
4　発達障害に関して，医療等の業務を行う関係機関及び民間団体との連絡調整を行うこと．
5　前各号に掲げる業務に附帯する業務
② 前項の規定による指定は，当該指定を受けようとする者の申請により行う．

第15条　（秘密保持義務）　［略］
第16条　（報告の徴収等）　［略］
第17条　（改善命令）　［略］
第18条　（指定の取消し）　［略］
第19条　（専門的な医療機関の確保等）　［略］

第4章　補則

（民間団体への支援）
第20条　国及び地方公共団体は，発達障害者を支援するために行う民間団体の活動の活性化を図るよう配慮するものとする．

（国民に対する普及及び啓発）
第21条　国及び地方公共団体は，発達障害に関する国民の理解を深めるため，必要な広報その他の啓発活動を行うものとする．

（医療又は保健の業務に従事する者に対する知識の普及及び啓発）
第22条　国及び地方公共団体は，医療又は保健の業務に従事する者に対し，発達障害の発見のため必要な知識の普及及び啓発に努めなければならない．

（専門的知識を有する人材の確保等）
第23条　国及び地方公共団体は，発達障害者に対する支援を適切に行うことができるよう，医療，保健，福祉，教育等に関する業務に従事する職員について，発達障害に関する専門的知識を有する人材を確保するよう努めるとともに，発達障害に対する理解を深め，及び専門性を高めるため研修等必要な措置を講じるものとする．

（調査研究）
第24条　国は，発達障害者の実態の把握に努め

るとともに，発達障害の原因の究明，発達障害の診断及び治療，発達支援の方法等に関する必要な調査研究を行うものとする．
第25条　（大都市等の特例）［以下略］

● 社会教育法（抄）

$$\begin{pmatrix}昭24.6.10法207\\最終改正：平20.6.11法59\end{pmatrix}$$

第1章　総則

（この法律の目的）
第1条　この法律は，教育基本法（平成18年法律第120号）の精神に則り，社会教育に関する国及び地方公共団体の任務を明らかにすることを目的とする．
（社会教育の定義）
第2条　この法律で「社会教育」とは，学校教育法（昭和22年法律第26号）に基づき，学校の教育課程として行われる教育活動を除き，主として青少年及び成人に対して行われる組織的な教育活動（体育及びレクリエーションの活動を含む．）をいう．
（国及び地方公共団体の任務）
第3条　国及び地方公共団体は，この法律及び他の法令の定めるところにより，社会教育の奨励に必要な施設の設置及び運営，集会の開催，資料の作製，頒布その他の方法により，すべての国民があらゆる機会，あらゆる場所を利用して，自ら実際生活に即する文化的教養を高め得るような環境を醸成するように努めなければならない．
②　国及び地方公共団体は，前項の任務を行うに当たつては，国民の学習に対する多様な需要を踏まえ，これに適切に対応するために必要な学習の機会の提供及びその奨励を行うことにより，生涯学習の振興に寄与することとなるよう努めるものとする．
③　国及び地方公共団体は，第1項の任務を行うに当たつては，社会教育が学校教育及び家庭教育との密接な関連性を有することにかんがみ，学校教育との連携の確保に努め，及び家庭教育の向上に資することとなるよう必要な配慮をするとともに，学校，家庭及び地域住民その他の関係者相互間の連携及び協力の促進に資することとなるよう努めるものとする．
（国の地方公共団体に対する援助）
第4条　前条第1項の任務を達成するために，国は，この法律及び他の法令の定めるところにより，地方公共団体に対し，予算の範囲内において，財政的援助並びに物資の提供及びそのあつせんを行う．
（市町村の教育委員会の事務）
第5条　市（特別区を含む．以下同じ．）町村の教育委員会は，社会教育に関し，当該地方の必要に応じ，予算の範囲内において，次の事務を行う．
1　社会教育に必要な援助を行うこと．
2　社会教育委員の委嘱に関すること．
3　公民館の設置及び管理に関すること．
4　所管に属する図書館，博物館，青年の家その他の社会教育施設の設置及び管理に関すること．
5　所管に属する学校の行う社会教育のための講座の開設及びその奨励に関すること．
6　講座の開設及び討論会，講習会，講演会，展示会その他の集会の開催並びにこれらの奨励に関すること．
7　家庭教育に関する学習の機会を提供するための講座の開設及び集会の開催並びに家庭教育に関する情報の提供並びにこれらの奨励に関すること．
8　職業教育及び産業に関する科学技術指導のための集会の開催並びにその奨励に関すること．
9　生活の科学化の指導のための集会の開催及びその奨励に関すること．
10　情報化の進展に対応して情報の収集及び利用を円滑かつ適正に行うために必要な知識又は技能に関する学習の機会を提供するための講座の開設及び集会の開催並びにこれらの奨励に関すること．
11　運動会，競技会その他体育指導のための集会の開催及びその奨励に関すること．
12　音楽，演劇，美術その他芸術の発表会等の開催及びその奨励に関すること．
13　主として学齢児童及び学齢生徒（それぞれ学校教育法第18条に規定する学齢児童及び学齢生徒をいう．）に対し，学校の授業の終了後又は休業日において学校，社会教育施設その他適切な施設を利用して行う学習その他の活動の機会を提供する事業の実施並びにその奨励に関すること．
14　青少年に対しボランティア活動など社会奉仕体験活動，自然体験活動その他の体験活動の機会を提供する事業の実施及びその奨励に関すること．
15　社会教育における学習の機会を利用して行つた学習の成果を活用して学校，社会教育施

設その他地域において行う教育活動その他の活動の機会を提供する事業の実施及びその奨励に関すること．
16　社会教育に関する情報の収集，整理及び提供に関すること．
17　視聴覚教育，体育及びレクリエーションに必要な設備，器材及び資料の提供に関すること．
18　情報の交換及び調査研究に関すること．
19　その他第3条第1項の任務を達成するために必要な事務

（都道府県の教育委員会の事務）
第6条　都道府県の教育委員会は，社会教育に関し，当該地方の必要に応じ，予算の範囲内において，前条各号の事務（第3号の事務を除く．）を行うほか，次の事務を行う．
1　公民館及び図書館の設置及び管理に関し，必要な指導及び調査を行うこと．
2　社会教育を行う者の研修に必要な施設の設置及び運営，講習会の開催，資料の配布等に関すること．
3　社会教育施設の設置及び運営に必要な物資の提供及びそのあつせんに関すること．
4　市町村の教育委員会との連絡に関すること．
5　その他法令によりその職務権限に属する事項

（教育委員会と地方公共団体の長との関係）
第7条　地方公共団体の長は，その所掌事項に関する必要な広報宣伝で視聴覚教育の手段を利用しその他教育の施設及び手段によることを適当とするものにつき，教育委員会に対し，その実施を依頼し，又は実施の協力を求めることができる．
②　前項の規定は，他の行政庁がその所掌に関する必要な広報宣伝につき，教育委員会に対し，その実施を依頼し，又は実施の協力を求める場合に準用する．
第8条　教育委員会は，社会教育に関する事務を行うために必要があるときは，当該地方公共団体の長及び関係行政庁に対し，必要な資料の提供その他の協力を求めることができる．

（図書館及び博物館）
第9条　図書館及び博物館は，社会教育のための機関とする．
②　図書館及び博物館に関し必要な事項は，別に法律をもつて定める．

第2章　社会教育主事及び社会教育主事補

（社会教育主事及び社会教育主事補の設置）
第9条の2　都道府県及び市町村の教育委員会の事務局に，社会教育主事を置く．
②　都道府県及び市町村の教育委員会の事務局に，社会教育主事補を置くことができる．

（社会教育主事及び社会教育主事補の職務）
第9条の3　社会教育主事は，社会教育を行う者に専門的技術的な助言と指導を与える．ただし，命令及び監督をしてはならない．
②　社会教育主事は，学校が社会教育関係団体，地域住民その他の関係者の協力を得て教育活動を行う場合には，その求めに応じて，必要な助言を行うことができる．
③　社会教育主事補は，社会教育主事の職務を助ける．

（社会教育主事の資格）
第9条の4　次の各号のいずれかに該当する者は，社会教育主事となる資格を有する．
1　大学に2年以上在学して62単位以上を修得し，又は高等専門学校を卒業し，かつ，次に掲げる期間を通算した期間が3年以上になる者で，次条の規定による社会教育主事の講習を修了したもの
　イ　社会教育主事補の職にあつた期間
　ロ　官公署，学校，社会教育施設又は社会教育関係団体における職で司書，学芸員その他の社会教育主事補の職と同等以上の職として文部科学大臣の指定するものにあつた期間
　ハ　官公署，学校，社会教育施設又は社会教育関係団体が実施する社会教育に関係のある事業における業務であつて，社会教育主事として必要な知識又は技能の習得に資するものとして文部科学大臣が指定するものに従事した期間（イ又はロに掲げる期間に該当する期間を除く．）
2　教育職員の普通免許状を有し，かつ，5年以上文部科学大臣の指定する教育に関する職にあつた者で，次条の規定による社会教育主事の講習を修了したもの
3　大学に2年以上在学して，62単位以上を修得し，かつ，大学において文部科学省令で定める社会教育に関する科目の単位を修得した者で，第1号イからハまでに掲げる期間を通算した期間が1年以上になるもの
4　次条の規定による社会教育主事の講習を修了した者（第1号及び第2号に掲げる者を除く．）で，社会教育に関する専門的事項について前3号に掲げる者に相当する教養と経験があると都道府県の教育委員会が認定したもの

（社会教育主事の講習）

第9条の5　社会教育主事の講習は、文部科学大臣の委嘱を受けた大学その他の教育機関が行う。
② 受講資格その他社会教育主事の講習に関し必要な事項は、文部科学省令で定める。
（社会教育主事及び社会教育主事補の研修）
第9条の6　社会教育主事及び社会教育主事補の研修は、任命権者が行うもののほか、文部科学大臣及び都道府県が行う。

第3章　社会教育関係団体

（社会教育関係団体の定義）
第10条　この法律で「社会教育関係団体」とは、法人であると否とを問わず、公の支配に属しない団体で社会教育に関する事業を行うことを主たる目的とするものをいう。
（文部科学大臣及び教育委員会との関係）
第11条　文部科学大臣及び教育委員会は、社会教育関係団体の求めに応じ、これに対し、専門的技術的指導又は助言を与えることができる。
② 文部科学大臣及び教育委員会は、社会教育関係団体の求めに応じ、これに対し、社会教育に関する事業に必要な物資の確保につき援助を行う。
（国及び地方公共団体との関係）
第12条　国及び地方公共団体は、社会教育関係団体に対し、いかなる方法によつても、不当に統制的支配を及ぼし、又はその事業に干渉を加えてはならない。
（審議会等への諮問）
第13条　国又は地方公共団体が社会教育関係団体に対し補助金を交付しようとする場合には、あらかじめ、国にあつては文部科学大臣が審議会等（国家行政組織法（昭和23年法律第120号）第8条に規定する機関をいう。第51条第3項において同じ。）で政令で定めるものの、地方公共団体にあつては教育委員会が社会教育委員の会議（社会教育委員が置かれていない場合には、条例で定めるところにより社会教育に係る補助金の交付に関する事項を調査審議する審議会その他の合議制の機関）の意見を聴いて行わなければならない。
（報告）
第14条　文部科学大臣及び教育委員会は、社会教育関係団体に対し、指導資料の作製及び調査研究のために必要な報告を求めることができる。

第4章　社会教育委員

（社会教育委員の構成）
第15条　都道府県及び市町村に社会教育委員を置くことができる。
② 社会教育委員は、学校教育及び社会教育の関係者、家庭教育の向上に資する活動を行う者並びに学識経験のある者の中から、教育委員会が委嘱する。
（削除）
第16条　削除
（社会教育委員の職務）
第17条　社会教育委員は、社会教育に関し教育長を経て教育委員会に助言するため、左の職務を行う。
　1　社会教育に関する諸計画を立案すること。
　2　定時又は臨時に会議を開き、教育委員会の諮問に応じ、これに対して、意見を述べること。
　3　前2号の職務を行うために必要な研究調査を行うこと。
② 社会教育委員は、教育委員会の会議に出席して社会教育に関し意見を述べることができる。
③ 市町村の社会教育委員は、当該市町村の教育委員会から委嘱を受けた青少年教育に関する特定の事項について、社会教育関係団体、社会教育指導者その他関係者に対し、助言と指導を与えることができる。
（社会教育委員の定数等）
第18条　社会教育委員の定数、任期その他必要な事項は、当該地方公共団体の条例で定める。
第19条　削除

第5章　公民館

（目的）
第20条　公民館は、市町村その他一定区域内の住民のために、実際生活に即する教育、学術及び文化に関する各種の事業を行い、もつて住民の教養の向上、健康の増進、情操の純化を図り、生活文化の振興、社会福祉の増進に寄与することを目的とする。
（公民館の設置者）
第21条　公民館は、市町村が設置する。
② 前項の場合を除くほか、公民館は、公民館の設置を目的とする一般社団法人又は一般財団法人（以下この章において「法人」という。）でなければ設置することができない。
③ 公民館の事業の運営上必要があるときは、公民館に分館を設けることができる。
（公民館の事業）
第22条　公民館は、第20条の目的達成のために、おおむね、左の事業を行う。但し、この法律及び他の法令によつて禁じられたものは、この限りでない。

1　定期講座を開設すること．
2　討論会，講習会，講演会，実習会，展示会等を開催すること．
3　図書，記録，模型，資料等を備え，その利用を図ること．
4　体育，レクリエーション等に関する集会を開催すること．
5　各種の団体，機関等の連絡を図ること．
6　その施設を住民の集会その他の公共的利用に供すること．
（公民館の運営方針）
第23条　公民館は，次の行為を行つてはならない．
1　もつぱら営利を目的として事業を行い，特定の営利事務に公民館の名称を利用させその他営利事業を援助すること．
2　特定の政党の利害に関する事業を行い，又は公私の選挙に関し，特定の候補者を支持すること．
②　市町村の設置する公民館は，特定の宗教を支持し，又は特定の教派，宗派若しくは教団を支援してはならない．
（公民館の基準）
第23条の2　文部科学大臣は，公民館の健全な発達を図るために，公民館の設置及び運営上必要な基準を定めるものとする．
②　文部科学大臣及び都道府県の教育委員会は，市町村の設置する公民館が前項の基準に従つて設置され及び運営されるように，当該市町村に対し，指導，助言その他の援助に努めるものとする．
（公民館の設置）
第24条　市町村が公民館を設置しようとするときは，条例で，公民館の設置及び管理に関する事項を定めなければならない．
第25条及び第26条　削除
（公民館の職員）
第27条　公民館に館長を置き，主事その他必要な職員を置くことができる．
②　館長は，公民館の行う各種の事業の企画実施その他必要な事務を行い，所属職員を監督する．
③　主事は，館長の命を受け，公民館の事業の実施にあたる．
第28条　市町村の設置する公民館の館長，主事その他必要な職員は，教育長の推薦により，当該市町村の教育委員会が任命する．
（公民館の職員の研修）
第28条の2　第9条の6の規定は，公民館の職員の研修について準用する．
（公民館運営審議会）

第29条　公民館に公民館運営審議会を置くことができる．
②　公民館運営審議会は，館長の諮問に応じ，公民館における各種の事業の企画実施につき調査審議するものとする．
第30条　市町村の設置する公民館にあつては，公民館運営審議会の委員は，学校教育及び社会教育の関係者，家庭教育の向上に資する活動を行う者並びに学識経験のある者の中から，市町村の教育委員会が委嘱する．
②　前項の公民館運営審議会の委員の定数，任期その他必要な事項は，市町村の条例で定める．
第31条　法人の設置する公民館に公民館運営審議会を置く場合にあつては，その委員は，当該法人の役員をもつて充てるものとする．
（運営の状況に関する評価等）
第32条　公民館は，当該公民館の運営の状況について評価を行うとともに，その結果に基づき公民館の運営の改善を図るため必要な措置を講ずるよう努めなければならない．
（運営の状況に関する情報の提供）
第32条の2　公民館は，当該公民館の事業に関する地域住民その他の関係者の理解を深めるとともに，これらの者との連携及び協力の推進に資するため，当該公民館の運営の状況に関する情報を積極的に提供するよう努めなければならない．
（基金）
第33条　公民館を設置する市町村にあつては，公民館の維持運営のために，地方自治法（昭和22年法律第67号）第241条の基金を設けることができる．
（特別会計）
第34条　公民館を設置する市町村にあつては，公民館の維持運営のために，特別会計を設けることができる．
（公民館の補助）
第35条　国は，公民館を設置する市町村に対し，予算の範囲内において，公民館の施設，設備に要する経費その他必要な経費の一部を補助することができる．
②　前項の補助金の交付に関し必要な事項は，政令で定める．
第36条　削除
第37条　都道府県が地方自治法第232条の2の規定により，公民館の運営に要する経費を補助する場合において，文部科学大臣は，政令の定めるところにより，その補助金の額，補助の比率，補助の方法その他必要な事項につき報告を求めることができる．

第38条　国庫の補助を受けた市町村は，左に掲げる場合においては，その受けた補助金を国庫に返還しなければならない．
  1　公民館がこの法律若しくはこの法律に基く命令又はこれらに基いてした処分に違反したとき．
  2　公民館がその事業の全部若しくは一部を廃止し，又は第20条に掲げる目的以外の用途に利用されるようになつたとき．
  3　補助金交付の条件に違反したとき．
  4　虚偽の方法で補助金の交付を受けたとき．
（法人の設置する公民館の指導）
第39条　文部科学大臣及び都道府県の教育委員会は，法人の設置する公民館の運営その他に関し，その求めに応じて，必要な指導及び助言を与えることができる．
（公民館の事業又は行為の停止）
第40条　公民館が第23条の規定に違反する行為を行つたときは，市町村の設置する公民館にあつては市町村の教育委員会，法人の設置する公民館にあつては都道府県の教育委員会は，その事業又は行為の停止を命ずることができる．
②　前項の規定による法人の設置する公民館の事業又は行為の停止命令に関し必要な事項は，都道府県の条例で定めることができる．
（罰則）
第41条　前条第1項の規定による公民館の事業又は行為の停止命令に違反する行為をした者は，1年以下の懲役若しくは禁錮又は3万円以下の罰金に処する．
（公民館類似施設）
第42条　公民館に類似する施設は，何人もこれを設置することができる．
②　前項の施設の運営その他に関しては，第39条の規定を準用する．

第6章　学校施設の利用

（適用範囲）
第43条　社会教育のためにする国立学校（学校教育法第2条第2項に規定する国立学校をいう．以下同じ．）又は公立学校（同項に規定する公立学校をいう．以下同じ．）の施設の利用に関しては，この章の定めるところによる．
（学校施設の利用）
第44条　学校（国立学校又は公立学校をいう．以下この章において同じ．）の管理機関は，学校教育上支障がないと認める限り，その管理する学校の施設を社会教育のために利用に供するように努めなければならない．
②　前項において「学校の管理機関」とは，国立学校にあつては設置者である国立大学法人（国立大学法人法（平成15年法律第112号）第2条第1項に規定する国立大学法人をいう．）の学長又は独立行政法人国立高等専門学校機構の理事長，公立学校のうち，大学にあつては設置者である地方公共団体の長又は公立大学法人（地方独立行政法人法（平成15年法律第118号）第68条第1項に規定する公立大学法人をいう．以下この項及び第48条第1項において同じ．）の理事長，高等専門学校にあつては設置者である地方公共団体に設置されている教育委員会又は公立大学法人の理事長，大学及び高等専門学校以外の学校にあつては設置者である地方公共団体に設置されている教育委員会をいう．
（学校施設利用の許可）
第45条　社会教育のために学校の施設を利用しようとする者は，当該学校の管理機関の許可を受けなければならない．
②　前項の規定により，学校の管理機関が学校施設の利用を許可しようとするときは，あらかじめ，学校の長の意見を聞かなければならない．
第46条　国又は地方公共団体が社会教育のために，学校の施設を利用しようとするときは，前条の規定にかかわらず，当該学校の管理機関と協議するものとする．
第47条　第45条の規定による学校施設の利用が一時的である場合には，学校の管理機関は，同条第1項の許可に関する権限を学校の長に委任することができる．
②　前項の権限の委任その他学校施設の利用に関し必要な事項は，学校の管理機関が定める．
（社会教育の講座）
第48条　文部科学大臣は国立学校に対し，地方公共団体の長は当該地方公共団体が設置する大学又は当該地方公共団体が設立する公立大学法人が設置する大学若しくは高等専門学校に対し，地方公共団体に設置されている教育委員会は当該地方公共団体が設置する大学以外の公立学校に対し，その教育組織及び学校の施設の状況に応じ，文化講座，専門講座，夏期講座，社会学級講座等学校施設の利用による社会教育のための講座の開設を求めることができる．
②　文化講座は，成人の一般的教養に関し，専門講座は，成人の専門的学術知識に関し，夏期講座は，夏期休暇中，成人の一般的教養又は専門的学術知識に関し，それぞれ大学，高等専門学校又は高等学校において開設する．
③　社会学級講座は，成人の一般的教養に関し，小学校又は中学校において開設する．
④　第1項の規定する講座を担当する講師の報酬

その他必要な経費は，予算の範囲内において，国又は地方公共団体が負担する．

第7章　通信教育　［以下略］

● 生涯学習の振興のための施策の推進体制等の整備に関する法律（抄）

（平2. 6.29法71
最終改正：平14. 3.31法15）

（目的）

第1条　この法律は，国民が生涯にわたって学習する機会があまねく求められている状況にかんがみ，生涯学習の振興に資するための都道府県の事業に関しその推進体制の整備その他の必要な事項を定め，及び特定の地区において生涯学習に係る機会の総合的な提供を促進するための措置について定めるとともに，都道府県生涯学習審議会の事務について定める等の措置を講ずることにより，生涯学習の振興のための施策の推進体制及び地域における生涯学習に係る機会の整備を図り，もって生涯学習の振興に寄与することを目的とする．

（施策における配慮等）

第2条　国及び地方公共団体は，この法律に規定する生涯学習の振興のための施策を実施するに当たっては，学習に関する国民の自発的意思を尊重するよう配慮するとともに，職業能力の開発及び向上，社会福祉等に関し生涯学習に資するための別に講じられる施策と相まって，効果的にこれを行うよう努めるものとする．

（生涯学習の振興に資するための都道府県の事業）

第3条　都道府県の教育委員会は，生涯学習の振興に資するため，おおむね次の各号に掲げる事業について，これらを相互に連携させつつ推進するために必要な体制の整備を図りつつ，これらを一体的かつ効果的に実施するよう努めるものとする．

1　学校教育及び社会教育に係る学習（体育に係るものを含む．以下この項において「学習」という．）並びに文化活動の機会に関する情報を収集し，整理し，及び提供すること．
2　住民の学習に対する需要及び学習の成果の評価に関し，調査研究を行うこと．
3　地域の実情に即した学習の方法の開発を行うこと．
4　住民の学習に関する指導者及び助言者に対する研修を行うこと．
5　地域における学校教育，社会教育及び文化に関する機関及び団体に対し，これらの機関及び団体相互の連携に関し，照会及び相談に応じ，並びに助言その他の援助を行うこと．
6　前各号に掲げるもののほか，社会教育のための講座の開設その他の住民の学習の機会の提供に関し必要な事業を行うこと．

② 都道府県の教育委員会は，前項に規定する事業を行うに当たっては，社会教育関係団体その他の地域において生涯学習に資する事業を行う機関及び団体との連携に努めるものとする．

（都道府県の事業の推進体制の整備に関する基準）

第4条　文部科学大臣は，生涯学習の振興に資するため，都道府県の教育委員会が行う前条第1項に規定する体制の整備に関し望ましい基準を定めるものとする．

② 文部科学大臣は，前項の基準を定めようとするときは，あらかじめ，審議会等（国家行政組織法（昭和23年法律第120号）第8条に規定する機関をいう．以下同じ．）で政令で定めるものの意見を聴かなければならない．これを変更しようとするときも，同様とする．

（地域生涯学習振興基本構想）

第5条　都道府県は，当該都道府県内の特定の地区において，当該地区及びその周辺の相当程度広範囲の地域における住民の生涯学習の振興に資するため，社会教育に係る学習（体育に係るものを含む．）及び文化活動その他の生涯学習に資する諸活動の多様な機会の総合的な提供を民間事業者の能力を活用しつつ行うことに関する基本的な構想（以下「基本構想」という．）を作成することができる．

② 基本構想においては，次に掲げる事項について定めるものとする．

1　前項に規定する多様な機会（以下「生涯学習に係る機会」という．）の総合的な提供の方針に関する事項
2　前項に規定する地区の区域に関する事項
3　総合的な提供を行うべき生涯学習に係る機会（民間事業者により提供されるものを含む．）の種類及び内容に関する基本的な事項
4　前号に規定する民間事業者に対する資金の融通の円滑化その他の前項に規定する地区において行われる生涯学習に係る機会の総合的な提供に必要な業務であって政令で定めるものを行う者及び当該業務の運営に関する事項
5　その他生涯学習に係る機会の総合的な提供に関する重要事項

③ 都道府県は，基本構想を作成しようとするときは，あらかじめ，関係市町村に協議しなけれ

ばならない．
④ 都道府県は，基本構想を作成しようとするときは，前項の規定による協議を経た後，文部科学大臣及び経済産業大臣に協議することができる．
⑤ 文部科学大臣及び経済産業大臣は，前項の規定による協議を受けたときは，都道府県が作成しようとする基本構想が次の各号に該当するものであるかどうかについて判断するものとする．
　1　当該基本構想に係る地区が，生涯学習に係る機会の提供の程度が著しく高い地域であって政令で定めるもの以外の地域のうち，交通条件及び社会的自然的条件からみて生涯学習に係る機会の総合的な提供を行うことが相当と認められる地区であること．
　2　当該基本構想に係る生涯学習に係る機会の総合的な提供が当該基本構想に係る地区及びその周辺の相当程度広範囲の地域における住民の生涯学習に係る機会に対する要請に適切にこたえるものであること．
　3　その他文部科学大臣及び経済産業大臣が判断に当たっての基準として次条の規定により定める事項（以下「判断基準」という．）に適合するものであること．
⑥ 文部科学大臣及び経済産業大臣は，基本構想につき前項の判断をするに当たっては，あらかじめ，関係行政機関の長に協議するとともに，文部科学大臣にあっては前条第2項の政令で定める審議会等の意見を，経済産業大臣にあっては産業構造審議会の意見をそれぞれ聴くものとし，前項各号に該当するものであると判断するに至ったときは，速やかにその旨を当該都道府県に通知するものとする．
⑦ 都道府県は，基本構想を作成したときは，遅滞なく，これを公表しなければならない．
⑧ 第3項から前項までの規定は，基本構想の変更（文部科学省令，経済産業省令で定める軽微な変更を除く．）について準用する．
（判断基準）
第6条　判断基準においては，次に掲げる事項を定めるものとする．
　1　生涯学習に係る機会の総合的な提供に関する基本的な事項
　2　前条第1項に規定する地区の設定に関する基本的な事項
　3　総合的な提供を行うべき生涯学習に係る機会（民間事業者により提供されるものを含む．）の種類及び内容に関する基本的な事項
　4　生涯学習に係る機会の総合的な提供に必要な事業に関する基本的な事項
　5　生涯学習に係る機会の総合的な提供に際し配慮すべき重要事項
② 文部科学大臣及び経済産業大臣は，判断基準を定めるに当たっては，あらかじめ，総務大臣その他関係行政機関の長に協議するとともに，文部科学大臣にあっては第4条第2項の政令で定める審議会等の意見を，経済産業大臣にあっては産業構造審議会の意見をそれぞれ聴かなければならない．
③ 文部科学大臣及び経済産業大臣は，判断基準を定めたときは，遅滞なく，これを公表しなければならない．
④ 前2項の規定は，判断基準の変更について準用する．
第7条　削除
（基本構想の実施等）
第8条　都道府県は，関係民間事業者の能力を活用しつつ，生涯学習に係る機会の総合的な提供を基本構想に基づいて計画的に行うよう努めなければならない．
② 文部科学大臣は，基本構想の円滑な実施の促進のため必要があると認めるときは，社会教育関係団体及び文化に関する団体に対し必要な協力を求めるものとし，かつ，関係地方公共団体及び関係事業者等の要請に応じ，その所管に属する博物館資料の貸出しを行うよう努めるものとする．
③ 経済産業大臣は，基本構想の円滑な実施の促進のため必要があると認めるときは，商工会議所及び商工会に対し，これらの団体及びその会員による生涯学習に係る機会の提供その他の必要な協力を求めるものとする．
④ 前2項に定めるもののほか，文部科学大臣及び経済産業大臣は，基本構想の作成及び円滑な実施の促進のため，関係地方公共団体に対し必要な助言，指導その他の援助を行うよう努めなければならない．
⑤ 前3項に定めるもののほか，文部科学大臣，経済産業大臣，関係行政機関の長，関係地方公共団体及び関係事業者は，基本構想の円滑な実施が促進されるよう，相互に連携を図りながら協力しなければならない．
（負担金についての損金算入の特例）
第9条　第5条第2項第4号に規定する者（その者が民法（明治29年法律第89号）第34条の規定により設立された法人である場合に限る．）が行う同号に規定する業務であって基本構想（第5条第6項（同条第8項において準用する場合を含む．）の規定による通知があったものに限る．）に係るものに係る基金に充てるため

の負担金を支出した場合には，租税特別措置法（昭和32年法律第26号）で定めるところにより，損金算入の特例の適用があるものとする。
（都道府県生涯学習審議会）
第10条　都道府県に，都道府県生涯学習審議会（以下「都道府県審議会」という。）を置くことができる。
② 　都道府県審議会は，都道府県の教育委員会又は知事の諮問に応じ，当該都道府県の処理する事務に関し，生涯学習に資するための施策の総合的な推進に関する重要事項を調査審議する。
③ 　都道府県審議会は，前項に規定する事項に関し必要と認める事項を当該都道府県の教育委員会又は知事に建議することができる。
④ 　前3項に定めるもののほか，都道府県審議会の組織及び運営に関し必要な事項は，条例で定める。
（市町村の連携協力体制）
第11条　市町村（特別区を含む。）は，生涯学習の振興に資するため，関係機関及び関係団体等との連携協力体制の整備に努めるものとする。
附則　［以下略］

● 教育公務員特例法（抄）

（昭和24. 1.12法1
最終改正：平成19. 6.27法98）

第1章　総則
（この法律の趣旨）
第1条　この法律は，教育を通じて国民全体に奉仕する教育公務員の職務とその責任の特殊性に基づき，教育公務員の任免，給与，分限，懲戒，服務及び研修等について規定する。
（定義）
第2条　この法律で「教育公務員」とは，地方公務員のうち，学校教育法（昭和22年法律第26号）第1条に定める学校であつて同法第2条に定める公立学校（地方独立行政法人法（平成15年法律第118号）第68条第1項に規定する公立大学法人が設置する大学及び高等専門学校を除く。以下同じ。）の学長，校長（園長を含む。以下同じ。），教員及び部局長並びに教育委員会の教育長及び専門的教育職員をいう。
② 　この法律で「教員」とは，前項の学校の教授，准教授，助教，副校長（副園長を含む。以下同じ。），教頭，主幹教諭，指導教諭，教諭，助教諭，養護教諭，養護助教諭，栄養教諭及び講師（常時勤務の者及び地方公務員法（昭和25年法

律第261号）第28条の5第1項に規定する短時間勤務の職を占める者に限る。第23条第2項を除き，以下同じ。）をいう。
③ 　この法律で「部局長」とは，大学（公立学校であるものに限る。第26条第1項を除き，以下同じ。）の副学長，学部長その他政令で指定する部局の長をいう。
④ 　この法律で「評議会」とは，大学に置かれる会議であつて当該大学を設置する地方公共団体の定めるところにより学長，学部長その他の者で構成するものをいう。
⑤ 　この法律で「専門的教育職員」とは，指導主事及び社会教育主事をいう。

第2章　任免，給与，分限及び懲戒
第1節　大学の学長，教員及び部局長
（採用及び昇任の方法）
第3条　学長及び部局長の採用並びに教員の採用及び昇任は，選考によるものとする。
② 　学長の採用のための選考は，人格が高潔で，学識が優れ，かつ，教育行政に関し識見を有する者について，評議会（評議会を置かない大学にあつては，教授会。以下同じ。）の議に基づき学長の定める基準により，評議会が行う。
③ 　学部長の採用のための選考は，当該学部の教授会の議に基づき，学長が行う。
④ 　学部長以外の部局長の採用のための選考は，評議会の議に基づき学長の定める基準により，学長が行う。
⑤ 　教員の採用及び昇任のための選考は，評議会の議に基づき学長の定める基準により，教授会の議に基づき学長が行う。
⑥ 　前項の選考について教授会が審議する場合において，その教授会が置かれる組織の長は，当該大学の教員人事の方針を踏まえ，その選考に関し，教授会に対して意見を述べることができる。
（転任）
第4条　学長，教員及び部局長は，学長及び教員にあつては評議会，部局長にあつては学長の審査の結果によるのでなければ，その意に反して転任されることはない。
② 　評議会及び学長は，前項の審査を行うに当つては，その者に対し，審査の事由を記載した説明書を交付しなければならない。
③ 　評議会及び学長は，審査を受ける者が前項の説明書を受領した後14日以内に請求した場合には，その者に対し，口頭又は書面で陳述する機会を与えなければならない。
④ 　評議会及び学長は，第1項の審査を行う場合

において必要があると認めるときは，参考人の出頭を求め，又はその意見を徴することができる．
⑤　前3項に規定するもののほか，第1項の審査に関し必要な事項は，学長及び教員にあつては評議会，部局長にあつては学長が定める．
（降任及び免職）
第5条　学長，教員及び部局長は，学長及び教員にあつては評議会，部局長にあつては学長の審査の結果によるのでなければ，その意に反して免職されることはない．教員の降任についても，また同様とする．
②　前条第2項から第5項までの規定は，前項の審査の場合に準用する．
（休職の期間）
第6条　学長，教員及び部局長の休職の期間は，心身の故障のため長期の休養を要する場合の休職においては，個々の場合について，評議会の議に基づき学長が定める．
（任期）
第7条　学長及び部局長の任期については，評議会の議に基づき学長が定める．
（定年）
第8条　大学の教員に対する地方公務員法第28条の2第1項，第2項及び第4項の規定の適用については，同条第1項中「定年に達した日以後における最初の3月31日までの間において，条例で定める日」とあるのは「定年に達した日から起算して1年を超えない範囲内で評議会の議に基づき学長があらかじめ指定する日」と，同条第2項中「国の職員につき定められている定年を基準として条例で」とあるのは「評議会の議に基づき学長が」と，同条第4項中「臨時的に任用される職員その他の法律により任期を定めて任用される職員」とあるのは「臨時的に任用される職員」とする．
②　公立大学の教員については，地方公務員法第28条の2第3項及び第28条の3の規定は，適用しない．
③　公立大学の教員への採用についての地方公務員法第28条の4から第28条の6までの規定の適用については，同法第28条の4第1項，第28条の5第1項並びに第28条の6第1項及び第2項中「任期を定め」とあるのは「教授会の議に基づき学長が定める任期をもつて」と，同法第28条の4第2項（同法第28条の5第2項及び第28条の6第3項において準用する場合を含む．）中「範囲内で」とあるのは「範囲内で教授会の議に基づき学長が定める期間をもつて」とする．
（懲戒）

第9条　学長，教員及び部局長は，学長及び教員にあつては評議会，部局長にあつては学長の審査の結果によるのでなければ，懲戒処分を受けることはない．
②　第4条第2項から第5項までの規定は，前項の審査の場合に準用する．
（任命権者）
第10条　大学の学長，教員及び部局長の任用，免職，休職，復職，退職及び懲戒処分は，学長の申出に基づいて，任命権者が行う．
第2節　大学以外の公立学校の校長及び教員
（採用及び昇任の方法）
第11条　公立学校の校長の採用並びに教員の採用及び昇任は，選考によるものとし，その選考は，大学附置の学校にあつては当該大学の学長，大学附置の学校以外の公立学校にあつてはその校長及び教員の任命権者である教育委員会の教育長が行う．
（条件附任用）
第12条　公立の小学校，中学校，高等学校，中等教育学校，特別支援学校及び幼稚園（以下「小学校等」という．）の教諭，助教諭及び講師（以下「教諭等」という．）に係る地方公務員法第22条第1項に規定する採用については，同項中「6月」とあるのは「1年」として同項の規定を適用する．
②　地方教育行政の組織及び運営に関する法律（昭和31年法律第162号）第40条に定める場合のほか，公立の小学校等の校長又は教員で地方公務員法第22条第1項（前項の規定において読み替えて適用する場合を含む．）の規定により正式任用になっている者が，引き続き同一都道府県内の公立の小学校等の校長又は教員に任用された場合には，その任用については，同条同項の規定は適用しない．
（校長及び教員の給与）
第13条　公立の小学校等の校長及び教員の給与は，これらの者の職務と責任の特殊性に基づき条例で定めるものとする．
②　前項に規定する給与のうち地方自治法（昭和22年法律第67号）第204条第2項の規定により支給することができる義務教育等教員特別手当は，これらの者のうち次に掲げるものを対象とするものとし，その内容は，条例で定める．
1　公立の小学校，中学校，中等教育学校の前期課程又は特別支援学校の小学部若しくは中学部に勤務する校長及び教員
2　前号に規定する校長及び教員との権衡上必要があると認められる公立の高等学校，中等教育学校の後期課程，特別支援学校の高等部

若しくは幼稚部又は幼稚園に勤務する校長及び教員

(休職の期間及び効果)

第14条 公立学校の校長及び教員の休職の期間は，結核性疾患のため長期の休養を要する場合の休職においては，満2年とする．ただし，任命権者は，特に必要があると認めるときは，予算の範囲内において，その休職の期間を満3年まで延長することができる．

② 前項の規定による休職者には，その休職の期間中，給与の全額を支給する．

第3節 教育長及び専門的教育職員

(採用及び昇任の方法)

第15条 専門的教育職員の採用及び昇任は，選考によるものとし，その選考は，当該教育委員会の教育長が行う．

(教育長の給与等)

第16条 教育長については，地方公務員法第22条から第25条まで（条件附任用及び臨時的任用並びに職階制及び給与，勤務時間その他の勤務条件）の規定は，適用しない．

② 教育長の給与，勤務時間その他の勤務条件については，他の一般職に属する地方公務員とは別個に，当該地方公共団体の条例で定める．

第3章 服 務

(兼職及び他の事業等の従事)

第17条 教育公務員は，教育に関する他の職を兼ね，又は教育に関する他の事業若しくは事務に従事することが本務の遂行に支障がないと任命権者（地方教育行政の組織及び運営に関する法律第37条第1項に規定する県費負担教職員については，市町村（特別区を含む．以下同じ．）の教育委員会．第23条第2項及び第24条第2項において同じ．）において認める場合には，給与を受け，又は受けないで，その職を兼ね，又はその事業若しくは事務に従事することができる．

② 前項の場合においては，地方公務員法第38条第2項の規定により人事委員会が定める許可の基準によることを要しない．

(公立学校の教育公務員の政治的行為の制限)

第18条 公立学校の教育公務員の政治的行為の制限については，当分の間，地方公務員法第36条の規定にかかわらず，国家公務員の例による．

② 前項の規定は，政治的行為の制限に違反した者の処罰につき国家公務員法（昭和22年法律第120号）第110条第1項の例による趣旨を含むものと解してはならない．

(大学の学長，教員及び部局長の服務)

第19条 大学の学長，教員及び部局長の服務について，地方公務員法第30条の根本基準の実施に関し必要な事項は，前条第1項並びに同法第31条から第35条まで，第37条及び第38条に定めるものを除いては，評議会の議に基づき学長が定める．

(勤務成績の評定)

第20条 大学の学長，教員及び部局長の勤務成績の評定及び評定の結果に応じた措置は，学長にあっては評議会，教員及び学部長にあっては教授会の議に基づき学長，学部長以外の部局長にあっては学長が行う．

② 前項の勤務成績の評定は，評議会の議に基づき学長が定める基準により，行わなければならない．

第4章 研 修

(研修)

第21条 教育公務員は，その職責を遂行するために，絶えず研究と修養に努めなければならない．

② 教育公務員の任命権者は，教育公務員の研修について，それに要する施設，研修を奨励するための方途その他研修に関する計画を樹立し，その実施に努めなければならない．

(研修の機会)

第22条 教育公務員には，研修を受ける機会が与えられなければならない．

② 教員は，授業に支障のない限り，本属長の承認を受けて，勤務場所を離れて研修を行うことができる．

③ 教育公務員は，任免権者の定めるところにより，現職のままで，長期にわたる研修を受けることができる．

(初任者研修)

第23条 公立の小学校等の教諭等の任命権者は，当該教諭等（政令で指定する者を除く．）に対して，その採用の日から1年間の教諭の職務の遂行に必要な事項に関する実践的な研修（以下「初任者研修」という．）を実施しなければならない．

② 任命権者は，初任者研修を受ける者（次項において「初任者」という．）の所属する学校の副校長，教頭，主幹教諭（養護又は栄養の指導及び管理をつかさどる主幹教諭を除く．），指導教諭，教諭又は講師のうちから，指導教員を命じるものとする．

③ 指導教員は，初任者に対して教諭の職務の遂行に必要な事項について指導及び助言を行うものとする．

(10年経験者研修)
第24条 公立の小学校等の教諭等の任命権者は，当該教諭等に対して，その在職期間（公立学校以外の小学校等の教諭等としての在職期間を含む．）が10年（特別の事情がある場合には，10年を標準として任命権者が定める年数）に達した後相当の期間内に，個々の能力，適性等に応じて，教諭等としての資質の向上を図るために必要な事項に関する研修（以下「10年経験者研修」という．）を実施しなければならない．
② 任命権者は，10年経験者研修を実施するに当たり，10年経験者研修を受ける者の能力，適性等について評価を行い，その結果に基づき，当該者ごとに10年経験者研修に関する計画書を作成しなければならない．
③ 第1項に規定する在職期間の計算方法，10年経験者研修を実施する期間その他10年経験者研修の実施に関し必要な事項は，政令で定める．
(研修計画の体系的な樹立)
第25条 任命権者が定める初任者研修及び10年経験者研修に関する計画は，教員の経験に応じて実施する体系的な研修の一環をなすものとして樹立されなければならない．
(指導改善研修)
第25条の2 公立の小学校等の教諭等の任命権者は，児童，生徒又は幼児（以下「児童等」という．）に対する指導が不適切であると認定した教諭等に対して，その能力，適性等に応じて，当該指導の改善を図るために必要な事項に関する研修（以下「指導改善研修」という．）を実施しなければならない．
② 指導改善研修の期間は，1年を超えてはならない．ただし，特に必要があると認めるときは，任命権者は，指導改善研修を開始した日から引き続き2年を超えない範囲内で，これを延長することができる．
③ 任命権者は，指導改善研修を実施するに当たり，指導改善研修を受ける者の能力，適性等に応じて，その者ごとに指導改善研修に関する計画書を作成しなければならない．
④ 任命権者は，指導改善研修の終了時において，指導改善研修を受けた者の児童等に対する指導の改善の程度に関する認定を行わなければならない．
⑤ 任命権者は，第1項及び前項の認定に当たつては，教育委員会規則で定めるところにより，教育学，医学，心理学その他の児童等に対する指導に関する専門的知識を有する者及び当該任命権者の属する都道府県又は市町村の区域内に居住する保護者（親権を行う者及び未成年後見人をいう．）である者の意見を聴かなければならない．
⑥ 前項に定めるもののほか，事実の確認の方法その他第1項及び第4項の認定の手続に関し必要な事項は，教育委員会規則で定めるものとする．
⑦ 前各項に規定するもののほか，指導改善研修の実施に関し必要な事項は，政令で定める．
(指導改善研修後の措置)
第25条の3 任命権者は，前条第4項の認定において指導の改善が不十分でなお児童等に対する指導を適切に行うことができないと認める教諭等に対して，免職その他の必要な措置を講ずるものとする．

第5章 大学院修学休業

(大学院修学休業の許可及びその要件等)
第26条 公立の小学校等の主幹教諭，指導教諭，教諭，養護教諭，栄養教諭又は講師（以下「主幹教諭等」という．）で次の各号のいずれにも該当するものは，任命権者の許可を受けて，3年を超えない範囲内で年を単位として定める期間，大学（短期大学を除く．）の大学院の課程若しくは専攻科の課程又はこれらの課程に相当する外国の大学の課程（次項及び第28条第2項において「大学院の課程等」という．）に在学してその課程を履修するための休業（以下「大学院修学休業」という．）をすることができる．
1 主幹教諭（養護又は栄養の指導及び管理をつかさどる主幹教諭を除く．），指導教諭，教諭又は講師にあつては教育職員免許法（昭和24年法律第147号）に規定する教諭の専修免許状，養護をつかさどる主幹教諭又は」を，「養護教諭の専修免許状，」の下に「栄養の指導及び管理をつかさどる主幹教諭又は養護教諭にあつては同法に規定する養護教諭の専修免許状，栄養教諭にあつては同法に規定する栄養教諭の専修免許状の取得を目的としていること．
2 取得しようとする専修免許状に係る基礎となる免許状（教育職員免許法に規定する教諭の1種免許状若しくは特別免許状，養護教諭の1種免許状又は栄養教諭の1種免許状であつて，同法別表第3，別表第5，別表第6，別表第6の2又は別表第7の規定により専修免許状の授与を受けようとする場合には有することを必要とされるものをいう．次号において同じ．）を有していること．
3 取得しようとする専修免許状に係る基礎となる免許状について，教育職員免許法別表第

3．別表第5，別表第6，別表第6の2又は別表第7に定める最低在職年数を満たしていること．
4　条件付採用期間中の者，臨時的に任用された者，初任者研修を受けている者その他政令で定める者でないこと．
② 大学院修学休業の許可を受けようとする主幹教諭等は，取得しようとする専修免許状の種類，在学しようとする大学院の課程等及び大学院修学休業をしようとする期間を明らかにして，任命権者に対し，その許可を申請するものとする．
（大学院修学休業の効果）
第27条　大学院修学休業をしている主幹教諭等は，地方公務員としての身分を保有するが，職務に従事しない．
② 大学院修学休業をしている期間については，給与を支給しない．
（大学院修学休業の許可の失効等）
第28条　大学院修学休業の許可は，当該大学院修学休業をしている主幹教諭等が休職又は停職の処分を受けた場合には，その効力を失う．
② 任命権者は，大学院修学休業をしている主幹教諭等が当該大学院修学休業の許可に係る大学院の課程等を退学したことその他政令で定める事由に該当すると認めるときは，当該大学院修学休業の許可を取り消すものとする．

第6章　職員団体　［以下略］

●保育所保育指針・総則

（平20．3．28　厚告141）

1　趣旨
(1) この指針は，児童福祉施設最低基準（昭和23年厚生省令第63号）第35条の規定に基づき，保育所における保育の内容に関する事項及びこれに関連する運営に関する事項を定めるものである．
(2) 各保育所は，この指針において規定される保育の内容に係る基本原則に関する事項等を踏まえ，各保育所の実情に応じて創意工夫を図り，保育所の機能及び質の向上に努めなければならない．

2　保育所の役割
(1) 保育所は，児童福祉法（昭和22年法律第164号）第39条の規定に基づき，保育に欠ける子どもの保育を行い，その健全な心身の発達を図ることを目的とする児童福祉施設であり，入所する子どもの最善の利益を考慮し，その福祉を積極的に増進することに最もふさわしい生活の場でなければならない．
(2) 保育所は，その目的を達成するために，保育に関する専門性を有する職員が，家庭との緊密な連携の下に，子どもの状況や発達過程を踏まえ，保育所における環境を通して，養護及び教育を一体的に行うことを特性としている．
(3) 保育所は，入所する子どもを保育するとともに，家庭や地域の様々な社会資源との連携を図りながら，入所する子どもの保護者に対する支援及び地域の子育て家庭に対する支援等を行う役割を担うものである．
(4) 保育所における保育士は，児童福祉法第18条の4の規定を踏まえ，保育所の役割及び機能が適切に発揮されるように，倫理観に裏付けられた専門的知識，技術及び判断をもって，子どもを保育するとともに，子どもの保護者に対する保育に関する指導を行うものである．

3　保育の原理
(1) 保育の目標
ア　保育所は，子どもが生涯にわたる人間形成にとって極めて重要な時期に，その生活時間の大半を過ごす場である．このため，保育所の保育は，子どもが現在を最も良く生き，望ましい未来をつくり出す力の基礎を培うために，次の目標を目指して行わなければならない．
(ｱ) 十分に養護の行き届いた環境の下に，くつろいだ雰囲気の中で子どもの様々な欲求を満たし，生命の保持及び情緒の安定を図ること．
(ｲ) 健康，安全など生活に必要な基本的な習慣や態度を養い，心身の健康の基礎を培うこと．
(ｳ) 人との関わりの中で，人に対する愛情と信頼感，そして人権を大切にする心を育てるとともに，自主，自立及び協調の態度を養い，道徳性の芽生えを培うこと．
(ｴ) 生命，自然及び社会の事象についての興味や関心を育て，それらに対する豊かな心情や思考力の芽生えを培うこと．
(ｵ) 生活の中で，言葉への興味や関心を育て，話したり，聞いたり，相手の話を理解しようとするなど，言葉の豊かさを養うこと．
(ｶ) 様々な体験を通して，豊かな感性や表現力を育み，創造性の芽生えを培うこと．
イ　保育所は，入所する子どもの保護者に対し，その意向を受け止め，子どもと保護者の安定した関係に配慮し，保育所の特性や保育士等

の専門性を生かして、その援助に当たらなければならない．
(2) 保育の方法
　保育の目標を達成するために、保育士等は、次の事項に留意して保育しなければならない．
　ア　一人一人の子どもの状況や家庭及び地域社会での生活の実態を把握するとともに、子どもが安心感と信頼感を持って活動できるよう、子どもの主体としての思いや願いを受け止めること．
　イ　子どもの生活リズムを大切にし、健康、安全で情緒の安定した生活ができる環境や、自己を十分に発揮できる環境を整えること．
　ウ　子どもの発達について理解し、一人一人の発達過程に応じて保育すること．その際、子どもの個人差に十分配慮すること．
　エ　子ども相互の関係作りや互いに尊重する心を大切にし、集団における活動を効果あるものにするよう援助すること．
　オ　子どもが自発的、意欲的に関われるような環境を構成し、子どもの主体的な活動や子ども相互の関わりを大切にすること．特に、乳幼児期にふさわしい体験が得られるように、生活や遊びを通して総合的に保育すること．
　カ　一人一人の保護者の状況やその意向を理解、受容し、それぞれの親子関係や家庭生活等に配慮しながら、様々な機会をとらえ、適切に援助すること．
(3) 保育の環境
　保育の環境には、保育士等や子どもなどの人的環境、施設や遊具などの物的環境、更には自然や社会の事象などがある．保育所は、こうした人、物、場などの環境が相互に関連し合い、子どもの生活が豊かなものとなるよう、次の事項に留意しつつ、計画的に環境を構成し、工夫して保育しなければならない．
　ア　子ども自らが環境に関わり、自発的に活動し、様々な経験を積んでいくことができるよう配慮すること．
　イ　子どもの活動が豊かに展開されるよう、保育所の設備や環境を整え、保育所の保健的環境や安全の確保などに努めること．
　ウ　保育室は、温かな親しみとくつろぎの場となるとともに、生き生きと活動できる場となるように配慮すること．
　エ　子どもが人と関わる力を育てていくため、子ども自らが周囲の子どもや大人と関わっていくことができる環境を整えること．
4　保育所の社会的責任
(1) 保育所は、子どもの人権に十分配慮するとともに、子ども一人一人の人格を尊重して保育を行わなければならない．
(2) 保育所は、地域社会との交流や連携を図り、保護者や地域社会に、当該保育所が行う保育の内容を適切に説明するよう努めなければならない．
(3) 保育所は、入所する子ども等の個人情報を適切に取り扱うとともに、保護者の苦情などに対し、その解決を図るよう努めなければならない．

● 幼稚園教育要領・総則

(平20. 3.28　文告26)

第1　幼稚園教育の基本
　幼児期における教育は、生涯にわたる人格形成の基礎を培う重要なものであり、幼稚園教育は、学校教育法第22条に規定する目的を達成するため、幼児期の特性を踏まえ、環境を通して行うものであることを基本とする．
　このため、教師は幼児との信頼関係を十分に築き、幼児と共によりよい教育環境を創造するように努めるものとする．これらを踏まえ、次に示す事項を重視して教育を行わなければならない．
1　幼児は安定した情緒の下で自己を十分に発揮することにより発達に必要な体験を得ていくものであることを考慮して、幼児の主体的な活動を促し、幼児期にふさわしい生活が展開されるようにすること．
2　幼児の自発的な活動としての遊びは、心身の調和のとれた発達の基礎を培う重要な学習であることを考慮して、遊びを通しての指導を中心として第2章に示すねらいが総合的に達成されるようにすること．
3　幼児の発達は、心身の諸側面が相互に関連し合い、多様な経過をたどって成し遂げられていくものであること、また、幼児の生活経験がそれぞれ異なることなどを考慮して、幼児一人一人の特性に応じ、発達の課題に即した指導を行うようにすること．
　その際、教師は、幼児の主体的な活動が確保されるよう幼児一人一人の行動の理解と予想に基づき、計画的に環境を構成しなければならない．この場合において、教師は、幼児と人やものとのかかわりが重要であることを踏まえ、物的・空間的環境を構成しなければならない．また、教師は、幼児一人一人の活動の場面に応じて、様々な役割を果たし、その活動を豊かにし

なければならない．
第2　教育課程の編成
　幼稚園は，家庭との連携を図りながら，この章の第1に示す幼稚園教育の基本に基づいて展開される幼稚園生活を通して，生きる力の基礎を育成するよう学校教育法第23条に規定する幼稚園教育の目標の達成に努めなければならない．幼稚園は，このことにより，義務教育及びその後の教育の基礎を培うものとする．
　これらを踏まえ，各幼稚園においては，教育基本法及び学校教育法その他の法令並びにこの幼稚園教育要領の示すところに従い，創意工夫を生かし，幼児の心身の発達と幼稚園及び地域の実態に即応した適切な教育課程を編成するものとする．
1　幼稚園生活の全体を通して第2章に示すねらいが総合的に達成されるよう，教育課程に係る教育期間や幼児の生活経験や発達の過程などを考慮して具体的なねらいと内容を組織しなければならないこと．この場合においては，特に，自我が芽生え，他者の存在を意識し，自己を抑制しようとする気持ちが生まれる幼児期の発達の特性を踏まえ，入園から修了に至るまでの長期的な視野をもって充実した生活が展開できるように配慮しなければならないこと．
2　幼稚園の毎学年の教育課程に係る教育週数は，特別の事情のある場合を除き，39週を下ってはならないこと．
3　幼稚園の1日の教育課程に係る教育時間は，4時間を標準とすること．ただし，幼児の心身の発達の程度や季節などに適切に配慮すること．
第3　教育課程に係る教育時間の終了後等に行う教育活動など
　幼稚園は，地域の実態や保護者の要請により教育課程に係る教育時間の終了後等に希望する者を対象に行う教育活動について，学校教育法第22条及び第23条並びにこの章の第1に示す幼稚園教育の基本を踏まえ実施すること．また，幼稚園の目的の達成に資するため，幼児の生活全体が豊かなものとなるよう家庭や地域における幼児期の教育の支援に努めること．

●小学校学習指導要領・総則
(平20.3.28　文告27)

第1　教育課程編成の一般方針
1　各学校においては，教育基本法及び学校教育法その他の法令並びにこの章以下に示すところに従い，児童の人間として調和のとれた育成を目指し，地域や学校の実態及び児童の心身の発達の段階や特性を十分考慮して，適切な教育課程を編成するものとし，これらに掲げる目標を達成するよう教育を行うものとする．
　学校の教育活動を進めるに当たっては，各学校において，児童に生きる力をはぐくむことを目指し，創意工夫を生かした特色ある教育活動を展開する中で，基礎的・基本的な知識及び技能を確実に習得させ，これらを活用して課題を解決するために必要な思考力，判断力，表現力その他の能力をはぐくむとともに，主体的に学習に取り組む態度を養い，個性を生かす教育の充実に努めなければならない．その際，児童の発達の段階を考慮して，児童の言語活動を充実するとともに，家庭との連携を図りながら，児童の学習習慣が確立するよう配慮しなければならない．
2　学校における道徳教育は，道徳の時間を要として学校の教育活動全体を通じて行うものであり，道徳の時間はもとより，各教科，外国語活動，総合的な学習の時間及び特別活動のそれぞれの特質に応じて，児童の発達の段階を考慮して，適切な指導を行わなければならない．
　道徳教育は，教育基本法及び学校教育法に定められた教育の根本精神に基づき，人間尊重の精神と生命に対する畏(い)敬の念を家庭，学校，その他社会における具体的な生活の中に生かし，豊かな心をもち，伝統と文化を尊重し，それらをはぐくんできた我が国と郷土を愛し，個性豊かな文化の創造を図るとともに，公共の精神を尊び，民主的な社会及び国家の発展に努め，他国を尊重し，国際社会の平和と発展や環境の保全に貢献し未来を拓(ひら)く主体性のある日本人を育成するため，その基盤としての道徳性を養うことを目標とする．
　道徳教育を進めるに当たっては，教師と児童及び児童相互の人間関係を深めるとともに，児童が自己の生き方についての考えを深め，家庭や地域社会との連携を図りながら，集団宿泊活動やボランティア活動，自然体験活動などの豊かな体験を通して児童の内面に根ざした道徳性の育成が図られるよう配慮しなければならない．

その際，特に児童が基本的な生活習慣，社会生活上のきまりを身に付け，善悪を判断し，人間としてしてはならないことをしないようにすることなどに配慮しなければならない．

3　学校における体育・健康に関する指導は，児童の発達の段階を考慮して，学校の教育活動全体を通じて適切に行うものとする．特に，学校における食育の推進並びに体力の向上に関する指導，安全に関する指導及び心身の健康の保持増進に関する指導については，体育科の時間はもとより，家庭科，特別活動などにおいてもそれぞれの特質に応じて適切に行うよう努めることとする．また，それらの指導を通して，家庭や地域社会との連携を図りながら，日常生活において適切な体育・健康に関する活動の実践を促し，生涯を通じて健康・安全で活力ある生活を送るための基礎が培われるよう配慮しなければならない．

第2　内容等の取扱いに関する共通的事項

1　第2章以下に示す各教科，道徳，外国語活動及び特別活動の内容に関する事項は，特に示す場合を除き，いずれの学校においても取り扱わなければならない．

2　学校において特に必要がある場合には，第2章以下に示していない内容を加えて指導することができる．また，第2章以下に示す内容の取扱いのうち内容の範囲や程度等を示す事項は，すべての児童に対して指導するものとする内容の範囲や程度等を示したものであり，学校において特に必要がある場合には，この事項にかかわらず指導することができる．ただし，これらの場合には，第2章以下に示す各教科，道徳，外国語活動及び特別活動並びに各学年の目標や内容の趣旨を逸脱したり，児童の負担過重となったりすることのないようにしなければならない．

3　第2章以下に示す各教科，道徳，外国語活動及び特別活動及び各学年の内容に掲げる事項の順序は，特に示す場合を除き，指導の順序を示すものではないので，学校においては，その取扱いについて適切な工夫を加えるものとする．

4　学年の目標及び内容を2学年まとめて示した教科及び外国語活動の内容は，2学年間かけて指導する事項を示したものである．各学校においては，これらの事項を地域や学校及び児童の実態に応じ，2学年間を見通して計画的に指導することとし，特に示す場合を除き，いずれかの学年に分けて，又はいずれの学年においても指導するものとする．

5　学校において2以上の学年の児童で編制する学級について特に必要がある場合には，各教科，道徳，外国語活動及び特別活動の目標の達成に支障のない範囲内で，各教科，道徳，外国語活動及び特別活動の目標及び内容について学年別の順序によらないことができる．

第3　授業時数等の取扱い

1　各教科，道徳，外国語活動，総合的な学習の時間及び特別活動（以下「各教科等」という．ただし，1及び3において，特別活動については学級活動（学校給食に係るものを除く．）に限る．）の授業は，年間35週（第1学年については34週）以上にわたって行うよう計画し，週当たりの授業時数が児童の負担過重にならないようにするものとする．ただし，各教科等や学習活動の特質に応じ効果的な場合には，夏季，冬季，学期末等の休業日の期間に授業日を設定する場合を含め，これらの授業を特定の期間に行うことができる．なお，給食，休憩などの時間については，学校において工夫を加え，適切に定めるものとする．

2　特別活動の授業のうち，児童会活動，クラブ活動及び学校行事については，それらの内容に応じ，年間，学期ごと，月ごとなどに適切な授業時数を充てるものとする．

3　各教科等のそれぞれの授業の1単位時間は，各学校において，各教科等の年間授業時数を確保しつつ，児童の発達の段階及び各教科等や学習活動の特質を考慮して適切に定めるものとする．

4　各学校においては，地域や学校及び児童の実態，各教科等や学習活動の特質等に応じて，創意工夫を生かし時間割を弾力的に編成することができる．

5　総合的な学習の時間における学習活動により，特別活動の学校行事に掲げる各行事の実施と同様の成果が期待できる場合においては，総合的な学習の時間における学習活動をもって相当する特別活動の学校行事に掲げる各行事の実施に替えることができる．

第4　指導計画の作成等に当たって配慮すべき事項

1　各学校においては，次の事項に配慮しながら，学校の創意工夫を生かし，全体として，調和のとれた具体的な指導計画を作成するものとする．
　(1)　各教科等及び各学年相互間の関連を図り，系統的，発展的な指導ができるようにすること．
　(2)　学年の目標及び内容を2学年まとめて示した教科及び外国語活動については，当該学年間を見通して，地域や学校及び児童の実態に

応じ，児童の発達の段階を考慮しつつ，効果的，段階的に指導するようにすること．
(3) 各教科の各学年の指導内容については，そのまとめ方や重点の置き方に適切な工夫を加え，効果的な指導ができるようにすること．
(4) 児童の実態等を考慮し，指導の効果を高めるため，合科的・関連的な指導を進めること．
2 以上のほか，次の事項に配慮するものとする．
(1) 各教科等の指導に当たっては，児童の思考力，判断力，表現力等をはぐくむ観点から，基礎的・基本的な知識及び技能の活用を図る学習活動を重視するとともに，言語に対する関心や理解を深め，言語に関する能力の育成を図る上で必要な言語環境を整え，児童の言語活動を充実すること．
(2) 各教科等の指導に当たっては，体験的な学習や基礎的・基本的な知識及び技能を活用した問題解決的な学習を重視するとともに，児童の興味・関心を生かし，自主的，自発的な学習が促されるよう工夫すること．
(3) 日ごろから学級経営の充実を図り，教師と児童の信頼関係及び児童相互の好ましい人間関係を育てるとともに児童理解を深め，生徒指導の充実を図ること．
(4) 各教科等の指導に当たっては，児童が学習の見通しを立てたり学習したことを振り返ったりする活動を計画的に取り入れるよう工夫すること．
(5) 各教科等の指導に当たっては，児童が学習課題や活動を選択したり，自らの将来について考えたりする機会を設けるなど工夫すること．
(6) 各教科等の指導に当たっては，児童が学習内容を確実に身に付けることができるよう，学校や児童の実態に応じ，個別指導やグループ別指導，繰り返し指導，学習内容の習熟の程度に応じた指導，児童の興味・関心等に応じた課題学習，補充的な学習や発展的な学習などの学習活動を取り入れた指導，教師間の協力的な指導など指導方法や指導体制を工夫改善し，個に応じた指導の充実を図ること．
(7) 障害のある児童などについては，特別支援学校等の助言又は援助を活用しつつ，例えば指導についての計画又は家庭や医療，福祉等の業務を行う関係機関と連携した支援のための計画を個別に作成することなどにより，個々の児童の障害の状態等に応じた指導内容や指導方法の工夫を計画的，組織的に行うこと．特に，特別支援学級又は通級による指導については，教師間の連携に努め，効果的な指導を行うこと．
(8) 海外から帰国した児童などについては，学校生活への適応を図るとともに，外国における生活経験を生かすなどの適切な指導を行うこと．
(9) 各教科等の指導に当たっては，児童がコンピュータや情報通信ネットワークなどの情報手段に慣れ親しみ，コンピュータで文字を入力するなどの基本的な操作や情報モラルを身に付け，適切に活用できるようにするための学習活動を充実するとともに，これらの情報手段に加え視聴覚教材や教育機器などの教材・教具の適切な活用を図ること．
(10) 学校図書館を計画的に利用しその機能の活用を図り，児童の主体的，意欲的な学習活動や読書活動を充実すること．
(11) 児童のよい点や進歩の状況などを積極的に評価するとともに，指導の過程や成果を評価し，指導の改善を行い学習意欲の向上に生かすようにすること．
(12) 学校がその目的を達成するため，地域や学校の実態等に応じ，家庭や地域の人々の協力を得るなど家庭や地域社会との連携を深めること．また，小学校間，幼稚園や保育所，中学校及び特別支援学校などとの間の連携や交流を図るとともに，障害のある幼児児童生徒との交流及び共同学習や高齢者などとの交流の機会を設けること．

●中学校学習指導要領・総則

(平20.3.28 文告28)

第1 教育課程編成の一般方針

1 各学校においては，教育基本法及び学校教育法その他の法令並びにこの章以下に示すところに従い，生徒の人間として調和のとれた育成を目指し，地域や学校の実態及び生徒の心身の発達の段階や特性等を十分考慮して，適切な教育課程を編成するものとし，これらに掲げる目標を達成するよう教育を行うものとする．

　学校の教育活動を進めるに当たっては，各学校において，生徒に生きる力をはぐくむことを目指し，創意工夫を生かした特色ある教育活動を展開する中で，基礎的・基本的な知識及び技能を確実に習得させ，これらを活用して課題を解決するために必要な思考力，判断力，表現力その他の能力をはぐくむとともに，主体的に学習に取り組む態度を養い，個性を生かす教育の

充実に努めなければならない．その際，生徒の発達の段階を考慮して，生徒の言語活動を充実するとともに，家庭との連携を図りながら，生徒の学習習慣が確立するよう配慮しなければならない．

2　学校における道徳教育は，道徳の時間を要として学校の教育活動全体を通じて行うものであり，道徳の時間はもとより，各教科，総合的な学習の時間及び特別活動のそれぞれの特質に応じて，生徒の発達の段階を考慮して，適切な指導を行わなければならない．

　　道徳教育は，教育基本法及び学校教育法に定められた教育の根本精神に基づき，人間尊重の精神と生命に対する畏（い）敬の念を家庭，学校，その他社会における具体的な生活の中に生かし，豊かな心をもち，伝統と文化を尊重し，それらをはぐくんできた我が国と郷土を愛し，個性豊かな文化の創造を図るとともに，公共の精神を尊び，民主的な社会及び国家の発展に努め，他国を尊重し，国際社会の平和と発展や環境の保全に貢献し未来を拓（ひら）く主体性のある日本人を育成するため，その基盤としての道徳性を養うことを目標とする．

　　道徳教育を進めるに当たっては，教師と生徒及び生徒相互の人間関係を深めるとともに，生徒が道徳的価値に基づいた人間としての生き方についての自覚を深め，家庭や地域社会との連携を図りながら，職場体験活動やボランティア活動，自然体験活動などの豊かな体験を通して生徒の内面に根ざした道徳性の育成が図られるよう配慮しなければならない．その際，特に生徒が自他の生命を尊重し，規律ある生活ができ，自分の将来を考え，法やきまりの意義の理解を深め，主体的に社会の形成に参画し，国際社会に生きる日本人としての自覚を身に付けるようにすることなどに配慮しなければならない．

3　学校における体育・健康に関する指導は，生徒の発達の段階を考慮して，学校の教育活動全体を通じて適切に行うものとする．特に，学校における食育の推進並びに体力の向上に関する指導，安全に関する指導及び心身の健康の保持増進に関する指導については，保健体育科の時間はもとより，技術・家庭科，特別活動などにおいてもそれぞれの特質に応じて適切に行うよう努めることとする．また，それらの指導を通して，家庭や地域社会との連携を図りながら，日常生活において適切な体育・健康に関する活動の実践を促し，生涯を通じて健康・安全で活力ある生活を送るための基礎が培われるよう配慮しなければならない．

第2　内容等の取扱いに関する共通的事項

1　第2章以下に示す各教科，道徳及び特別活動の内容に関する事項は，特に示す場合を除き，いずれの学校においても取り扱わなければならない．

2　学校において特に必要がある場合には，第2章以下に示していない内容を加えて指導することができる．また，第2章以下に示す内容の取扱いのうち内容の範囲や程度等を示す事項は，すべての生徒に対して指導するものとする内容の範囲や程度等を示したものであり，学校において特に必要がある場合には，この事項にかかわらず指導することができる．ただし，これらの場合には，第2章以下に示す各教科，道徳及び特別活動並びに各学年，各分野又は各言語の目標や内容の趣旨を逸脱したり，生徒の負担過重となったりすることのないようにしなければならない．

3　第2章以下に示す各教科，道徳及び特別活動並びに各学年，各分野又は各言語の内容に掲げる事項の順序は，特に示す場合を除き，指導の順序を示すものではないので，学校においては，その取扱いについて適切な工夫を加えるものとする．

4　学校において2以上の学年の生徒で編制する学級について特に必要がある場合には，各教科の目標の達成に支障のない範囲内で，各教科の目標及び内容について学年別の順序によらないことができる．

5　各学校においては，選択教科を開設し，生徒に履修させることができる．その場合にあっては，地域や学校，生徒の実態を考慮し，すべての生徒に指導すべき内容との関連を図りつつ，選択教科の授業時数及び内容を適切に定め選択教科の指導計画を作成するものとする．

6　選択教科の内容については，課題学習，補充的な学習や発展的な学習など，生徒の特性等に応じた多様な学習活動が行えるよう各学校において適切に定めるものとする．その際，生徒の負担過重となることのないようにしなければならない．

7　各学校においては，第2章に示す各教科を選択教科として設けることができるほか，地域や学校，生徒の実態を考慮して，特に必要がある場合には，その他特に必要な教科を選択教科として設けることができる．その他特に必要な教科の名称，目標，内容などについては，各学校が適切に定めるものとする．

第3　授業時数等の取扱い

1　各教科，道徳，総合的な学習の時間及び特別

活動(以下「各教科等」という.ただし,1及び3において,特別活動については学級活動(学校給食に係るものを除く.)に限る.)の授業は,年間35週以上にわたって行うよう計画し,週当たりの授業時数が生徒の負担過重にならないようにするものとする.ただし,各教科等(特別活動を除く.)や学習活動の特質に応じ効果的な場合には,夏季,冬季,学年末等の休業日の期間に授業日を設定する場合を含め,これらの授業を特定の期間に行うことができる.なお,給食,休憩などの時間については,学校において工夫を加え,適切に定めるものとする.

2　特別活動の授業のうち,生徒会活動及び学校行事については,それらの内容に応じ,年間,学期ごと,月ごとなどに適切な授業時数を充てるものとする.

3　各教科等のそれぞれの授業の1単位時間は,各学校において,各教科等の年間授業時数を確保しつつ,生徒の発達の段階及び各教科等や学習活動の特質を考慮して適切に定めるものとする.なお,10分間程度の短い時間を単位として特定の教科の指導を行う場合において,当該教科を担当する教師がその指導内容の決定や指導の成果の把握と活用等を責任をもって行う体制が整備されているときは,その時間を当該教科の年間授業時数に含めることができる.

4　各学校においては,地域や学校及び生徒の実態,各教科等や学習活動の特質等に応じて,創意工夫を生かし時間割を弾力的に編成することができる.

5　総合的な学習の時間における学習活動により,特別活動の学校行事に掲げる各行事の実施と同様の成果が期待できる場合においては,総合的な学習の時間における学習活動をもって相当する特別活動の学校行事に掲げる各行事の実施に替えることができる.

第4　指導計画の作成等に当たって配慮すべき事項

1　各学校においては,次の事項に配慮しながら,学校の創意工夫を生かし,全体として,調和のとれた具体的な指導計画を作成するものとする.
 (1) 各教科等及び各学年相互間の関連を図り,系統的,発展的な指導ができるようにすること.
 (2) 各教科の各学年,各分野又は各言語の指導内容については,そのまとめ方や重点の置き方に適切な工夫を加えるなど,効果的な指導ができるようにすること.

2　以上のほか,次の事項に配慮するものとする.
 (1) 各教科等の指導に当たっては,生徒の思考力,判断力,表現力等をはぐくむ観点から,基礎的・基本的な知識及び技能の活用を図る学習活動を重視するとともに,言語に対する関心や理解を深め,言語に関する能力の育成を図る上で必要な言語環境を整え,生徒の言語活動を充実すること.
 (2) 各教科等の指導に当たっては,体験的な学習や基礎的・基本的な知識及び技能を活用した問題解決的な学習を重視するとともに,生徒の興味・関心を生かし,自主的,自発的な学習が促されるよう工夫すること.
 (3) 教師と生徒の信頼関係及び生徒相互の好ましい人間関係を育てるとともに生徒理解を深め,生徒が自主的に判断,行動し積極的に自己を生かしていくことができるよう,生徒指導の充実を図ること.
 (4) 生徒が自らの生き方を考え主体的に進路を選択することができるよう,学校の教育活動全体を通じ,計画的,組織的な進路指導を行うこと.
 (5) 生徒が学校や学級での生活によりよく適応するとともに,現在及び将来の生き方を考え行動する態度や能力を育成することができるよう,学校の教育活動全体を通じ,ガイダンスの機能の充実を図ること.
 (6) 各教科等の指導に当たっては,生徒が学習の見通しを立てたり学習したことを振り返ったりする活動を計画的に取り入れるようにすること.
 (7) 各教科等の指導に当たっては,生徒が学習内容を確実に身に付けることができるよう,学校や生徒の実態に応じ,個別指導やグループ別指導,繰り返し指導,学習内容の習熟の程度に応じた指導,生徒の興味・関心等に応じた課題学習,補充的な学習や発展的な学習などの学習活動を取り入れた指導,教師間の協力的な指導など指導方法や指導体制を工夫改善し,個に応じた指導の充実を図ること.
 (8) 障害のある生徒などについては,特別支援学校等の助言又は援助を活用しつつ,例えば指導についての計画又は家庭や医療,福祉等の業務を行う関係機関と連携した支援のための計画を個別に作成することなどにより,個々の生徒の障害の状態等に応じた指導内容や指導方法の工夫を計画的,組織的に行うこと.特に,特別支援学級又は通級による指導については,教師間の連携に努め,効果的な指導を行うこと.
 (9) 海外から帰国した生徒などについては,学校生活への適応を図るとともに,外国におけ

る生活経験を生かすなどの適切な指導を行うこと．
(10)　各教科等の指導に当たっては，生徒が情報モラルを身に付け，コンピュータや情報通信ネットワークなどの情報手段を適切かつ主体的，積極的に活用できるようにするための学習活動を充実するとともに，これらの情報手段に加え視聴覚教材や教育機器などの教材・教具の適切な活用を図ること．
(11)　学校図書館を計画的に利用しその機能の活用を図り，生徒の主体的，意欲的な学習活動や読書活動を充実すること．
(12)　生徒のよい点や進歩の状況などを積極的に評価するとともに，指導の過程や成果を評価し，指導の改善を行い学習意欲の向上に生かすようにすること．
(13)　生徒の自主的，自発的な参加により行われる部活動については，スポーツや文化及び科学等に親しませ，学習意欲の向上や責任感，連帯感の涵養等に資するものであり，学校教育の一環として，教育課程との関連が図られるよう留意すること．その際，地域や学校の実態に応じ，地域の人々の協力，社会教育施設や社会教育関係団体などの各種団体との連携などの運営上の工夫を行うようにすること．
(14)　学校がその目的を達成するため，地域や学校の実態等に応じ，家庭や地域の人々の協力を得るなど家庭や地域社会との連携を深めること．また，中学校間や小学校，高等学校及び特別支援学校などとの間の連携や交流を図るとともに，障害のある幼児児童生徒との交流及び共同学習や高齢者などとの交流の機会を設けること．

●高等学校学習指導要領・総則

(平21.3.9　文告34)

第1款　教育課程編成の一般方針

1　各学校においては，教育基本法及び学校教育法その他の法令並びにこの章以下に示すところに従い，生徒の人間として調和のとれた育成を目指し，地域や学校の実態，課程や学科の特色，生徒の心身の発達の段階及び特性等を十分考慮して，適切な教育課程を編成するものとし，これらに掲げる目標を達成するよう教育を行うものとする．
　学校の教育活動を進めるに当たっては，各学校において，生徒に生きる力をはぐくむことを目指し，創意工夫を生かした特色ある教育活動を展開する中で，基礎的・基本的な知識及び技能を確実に習得させ，これらを活用して課題を解決するために必要な思考力，判断力，表現力その他の能力をはぐくむとともに，主体的に学習に取り組む態度を養い，個性を生かす教育の充実に努めなければならない．その際，生徒の発達の段階を考慮して，生徒の言語活動を充実するとともに，家庭との連携を図りながら，生徒の学習習慣が確立するよう配慮しなければならない．

2　学校における道徳教育は，生徒が自己探求と自己実現に努め国家・社会の一員としての自覚に基づき行為しうる発達の段階にあることを考慮し人間としての在り方生き方に関する教育を学校の教育活動全体を通じて行うことにより，その充実を図るものとし，各教科に属する科目，総合的な学習の時間及び特別活動のそれぞれの特質に応じて，適切な指導を行わなければならない．
　道徳教育は，教育基本法及び学校教育法に定められた教育の根本精神に基づき，人間尊重の精神と生命に対する畏敬の念を家庭，学校，その他社会における具体的な生活の中に生かし，豊かな心をもち，伝統と文化を尊重し，それらをはぐくんできた我が国と郷土を愛し，個性豊かな文化の創造を図るとともに，公共の精神を尊び，民主的な社会及び国家の発展に努め，他国を尊重し，国際社会の平和と発展や環境の保全に貢献し未来を拓く主体性のある日本人を育成するための，その基盤としての道徳性を養うことを目標とする．
　道徳教育を進めるに当たっては，特に，道徳的実践力を高めるとともに，自他の生命を尊重する精神，自律の精神及び社会連帯の精神並びに義務を果たし責任を重んずる態度及び人権を尊重し差別のないよりよい社会を実現しようとする態度を養うための指導が適切に行われるよう配慮しなければならない．

3　学校における体育・健康に関する指導は，生徒の発達の段階を考慮して，学校の教育活動全体を通じて適切に行うものとする．特に，学校における食育の推進並びに体力の向上に関する指導，安全に関する指導及び心身の健康の保持増進に関する指導については，保健体育科はもとより，家庭科，特別活動などにおいてもそれぞれの特質に応じて適切に行うよう努めることとする．また，それらの指導を通して，家庭や地域社会との連携を図りながら，日常生活において適切な体育・健康に関する活動の実践を促

し，生涯を通じて健康・安全で活力ある生活を送るための基礎が培われるよう配慮しなければならない．
4 学校においては，地域や学校の実態等に応じて，就業やボランティアにかかわる体験的な学習の指導を適切に行うようにし，勤労の尊さや創造することの喜びを体得させ，望ましい勤労観，職業観の育成や社会奉仕の精神の涵養に資するものとする．

第2款 各教科・科目及び単位数等
1 卒業までに履修させる単位数等
　各学校においては，卒業までに履修させる下記2から5までに示す各教科に属する科目及びその単位数，総合的な学習の時間の単位数並びに特別活動及びその授業時数に関する事項を定めるものとする．この場合，各教科に属する科目（以下「各教科・科目」という．）及び総合的な学習の時間の単位数の計は，第3款の1，2及び3の(1)に掲げる各教科・科目の単位数並びに総合的な学習の時間の単位数を含めて74単位以上とする．

　単位については，1単位時間を50分とし，35単位時間の授業を1単位として計算することを標準とする．ただし，通信制の課程においては，第7款の定めるところによるものとする．
2 各学科に共通する各教科・科目及び総合的な学習の時間並びに標準単位数
　各学校においては，教育課程の編成に当たって，次の表に掲げる各教科・科目及び総合的な学習の時間並びにそれぞれの標準単位数を踏ま

教科等	科目	標準単位数
国　語	国語総合	4
	国語表現	3
	現代文A	2
	現代文B	4
	古典A	2
	古典B	4
地理歴史	世界史A	2
	世界史B	4
	日本史A	2
	日本史B	4
	地理A	2
	地理B	4
公　民	現代社会	2
	倫理	2
	政治・経済	2
数　学	数学Ⅰ	3
	数学Ⅱ	4
	数学Ⅲ	5
	数学A	2
	数学B	2
	数学活用	2
理　科	科学と人間生活	2
	物理基礎	2
	物理	4
	化学基礎	2
	化学	4
	生物基礎	2
	生物	4
	地学基礎	2
	地学	4
	理科課題研究	1

教科等	科目	標準単位数
保健体育	体育	7〜8
	保健	2
芸　術	音楽Ⅰ	2
	音楽Ⅱ	2
	音楽Ⅲ	2
	美術Ⅰ	2
	美術Ⅱ	2
	美術Ⅲ	2
	工芸Ⅰ	2
	工芸Ⅱ	2
	工芸Ⅲ	2
	書道Ⅰ	2
	書道Ⅱ	2
	書道Ⅲ	2
外国語	コミュニケーション英語基礎	2
	コミュニケーション英語Ⅰ	3
	コミュニケーション英語Ⅱ	4
	コミュニケーション英語Ⅲ	4
	英語表現Ⅰ	2
	英語表現Ⅱ	4
	英語会話	2
家　庭	家庭基礎	2
	家庭総合	4
	生活デザイン	4
情　報	社会と情報	2
	情報の科学	2
総合的な学習の時間		3〜6

え，生徒に履修させる各教科・科目及び総合的な学習の時間並びにそれらの単位数について適切に定めるものとする。ただし，生徒の実態等を考慮し，特に必要がある場合には，標準単位数の標準の限度を超えて単位数を増加して配当することができる。
3　主として専門学科において開設される各教科・科目
　各学校においては，教育課程の編成に当たって，次の表に掲げる主として専門学科（専門教育を主とする学科をいう。以下同じ。）において開設される各教科・科目及び設置者の定めるそれぞれの標準単位数を踏まえ，生徒に履修させる各教科・科目及びその単位数について適切に定めるものとする。
4　学校設定科目
　学校においては，地域，学校及び生徒の実態，学科の特色等に応じ，特色ある教育課程の編成に資するよう，上記2及び3の表に掲げる教科について，これらに属する科目以外の科目（以下「学校設定科目」という。）を設けることができる。この場合において，学校設定科目の名称，目標，内容，単位数等については，その科目の属する教科の目標に基づき，各学校の定めるところによるものとする。
5　学校設定教科
（1）学校においては，地域，学校及び生徒の実態，学科の特色等に応じ，特色ある教育課程の編成に資するよう，上記2及び3の表に掲げる教科以外の教科（以下「学校設定教科」という。）及び当該教科に関する科目を設けることができる。この場合において，学校設定教科及び当該教科に関する科目の名称，目標，内容，単位数等については，高等学校教育の目標及びその水準の維持等に十分配慮し，各学校の定めるところによるものとする。
（2）学校においては，学校設定教科に関する科目として「産業社会と人間」を設けることができる。この科目の目標，内容，単位数等を各学校において定めるに当たっては，産業社会における自己の在り方生き方について考えさせ，社会に積極的に寄与し，生涯にわたって学習に取り組む意欲や態度を養うとともに，生徒の主体的な各教科・科目の選択に資するよう，就業体験等の体験的な学習や調査・研究などを通して，次のような事項について指導するものとする。
　ア　社会生活や職業生活に必要な基本的な能力や態度及び望ましい勤労観，職業観の育成

　イ　我が国の産業の発展とそれがもたらした社会の変化についての考察
　ウ　自己の将来の生き方や進路についての考察及び各教科・科目の履修計画の作成
第3款　各教科・科目の履修等
1　各学科に共通する必履修教科・科目及び総合的な学習の時間
（1）すべての生徒に履修させる各教科・科目（以下「必履修教科・科目」という。）は次のとおりとし，その単位数は，第2款の2に標準単位数として示された単位数を下らないものとする。ただし，生徒の実態及び専門学科の特色等を考慮し，特に必要がある場合には，「国語総合」については3単位又は2単位とし，「数学Ⅰ」及び「コミュニケーション英語Ⅰ」については2単位とすることができ，その他の必履修教科・科目（標準単位数が2単位であるものを除く。）についてはその単位数の一部を減じることができる。
　ア　国語のうち「国語総合」
　イ　地理歴史のうち「世界史A」及び「世界史B」のうちから1科目並びに「日本史A」，「日本史B」，「地理A」及び「地理B」のうちから1科目
　ウ　公民のうち「現代社会」又は「倫理」・「政治・経済」
　エ　数学のうち「数学Ⅰ」
　オ　理科のうち「科学と人間生活」，「物理基礎」，「化学基礎」，「生物基礎」及び「地学基礎」のうちから2科目（うち1科目は「科学と人間生活」とする。）又は「物理基礎」，「化学基礎」，「生物基礎」及び「地学基礎」のうちから3科目
　カ　保健体育のうち「体育」及び「保健」
　キ　芸術のうち「音楽Ⅰ」，「美術Ⅰ」，「工芸Ⅰ」及び「書道Ⅰ」のうちから1科目
　ク　外国語のうち「コミュニケーション英語Ⅰ」（英語以外の外国語を履修する場合は，学校設定科目として設ける1科目とし，その標準単位数は3単位とする。）
　ケ　家庭のうち「家庭基礎」，「家庭総合」及び「生活デザイン」のうちから1科目
　コ　情報のうち「社会と情報」及び「情報の科学」のうちから1科目
（2）総合的な学習の時間については，すべての生徒に履修させるものとし，その単位数は，第2款の2に標準単位数として示された単位数の下限を下らないものとする。ただし，特に必要がある場合には，その単位数を2単位とすることができる。

教科	科目
農　業	農業と環境，課題研究，総合実習，農業情報処理，作物，野菜，果樹，草花，畜産，農業経営，農業機械，食品製造，食品化学，微生総合実践，物利用，植物バイオテクノロジー，動物バイオテクノロジー，農業経済，食品流通，森林科学，森林経営，林産物利用，農業土木設計，農業土木施工，水循環，造園計画，造園技術，環境緑化材料，測量，生物活用，グリーンライフ
工　業	工業技術基礎，課題研究，実習，製図，工業数理基礎，情報技術基礎，材料技術基礎生産システム技術，工業技術英語，工業管理技術，環境工学基礎，機械工作，機械設計，原動機，電子機械，電子機械応用，自動車工学，自動車整備，電気基礎，電気機器，電力技術，電子技術，電子回路，電子計測制御，通信技術，電子情報技術，プログラミング技術，ハードウェア技術，ソフトウェア技術，コンピュータシステム技術，建築構造，建築計画，建築構造設計，建築施工，建築法規，設備計画，空気調和設備，衛生・防災設備，測量，土木基礎力学，土木構造設計，土木施工，社会基盤工学，工業化学，化学工学，地球環境化学，材料製造技術，工業材料，材料加工，セラミック化学，セラミック技術，セラミック工業，繊維製品，繊維・染色技術，染織デザイン，インテリア計画，インテリア装備，インテリアエレメント生産，デザイン技術，デザイン材料，デザイン史
商　業	ビジネス基礎，課題研究，総合実践，ビジネス実務，マーケティング，商品開発，広告と販売促進，ビジネス経済，ビジネス経済応用，経済活動と法，簿記，財務会計Ⅰ，財務会計Ⅱ，原価計算，管理会計，情報処理，ビジネス情報，電子商取引，プログラミング，ビジネス情報管理
水　産	水産海洋基礎，課題研究，総合実習，海洋情報技術，水産海洋科学，漁業，航海・計器，船舶運用，船用機関，機械設計工作，電気理論，移動体通信工学，海洋通信技術，資源増殖，海洋生物，海洋環境，小型船舶，食品製造，食品管理，水産流通，ダイビング，マリンスポーツ
家　庭	生活産業基礎，課題研究，生活産業情報，消費生活，子どもの発達と保育，子ども文化，生活と福祉，リビングデザイン，服飾文化，ファッション造形基礎，ファッション造形，ファッションデザイン，服飾手芸，フードデザイン，食文化，調理，栄養，食品，食品衛生，公衆衛生
看　護	基礎看護，人体と看護，病と看護，生活と看護，成人看護，老年看護，精神看護，在宅看護，母性看護，小児看護，看護の統合と実践，看護臨地実習，看護情報活用
情　報	情報産業と社会，課題研究，情報の表現と管理，情報と問題解決，情報テクノロジー，アルゴリズムとプログラム，ネットワークシステム，データベース，情報システム実習，情報メディア，情報デザイン，表現メディアの編集と表現，情報コンテンツ実習
福　祉	社会福祉基礎，介護福祉基礎，コミュニケーション技術，生活支援技術，介護過程，介護総合演習，介護実習，こころとからだの理解，福祉情報活用
理　数	理数数学Ⅰ，理数数学Ⅱ，理数理数数学特論，理数物理，理数化学，理数生物，理数地学，課題研究
体　育	スポーツ概論，スポーツⅠ，スポーツⅡ，スポーツⅢ，スポーツⅣ，スポーツⅤ，スポーツⅥ，スポーツ総合演習
音　楽	音楽理論，音楽史，演奏研究，ソルフェージュ，声楽，器楽，作曲，鑑賞研究
美　術	美術概論，美術史，素描，構成，絵画，版画，彫刻，ビジュアルデザイン，クラフトデザイン，情報メディアデザイン，映像表現，環境造形，鑑賞研究
英　語	総合英語，英語理解，英語表現，異文化理解，時事英語

2 専門学科における各教科・科目の履修
専門学科における各教科・科目の履修については，上記1のほか次のとおりとする．
(1) 専門学科においては，専門教科・科目（第2款の3の表に掲げる各教科・科目，同表の教科に属する学校設定科目及び専門教育に関する学校設定教科に関する科目をいう．以下同じ．）について，すべての生徒に履修させる単位数は，25単位を下らないこと．ただし，商業に関する学科においては，上記の単位数の中に外国語に属する科目の単位を5単位まで含めることができること．また，商業に関する学科以外の専門学科においては，各学科の目標を達成する上で，専門教科・科目以外の教科・科目の履修により，専門教科・科目の履修と同様の成果が期待できる場合においては，その専門教科・科目以外の教科・科目の単位を5単位まで上記の単位数の中に含めることができること．
(2) 専門教科・科目の履修によって，上記1の必履修教科・科目の履修と同様の成果が期待できる場合においては，その専門教科・科目の履修をもって，必履修教科・科目の履修の一部又は全部に替えることができること．
(3) 職業教育を主とする専門学科においては，総合的な学習の時間の履修により，農業，工業，商業，水産，家庭若しくは情報の各教科に属する「課題研究」，「看護臨地実習」又は「介護総合演習」（以下この項において「課題研究等」という．）の履修と同様の成果が期待できる場合においては，総合的な学習の時間の履修をもって課題研究等の履修の一部又は全部に替えることができる．また，課題研究等の履修により，総合的な学習の時間の履修と同様の成果が期待できる場合においては，課題研究等の履修をもって総合的な学習の時間の履修の一部又は全部に替えることができる．
3 総合学科における各教科・科目の履修等
総合学科における各教科・科目の履修等については，上記1のほか次のとおりとする．
(1) 総合学科においては，第2款の5の(2)に掲げる「産業社会と人間」をすべての生徒に原則として入学年次に履修させるものとし，標準単位数は2～4単位とすること．
(2) 総合学科においては，学年による教育課程の区分を設けない課程（以下「単位制による課程」という．）とすることを原則とするとともに，「産業社会と人間」及び専門教科・科目を合わせて25単位以上設け，生徒が多様な各教科・科目から主体的に選択履修できるようにすること．その際，生徒が選択履修するに当たっての指針となるよう，体系性や専門性等において相互に関連する各教科・科目によって構成される科目群を複数設けるとともに，必要に応じ，それら以外の各教科・科目を設け，生徒が自由に選択履修できるようにすること．

第4款 各教科・科目，総合的な学習の時間及び特別活動の授業時数等

1 全日制の課程における各教科・科目及びホームルーム活動の授業は，年間35週行うことを標準とし，必要がある場合には，各教科・科目の授業を特定の学期又は特定の期間（夏季，冬季，学年末等の休業日の期間に授業日を設定する場合を含む．）に行うことができる．
2 全日制の課程における週当たりの授業時数は，30単位時間を標準とする．ただし，必要がある場合には，これを増加することができる．
3 定時制の課程における授業日数の季節的配分又は週若しくは1日当たりの授業時数については，生徒の勤労状況と地域の諸事情等を考慮して，適切に定めるものとする．
4 ホームルーム活動の授業時数については，原則として，年間35単位時間以上とするものとする．
5 生徒会活動及び学校行事については，学校の実態に応じて，それぞれ適切な授業時数を充てるものとする．
6 定時制の課程において，特別の事情がある場合には，ホームルーム活動の授業時数の一部を減じ，又はホームルーム活動及び生徒会活動の内容の一部を行わないものとすることができる．
7 各教科・科目，総合的な学習の時間及び特別活動（以下「各教科・科目等」という．）のそれぞれの授業の1単位時間は，各学校において，各教科・科目等の授業時数を確保しつつ，生徒の実態及び各教科・科目等の特質を考慮して適切に定めるものとする．なお，10分間程度の短い時間を単位として特定の各教科・科目の指導を行う場合において，当該各教科・科目を担当する教師がその指導内容の決定や指導の成果の把握と活用等を責任をもって行う体制が整備されているときは，その時間を当該各教科・科目の授業時数に含めることができる．
8 総合的な学習の時間における学習活動により，特別活動の学校行事に掲げる各行事の実施と同様の成果が期待できる場合においては，総合的な学習の時間における学習活動をもって相当する特別活動の学校行事に掲げる各行事の実施に

替えることができる.

第5款 教育課程の編成・実施に当たって配慮すべき事項

1 選択履修の趣旨を生かした適切な教育課程編成

　教育課程の編成に当たっては,生徒の特性,進路等に応じた適切な各教科・科目の履修ができるようにし,このため,多様な各教科・科目を設け生徒が自由に選択履修することのできるよう配慮するものとする.また,教育課程の類型を設け,そのいずれかの類型を選択して履修させる場合においても,その類型において履修させることになっている各教科・科目以外の各教科・科目を履修させたり,生徒が自由に選択履修することのできる各教科・科目を設けたりするものとする.

2 各教科・科目等の内容等の取扱い
 (1) 学校においては,第2章以下に示していない事項を加えて指導することができる.また,第2章以下に示す内容の取扱いのうち内容の範囲や程度等を示す事項は,当該科目を履修するすべての生徒に対して指導するものとする内容の範囲や程度等を示したものであり,学校において必要がある場合には,この事項にかかわらず指導することができる.ただし,これらの場合には,第2章以下に示す教科,科目及び特別活動の目標や内容の趣旨を逸脱したり,生徒の負担過重になったりすることのないようにするものとする.
 (2) 第2章以下に示す各教科・科目及び特別活動の内容に掲げる事項の順序は,特に示す場合を除き,指導の順序を示すものではないので,学校においては,その取扱いについて適切な工夫を加えるものとする.
 (3) 学校においては,あらかじめ計画して,各教科・科目の内容及び総合的な学習の時間における学習活動を学期の区分に応じて単位ごとに分割して指導することができる.
 (4) 学校においては,特に必要がある場合には,第2章及び第3章に示す教科及び科目の目標の趣旨を損なわない範囲内で,各教科・科目の内容に関する事項について,基礎的・基本的な事項に重点を置くなどその内容を適切に選択して指導することができる.

3 指導計画の作成に当たって配慮すべき事項
　各学校においては,次の事項に配慮しながら,学校の創意工夫を生かし,全体として,調和のとれた具体的な指導計画を作成するものとする.
 (1) 各教科・科目等について相互の関連を図り,発展的,系統的な指導ができるようにすること.
 (2) 各教科・科目の指導内容については,各事項のまとめ方及び重点の置き方に適切な工夫を加えて,効果的な指導ができるようにすること.
 (3) 学校や生徒の実態等に応じ,必要がある場合には,例えば次のような工夫を行い,義務教育段階での学習内容の確実な定着を図るようにすること.
　ア 各教科・科目の指導に当たり,義務教育段階での学習内容の確実な定着を図るための学習機会を設けること.
　イ 義務教育段階での学習内容の確実な定着を図りながら,必履修教科・科目の内容を十分に習得させることができるよう,その単位数を標準単位数の標準の限度を超えて増加して配当すること.
　ウ 義務教育段階での学習内容の確実な定着を図ることを目標とした学校設定科目等を履修させた後に,必履修教科・科目を履修させるようにすること.
 (4) 全教師が協力して道徳教育を展開するため,第1款の2に示す道徳教育の目標を踏まえ,指導の方針や重点を明確にして,学校の教育活動全体を通じて行う道徳教育について,その全体計画を作成すること.

4 職業教育に関して配慮すべき事項
 (1) 普通科においては,地域や学校の実態,生徒の特性,進路等を考慮し,必要に応じて,適切な職業に関する各教科・科目の履修の機会の確保について配慮するものとする.
 (2) 職業教育を主とする専門学科においては,次の事項に配慮するものとする.
　ア 職業に関する各教科・科目については,実験・実習に配当する授業時数を十分確保するようにすること.
　イ 生徒の実態を考慮し,職業に関する各教科・科目の履修を容易にするため特別な配慮が必要な場合には,各分野における基礎的又は中核的な科目を重点的に選択し,その内容については基礎的・基本的な事項が確実に身に付くように取り扱い,また,主として実験・実習によって指導するなどの工夫をこらすようにすること.
 (3) 学校においては,キャリア教育を推進するために,地域や学校の実態,生徒の特性,進路等を考慮し,地域や産業界等との連携を図り,産業現場等における長期間の実習を取り入れるなどの就業体験の機会を積極的に設けるとともに,地域や産業界等の人々の協力を

積極的に得るよう配慮するものとする。
(4) 職業に関する各教科・科目については，次の事項に配慮するものとする。
　ア　職業に関する各教科・科目については，就業体験をもって実習に替えることができること。この場合，就業体験は，その各教科・科目の内容に直接関係があり，かつ，その一部としてあらかじめ計画されるものであることを要すること。
　イ　農業，水産及び家庭に関する各教科・科目の指導に当たっては，ホームプロジェクト並びに学校家庭クラブ及び学校農業クラブなどの活動を活用して，学習の効果を上げるよう留意すること。この場合，ホームプロジェクトについては，その各教科・科目の授業時数の10分の２以内をこれに充てることができること。
　ウ　定時制及び通信制の課程において，職業に関する各教科・科目を履修する生徒が，現にその各教科・科目と密接な関係を有する職業（家事を含む。）に従事している場合で，その職業における実務等が，その各教科・科目の一部を履修した場合と同様の成果があると認められるときは，その実務等をもってその各教科・科目の履修の一部に替えることができること。

5　教育課程の実施等に当たって配慮すべき事項
以上のほか，次の事項について配慮するものとする。
(1) 各教科・科目等の指導に当たっては，生徒の思考力，判断力，表現力等をはぐくむ観点から，基礎的・基本的な知識及び技能の活用を図る学習活動を重視するとともに，言語に対する関心や理解を深め，言語に関する能力の育成を図る上で必要な言語環境を整え，生徒の言語活動を充実すること。
(2) 学校の教育活動全体を通じて，個々の生徒の特性等の的確な把握に努め，その伸長を図ること。また，生徒が適切な各教科・科目や類型を選択し学校やホームルームでの生活によりよく適応するとともに，現在及び将来の生き方を考え行動する態度や能力を育成することができるよう，ガイダンスの機能の充実を図ること。
(3) 教師と生徒の信頼関係及び生徒相互の好ましい人間関係を育てるとともに生徒理解を深め，生徒が主体的に判断，行動し積極的に自己を生かしていくことができるよう，生徒指導の充実を図ること。
(4) 生徒が自己の在り方生き方を考え，主体的に進路を選択することができるよう，学校の教育活動全体を通じ，計画的，組織的な進路指導を行い，キャリア教育を推進すること。
(5) 各教科・科目等の指導に当たっては，生徒が学習の見通しを立てたり学習したことを振り返ったりする活動を計画的に取り入れるようにすること。
(6) 各教科・科目等の指導に当たっては，教師間の連携協力を密にするなど指導体制を確立するとともに，学校や生徒の実態に応じ，個別指導やグループ別指導，繰り返し指導，教師間の協力的な指導，生徒の学習内容の習熟の程度等に応じた弾力的な学級の編成など指導方法や指導体制を工夫改善し，個に応じた指導の充実を図ること。
(7) 学習の遅れがちな生徒などについては，各教科・科目等の選択，その内容の取扱いなどについて必要な配慮を行い，生徒の実態に応じ，例えば義務教育段階の学習内容の確実な定着を図るための指導を適宜取り入れるなど，指導内容や指導方法を工夫すること。
(8) 障害のある生徒などについては，各教科・科目等の選択，その内容の取扱いなどについて必要な配慮を行うとともに，特別支援学校等の助言又は援助を活用しつつ，例えば指導についての計画又は家庭や医療，福祉，労働等の業務を行う関係機関と連携した支援のための計画を個別に作成することなどにより，個々の生徒の障害の状態等に応じた指導内容や指導方法の工夫を計画的，組織的に行うこと。
(9) 海外から帰国した生徒などについては，学校生活への適応を図るとともに，外国における生活経験を生かすなど適切な指導を行うこと。
(10) 各教科・科目等の指導に当たっては，生徒が情報モラルを身に付け，コンピュータや情報通信ネットワークなどの情報手段を適切かつ実践的，主体的に活用できるようにするための学習活動を充実するとともに，これらの情報手段に加え視聴覚教材や教育機器などの教材・教具の適切な活用を図ること。
(11) 学校図書館を計画的に利用しその機能の活用を図り，生徒の主体的，意欲的な学習活動や読書活動を充実すること。
(12) 生徒のよい点や進歩の状況などを積極的に評価するとともに，指導の過程や成果を評価し，指導の改善を行い学習意欲の向上に生かすようにすること。
(13) 生徒の自主的，自発的な参加により行われ

る部活動については，スポーツや文化及び科学等に親しませ，学習意欲の向上や責任感，連帯感の涵養等に資するものであり，学校教育の一環として，教育課程との関連が図られるよう留意すること．その際，地域や学校の実態に応じ，地域の人々の協力，社会教育施設や社会教育関係団体等の各種団体との連携などの運営上の工夫を行うようにすること．

(14) 学校がその目的を達成するため，地域や学校の実態等に応じ，家庭や地域の人々の協力を得るなど家庭や地域社会との連携を深めること．また，高等学校間や中学校，特別支援学校及び大学などとの間の連携や交流を図るとともに，障害のある幼児児童生徒などとの交流及び共同学習や高齢者などとの交流の機会を設けること．

第6款　単位の修得及び卒業の認定

1　各教科・科目及び総合的な学習の時間の単位の修得の認定

(1) 学校においては，生徒が学校の定める指導計画に従って各教科・科目を履修し，その成果が教科及び科目の目標からみて満足できると認められる場合には，その各教科・科目について履修した単位を修得したことを認定しなければならない．

(2) 学校においては，生徒が学校の定める指導計画に従って総合的な学習の時間を履修し，その成果が第4章に定める目標からみて満足できると認められる場合には，総合的な学習の時間について履修した単位を修得したことを認定しなければならない．

(3) 学校においては，生徒が1科目又は総合的な学習の時間を2以上の年次にわたって分割履修したときは，各年次ごとにその各教科・科目又は総合的な学習の時間について履修した単位を修得したことを認定することを原則とする．また，単位の修得の認定を学期の区分ごとに行うことができる．

2　卒業までに修得させる単位数

学校においては，卒業までに修得させる単位数を定め，校長は，当該単位数を修得した者で，特別活動の成果がその目標からみて満足できると認められるものについて，高等学校の全課程の修了を認定するものとする．この場合，卒業までに修得させる単位数は，74単位以上とする．なお，普通科においては，卒業までに修得させる単位数に含めることができる学校設定科目及び学校設定教科に関する科目に係る修得単位数は，合わせて20単位を超えることができない．

3　各学年の課程の修了の認定

学校においては，各学年の課程の修了の認定については，単位制が併用されていることを踏まえ，弾力的に行うよう配慮するものとする．

第7款　通信制の課程における教育課程の特例

通信制の課程における教育課程については，第1款から第6款まで（第4款，第5款の1並びに第5款の4の(4)のア及びイを除く．）に定めるところによるほか，次に定めるところによる．

1　各教科・科目の添削指導の回数及び面接指導の単位時間（1単位時間は，50分として計算するものとする．以下同じ．）数の標準は，1単位につき次の表のとおりとするほか，学校設定教科に関する科目のうち専門教科・科目以外のものについては，各学校が定めるものとする．

2　総合的な学習の時間の添削指導の回数及び面接指導の単位時間数については，各学校において，学習活動に応じ適切に定めるものとする．

3　面接指導の授業の1単位時間は，各学校において，各教科・科目の面接指導の単位時間数を確保しつつ，生徒の実態及び各教科・科目等の特質を考慮して適切に定めるものとする．

4　学校が，その指導計画に，各教科・科目又は

各教科・科目	添削指導（回）	面接指導（単位時間）
国語，地理歴史，公民及び数学に属する科目	3	1
理科に属する科目	3	4
保健体育に属する科目のうち「体育」	1	5
保健体育に属する科目のうち「保健」	3	1
芸術及び外国語に属する科目	3	4
家庭及び情報に属する科目並びに専門教科・科目	各教科科目の必要に応じて 2～3	各教科科目の必要に応じて 2～8

特別活動について計画的かつ継続的に行われるラジオ放送，テレビ放送その他の多様なメディアを利用して行う学習を取り入れた場合で，生徒がこれらの方法により学習し，報告課題の作成等により，その成果が満足できると認められるときは，その生徒について，その各教科・科目の面接指導の時間数又は特別活動の時間数のうち，各メディアごとにそれぞれ10分の6以内の時間数を免除することができる．ただし，免除する時間数は，合わせて10分の8を超えることができない．
5 特別活動については，ホームルーム活動を含めて，各々の生徒の卒業までに30単位時間以上指導するものとする．なお，特別の事情がある場合には，ホームルーム活動及び生徒会活動の内容の一部を行わないものとすることができる．

●学校教育法等の一部を改正する法律案要綱

第一 学校の種類ごとの目的及び教育の目標等に関する学校教育法等の一部改正
一 義務教育に関する事項
1 義務教育の期間（第16条関係）
保護者は，子に9年の普通教育を受けさせる義務を負うものとすること．
2 義務教育の目標（第21条関係）
義務教育として行われる普通教育は，次に掲げる目標を達成するよう行われるものとすること．
（一） 学校内外における社会的活動を促進し，自主，自律及び協同の精神，規範意識，公正な判断力並びに公共の精神に基づき主体的に社会の形成に参画し，その発展に寄与する態度を養うこと．
（二） 学校内外における自然体験活動を促進し，生命及び自然を尊重する精神並びに環境の保全に寄与する態度を養うこと．
（三） 我が国と郷土の現状と歴史について，正しい理解に導き，伝統と文化を尊重し，それらをはぐくんできた我が国と郷土を愛する態度を養うとともに，進んで外国の文化の理解を通じて，他国を尊重し，国際社会の平和と発展に寄与する態度を養うこと．
（四） 家族と家庭の役割，生活に必要な衣，食，住，情報，産業等について基礎的な理解と技能を養うこと．
（五） 読書に親しませ，生活に必要な国語を正しく理解し，使用する基礎的な能力を養うこと．
（六） 生活に必要な数量的な関係を正しく理解し，処理する基礎的な能力を養うこと．
（七） 生活にかかわる自然現象について，観察及び実験を通じて，科学的に理解し，処理する基礎的な能力を養うこと．
（八） 健康，安全で幸福な生活のために必要な習慣を養うとともに，運動を通じて体力を養い，心身の調和的発達を図ること．
（九） 生活を明るく豊かにする音楽，美術，文芸その他の芸術について基礎的な理解と技能を養うこと．
（十） 職業についての基礎的な知識と技能，勤労を重んずる態度及び個性に応じて将来の進路を選択する能力を養うこと．
二 幼稚園に関する事項
1 幼稚園は，義務教育及びその後の教育の基礎を培うものとして，幼児を保育し，幼児の健やかな成長のために適当な環境を与えて，その心身の発達を助長することを目的とすること．
（第22条関係）
2 幼稚園における教育は，1の目的を実現するため，次に掲げる目標を達成するよう行われるものとすること．（第23条関係）
（一） 健康，安全で幸福な生活のために必要な基本的な習慣を養い，身体諸機能の調和的発達を図ること．
（二） 集団生活を通じて，喜んでこれに参加する態度を養うとともに家族や身近な人への信頼感を深め，自主，自律及び協同の精神並びに規範意識の芽生えを養うこと．
（三） 身近な社会生活，生命及び自然に対する興味を養い，それらに対する正しい理解と態度及び思考力の芽生えを養うこと．
（四） 日常の会話や，絵本，童話等に親しむことを通じて，言葉の使い方を正しく導くとともに，相手の話を理解しようとする態度を養うこと．
（五） 音楽，身体による表現，造形等に親しむことを通じて，豊かな感性と表現力の芽生えを養うこと．
3 幼稚園においては，保護者及び地域住民その他の関係者からの相談に応じ，必要な情報の提供及び助言を行うなど，家庭及び地域における幼児期の教育の支援に努めるものとすること．
（第24条関係）
三 小学校に関する事項
1 小学校は，心身の発達に応じて，義務教育として行われる普通教育のうち基礎的なものを施すことを目的とすること．（第29条関係）
2 小学校における教育は，1に定める目的を実

現するために必要な程度において一の2に定める義務教育の目標を達成するよう行われるものとすること．（第30条第1項関係）
3　2の場合においては，生涯にわたり学習する基盤が培われるよう，基礎的な知識及び技能を習得させるとともに，これらを活用して課題を解決するために必要な思考力，判断力，表現力その他の能力をはぐくみ，主体的に学習に取り組む態度を養うことに，特に意を用いなければならないものとすること．（第30条第2項関係）
四　中学校に関する事項
1　中学校は，小学校における教育の基礎の上に，心身の発達に応じて，義務教育として行われる普通教育を施すことを目的とすること．（第45条関係）
2　中学校における教育は，その目的を実現するために，一の2に定める義務教育の目標を達成するよう行われるものとすること．（第46条関係）
3　三の3に定める規定は，中学校に準用すること．（第49条関係）
五　高等学校に関する事項
1　高等学校は，中学校における教育の基礎の上に，心身の発達及び進路に応じて，高度な普通教育及び専門教育を施すことを目的とすること．（第50条関係）
2　高等学校における教育は，1に定める目的を実現するため，次に掲げる目標を達成するよう行われるものとすること．（第51条関係）
（一）義務教育として行われる普通教育の成果を更に発展拡充させて，豊かな人間性，創造性及び健やかな身体を備えた国家及び社会の形成者として必要な資質を養うこと．
（二）社会において果たさなければならない使命の自覚に基づき，個性に応じて将来の進路を決定させ，一般的な教養を高め，専門的な知識，技術及び技能を習得させること．
（三）個性の確立に努めるとともに，社会について，広く深い理解と健全な批判力を養い，社会の発展に寄与する態度を養うこと．
3　三の3に定める規定は，高等学校に準用すること．（第62条関係）
六　学校の評価及び情報提供に関する事項
1　幼稚園，小学校，中学校，高等学校，中等教育学校及び特別支援学校は，文部科学大臣の定めるところにより当該学校の教育活動その他の学校運営の状況について評価を行い，その結果に基づき学校運営の改善を図るため必要な措置を講ずることにより，その教育水準の向上に努めるものとすること．（第42条関係）

2　幼稚園，小学校，中学校，高等学校，中等教育学校及び特別支援学校は，当該学校に関する保護者及び地域住民その他の関係者の理解を深めるとともに，これらの者との連携及び協力の推進に資するため，当該学校の教育活動その他の学校運営の状況に関する情報を積極的に提供するものとすること．（第43条関係）
七　大学に関する事項
1　大学は，教育研究を行い，その成果を広く社会に提供することにより，社会の発展に寄与するものとすること．（第83条第2項関係）
2　大学は，文部科学大臣の定めるところにより，当該大学の学生以外の者を対象とした特別の課程を編成し，これを修了した者に対し，修了の事実を証する証明書を交付できるものとすること．（第105条関係）
3　大学は，教育研究の成果の普及及び活用の促進に資するため，その教育研究活動の状況を公表するものとすること．（第113条関係）
八　高等専門学校に関する事項
1　高等専門学校について，七の1に定める大学の規定に合わせ，同様の改正を行うとともに，七の2及び3に定める規定は，高等専門学校に準用すること．（第115条第2項及び第123条関係）
2　公立大学法人が高等専門学校を設置できるものとすること．（附則第5条及び地方独立行政法人法第21条関係）
九　専修学校に関する事項
六の1及び2並びに七の2に定める規定は，専修学校に準用すること．（第133条関係）

第二　副校長その他の職の創設に関する学校教育法等の一部改正
一　学校教育法の一部改正
副校長，主幹教諭及び指導教諭の職務について，次のように定めるとともに，これらを幼稚園，小学校，中学校，高等学校，中等教育学校及び特別支援学校に置くことができるものとすること．（第27条及び第37条等関係）
1　副校長は，校長を助け，命を受けて校務をつかさどる．
2　主幹教諭は，校長，副校長及び教頭を助け，命を受けて校務の一部を整理し，並びに児童の教育等をつかさどる．
3　指導教諭は，児童の教育をつかさどり，並びに教諭その他の職員に対して，教育指導の改善及び充実のために必要な指導及び助言を行う．
二　市町村立学校職員給与負担法等の一部改正
副校長その他の職の創設に伴い，市町村立学校

職員給与負担法等の一部を改正すること．

第三　施行期日等
一　この法律は，一部を除き，公布の日から起算して6月を超えない範囲内において政令で定める日から施行すること．ただし，第二に定める副校長その他の職の創設に関する事項は，平成20年4月1日から施行すること．（附則第1条関係）
二　この法律の施行に伴う所要の経過措置について規定すること．
三　この法律の施行に伴い，関係法律に関し，所要の規定の整備を行うこと．（附則第2条第54条関係）
四　その他所要の改正を行うこと．

●地方教育行政の組織及び運営に関する法律の一部を改正する法律案要綱

第一　地方公共団体における教育行政は，教育基本法の趣旨にのつとり，国との適切な役割分担及び相互の協力の下，公正かつ適正に行われなければならないこととすること．（第1条の2関係）
第二　教育委員会は，条例で定めるところにより，都道府県又は市の教育委員会にあつては6人以上の委員，町村の教育委員会にあつては3人以上の委員をもつて組織することができることとすること．（第3条関係）
第三　地方公共団体の長は，委員の任命に当たつては，委員のうちに保護者が含まれるようにしなければならないこととすること．（第4条第4項関係）
第四　委員は，地方教育行政の運営について責任を自覚するとともに，第一の基本理念に則してその運営が行われるよう意を用いなければならないこととし，文部科学大臣及び都道府県教育委員会は，委員の研修等を進めることとすること．（第11条第6項及び第48条第2項関係）
第五　市町村教育委員会は，その事務局に，指導主事を置くように努めなければならないこととすること．（第19条関係）
第六　地方公共団体は，条例の定めるところにより，地方公共団体の長が，スポーツに関すること（学校における体育に関することを除く．）又は文化に関すること（文化財の保護に関することを除く．）のいずれか又はすべてを管理し，及び執行することとすることができることとすること．（第24条の2関係）
第七　教育に関する事務の管理及び執行の基本的な方針に関する事務などについて，教育委員会が教育長に委任することができないこととすること．（第26条関係）
第八　教育委員会は，毎年，その権限に属する事務の管理及び執行の状況について点検及び評価を行い，その結果に関する報告書を作成し，議会に提出するとともに，公表しなければならないこととすること．点検及び評価を行うに当つては，教育に関し学識経験を有する者の知見の活用を図ることとすること．（第27条関係）
第九　都道府県知事は，私立学校に関する事務を管理し，執行するに当たり，必要と認めるときは，当該都道府県教育委員会に対し，学校教育に関する専門的事項について助言又は援助を求めることができることとすること．（第27条の2関係）
第十　県費負担教職員の転任については，市町村教育委員会の内申に基づき，都道府県教育委員会が行うものとすることとすること．（第38条関係）
第十一　教育委員会の法令違反や怠りによつて，生徒等の教育を受ける権利が明白に侵害されている場合，文部科学大臣は，教育委員会が講ずべき措置の内容を示して，地方自治法の是正の要求を行うこととすること．（第49条関係）
第十二　教育委員会の法令違反や怠りによつて，緊急に生徒等の生命・身体を保護する必要が生じ，他の措置によつてはその是正を図ることが困難な場合，文部科学大臣は，教育委員会に対し指示できることとすること．（第50条関係）
第十三　第十一及び第十二を行った場合，文部科学大臣は，当該地方公共団体の長及び議会に対して，その旨を通知するものとすること．（第50条の2関係）
第十四　市町村は，近隣の市町村と協力して地域における教育行政の体制の整備及び充実に努め，文部科学大臣及び都道府県教育委員会は，これに資するため，必要な助言，情報の提供その他の援助を行うよう努めなければならないこととすること．（第55条の2関係）
第十五　その他所要の改正を行うこと．
第十六　この法律は，平成20年4月1日から施行すること．（附則第1条関係）
第十七　この法律の施行に伴う所要の経過措置について規定すること．（附則第2条関係）
第十八　この法律の施行に伴い，関係法律に関し，所要の規定の整備を行うこと．（附則第3条から第5条まで関係）

●教育職員免許法及び教育公務員特例法の一部を改正する法律案要綱

第一　教育職員免許法の一部改正

一　普通免許状及び特別免許状に，10年間の有効期間を定めること．

二　普通免許状及び特別免許状の有効期間は，その満了の際，その免許状を有する者からの申請により更新することができることとすること．

三　免許管理者は，二の申請があつた場合には，免許状更新講習の課程を修了した者又は勤務実績その他の事項を勘案して免許状更新講習を受ける必要がないものと免許管理者が認めた者である場合に限り，免許状の有効期間を更新するものとすること．

四　指導改善研修を命ぜられている者は，免許状更新講習を受けることができないこととすること．

五　やむを得ない事由により免許状更新講習の課程を修了することが困難であると認めるときは，その免許状の有効期間を延長するものとすること．

六　公立学校の教員が分限免職の処分を受けたときは，その免許状はその効力を失うこととすること．

七　国立学校又は私立学校の教員が，分限免職の事由に相当する事由により解雇されたと認められるときは，免許管理者は，その免許状を取り上げなければならないこととすること．

第二　教育公務員特例法の一部改正

一　公立の小学校等の教諭等の任命権者は，幼児，児童又は生徒に対する指導が不適切であると認定した教諭等に対し，指導改善研修を実施しなければならないこととすること．

二　指導改善研修の期間は，1年以内において政令で定める期間を超えてはならないこととすること．

三　任命権者は，指導改善研修の実施に当たっては，指導改善研修を受ける者ごとに計画書を作成しなければならないこととすること．

四　任命権者は，指導改善研修の終了時に指導の改善の程度に関する認定を行わなければならないこととすること．

五　一及び四の認定に当たっては，児童等に対する指導に関する専門的知識を有する者及び当該都道府県又は市町村の区域内の保護者（親権を行う者及び未成年後見人をいう．）である者などの意見を聴かなければならないこととすること．

六　五のほか，必要な事項は教育委員会規則で定めることとすること．

七　指導改善研修の実施に関し必要な事項は政令で定めることとすること．

八　任命権者は，四の認定において児童等に対する指導を適切に行うことができないと認める者に対して，免職その他の必要な措置を講ずるものとすること．

九　指定都市以外の市町村の教育委員会に係る指導改善研修の特例を定めること．

第三　附則

一　この法律は，平成20年4月1日から施行すること．ただし，普通免許状及び特別免許状に有効期間を定め更新制を導入することに係る改正規定については，平成21年4月1日から施行すること．

二　この法律の施行前に授与されている普通免許状又は特別免許状を有する者については，その者の有する免許状には，有効期間の定めがないものとすること．

三　二の免許状を有する教育職員その他教育の職にある者は，免許状更新講習の課程の修了確認を，文部科学省令で定める日及びその後10年ごとの日までに，受けなければならないこととすること．

四　二の免許状を有する教育職員その他教育の職にある者が，三の日までに免許状更新講習の修了確認を受けなかった場合には，その者の有する免許状はその効力を失うこととすること．

五　その他この法律の施行に伴う所要の経過措置について規定すること．

六　政府は，この法律の施行後5年を経過した場合において，この法律の施行の状況等を勘案し，免許状の失効及び取上げに係る制度について検討を加え，必要があると認めるときは，その結果に基づいて所要の措置を講ずること．

七　政府は，一のただし書に掲げる規定の施行後5年を経過した場合において，この法律の施行の状況等を勘案し，現職教員等の免許状更新講習に係る制度について検討を加え，必要があると認めるときは，その結果に基づいて所要の措置を講ずるものとする

八　この法律の施行に伴い，関係法律に関し，所要の規定の整備を行うこと．

法令略称一覧

い	育児休業法	地方公務員の育児休業等に関する法律
か	学校法	学校教育法
き	休職特例法	公立の学校の事務職員の休職の特例に関する法律
	給与負担法	市町村立学校職員給与負担法
	教育費負担法	義務教育費国庫負担法
	教員人材確保法	学校教育の水準の維持向上のための義務教育諸学校の教育職員の人材確保に関する特別措置法
	教科書発行法	教科書の発行に関する特別措置法
	教科書無償措置法	義務教育諸学校における教科用図書の無償措置に関する法律
	教基法	教育基本法
	教職員給与特別法	公立の義務教育諸学校等の教職員の給与等に関する特別措置法
け	憲法	日本国憲法
こ	高校標準法	公立高等学校の適正配置及び教職員定数の標準等に関する法律
	国公法	国家公務員法
さ	産振法	産業教育振興法
	災害復旧費負担法	公立学校施設災害復旧費国庫負担法
し	私学法	私立学校法
	私学助成法	私立学校振興助成法
	私学振興財団法	日本私学振興財団法
	施設費負担法	義務教育諸学校施設費国庫負担法
	自治法	地方自治法
	社教法	社会教育法
	就学奨励法	就学困難な児童及び生徒に係る就学奨励についての国の援助に関する法律
	生涯学習振興法	生涯学習の振興のための施策の推進体制等の整備に関する法律
た	退職手当法	国家公務員退職手当法
ち	地公法	地方公務員法
	地方教育行政	地方教育行政の組織及び運営に関する法律
	地財法	地方財政法
	中確法	義務教育諸学校における教育の政治的中立の確保に関する臨時措置法
て	定通法	高等学校の定時制教育及び通信教育振興法
と	特例法	教育公務員特例法
に	日本学生支援機構法	独立行政法人日本学生支援機構法
	日本スポーツ振興センター法	独立行政法人日本スポーツ振興センター法
ひ	標準法	公立義務教育諸学校の学級編成及び教職員定数の標準に関する法律

へ	へき振法	へき地教育振興法
め	免許法	教育職員免許法
も	盲学校等就学奨励法	盲学校，聾学校及び養護学校への就学奨励に関する法律
	文設法	文部科学省設置法
り	理振法	理科教育振興法
ろ	労基法	労働基準法
	労組法	労働組合法
	労調法	労働関係調整法

なお，引用に当たって，条・項を次のように略記した．
（例）　日本国憲法第26条第1項→憲法26①

さく引

■数英字

1条校 22
3R's 74
ICT 236
ILO＝ユネスコ「教員の地位
　に関する勧告」 226
WHO生活機能分類 140

■あ行

アーティキュレーションの問題 50
アカウンタビリティ 206
アクレディテーション 124
安全パトロール隊 80
異学年のクラス編成 235
育児不安 72
いじめ 86, 212
イリイチ 108
インクルージョン 28, 140, 144
インタナショナル・スクール 238
インテグレーションの問題 50
インドクトリネーション 32
ウオーノック報告 144
エンゼルプラン 244
オーウェン 56
被仰出書 180
オーベルラン 56
オフィス・アワー 128
親の学校選択の自由 192

■か行

外国人学校卒業生と大学受験 130
外国籍の子ども 238
ガイダンス 210
外部評価 206
開放制 218
カウンセリング 210
学芸員（補） 172
学習権 20, 26, 79
学習指導要領 76, 94
学習障害 143
学制 40, 74, 90, 150, 180, 218

学年制 208
学部 118
学問の自由 228
学力水準の向上 82
下構型学校系統 36
学級担任制 208
学級編制の柔軟化 208
学級崩壊 86
学校運営協議会 204
学校外教育 84
学校環境衛生 212
学校環境づくり 80
学校経営 198, 200
学校系統 36, 38
学校事故 212
学校施設整備指針 212
学校週5日制 84
学校制度 36
学校設置義務 79
学校選択 235
学校選択制度 86
学校体系 36, 38
　──単線型 38
　──複線型 38
　──分岐型 38
学校段階 38
学校の裁量権拡大 82
学校の自主・自律 192
学校の説明責任 212
学校評価制度 235
学校評議委員制度 86
学校評議員 202
株式会社やNPOによる学校
　設置等の事業 192
カリキュラム改革 128
機関委任事務 180
危機管理 212
基準の大綱化 128
規制緩和 192, 234
基本的人権 28
義務教育 28, 76
義務教育費国庫負担制度 190
義務性 28
教育委員会 204
　──事務局 184
　──制度 180, 184

　──法 184
教育委員長 184
教育改革 82
教育課程 76
教育権 26, 28
教育研究環境条件 116
教育研究評議会 118
教育サービスの民間委託・民
　営化 192
教育刷新委員会 92
教育制度改革 232
教育相談 210
教育組織 20
教育長 184
教育勅語 180
教育特区 192
教育の機会均等 22, 28, 192
教育の公共性 234
教育の個性化 232
教育の自由化 232
教育の情報化 236
教育の人間化 232
教育バウチャー制度 235
教育扶助 78
教育法 24
教育保障 210
教育理念 232
教育令 40
教委の自主独立性 192
教員組織 118
教員評価制度 235
教員免許状 216
教科書採択地区 235
教科担任制 208
教授組織 208
教職員 216
競争的な環境 152
教頭 202
クルプスカヤ 56
訓告 210
経営協議会 118
経常的経費 154
系統性 36
研究科 118
箝口令 228
研修 200, 220

現代教育制度	20	指定保育士養成施設	66	女性教育施設	170
県費負担教職員	180, 228	指導行政	180	初任者研修	200
憲法	20	児童福祉法	58	私立学校審議会	235
高機能自閉症	143	市民的公共性	234	私立学校振興助成法	154
公共性	22	社会教育委員	168	私立学校法	148
合計特殊出生率	244	社会教育行財政	168	自立活動	136
公権力	22	社会教育指導員	172	私立大学	152
構造改革特別区域制度	192	社会教育主事（補）	168, 172	自律的学校経営（SBM）政策	194
構造改革特区	235	社会教育職員	172		
校長	202	集会，結社および言論，出版，表現の自由	228	信教の自由	228
校長の権限	198			新制中学校	92
高等学校卒業程度認定試験	110	就学援助	78	垂直的組織	208
高等教育	116	就学援助義務	79	水平的組織	208
高等教育の大衆化	116	就学義務	78, 108	スウェーデンの就学前学校	68
高等教育費	118	就学奨励法	79	スクールカウンセラー	86, 210
高等女学校	40	就学保障義務	78	生活保護法	78
高等専門学校	40, 112, 114	就学前学校	68	正系	90
公民館	170	宗教教育	32	政治教育	32
公民館運営審議会	168	充当職	216	青少年教育施設	170
公民館主事	172	修養	52	生徒指導	210
校務分掌	200	授業シラバス	128	生徒指導主事	210
国際教育協力・援助	242	授業料	30	生徒指導推進協力員	210
国際人権規約	238	出席扱い	108	世俗化	32
国民学校	40	出席停止措置	210	接続	36
国民の教育権	26	準要保護世帯	78	接続関係	36
子育て支援	66	小・中・高一貫教育	192	設置者管理主義	118
国家的公共性	234	生涯学習社会	52	設置者負担	190
国家の教育権	26	生涯学習振興法	168	設置者負担原則	190
国庫補助	190	生涯学習推進センター	170	セメスター制	128
古典的生涯教育論	52	生涯学習推進体制	168	全国保育士会倫理綱領	67
子どもと親の相談員	210	生涯学習成果	174	専修学校	102, 112, 114
個別の教育支援計画	136	──の活用促進	174	全障害児教育法（IDEA）	144
コミュニティ・スクール	235	──の評価・認証（認定）	174	専門学校	102
コンビネーションの問題	50	生涯学習センター	170	専門職大学院	112
		生涯学習体系	52	総額裁量制	190
■さ　行		生涯学習パスポート	174	争議行為	226
災害共済給付制度	212	生涯教育体系	20		
サラマンカ宣言	140	障害者基本法	146	■た　行	
私学教育の自主性	148	障害者権利条約	140, 146	第一次米国教育使節団報告書	228
私学助成	154	小学校教員心得	228	退学	108, 210
私学助成制度	190	上構型学校系統	36	大学自治	118, 122
視学制度	180	少子化	244	大学設置基準	124
自己点検・自己評価	206	少年法	210	大学における教員養成	218
司書（補）	172	情報教育	236	大学入学資格	120
市場原理	234	情報の公開・開示	212	大学入試資格検定	108
思想および良心の自由	228	情報リテラシー	236	大学の構造改革	128
市町村費負担教職員任用事業	192	省令主任	202	大学評価	124
実業学校	40	諸外国の高等教育	126	第三者評価	128, 206
実業補習学校	40	職員会議	202	体罰	210, 212
		職務専念義務	228		

単一制	92	飛び入学	114	保育制度の累計	69
段階性	36	■な 行		傍系	90
短期大学	112			訪問教育	134
団結権	226	日本人学校	238	法律主義	24, 78, 180
単線型	74	任期付採用制度	235	暴力	212
団体交渉権	226	認証評価	124, 128	ポール・ラングラン	52
団体行動権	226	認証評価機関	124	補習授業校	238
地方分権	234	認定こども園	66	ボランティア活動	84
地方分権・規制緩和	194	認定就学	138	■ま 行	
チャーターリング	124	任命承認制	180		
チャイルドマインダー	69	ノーマライゼーション	140	無学年制	208
注意欠陥／多動性障害	143	■は 行		無償義務	79
中学校卒業程度認定試験	108, 110			無償性	30
		博物館	170	命令（勅令）主義	78
中退	108	発達障害	142	問題行動	86
中等教育	90	母親学校	68	モンテッソーリ	56
中等教育学校	40	万人のための教育世界会議	242, 243	文部省	180
中立性	32			■や 行	
懲戒	210	非行	210		
勅令主義	24, 180, 228	避止義務	78, 79	役員会	118
通級による指導	134	不登校	108	養護教諭	210
ティーム・ティーチング	208	不登校児	86	幼稚園	56, 60, 66
停学	210	フランスの保育制度	68	幼稚園・保育所の一元化	235
帝国大学	112	フリースクール	108	幼稚園教育要領	60
適応指導教室	108	プレイグループ	69	幼稚園令	58
デジタル・デバイド	236	フレーベル	56, 58	幼保の連携	66
統一学校運動	38, 74	ヘッド・スタート	69	■ら 行	
統合	36	保育学校	69		
登校拒否	108	保育士	66	臨時教育会議	40, 150
特別支援学校就学奨励法	79	保育士試験	66	ルター	28
特別支援教育	142	保育士登録証	66	労働基本法	226
特別補助	154	保育者	66	労働三権	226
図書館	170	保育所	58, 60, 61, 66		
特許状（チャーター）	112	保育所保育指針	60, 61		

要説 教育制度 [新訂第三版]			
1984 年 6 月	第 1 版	第1刷	発行
1991 年 4 月	全 訂 版	第1刷	発行
2002 年 3 月	新 訂 版	第1刷	発行
2007 年 10 月	新訂第2版	第1刷	発行
2011 年 3 月	新訂第3版	第1刷	発行
2024 年 4 月	新訂第3版	第7刷	発行

編 者　教育制度研究会

発 行 者　発田和子

発 行 所　株式会社 学術図書出版社

〒113-0033　東京都文京区本郷5-4-6
TEL 03-3811-0889　振替00110-4-28454
印刷　サンパートナーズ（株）

定価はカバーに表示してあります．

本書の一部または全部を無断で複写（コピー）・複製・転載することは，著作権法で認められた場合を除き，著作者および出版社の権利の侵害となります．あらかじめ小社に許諾を求めてください．

Ⓒ1984,1991,2002,2007,2011　教育制度研究会 Printed in Japan
ISBN978-4-7806-1271-4　C3037